U0458398

Room Full of Mirror

Charles R. Cross

满是镜子
的房间

吉米·亨德里克斯传

[美] 查尔斯·R. 克罗斯　著

董楠　译

A Biography of
Jimi Hendrix

上海三联书店

雅众文化 出品

译 序

　　时至今日人们何以仍然热爱那些 1960 年代的摇滚英雄，这真是一件有趣的事情。活下来的被尊敬和仰望，他们的全球巡演仍然场场爆满，永远不会缺少最最年轻的新歌迷挤在前排，他们的旧作仍在被聆听，他们推出的新专辑仍然被乐评人和 DJ 们大惊小怪地赞美，即便是平庸之作亦被慷慨地原谅；死去的更是得到无条件的怀念与尊崇，他们在诞辰与祭日得到纪念，他们的遗作被无比珍惜，他们的坟墓成为朝拜和悼念的圣地，人们不遗余力地为他们日渐模糊的身形一再勾勒出鲜明的色彩，平添上璀璨的光环与巨大的翅翼，使他们即便跻身星辰与众神的飨宴之中亦毫不失色。不，这不是跟风、怀旧抑或商业宣传所能解释的，甚至也不仅仅是因为音乐的关系。这些走过传奇 1960 年代的英雄之所以长久地打动世人，一再激起种种悲哀、怜悯、敬畏、惊骇、狂喜、痛苦的情感，或许是因为他们中的每一个都曾目不转睛地逼视过脚下不见底的深渊，清醒地独自穿过灵魂的暗夜，经历与命运庄严对峙的时刻。不论活着还是死去，不论如何选择，那一刻奏响的生命之章任何力量也无法夺去，死亡不能磨灭，时间不能抹杀，世间的强权和商业的利害无法使之失色，虽然转瞬即逝，但永久触动着每一个听者深沉复杂的人性。

——吉姆·莫里森以诗人的狂醉和疯癫走向风雨兼程的尽头；詹妮斯·乔普林凭着地母般的本能力量炽烈地燃烧了自己；鲍勃·迪伦以媲美西绪弗斯或北欧神话中的洛基的狡黠在车祸中骗过了命运，为自己赚取了新一段旅程；但一颗子弹令约翰·列侬死在战胜命运的前夜时分，成为它恶毒玩笑最惨痛的牺牲品。更多活下来的人在其后那个传奇和英雄已告一段落的时代，在神坛之下艰难的人间胼手胝足地寻找属于自己的救赎。

在所有这些人中，以吉米·亨德里克斯与命运的关系最为神秘暗晦。纵观他的一生，仿佛总有某种不可测知的力量在冥冥中推动，一心把这个头发蓬乱、满脸粉刺、说话口吃、不识谱、因为成绩太差被学校除名、在生命的前三分之二里几乎没有离开过本地社区，只是靠着邻里的恩惠过着饥一顿饱一顿日子的左撇子黑人小伙打磨成吉他的神祇，在吉他的六根弦上奏出前无古人、后无来者的乐章。它带着任性恶毒的微笑拨弄着手中这件在一开始似乎并非出自精心设计的作品，让他从难以置信的最低点起步，赋予他贫穷与磨难，无数挫败和动荡，往往是他刚刚站起来，犹自立足未稳，下一次的打击便已降临。然而就在他已经近乎回到原点、一无所有、天赋行将在蹉跎中浪费、所有的努力似乎都成为徒劳挣扎的时刻，冥冥中那双一直眯起的眼睛却突然射出一道暴烈的亮光。就在那个时刻，一切都为这个一无所有的年轻人准备好了，天时地利人和，人事与天命，主观与客观，内因与外因，环境与性格，偶然与必然，运气与巧合，天赋与努力……总之人类词典中所有一切笨拙而模糊地试图用来定义、窥测和描摹那种与自身意志有关，又不完全由人力所决定的神秘力量的词汇都在这个时刻联合起来助他一臂之力。宠爱与赐福争先恐后地降临在他头上。在那短短几年里，他被高高抛上天空，受到万众膜拜，就连他曾经敬畏和崇拜过的英雄们也像众星捧月一般簇拥在他身边。然而几乎就在同一个时刻，命运突然觉得：一切已经足够了，惊世骇俗的一曲反正已经存在过，吉他之神已经短暂地经由这个黑人左撇子化身降临人间，它的意志已经得到贯彻。于是那双眼睛漠然地闭上了，够了，连华丽的布景和庄严的谢幕都懒得费心去安排——陌生的酒店房间，陌生女人的身旁，一桩轻率、残忍、毫无意义的意外。吉他之神吉米·亨德里克斯结束了在这个世界上的使命。卒年27岁。

* * *

1942年11月27日，吉米·亨德里克斯出生在西雅图一个贫困的黑人家庭。父亲是退伍军人，母亲与父亲离婚后因酗酒早亡（"母亲"亦是亨德里克斯生命中潜藏的重要主题）；五个弟妹中有四个带有跛脚、唇腭裂、失明等先天性残疾，先后从父母身边被带走送去福利收养。在一座座廉租屋、膳宿旅馆的小房间、亲戚邻居陌生的床上……吉米度过了颠沛流离的少年岁月，只是靠着邻居和亲戚中善良的黑人母亲们的周济和喂养（在这本书中，作者会不厌其烦地一次次提起她们的名字，仿佛是在代吉米尽他生前从未能尽到的感激和致意：德洛丽丝阿姨、多萝西·哈丁、外祖母克拉丽斯、祖母诺拉、厄内斯蒂娜·本森、格蕾丝·哈彻、珀尔阿姨、威勒一家……）才能勉强生存。

这个不幸的孩子唯一的幸运是走进了音乐的世界，他没有老师，只是一遍遍听着邻居收集的一大摞布鲁斯唱片，还有就是"一听到哪座房子里传出音乐声就会跑过去敲门"。一把千辛万苦获得的、以女友名字命名的电吉他是他珍贵的宝贝。他和附近社区的孩子们组了乐队，在西雅图周边做些演出，年轻的吉米弹起厄尔·金的"Come on"，总是能够赢得掌声。

这个时候，迄今为止一直漫不经心的命运懒洋洋地略微动了一动小指，它不允许这个中途辍学、满心梦想却并未显示出任何出人头地迹象的黑人男孩继承父业成为修剪草坪的园丁，或像邻里大多同龄人那样成为店员、侍者、搬运工人乃至皮条客，甚至也不允许他就这样简单地达成自己的小小梦想——留在西雅图从事一份和乐队有关的工作，靠弹吉他养活自己，偶尔能去一趟"西班牙城堡"这样的高级场所演上一场。时间已到，他必须离开那个虽然一贫如洗但却安全熟悉的家，必须被独自抛到这个广大的世界上——1961年，18岁的吉米因为被发现坐在一辆赃车里遭到警方逮捕，为了获得免刑只得报名参军入伍（对这段经历讳莫如深的他成名后只有一次曾经隐约提及此事："要不是去参军，我可能就得坐牢了"），从此背井离乡。在军队，吉米结识了毕生挚友和音乐上的搭档，贝斯手比利·考克斯。两人组了乐队，经常在驻地附近的纳什维尔演奏。

说来讽刺，参军后吉米生平第一次生活有了保证，有饭吃，有衣穿，甚至还有津贴和积蓄。然而或许就是在那段时间，吉米·亨德里克斯开始慢慢觉悟到命运对他别有安排。军队只是一个中转之处。甚至戴上101空降师传奇的啸鹰臂章也不能让他满足。内心的力量在日复一日的出操、射击、跳伞中默默苏醒和积蓄。训练和执行任务之余在军队的俱乐部里弹弹琴，偶尔在周边的酒吧演出，等到退役再从事音乐，这样妥协安稳的选择绝对不能接受，他必须从蒙昧和混沌中走出来迎向命运。他装病，诈伤，说谎……用尽一切手段，终于让部队同意他提前两年退伍。在部队驻地附近的田纳西州的克拉克斯维尔停留半年后，一列南下的火车把吉米·亨德里克斯带往南方腹地，去追寻布鲁斯音乐所植根的"泥土"。

＊　　＊　　＊

1960年代初，大洋彼岸的英国，和吉米同龄的白人男孩们正在为美国黑人布鲁斯与节奏布鲁斯音乐而疯狂。保罗·麦卡特尼惟妙惟肖地模仿小理查德的唱腔；约翰·列侬把艾斯利兄弟的《扭曲与喊叫》作为自己的保留曲目；埃里克·克莱普顿对着"三金"（B.B.金，阿尔伯特·金和弗莱迪·金）和"嚎狼"的唱片苦练不辍；皮特·汤曾德说："当我第一次听到节奏布鲁斯就知道一切都完了"；而米克·贾格尔和基思·理查兹选择"泥水"的歌词作为乐队的名字就更是足以说明一切……阿波罗剧院、切斯唱片公司这些与布鲁斯与节奏布鲁斯音乐有关的地点成了"不列颠入侵"的英国白人孩子们的朝圣之所，终于梦想成真和心目中的英雄"泥水"同台合演的"滚石"更是为之激动不已。

与此同时，美国的种族隔离和种族歧视依然严重，甚至在音乐界也是如此。在音乐之都纳什维尔，唱片货架被分隔为白人的"山地歌曲"和黑人的"种族歌曲"，这种严格的区分贯穿生活中的方方面面。绝大多数黑人乐手只能在被称为"猪肠院线"的场所巡演（这个名字来自黑人传统食物），它从纽约阿波罗剧院开始，途经华盛顿特区的霍华德剧院，但之后就是来到层次比较低的农村地区，任何能给黑人听众演奏的场所、公路旅馆、烤肉店、游泳池或酒吧。

1963年到1965年，"猪肠院线"成了吉米·亨德里克斯最常出没的地方。大都是作为雇佣伴奏乐手与各种乐队合作。卡拉·托马斯、汤米·塔克、"苗条口琴"、杰里·巴特勒、查克·杰克逊、所罗门·伯克、奥蒂斯·雷丁、"玛维勒斯"、柯蒂斯·梅菲尔德、小理查德、艾斯利兄弟、艾克与蒂娜·特纳……这些布鲁斯和摇滚乐坛如雷贯耳的名字都曾是亨德里克斯的雇主。然而在这样条件艰苦，报酬苛刻的巡演里，就算每晚都有演出也很难谋生。大多数乐手都得找兼职维持生计。吉米却是例外。他始终拒绝任何与音乐无关的工作。上床时还在练琴，睡觉时把吉他抱在胸前，早上醒来第一件事就是接着练。吉他仿佛成了他肢体的延伸。这段时间，命运仿佛又将他弃置一旁，不闻不问。任凭他在一个又一个乐队里奔波辗转，日复一日，一成不变地在台上演奏别人的经典曲目，拿着菲薄的薪水，还要时时被借故克扣，再次过着饥一顿饱一顿的生活，经常突然被开除，身无分文地流落在陌生的城市，只好等着下一个乐队到来再试图找份临时工作混进去。况且在当时种族隔离依然严重的美国南方，黑人仍然举步维艰，备受歧视，饭馆经常拒绝卖给他们食物，不要说交通和投宿，就连饮水和上厕所也有种种不便。然而正是在这样的困顿磋磨中，吉米积累了宝贵的经验，每临时加入一个乐队，每多演一场，他就多学到一点黑人音乐的传统，他的演奏也随之又娴熟了几分。从周围天赋横溢的黑人吉他手们身上，他学到了后来震惊了白人世界的那些用牙齿弹琴，在背后弹琴之类绝活。不仅如此，与他们不同，吉米还从白人摇滚乐中吸取养分，把它们融入自己的思考和音乐，鲍勃·迪伦对他的影响尤为深刻。天赋、苦练、品位和阅历，这些他已全部具备。他的吉他开始"说话"，开始发出只属于吉米·亨德里克斯的声音。

* * *

1966 年春，25 岁的鲍勃·迪伦已经彻底完成民谣歌手向摇滚歌手的蜕变，正在纳什维尔紧锣密鼓地录制划时代的《无数金发女郎》；23 岁的吉姆·莫里森大学毕业不久，开始同"大门"的队友们磨合乐队的第一批歌曲；23 岁的詹妮斯·乔普林满怀希望地赶往西海岸，准备加入"老大哥与控股公司"乐队；大洋彼岸，26 岁的约翰·列侬与 24 岁的保罗·麦卡特尼正在录制新专辑《左轮手枪》；23 岁的基思·理查兹与米克·贾格尔创作的"滚石"新单曲《涂成黑色》在英美两地登上排行榜榜首，一时风光无两；21 岁的皮特·汤曾德和 22 岁的罗杰·达特里携上年大卖的《我这一代》专辑之威，乘胜推出单曲《代替》，大有后来居上，取代"滚石"之意；21 岁的埃里克·克莱普顿则在为布满伦敦的涂鸦"克莱普顿是上帝"惊喜不已……与此同时，24 岁的吉米·亨德里克斯犹自流落在纽约哈莱姆贫民区，全部家当只有几件换洗衣服（吉他在饥寒中被当掉了），偶尔有机会跟乐队巡演，先后和几个小公司签过条件苛刻且不了了之的合同；大部分时间住在廉价旅馆或朋友（掮客、业余乐手和毒贩子）与女友（站街妓女、应召女郎和骨肉皮）家中；甚至因为没有属于自己的吉他，不得不在不入流的烂乐队"绅士"栖身。虽然琴艺有了长足的进步，但他的人生仿佛又回到原点，再度过着穷困潦倒的生活。虽然他依然坚信着命运对自己别有安排（他曾说："我曾做过色彩绚丽的梦：1966 年会有大事发生在我身上。"），依然苦练不辍，拼命抓住任何与音乐有关的机会，尝试自己写歌，但他的幻想愈来愈绝望和迫切，抑郁和失望沉重地压在他身上，"如果我不能在一年内出名发财，我一定会疯掉的"，他对朋友说。

对于他的挣扎、无助、困顿与呼号，命运长时间地保持着懒散怠惰的残酷，仿佛它从不曾用绮丽的幻梦撩拨那个黑人男孩的心扉；从不曾在他耳边允诺着来自未知的遥远希望；从不曾让他在惊喜中发现自己胸中的宝石，那至为难得的天赋；从不曾用蘸火的皮鞭抽打在他脊梁上，让他彻夜难眠，拼命苦练。然而这一切或许只是因为最初的布鲁斯音乐正是在这样哀伤无告、呼天怆地的痛苦中被歌唱出来的：整个世界仿佛都无法负载的深沉泪水，面对噩运与神秘意志的顺从与抗争，希望与失望在反复中跌宕，以及在这一切苦难中的尊严与激情……为了让吉米·亨德里克斯最终踞于埃里克·克莱普顿、皮特·汤曾德、基思·理查兹、杰夫·贝克、吉米·佩奇等等白人吉他手之上，为了让吉他之神在后世乐迷的心目中最终以一个黑人左撇子的形象出现，命运必须首先精心为他铸就与他们不同的底色，让他经历与众不同的考验。此外它还特意把他小心翼翼地留在手心里，像扣住一张最后的王牌——在当时黑人与白人音乐壁垒依旧分明的美国，如果吉米早早被人发掘，或许最后的成就也无非是一名优秀的布鲁斯/摇滚吉他手，他的唱片只能被放在黑人开办的唱片店或标有"种族音乐"的唱片架上售卖，在"猪肠院线"的巡演中充当头牌，未来更加瑰丽的命运便不会发生在他身上了。

1966 年夏天，终于，命运似乎觉得它的准备工作已经基本告一段落，"吉米·亨德里克斯"这件伟大的作品已在它手中成型，最艰险的试炼已被通过，最困难的部分已经做好；剩下的一切，时运也好机遇也罢，无非都是些最最轻松不过的东西；即便再华丽的布景和舞台也能在转瞬之间搭起，不费吹灰之力就能完成。

那年夏天，在纽约断断续续住了两年的吉米终于来到格林尼治村，在迪伦成名前曾经演出过的"Wha?"咖啡吧找到一份驻唱工作。属于垮掉派、波希米亚艺术家与激进分子们的格林尼治村是 1966 年美国跨文化交流运动的重地之一，一来到格林尼治村，吉米的与众不同和标新立异顿时如鱼得水，开始在小范围内获得赞美和认同，被人们称为"黑迪伦"。哈莱姆区严格遵循传统的节奏布鲁斯文化与格林尼治兼容并包的民谣/摇滚新生文化在他身上完美地结合起来，成为在不久的将来令整个世界为之倾倒的声音。他并不是故意要将布鲁斯、摇滚和节奏布鲁斯融为一体；只是他在音乐上的想象力就是如此宽广，任何门类的藩篱都无法限制而已。接下来发生的一切虽然小有波折，但总的来说顺理成章：在基思·理查兹的女友琳达·基斯（这是你可以在本书中读到的另一个三角恋爱故事）的引荐之下，正准备向经纪人转型的"动物"乐队贝斯手查斯·钱德勒发现了吉米的潜质，决定带他去英国发展。1966 年 9 月 23 日，吉米·亨德里克斯带着自己的全部财产：一把吉他、一套换洗衣服、塑料卷发器、一罐治粉刺的擦脸油以及借来的 40 美元，登上了飞往伦敦的班机。

* * *

1966 年的伦敦堪称世界文化王国的首都，正值英国时尚、摄影、电影、艺术、戏剧与音乐大爆发的顶点。"不列颠入侵"的高潮在美国已经渐渐褪去，但英国乐队仍主宰着世界唱片销量排行榜。《时代》杂志 1966 年 4 月的封面故事以《摇摆伦敦》为题，向整个世界宣告伦敦的文化先锋地位……吉米·亨德里克斯可以说是在最佳时机来到伦敦的。

亨德里克斯登陆伦敦后发生的一切几乎立刻就成为摇滚史上的传奇一章，在波澜壮阔的英国摇滚乐史上，从未有过其他人像他这样迅速征服了伦敦。（讽刺的是，在美国令他处处碰壁的肤色在英国却帮了他的大忙——因为英国几乎没有黑人乐手，但有很多人是美国布鲁斯的爱好者。人们一看他是黑人，马上就会相信他。）在英国有很多 B. B. 金、艾尔伯特·金和弗莱迪·金的模仿者们，但亨德里克斯却不模仿任何人，他仿佛来自另一个星球，他手中的吉他发出的是所有人都没有听过的、只属于他的声音，像他本人一样狂野不羁而又叵测多变，无法被模仿和复制，甚至连揣摩和窥测也是如此艰深，但又是令人难以置信的丰富且美丽。刚来到英国的日子里，他的几乎每一次演奏都会留下几个令台下的某个圈中大腕瞠目结舌的段子，当时身在伦敦的几乎每一个成名吉他手都可以回忆起自己当年如何在亨德里克斯的演奏面前既敬且畏的情形。"滚石"的布莱恩·琼斯立刻就成了他的超级粉丝，不厌其烦地拉着所有认识的人去听他的演奏（在一次吉米的演出中他对人说"台下发水了，都是吉他手的眼泪"）；皮特·汤曾德和埃里克·克莱普顿在台下听得太过激动，忍不住像两个小姑娘一样手拉着手听完了一曲；保罗·麦卡特尼说亨德里克斯翻唱"披头士"的《佩珀军士》是他职业生涯中"最大的荣誉之一"……这样的故事还可以无休止地罗列下去。吉米·亨德里克斯曾经花费了将近二十四年的时间挣扎苦斗，屡战屡败，只为在这个世界上拥有立锥之地。如今连他自己也从未曾梦想过的巨大成功就这样降临在他头上，轻而易举，唾手可得。那些曾经对他紧紧锁死，任凭他拼命拍打推动，一再撞得头破血流也无法令其敞开一条缝隙透出一丝亮光的大门一扇扇竞相自动打开。不容他有片刻彷徨迟疑，那只曾经一次次坚决地将他推倒在地的手此时却在不遗余力地把他托举到最适宜的位置。舞台已经布好，最耀眼的一束白光照在他身上，群星拱月，万众欢呼。色彩绚丽的梦终于成真了。

　　虽然来得迟了一些，但是一旦走出浓云与紫雾，炽烈火焰与疾风骤雨交织的生活便无法停息。贝斯手尼尔·雷丁和鼓手米奇·米歇尔的出现完成了最后的拼图，三人组成了"吉米·亨德里克斯之体验"乐队。巡演，打磨新歌，采访，新单曲和新专辑……"体验"在英国有如火箭般直升云端。其后蒙特利尔音乐节惊世骇俗的火烧吉他表演让吉米正式跻身传奇行列，宣告他在故乡美国也同样取得成功，一跃而为屈指可数的几位第一线摇滚巨星之一。第二张专辑和第三张专辑相继问世，尤其第三张专辑《电子女儿国》令他赢得无数好评。更令人称道的是他的现场演出，卓绝的琴艺，如癫如狂的即兴演奏和舞台动作，每一场精彩的演出都将他进一步推上神坛。1967 年到 1969 年，属于他的三年，人生盛宴的顶点。这个一无所有的人仅凭一把吉他便征服了世界。

*　　*　　*

炫目光芒的背后如影随形的必然是巨大的深渊与黑暗，每一个摇滚明星都不能例外和幸免。几乎就在他被抛入星辰的同一秒，吞噬一切光热的黑洞也已经为他准备好，无声地等待最后的时刻。唱片工业与贪婪的经纪人无时无刻不在榨取他的天赋，查斯·钱德勒被赶走，贪婪无度的迈克尔·杰弗里全面控制了他；放任自流的生活方式和在纽约的录音室"电子女士"让他背负巨额债务；来自观众的呼声让他无法放松（他多次抱怨观众们无非只想看到他亮出用牙齿弹琴之类的奇技淫巧），观众们的期待对他来说毋宁是一种限制；他抱怨着自己的疲惫和压力，但是没有人能够真正帮助他，西雅图的家人再也无法亲近这个功成名就的陌生的儿子；因音乐而结识的朋友只有带着敬畏的仰望；骨肉皮们来了又去，外表光鲜的明星生活其实和残破的童年一样孤立无援。没有人能把他从"吉米·亨德里克斯"所代表的巨大混乱和疯狂之中抽离出去，让他获得哪怕片刻的安宁和平静。而为这幅画面添上最后一笔的，自然和所有 1960 年代的英雄们一样，仍是毒品和酒精。乐于谄媚的经纪人、食客和骨肉皮们源源不断地把各种毒品和酒类提供给他。这个平素温文尔雅，总在竭力避免冲突的人喝醉酒就会"变成畜生"，做出暴力伤人的举动（人们不难联想起他在贫民区里度过的童年和因酗酒而丧生的母亲）；为了应付节奏疯狂、颠沛疲劳的巡演生活，白天靠吃兴奋剂登台，夜晚靠吃安眠药入眠已经成为常事，而且剂量愈来愈大；和那个时代的所有乐手一样，他将大麻和 LSD 当作必不可少的灵感来源。当然这一切还不够，海洛因也带着惨淡的微笑，为这一片浑浊混乱的色彩添上一片苍白的痕迹。

和许多天赋异禀的人一样，吉米·亨德里克斯对始终摆布着自己的这个强大意志与最终的结局一直有着隐隐的直觉。他毫不迟疑地拥抱自己的命运，在最高与最低的时刻始终用尽全部生命与之起舞。"我是那种时间到了就必须去死的人，所以，让我随心所欲地过我的生活吧。"一方面他似乎从不长远规划，仿佛每一天都是自己人生的最后一日，如醉舟般随波逐流，任凭偶然邂逅和突发事件左右自己疯狂的人生轨迹（他因为尼尔·雷丁的发型像迪伦就把这个根本没弹过贝斯的吉他手招进"体验"弹贝斯；因为在出租车上偶然听司机说自己会打康加鼓就把他带回录音室录音；最后正是随便认识的女子在某种程度上左右了他的生死）；另一方面他把自己所拥有的一切都全力以赴地推向极致：不论是贫苦时的挫折坎坷还是成名后的放荡纵欲，所有的灾难痛苦和大起大落都在琴弦震颤的瞬间被燃烧为热情和福祉。伟大的命运必须有同等伟大的人格才能与之相称和碰撞。没有相称资格与才能的庸人若一意妄图挑战，只会被徒劳地焚毁殆尽，连残渣都不剩下；

其他在对峙中犹豫退却的天才将会活下来，坚韧顽强或平淡从容，总之是依照自己的器量与抉择得到人生另一份丰厚的礼物与赠礼；但只有孤注一掷、毫不迟疑地扑上去的璀璨灵魂才能得到那瞬间超越存在本身的辉煌与毁灭。这是双方意志的角力与互相选择的必然结果，是双方心领神会的赐予与代价。古往今来，无数付出生命的天才莫不如是。无法仿效，无法挽回。身边的亲近的人或后世的看客无论如何羡慕、焦急、关心、感慨、怜悯、不屑……无非也只能隔岸观火，袖手旁观。

1970 年 9 月 18 日，一个伦敦再普通不过的阴郁多云的日子。埃里克·克莱普顿在前一天心血来潮地买下了一把漂亮的白色左手琴，打算把它送给自己最大的竞争对手和朋友；米奇·米歇尔前一天晚上整晚都在和斯莱·斯通即兴演奏，一直都在苦苦等待那个最爱即兴演奏的吉他手的出现；美丽的模特克丝坦·奈弗一遍遍地向坎伯兰酒店打电话留言，希望前不久认识的摇滚明星情人回心转意再见自己一面；家住伦敦的贵族后裔菲利普·哈维兴奋地和朋友炫耀自己前一天邂逅了一个真正的摇滚巨星，而且居然还把这个素昧平生的大明星请到家里聊了大半个晚上。在大洋彼岸，吉姆·莫里森在迈阿密忙于准备自己因暴露生殖器而遭起诉的官司，已经心力交瘁；倍受毒瘾困扰的詹妮斯·乔普林写下自己定期例行的遗嘱，却不知道这一次将是自己生平的最后一份……其他人平凡或不平凡的生活还在继续。倒霉的尼尔·雷丁在纽约的酒店愤怒地摔掉了一个骚扰电话——对方竟说他以前乐队的吉他手吉米·亨德里克斯去世了。

——这并不是骚扰电话。

1970 年 9 月，因为糟糕的身体和精神状态，以及贝斯手兼老友比利·考克斯误服药物，吉米·亨德里克斯在经历了几场生平最糟的演出之后取消了欧洲巡演，滞留在伦敦。9 月 18 日凌晨，他住进一个近乎陌生、邂逅不过数日的女歌迷的酒店房间，因前夜吃下的兴奋药物无法入眠，服用了过量安眠药。其后在安眠药、酒精和其他药品的综合作用下，他开始呕吐。呕吐物呛到他的肺里，令他窒息。一个清醒状态的人会产生自然的反应：把呛到肺里的东西咳出去。但他已经醉得不省人事。身边的女子也已经吃下安眠药沉沉入睡。最后一张牌被翻过来了，死神的面孔赫然其上。吉米·亨德里克斯的人生抵达终点。官方死因是"巴比妥中毒引起的呕吐物吸入窒息"。后来"动物"乐队的主唱埃里克·伯顿在酒店房间发现了吉米生前写下的最后一首歌。里面有一句歌词是"生命的故事比眨一下眼睛还快"。

* * *

这本书是我翻译的第五本摇滚方面的书籍。

在翻译这本书的过程中，我曾经询问过身边一些乐迷、搞乐队的朋友和弹吉他的朋友：吉米·亨德里克斯究竟伟大在何处？结果得到的狂热崇拜和赞美远远多于我期待的客观描述。类似于"他根本无法模仿，就算看很多遍录像也学不来""他重新定义了吉他这种乐器""电吉他发展到今天，很大程度上还是没有超越吉米当年的范畴"，等等。甚至有人言之凿凿地说："他的伟大就在于无法用言语形容。"

——作为一个以文字为主要表达途径的人，这样的答案自然不能令我完全满意。

后来为了查实曾与亨德里克斯短暂合作过的打击乐手 Juma Sultan 的名字如何音译，我又把以前看过多次的亨德里克斯在伍德斯托克音乐节的演出找出来看，整个人再度沉浸其中。节目将近尾声的时候，吉米迎着初生的旭日，为台下宿醉未醒、迷惘疲惫的四万名观众奏起一曲《星条旗》，回授与延音制造出导弹爆炸与救护车哀鸣的声音，在伍德斯托克上空回响。即便多年后的观众坐在电视机前，隔着漫长的岁月与冰冷的屏幕，也能感到在那个迷幻而又庄严的时刻，一切仿佛都静止了。之后他没有停顿，行云流水般地进入那曲酣畅淋漓的《紫雾》。

就在这时我得到了领悟。

是的，吉米·亨德里克斯的的伟大无法用言语形容。

董楠，2011 年 11 月

修订于 2017 年 10 月

Contents

献给我父亲
我少年时
他经常一手揽着我的肩膀
给我读
"瓦里安特王子"漫画故事

作者序

传记作家们花费时间到墓地去誊写墓志铭固然屡见不鲜，但站在一旁观看掘墓工用铲子发掘荒冢恐怕就少见了，这便是我在创作本书过程中命中注定的时刻。这座荒坟属于吉米·亨德里克斯的母亲，在创作这本《满是镜子的房间》的四年之中，最恐怖也最意外的莫过于此事。之所以会这样，只是因为我不相信在格林伍德陵园竟然无法找到吉米·亨德里克斯之母露西尔·亨德里克斯·米歇尔葬身的确切地点，陵园管理处经不起我一再骚扰，终于答应派一个工人，带着铲子和一份老旧的地图，与我一起在一列列破败的墓碑之间探寻。诚然，为逝者树碑立传的传记作家在某种程度上干的正是挖坟的勾当，就像弗兰根斯坦博士用死者的碎块拼凑成人；我们希望能令笔下人物恍若复生，哪怕只在书中的字里行间，哪怕只是片刻也好。不过我们的目标通常都是令笔下人物更加生动活泼，而非探访尸体和古老的棺椁。总之站在泥泞的墓地，目瞪口呆地望着掘墓工人像个蹩脚的考古学家那样挖地的时刻，实在令人始料不及。

如果说这次冒险尚有任何合理之处，就在于这本传记的缘起亦是奇妙地来自这座墓园，那是三十年前的事了。正是在这座位于西雅图以南数英里的格林伍德陵园，十几岁的我，一个小小歌迷，第一次来向这位传奇乐手献上敬意。正如任何朝圣之旅一样，当我望着吉米·亨德里克斯的陵墓，最爱的吉米名曲《紫雾》(Purple Haze)、《风在呼唤玛丽》(Wind Cries Mary)，以及他翻唱迪伦的《沿着瞭望塔》(All along the Watchtower)的歌词便一一涌上心头。封套已被翻得破烂的"吉米·亨德里克斯之体验"[1]的专辑堪称我青春时期乃至整个一代人的背景音乐。童年时期，父亲在隔壁听我放着《电子女儿国》[2]简直听得耳朵起茧，以至于连他都知道要在吉米第一次踩响法兹效果器[3]踏板之前适时敲响我的房门，提醒我把声音关小一点。

　　当年十几岁的我初次站在吉米墓前的时候，对于他的生平只知道若干细节，但他的人生如此骇人，他的生活如此极端，以至于成为造神的绝好题材。我在孩提时代读过的许多1970年代的媒体报道都把亨德里克斯塑造为电吉他的神祇，这种偶像化的报道抹杀了他人性的一面。正如我悬挂在自己墙头的那幅海报一样，他成了黑色幽光中的形象，顶着那头传奇的非洲式鬈发，被笼罩在圣洁的光环之中。他仿佛难以被人了解和接近，如同来自另一个星球。有些神秘色彩来自他那几十年后依然无人能及的演奏天赋；有些则诞生于唱片公司天花乱坠的炒作所营造的迷雾之中。

　　这本书的创作历时四年，是我经过三百二十五次采访后的成果，

1　Jimi Hendrix Experience, 吉米成名后最初的乐队，由贝司手尼尔·雷丁和鼓手米奇·米歇尔组成，1969年解散。——译注（本书脚注如无特别说明均为译注。）

2　*Electric Ladyland*, 吉米1968年的专辑，亦是以"吉米·亨德里克斯之体验"之名推出的最后一张专辑。

3　Fuzzbox, 一种用来制造较大失真效果的器械，由吉米首先使用。

用意便在于将那幅笼罩在幽暗光辉中的海报还原为一幅有血有肉的人类肖像。尽管我是自 2001 年开始动笔写这本书，事实上，自从 1970 年代拜访吉米墓地之时起，这本书的字句便开始在我内心深处萦绕酝酿。作为一个以美国西北部音乐为主要方向的作者，我感觉吉米·亨德里克斯一直都是我无法回避、早晚都要面对的主题，就像一个有抱负的舞台剧演员知道自己迟早都要与莎士比亚的经典之作狭路相逢一样。

我最早一篇关于吉米的文章是在 1980 年代初写的，当时有人想在西雅图为他造一个纪念馆。不少人提出了宏伟的建议，诸如一座主题公园、以他的名字命名一条街道等等，但这个计划终于湮没在 1980 年代"对毒品说不"的政治狂热当中。一个电视评论员说，纪念吉米无异于"给一个瘾君子脸上贴金"。诸如此类的歇斯底里使原有的纪念活动偏离了轨道，最后的妥协成果就是在西雅图动物园的非洲草原动物区内放置了一块可以"加热的石头"，上面刻上了吉米的名字。这件事刺激我为杂志写下一篇文章，称这块石头是种族歧视与排外主义的象征，是受白人主导的西雅图歧视非裔美国人音乐传统的证据。如今动物园里的那块石头还在，只是上次我去看的时候加热系统坏掉了，正是那块石头使得吉米的墓地成为纪念吉米的必经之地，毕竟没有人会觉得动物园是一个供悼念或瞻仰的好去处。

1980 年代末，我第一次见到了吉米的父亲艾尔·亨德里克斯，并在几次采访中问到他儿子的生平与遗产。我最早向艾尔提的几个问题当中就有一个是关于吉米的坟墓：为什么这位摇滚史上最富盛名的左撇子吉他手的墓碑上刻的却是一把右手琴呢？艾尔说这是墓碑设计者们的疏忽。艾尔一向不是个细心的人，对自己已故儿子的生平亦是如此。

艾尔好心请我去了他的家，那里已在某种程度上成为纪念吉米的路边博物馆。没有任何父母愿意白发人送黑发人，但艾尔的命运就是如此不幸，注定要比自己的长子在这个世界上多活三十余年的时光。他家里的墙壁上挂满吉米的金唱片证书以及吉米的放大照片。其中有一些是家庭照片，照片上的吉米还是个婴儿，还有他穿着军装的照片；此外还有几幅在任何表现1960年代风貌的照片辑中都会出现的经典之作：吉米在蒙特利尔流行音乐节上焚烧吉他；吉米穿着那件白色流苏的外套站在伍德斯托克舞台上；吉米穿着布满蝴蝶纹样的丝绒上衣站在怀特岛音乐节舞台上……墙上还有几张吉米的弟弟里昂的照片，奇怪的是，还有一张艾尔已经死去的德国牧羊犬的巨幅画像。在地下室墙上我找到一幅熟悉的图片——就是我青春时代的那张海报，吉米的身影在一团黑色的光束中显现，有如神祇一般。

我从没有问过艾尔·亨德里克斯，吉米母亲葬身的地点何以遗失了将近五十年之久。艾尔于2002年逝世。在《满是镜子的房间》成书这几年间，我的采访对象中至少有五个与世长辞，其中包括"体验"的贝斯手尼尔·雷丁（Noel Redding）。我采访过尼尔不下十几次，就在他于2003年5月猝然离世两周之前，我还刚刚采访过他，他去世后我才意识到，那是他生前最后一次讲述自己的经历。在写作这本书的过程中，我时常会意识到吉米那个时代的历史正在渐渐逝去，正因它日渐脆弱，所以才更加迫切地需要细致深入的广泛研究。

当然，在一些我做的访谈乃至我访问的地点中，吉米·亨德里克斯似乎又是如此鲜明生动，有血有肉。西雅图的杰克逊街是美国西北部黑人夜生活的传统中心，五十年前，这里的临街的房间一度是本土天才们施展才华的俱乐部，他们当中有雷·查尔斯[1]、昆西·琼斯[2]，当然也有吉米。在杰克逊街，当年生活的碎片仍被生动地铭记。沿第 23 街而下，有一片楼群仍保留了当年的原貌，其中就有吉米在其中长大成人的房子。街角的花店里，柜台后的女人们还记得吉米是从莱思奇小学毕业。街对面的星巴克，每天早上都有位头发花白的老先生在那里喝咖啡，他当年曾和吉米的母亲露西尔一起跳过吉特巴舞。路边的养老院里，88 岁的多萝西·哈丁坐在轮椅上给人们讲述吉米·亨德里克斯如何在那个风雨交加的夜晚降临人世，还有自己当年给小吉米当保姆的故事。

在西雅图的黑人社区，大多数人当年乃至如今都用吉米·亨德里克斯在家里的小名"巴斯特"[3]称呼他。在本书中，他经常被称呼为这个名字，特别是在家庭当中的时候。为保持一致，我在第三人称的叙述中一直使用"Jimi"来称呼他，此外也是为了避免和吉米的童年好友吉米·威廉姆斯（Jimmy Williams）混淆，这个好朋友将在吉米的生活中多次出现。其实亨德里克斯直到 22 岁才把自己的名字拼写为"Jimi"，但大多数在西雅图认识他的人还是一直都用"巴斯特"这个名字来称呼他。

为了追寻"巴斯特"的足迹，我曾多次来到杰克逊街，乃至伦敦、旧金山、洛杉矶、纽约哈莱姆区、格林尼治村等地的阴暗角落，还有世界上其他一些地方。他把我引向英格兰北部啤酒横飞的小舞厅，"体验"的演奏曾在那里响起；他引我走下西雅图一个阴冷潮湿的地下室，十几岁的吉米·亨德里克斯就是在这里和邻居的男孩们一起苦练吉他；他让我翻阅积满灰尘的人口普查记录、引我走进一座

1　Ray Charles（1930—2004），美国著名黑人盲歌手，钢琴手，有"灵歌之父"之誉，1948 年在西雅图开启了自己的演艺生涯。

2　Quincy Jones（1933—　），美国著名黑人音乐家，作曲家，制作人。

3　Buster，意为"小鬼，小家伙"。

座格林伍德陵园这样的坟场——就是在格林伍德，掘墓工的铲子终于触到了露西尔·亨德里克斯义冢中写有她名字的标记，那只是一块砖头，多年来被厚达 1 英尺的泥土湮没。随着泥土从铁铲上簌簌脱落，吉米母亲的坟墓数十年来终于重见天日。吉米的弟弟里昂看到这块生母墓穴的标志时，忍不住热泪盈眶。之前他从不知道母亲遗骸所在的确切地点。

在艾尔·亨德里克斯的地下室里，还沉埋着另一份吉米·亨德里克斯的纪念物；它被放在角落，只会为了最忠诚的信徒被拿出来重见天日。这是一面吉米制作的 2 英尺宽 4 英尺高的大镜子。艾尔从来记不清楚日期，但里昂认定这面镜子是吉米做的东西，是在 1969 年间制成的。"它放在吉米的纽约公寓里，"里昂回忆，"吉米去世后就运到我爸爸这里来了。"镜框之内镶嵌着五十多块被打碎的镜片，被黏土黏合在打碎之前原来的位置。碎片的尖端一律指向镜子中心，那里有一块盘子大小的圆形镜片没有被打碎。"这就是吉米的'满是镜子的房间'。"艾尔·亨德里克斯把这块萨尔瓦多·达利风格的艺术品从柜橱中拖出来时总会这样说。

《满是镜子的房间》是吉米于 1968 年开始创作的一首歌。他为那个曲调写了几个歌词草稿，也录了一两个版本的小样。这首歌在吉米生前从未公开发行过。但吉米曾经考虑过把它收进自己第四张录音室专辑之内。这首歌充分证明，吉米有着强烈的自我意识，也有用音乐表现真实情感的强大能力。在他的现场演唱会上，台下观众们总会要求他弹起《紫雾》那些金曲，希望他表演各种花哨的吉他舞台效果，然而在独处的时候，吉米却会写下《满是镜子的房间》这样充满沉思和内省的的歌曲，或是一再弹起他自成长时期便已浸淫其中的布鲁斯老调。

这首《满是镜子的房间》讲述的是一个男人陷落在一个布满倒

影和幻像的世界，这个世界在睡梦中亦困扰着他。他把所有镜子都砸碎，这才获得自由，他被镜子的碎片刺伤，他在寻找一个能赐给他自由的"天使"。吉米父亲保留在地下室里的这面碎镜艺术品无疑是这个意象的具体呈现。望着它，人们不禁会思考创作者心中那深刻复杂的情绪，眼前浮现起吉米·亨德里克斯从这面破镜中凝望自己的五十多个倒影时的情景，他嘴里喃喃唱着这首歌中的句子："眼中能看到的，只有我自己。"

——查尔斯·R. 克罗斯

华盛顿州，西雅图

2005 年 4 月

序章　满是镜子的房间

英国利物浦

1967 年 4 月 9 日

我曾居住在一个满是镜子的房间，

眼中能看到的只有我自己。

——吉米·亨德里克斯，《满是镜子的房间》

"对不起伙计们，我们这儿不对你们这种人开放。我们有规矩的。"

这番话出自吧台之后一个长着暴躁面容的老水手之口，说话时他的双手都在微微颤抖。他一边警告，一边转向另一位顾客，为他斟上一品脱酒。他只是老练地匆匆一瞥就下了这个结论，不禁令站在他面前的两位顾客有些莫名其妙，不知道对方何以不肯卖东西给自己喝。这太奇怪了，因为这里根本就是一个典型的英国酒吧，对任何人都开放：就算是孩子、醉得快站不起来的酒鬼……哪怕是身戴镣铐的逃犯，只要手里有一镑钞票，就可以在这儿买醉。

在这两位被拒绝提供服务的顾客中，其中一位是 21 岁的尼尔·雷丁，"吉米·亨德里克斯之体验"的贝斯手。尼尔出生在英格兰东南部的弗克斯通，在酒吧里已经混了好多年，见识过不少脾气古怪的酒吧老板们，不过却从没有买酒喝的时候被拒绝过，除非酒吧已经打烊了。但此时根本不是打烊时间，雷丁想不出这位酒保为什么会这样回答。多年后他回忆：“我当时想，是不是这家伙讨厌我们的单曲《嘿，乔》（Hey Joe）啊？”

尼尔的同伴是吉米·亨德里克斯，他们的脖颈上都系着紫色围巾，蓬松厚重的鬈发似乎带着半透明的光晕。尼尔穿着明亮的紫色喇叭裤；吉米穿着酒红色天鹅绒紧身裤，上身是带流苏的海盗衫，胸前堆着蓬松的褶皱，外面还披着黑色斗篷。能穿着这么一身出门的，除了舞台剧中扮演 18 世纪人物的演员，恐怕也就只有摇滚明星了。不过，尼尔和吉米这个样子虽然很怪，但此前在几百个大小酒吧也照样畅行无阻。在伦敦他们得到的待遇通常恰恰相反——一旦被认出来，便会被崇拜者们待若上宾。

那一年，24 岁的吉米已把英格兰完全迷倒。住在英国的六个月期间，他是许多酒吧的荣誉贵宾，就连备受爱戴的保罗·麦卡特尼（Paul McCartney）有一次也请他喝酒。他曾经崇拜过的那些英国传奇乐手们——埃里克·克莱普顿[1]、皮特·汤曾德[2]还有“滚石”的布莱恩·琼斯[3]开始把他作为对等的伙伴乃至亲密的朋友纳入他们的私人小圈子。媒体盛赞他为冉冉升起的摇滚新星，用“婆罗洲的野人”“黑色猫王”之类头衔称呼他。演出间隙时，他和尼尔想喝上一杯根本算不上什么难事，除非是被热情的歌迷们围得水泄不通，其中有不少都觉得吉米性感无比。正是为了躲开这些家伙，吉米

1　Eric Clapton（1945—），英国著名传奇吉他手，1960 年代中期于“奶油”乐队任吉他手。

2　Pete Townshend（1945—），英国“谁人”乐队的吉他手，以激烈的舞台表演，在台上砸烂吉他和音箱著称。

3　Brian Jones（1942—1969），“滚石”早期吉他手，1969 年被开除出乐队，几周后意外身亡。

和尼尔才溜到这个相对偏僻的小酒吧来，打算匆匆喝上一杯再回去继续下一节的演出。现在他们是在利物浦，当地人当然会对本土出身的"披头士"更加偏爱，但是作为在英国各地迅速蹿红的超级新星，他们竟会在这里吃瘪，还真是有些出人意料。"就是那种典型的英国小酒馆，里面充斥着船工、小店店主，以及诸如此类的人。"尼尔说。

吉米后来告诉尼尔，他当时的第一个念头是这个酒保可能歧视自己是黑人。作为曾在美国南方生活过的黑人，吉米在本国多次因为种族被拒绝服务。在美国南方，实行《吉姆·克劳法》[1]，公用饮水龙头上有"仅供白人"的标记，还有诸如此类的种种歧视，都是他经常碰到的事情。住在田纳西州纳什维尔[2]的时候，有一次他家的窗子被人砸破了，只因为他是个黑人。他曾在专供黑人演出的"猪肠院线"[3]巡回演出过三年，过着贫困艰苦的日子，在小舞厅、冷饮店和低等酒吧之间辗转，为台下的黑人观众们弹起节奏布鲁斯乐曲。为了赶往这些演出地点，黑人乐手们必须事先周详策划行程，安排好就餐、上厕所之类的细节，因为在这个由白人主宰的南方，就连这些简单的服务也拒绝对黑人开放。灵魂乐传奇歌手所罗门·伯克[4]曾有一次和吉米一起坐巴士在"猪肠院线"巡演，他回忆有一次乐队停在某个乡下小镇上唯一的饭馆门口，结果就出了事。他们知道这家饭馆肯定不对黑人开放，于是就派一个白人贝斯手去给大家买

1　吉姆·克劳法（Jim Crow laws）泛指1876年至1965年间美国南部各州以及边境各州对有色人种（主要针对非洲裔美国人，但同时也包含其他族群）实行种族隔离制度的法律。——编注

2　Nashville，田纳西州首府，汇聚了大量乡村、民谣音乐的乐手、厂牌和录音室，被誉为乡村音乐之都。

3　Chitlin' Circuit，美国东南部在种族隔离期间专供黑人艺人演出的地点。其中的"Chitlin"是美国黑人"soul food"中的一道菜。

4　Solomon Burke（1936—2011），著名灵魂乐、布鲁斯创作歌手，代表作有"If You Need Me""Cry to Me""Everybody Needs Somebody to Love"等，2001年进入摇滚名人堂。

外带食品。这个白人乐手回来时，到了离车子差不多还有 10 英尺远的地方，餐盒开始往下滑，吉米跑出去帮他。"于是开饭馆的白人们看到卖出去的饭原来是给黑人吃的。"伯克回忆。亨德里克斯和伯克恐惧地看着那些人从柜台后面冲出来，挥舞着斧头。"他们抢回所有食物，扔在地上，"伯克说，"我们没有反抗，因为我们知道，他们很想，而且也完全有能力把我们都杀了，警察多半还会帮着他们。"

在英格兰，吉米再也没有受到过种族歧视的困扰；他发现阶级和口音才是英国社会划分等级的标志。在美国，黑皮肤成为他音乐道路上的极大障碍，特别是他又常常跨越音乐类型的藩篱，演奏被公认属于"黑人音乐"的摇滚乐和节奏布鲁斯之外的其他音乐门类。然而在英国，他的种族和美国口音被视为新奇和独特风格的象征。他既是扬基佬，又是非裔美国人，是个独一无二的圈外人，这种身份受到人们的尊敬。"他是我亲眼见过的第一个美国黑人，"尼尔·雷丁回忆，"仅仅这一点就足以让他成为一个有意思的人了。"1967 年，当时只有十几岁的音乐家斯汀去看了"吉米·亨德里克斯之体验"的巡演，后来他也写道："那是我第一次亲眼见到一个黑人。"

在那个利物浦小酒吧，吉米的第二个念头是自己穿的夹克衫可能有什么问题。那天他穿了一件古董军装外套，它是大英帝国辉煌年代的历史遗物，是从伦敦的跳蚤市场买来的，装饰得非常华丽。胸前有六十三个黄金扣子，袖口和胸口有精致的金线刺绣；华丽的领子更是让任何穿上它的人都显得像个花花公子。"这件外套以前也给他惹过事，"吉米当时的女友凯西·埃金汉姆说，"那些退伍老兵看见这个打扮得花里胡哨的黑人穿着这样一件军服招摇过市，当然能看出他绝对没在英国军队里呆过。"上了一定年纪的英国二战老兵们很快就开始对吉米这件衣服表示不满，要是没看过《流行顶峰》这档电视节目，他们才不知道他这个摇滚歌星。不过，这点小麻烦最后很快就被吉米彬彬有礼的道歉平息了，他还特别提起自己最近刚刚从美军101空降师退伍不久。这样的表态足以让那些老家伙们平静下来，也足以为他赢得感激之情了——直到1967年，大多数英国人还记得传奇的101师无畏的英雄们在诺曼底登陆战役中从天而降的英勇事迹。

亨德里克斯穿着那件外套的确很有英雄气概。他身高只有5英尺10英寸，但人们都会有种错觉，觉得他至少有6英尺，或许至少是因为他那头雄伟的非洲式鬈发带给他一种超越现实生活的感觉。他那削瘦的、棱角分明的身材呈倒三角形，更令人产生他身材高大的错觉；他的髋部和腰部都很瘦，但臂膀却异常宽阔，十指也是格外纤长，他的皮肤是一种浓深的、焦糖般的黑色。乐队的队友们戏称他为"蝙蝠"，因为他喜欢在白天拉着窗帘睡觉，而且他总喜欢穿着斗篷，看上去也和蝙蝠有几分像，而且颇有几分超级英雄色彩。凯西·埃金汉姆回忆："我们走过伦敦街头时，人们常常盯着他瞧，好像他是什么特异景象。"他那双大大的、杏仁形状的棕色眼睛时常闪烁着生动的光辉。英国的文字记者们很快就喜欢上了吉米，但摄影记者们对他更是格外偏爱，因为他的容貌像模特那样没有死角，从任何角度拍照片都很好看。此外他还有种很温柔的表情，能让他的每张照片都显得好像背后有个故事一样。就连在报纸那么生硬冰冷的媒介上，吉米的照片都能传递出一丝性感气息，令他显得危险而富于异国情调。

这种华丽之美却无法打动眼前这位眼神冷酷的利物浦老酒保，也不能让吉米得到一品脱酒喝，两人礼貌地要求了很多次，几镑钞票也被放在柜台上，但还是一点用也没有。吉米可能也考虑过要报出名号，用自己正当红的名气来让这位老先生屈服，但他的耐心在消失。尽管大家都知道吉米是个文静礼貌的人，但他的暴脾气偶尔也会发作，特别是在酒精的催化之下，不巧赶上他发火的人只有祈求上天保佑了。埃金汉姆说："他发怒的时候就像大爆炸一样。"不过在这个酒吧里他还没喝酒，不大可能把面前这个老家伙打翻在地。

最后，吉米带着点结巴开了腔，他一紧张就会这样，这是童年遗留下来的习惯，他质问那个酒保，带着点怒气："是……是因为……我是黑人吗？"

酒保很快坚定地开了腔："不，天哪，伙计！难道你没看到门上的告示吗？"说着，老人怒气冲冲地抓起吧台上的毛巾，走向吧台的另一头。

排除了种族歧视的可能性，轻松幽默的心情才重新回到吉米和尼尔身上。他们望着对方，脸上露出做了恶作剧又等着别人发现的孩子才会有的笑容。"我们哈哈大笑起来，"尼尔回忆，"我们也不知道自己在笑什么。"尼尔对吉米开玩笑说，也许在利物浦，要想买杯酒，还得加入"树鸥"乐队才行——这是尼尔给"披头士"起的绰号。尼尔走出去看门上的告示，发现有两个告示用图钉按在门上，格外显眼，上面是一幅马戏团的大海报，地点就在这条马路的前方；下面是一张手写的告示，解释了吉米和尼尔在这家酒吧遭到拒绝的原因。尼尔看到下面那张告示差点笑死。他觉得这肯定能成为一个流传很久的笑话，肯定能供乐队在巡演路上开好几个月的玩笑。"我当时简直等不及要把这个笑话告诉给米奇·米歇尔[1]了——他肯定会一直拿这个打趣我们的。"几年后尼尔回忆。他回到吧台，却发现酒保正在和吉米对吼。

"我告诉过你了，我们不卖你酒喝！"酒保坚持道，"我们有规

1　Mitch Mitchell（1947—2008），"体验"鼓手。

矩。"尼尔试图插嘴，但这个酒保正在气头，继续喊叫道："门口的告示不是写得清清楚楚吗，如果我们放你们当中的一个人进门，这地方马上就会被你们这帮家伙塞满的，这样就没法好好做生意了，没门儿。招待马戏团的人让我们做不了生意，告示写得清清楚楚：'小丑不得入内！'"

　　尼尔回忆，吉米愣了好一会儿还没明白这话是什么意思。尼尔赶快在他耳边解释："这条街上有个马戏团。他觉得我们是小丑，这家伙不想让小丑进来。"听了这番解释，吉米的脸上还是显得有些困惑，几乎是目瞪口呆。慢慢地，他才明白整个搞笑的事件到底是怎么回事，一个大大的笑容绽放在他脸上。他在这个酒吧受到拒绝并不是因为他是黑人，穿了军服，或是太粗俗，穿得像个海盗，又或者是因为身在利物浦这个"披头士"的地盘，尽管在某种程度上这事与这一切都有关系。

　　那年春天，吉米是全英国最令人兴奋的摇滚明星；不到两个月之后，他将穿着这身军装出现在蒙特利尔流行音乐节上，那场演出将令整个美国为之震惊；其后他更是成了全世界最为炙手可热的明星。差不多就在这天过去两个月之后，保罗·麦卡特尼在吉米的伦敦演出结束后递给他一支大麻烟，拍着他的后背说："真是太棒了，伙计。"但就在这一天的下午，在麦卡特尼故乡的酒吧，吉米说破了嘴皮也买不到一杯酒喝。这个酒保不知道坐在自己面前的是一个大明星；他只知道这个小丑说自己和一个叫做什么"体验"的团伙在一起。小丑，还是留着黑人鬈发的小丑！老人觉得这种人肯定会大大影响他们的生意。

第一章　比以前好多了

华盛顿，西雅图

1875 年 1 月—1942 年 11 月

> 亲爱的艾尔：恭喜你有了个漂亮的儿子。母子平安。情况比以前好多了。露西尔问你好。
>
> ——德洛丽丝·霍尔致艾尔·亨德里克斯的电报

1942 年感恩节之后的那天，吉米·亨德里克斯来到人世。这个 8 磅 11 盎司重[1]的健康男婴被所有人视为感恩节来自上帝的恩赐。他的阿姨用电报把好消息通知给他的父亲，短短的电文中有这么一句："情况比以前好多了。"这句话简直可以作为截止到那时为止整个亨德里克斯家族史的铭文，在更广泛的意义上，其实也可以作为对非裔美国人在合众国多年遭遇的一句充满希望的总结：在很长一段时期里，黑人的境遇都是那么糟糕，也许新一代人有望看到未来的进步和一个更公正的世界吧。吉米双亲的家人都觉得他的出生意味着一个全新的开端。"他是我见过的最可

1　1 磅约合 0.45 千克，1 盎司约合 0.028 千克。8 磅 11 盎司约合 4 千克。——编注

爱的宝宝，"吉米的阿姨德洛丽丝·霍尔回忆，"他是个可爱的小东西。"

吉米出生在华盛顿州西雅图国王郡医院的产科病房，这家医院后来改名叫港景医院，因为从医院可以俯瞰巨大的天然海港普吉特湾[1]的壮丽景色。西雅图渐渐成为美国太平洋海岸的重要港口城市之一，到 1942 年已有三十七万五千人口。二战时期，这里俨然成为一座新兴城市，船厂中忙着生产海军舰艇，波音航空公司在这里艰苦卓绝地制造出 B-17 轰炸机，为盟军在战争中赢得关键性胜利。1942 年，工厂二十四小时全天轮班开工，大量劳动力涌入这座城市，从此彻底改变了它的种族结构。根据 1900 年的人口普查，全西雅图只有四百零六名黑人居民，仅占总人口的 0.5%。而 1940 到 1950 这十年间，由于战时生产需要大量劳动力，以及大批南方移民的涌入，城市的非裔美国人人口激增到一万五千六百六十六人，成为西雅图最大的少数族群。

吉米的父母都不是战时移民，不过二战当然也对他们的生活环境产生了重大的影响。吉米出生时，父亲艾尔年仅 23 岁，是美军的二等兵，驻地在亚拉巴马的拉克尔堡。艾尔向长官请孩子出生的探亲假，结果却被拒绝，还被关了禁闭——上级说假如不把他关起来，他肯定不惜开小差也要回去看孩子。收到大姨子德洛丽丝·霍尔的贺电时，艾尔还被关着呢。后来他抱怨如果换了白人士兵在类似情况下请假肯定会被批准。但是没人理会他的理怨。直到儿子满了 3 岁，艾尔才终于见到他。

吉米的母亲露西尔·杰特·亨德里克斯生吉米时只有 17 岁。在艾尔被征召入伍的同一个星期，露西尔发现自己怀孕了，这真是

1　Puget Sound，位于美国太平洋西北区，通过胡安·德富卡海峡与太平洋相连。

一个不合时宜的时间。1942年3月31日，他们在地方法官主持下，于国王郡市政大楼举行了结婚仪式，之后夫妻俩仅在一起生活了三天，艾尔的部队就开拔了。艾尔出发前夜，他们在一家名叫"摇椅"的酒吧开了个派对——雷·查尔斯后来就是在这家酒吧被人发掘的。露西尔当时还不到法律准许的喝酒年纪。但在战时的混乱情况下，这点小事对于酒保来说算不了什么。夫妻俩为未知的未来以及艾尔能从军队平安归来而举杯。

出于命运的安排，这对新婚夫妻的长子降生时，艾尔远在3000英里之外，这为他们的婚姻带来了永久性的创伤。当然在动荡的二战时期，像他们这样分隔两地的夫妻司空见惯。1941年12月，日本袭击了珍珠港，西雅图乃至其他西海岸城市顿时陷入疯狂的恐慌，担心日本人发动攻击，成千上万的家庭便是在这样的时代背景之下骨肉分散。就在艾尔和露西尔结婚前一天，西雅图的日裔美国人被集中起来送进拘留营，西雅图是全美第一个采取这种措施的城市。最后，整个华盛顿州有一万两千八百九十二名日裔美国人遭到拘留，其中就有艾尔夫妻的朋友和邻居。

然而战争动荡并不是影响艾尔和露西尔关系的唯一因素。艾尔身材不高，但相貌颇为英俊，露西尔则年轻貌美，走在街上回头率相当高。除了肉体关系和对跳舞的共同爱好，两人之间确实没有什么用来维系婚姻的基础。两人都是赤贫出身，艾尔离开西雅图时就知道，自己在海外期间无法对新婚妻子和即将诞生的孩子提供什么经济上的帮助。他们之间的关系其实只是短暂的罗曼史，然后就奉子成婚，家人和朋友们都并不支持。作为未成年的准妈妈，露西尔的年龄、种族、阶级和经济状况等等对她来说都是严峻的挑战。而露西尔的贫穷生活更导致艾尔·亨德里克斯对她产生深深怀疑，以至于后来质疑起她的忠诚和贞洁，也怀疑自己究竟是不是孩子们的亲生父亲。

生父身份与血统的争议贯穿了亨德里克斯几个世纪以来的家族史。这个家族的历史也折射出很多黑奴后代的历史，而在由白人书写的编年史中，他们的事情很少会被记载。吉米·亨德里克斯可能是第一批令大量白人听众如醉如痴的黑人摇滚乐手之一，不过他的祖先其实来自很多种族，其中包括印第安原住民、黑人奴隶，乃至白人奴隶主。

吉米的外公名叫普莱斯顿·杰特，1875年7月14日生于弗吉尼亚州里士满。普莱斯顿的母亲是奴隶出身，和里士满的大多数奴隶一样，南北战争之后，她依旧处在家佣的位置上。普莱斯顿的父亲是她之前的主人，普莱斯顿的出生究竟是强暴还是你情我愿（假如这种事有可能发生在主人与奴隶之间）的结果，已经无从知晓。普莱斯顿年轻时曾目睹过一起对黑人的私刑，从此决定离开南方。他的目的地是美国西北部，因为听说那里黑人的境况要好一些。

25岁那年，普莱斯顿来到华盛顿州的罗斯林市，罗斯林是个小小的煤矿城市，坐落在卡斯克德山脚下，位于西雅图以东8英里左右。不幸的是，他发现种族暴力在罗斯林同样猖獗，和南方没什么两样，这是因为矿山管理层故意招募黑人矿工，以此破坏白人矿工的罢工。当地治安官给州长写信警告说："反对黑人的恶意情绪在蔓延……我担心会有流血事件。"一系列与种族有关的命案相继发生。"凶杀是家常便饭。"一个本地人说。

到了1908年，非裔美国人在罗斯林市虽不能说是被接纳，但至少已经基本被容忍。普莱斯顿有一张在那年拍下来的照片：他和一群黑人矿工站在大吉姆·E.谢珀森开的"色彩俱乐部"前面，它是这里唯一一间允许他们进入的酒吧。然而种族敌视情绪仍然高涨，比如一次井下爆炸导致四十五个矿工身亡，其中有几个黑人矿工，白人们不允许黑人遇难者们被埋葬在镇上的公墓里。最后，镇上划出了二十四块特别墓地，分配给不同种族或兄弟会单独使用。

在罗斯林市度过了十年后，普莱斯顿去了华盛顿州纽卡斯尔的煤矿工作。1915 年，他又来到西雅图做园丁。此时他已经 40 岁了，自然也想找个老婆，就这样，他在《西雅图共和报》上找到了一则年轻女子的征婚启事。

广告中的女人名叫克拉丽丝·罗森——她后来成了吉米·亨德里克斯的外祖母。克拉丽丝于 1894 年出生在阿肯色州的小石城。和该州大多数黑人居民一样，她的祖先中既有黑人奴隶也有切罗基人[1] 的血统。后来克拉丽丝告诉自己的孩子们：当年美国政府猎杀她的切罗基祖先，是黑人奴隶把他们藏匿起来，并且和他们通婚。

克拉丽丝有四个姐姐，罗森家的五个女儿经常离开阿肯色的家，到路易斯安那三角洲去采棉花。克拉丽丝 20 岁的时候在去三角洲途中遭到强暴，后来发现自己怀孕了，姐姐们决定带她去西部，赶快给她找个丈夫。她们选择了华盛顿州，因为听铁路工人们说，黑人在那里有更多发展机会。

在西雅图，她们为克拉丽丝登报征婚，不过却没提克拉丽丝怀孕这回事。于是普莱斯顿·杰特前来应征，他比克拉丽丝大 19 岁，但两人还是开始约会了。后来克拉丽丝的姐姐们催普莱斯顿赶快娶克拉丽丝，还要给他一笔钱当嫁妆，他却开始心生疑窦，决定和她分手。克拉丽丝生下了孩子，把孩子送去给别人领养。她的姐姐们

---

1 Cherokee，北美易洛魁印第安人的一支。

又去找普莱斯顿提出条件：如果他愿意迎娶伤心欲绝的克拉丽丝，就给他更多钱。普莱斯顿同意了，两人于1915年完婚。尽管这段婚姻一直持续到三十年后普莱斯顿寿终正寝，但初会时的特殊情况一直影响着两人之间的关系。

普莱斯顿和克拉丽丝都是为了避免种族歧视问题才来到西北部。在某种程度上，西雅图确实不像南方那样有严厉的种族隔离措施，诸如在公用饮水喷头上也标注着"白人专用"等等。然而在西北部，非裔美国人遇到的是比较隐蔽的歧视，机会也同样有限。在西雅图，黑人基本都住在一个名叫"中心区"的地方，面积大约4平方英里。这里集中着这个城市最古老，最破旧的房屋。出了这块地，房东们一般就不会把房子租给黑人了，不少镇子明令禁止向非白种人出售不动产。

尽管居住方面的选择很少，黑人们还是觉得西雅图的这种变相种族隔离有一些好处。在中心区，他们发展成为密切联系的社团，种族自豪感很强烈，邻里关系非常好。"这个社区不大，就算你不认识某个人，你也肯定认识他的家人。"终生居住在这里的贝蒂·简·摩根说。这里还住着印第安人以及华裔、意大利裔、德国裔、日本裔乃至菲律宾裔的移民；当地学校里充斥着各种少数族裔。正因为这里有那么多少数族群和各种宗教信仰（这里亦是西雅图犹太人活动的中心），因此才发展起一种不仅在西雅图，乃至在当时的整个美国都堪称独一无二的多元文化。历史学家伊斯塔·霍尔·曼福德有本关于西雅图黑人历史的著作，名叫《葫芦锅》(*Calabash*)，这个词来自一个非洲传统：在一个巨大的锅里为整个村子的人煮食，同时也是一个隐喻，邻里之间足以包容一切，自给自足——在20世纪上半叶，这个隐喻完全适用于西雅图的"中心区"。邻里之间强大的人际纽带和包容一切的温暖感觉会对所有在这里成长的人产生终生影响。

西雅图的黑人社区有自己的报纸、饭馆和商店，最棒的是还拥有自己的娱乐中心，就坐落在杰克逊街。这里有夜总会和赌场，有全国知名的爵士乐和布鲁斯艺人的演出，其繁荣兴旺令一位报纸编辑将它同芝加哥的国家大街或孟菲斯的比尔大街相提并论。虽说普莱斯顿和克拉丽丝并不经常光顾杰克逊街上的俱乐部，这个多彩繁华的底层社会对二人儿女们的青春时期却产生了深远的影响，当然，还有他们的外孙吉米·亨德里克斯。

对于西雅图的黑人们来说，生活中最重大的问题就是找一份好工作，其他一切种种相形之下都不算什么。在大多数情况下，西雅图的白人社区都能容忍非裔美国人的存在，但是能准许黑人从事的工作只有服务行业而已，诸如厨师、侍者或列车员之类。普莱斯顿·杰特故技重施，在一次白人罢工中找到了一份码头工人的工作；这种工作平时一般是只由白人担任的。克拉丽丝找了一份家庭佣人的工作，根据 1910 年的统计，当时西雅图有工作的黑人女性当中，84%都是在做女佣。克拉丽丝和当时大多数黑人母亲一样，一边生育自己的孩子，一边给白人小孩当保姆。

在接下来的十年间，克拉丽丝相继生了八个孩子，其中两个在襁褓中不幸夭折，还有两个被别人领养。露西尔生于 1925 年，是杰特夫妇最小的孩子，她早产了八个星期。克拉丽丝生完露西尔后受到肿瘤和产后抑郁症的折磨，住了六个月的医院。时年 50 岁的普莱斯顿当时也有健康问题，根本无法照顾家庭，于是露西尔的三个姐姐——南希、格特鲁德和德洛丽丝就要负责抚养这个婴儿。那是 12 月的一天，暴风雪罕见地降临了西雅图，就在那天，护士们把她送回家中。"她们得小心翼翼地抱着她，翻过我们家前面的那座小山，"德洛丽丝·霍尔回忆，当时的她只有四岁，"她们把她放在我怀里说，'千万要当心，她可是你的新妹妹。'"

接下来的数年里，杰特一家面临数不清的挑战。克拉丽丝在医院不断进进出出，身心健康都有问题，孩子们被送去寄养，和一个德国大家庭一起住在西雅图绿湖地区北边的一个小农场里。那是个白人占据绝对优势的地区，他们经常被错认为吉卜赛人——当地白人们避之不及的另一个少数族裔。

露西尔十岁的时候，一家人终于又能在中心区重新住在一起。青春期的露西尔有着异常美丽的眼睛和姣好的身材。"她有一头长而浓密的黑色直发，还有格外美丽开朗的笑容。"她在中学里最好的朋友洛林·洛克特说。普莱斯顿和克拉丽丝对露西尔格外保护，她直到15岁才被允许去参加舞会。活泼漂亮的她自那时起就备受瞩目。"她相貌出众，舞也跳得好，"詹姆斯·普莱尔说，"她肤色很浅，头发也漂亮，她本来完全能过关。""过关"是黑人的俗话，意思是某个肤色较浅的人可以被当作白人，在白人的世界畅通无阻。这样当然在某种程度上意味着欺骗，但"过关者"毕竟能得到其他黑人无法得到的更多工作机会。就算在黑人社区内部，较浅的肤色和直发也被认为是美丽的特征，而露西尔两者兼具。

根据各方面的描述，15岁的露西尔很正派，有点不成熟。她在音乐方面很有天分，很会唱歌。偶尔还会参加业余唱歌比赛，有一次甚至赢得了5美元的奖金。不过她生活中的最大乐趣还是和一个好舞伴在舞池内翩翩起舞。1941年11月的一个晚上，露西尔在去华盛顿礼堂的路上顺便到一个同学家去。那年她刚满16岁，还在上初中。就像大多数女学生一样，看演出让她非常兴奋，当天演奏的是传奇爵士钢琴手法兹·沃勒（Fats Waller）。那天一个从加拿大来的年轻人正好也过来看望她的朋友。"露西尔，"她的同学介绍说，"这位是艾尔·亨德里克斯。"

第二章　血桶

加拿大不列颠哥伦比亚省，温哥华

1875 年—1941 年

她在一个名叫"血桶"的酒吧工作。那里总是充满
争吵和斗殴，是个很粗野的地方。

——多萝西·哈丁

1960 年代末吉米·亨德里克斯刚成名的时候，他的姓氏经常被
媒体误拼成"Hendricks"。亨德里克斯觉得这是演艺界的常事，并
没介意，他的名字"吉米"也有各种拼法。其实直到 1912 年亨德
里克斯家族的姓氏拼法都是"Hendricks"，后来才被吉米的祖父简
化成现在的"Hendrix"。

吉米的父系家谱和母系一样，也有黑人奴隶、白人奴隶主和切
罗基族印第安人的血统。1864 年，也就是南北战争结束一年后，吉
米的祖父伯特朗·菲兰达·罗斯·亨德里克斯出生于俄亥俄州厄巴
纳城。他是黑白混血儿，也是私生子，他的母亲原本是黑人奴隶，
父亲是个白人商人，曾经是她的主人。母亲让他沿用了父亲的名字，
希望父亲能够抚养这个孩子，但未能如愿。伯特朗长大后，在芝加

哥一个歌舞杂耍剧团里找了个舞台管理的工作，在那里遇到诺拉·摩尔，两人结了婚。诺拉的曾祖母是纯种的切罗基族印第安人。这个血统再加上杰特家的部分，使得吉米·亨德里克斯身上至少有 1/8 的印第安血统。

1909 年，诺拉和伯特朗随二人工作的全黑人歌舞杂耍剧团"伟大迪克西兰奇观"来到西雅图，剧团在华盛顿大学的"阿拉斯加 - 育空 - 太平洋博览会"上演出。他们在这里停留了一夏，然后又去了加拿大不列颠哥伦比亚省的温哥华，那里离华盛顿州与加拿大相邻的北部边界不远。温哥华的少数族裔要比西雅图的还少，没什么人爱看黑人歌舞杂耍表演，伯特朗在当地找到了工人和侍者的工作。夫妻俩很快发现这里白人占绝大多数，他俩显得像怪人。他们住的地方叫斯特拉思科纳，是移民居住的地区，也是贩卖私酒和卖淫的中心，被本地人叫做"罪恶之地"。

诺拉和伯特朗婚后六年间有了三个孩子：里昂、帕特里西娅和弗兰克。1919 年，他们有了最后一个孩子：詹姆斯·艾伦·亨德里克斯，他就是吉米的父亲艾尔，后来大家都用艾尔这个名字称呼他。小艾尔出生时双手都有六指，母亲认为这是个恶兆。她用丝绳把那两只多余的手指紧紧缠起来，但它们还是长出来了。后来艾尔有时会伸出那两只生着细小指甲的小手指，把吉米的朋友们吓一跳。

加拿大的高收入工作一般都由白人垄断，亨德里克斯一家和大多数黑人家庭一样，只能艰难地生存。1922 年，本地一起谋杀案激起一股反对黑人的情绪，伯特朗由此失去了公共浴室侍者的职位（这是本地极少数对所有种族开放的职位之一）。最后他在一个高尔夫球场找到一份服务员的工作，一直做到 1934 年他去世为止。

伯特朗的去世和长子里昂的早夭令一家人只能靠来自"加拿大救济"的福利金过活，最后他们连房子也失去了。他们搬到诺拉的新男友位于东佐治亚大街上破破烂烂的家里。艾尔就是在那里一直成长到青春期，和哥哥弗兰克以及一个房客合住一间屋子，生活中仅有的一点奢侈之一就是每天收听播放爵士大乐队金曲的广播节目《午夜潜行》。16 岁那年，艾尔去看了艾灵顿公爵[1]的演出，还被《温哥华太阳报》的记者拍到在台下跟着跳舞。看到自己的照片出现在报纸上是艾尔童年时代为数不多的兴奋时刻。

长大成人后，艾尔常常去参加跳舞比赛。后来他常常夸耀自己当年如何将舞伴抛到空中，再用潇洒漂亮的动作拉着她从自己双腿之间滑过。但当时加拿大的黑人女性实在太少，黑人男性在温哥华约会一位白人女性又实在太过危险，所以艾尔的感情一直没有归属。他在家附近名叫"鸡肉酒馆"的饭馆找了份工作，那里是当时温哥华黑人文化的中心。艾尔的工作还包括在上餐间隙跳舞，他娴熟的舞姿总能赢得宾客们的掌声。

18 岁那年，艾尔得到一个靠拳击比赛赚钱的机会。他身材结实，肌肉发达，但已经成年的他身高也只有 5 英尺 6 英寸而已。拳击赛主办者带他到西雅图的"水晶池"大礼堂打拳，艾尔作为次中量级选手[2]参赛。他进了决赛圈，但最后还是输掉了，许诺中的大笔薪酬也成了镜花水月。比在拳台上失利更惨的还要算比赛期间在摩尔酒店的遭遇，服务员对他和另一个黑人拳击手说泳池"仅供白人使用"，于是他们只能眼巴巴地看着其他队员下去游泳。

回到温哥华，艾尔开始到处拼命找工作。他一直都想找个铁道搬运工的职位，可是招工的说他个头太矮，虽说这一行根本没有明确的身高要求。最后他离开加拿大去了西雅图，希望能得到更好的

1　Duke Ellington（1899—1974），爵士作曲家、钢琴家，爵士乐史上最著名的代表人物之一。

2　体重在 61—67 公斤之间。

机会，况且那里黑人更多，说不定还能找个女朋友。

1940年，艾尔兜里揣着40美元来到西雅图。他得到的第一份稳定工作是在市中心的本·帕里斯夜总会搬桌子，给客人擦皮鞋。后来他在一家铸造厂找到了工作；这是非常繁重的体力劳动，但报酬不错。这段时期艾尔生活中的唯一乐趣就是去舞厅，在那里他可以暂时忘记一切烦恼。他常穿一身褐底白斜纹的阻特装[1]，外罩一件及膝的单排扣米色外套。遇到16岁的露西尔·杰特的那天晚上，艾尔·亨德里克斯身上正是穿着这套衣服。

遇到艾尔那年，露西尔正在九年级读书，她虽然相貌出众，但和男孩子们打交道时却异常天真单纯，艾尔是她的第一个男朋友。他的加拿大背景吸引着她，但这个背景同样也令艾尔在西雅图黑人社区中的一些人眼里显得格格不入。"西雅图人看不起加拿大来的人。"德洛丽丝·霍尔说。艾尔在西雅图没有熟人，这成了两人生活中一再出现的大问题——露西尔可是有不少朋友，她又那么漂亮，难免会令艾尔深深嫉妒。"艾尔是个肌肉发达的男人，"詹姆斯·普莱尔说，"因为他，所有人都躲得露西尔远远的。他脾气不好，也不怕动拳头。就算有人围着她打转，肯定也得偷偷摸摸的，要不艾尔一定会把这些人杀掉。"

艾尔和露西尔有过几次单纯的约会，最后是露西尔的忠诚和善良令两人关系更进一步——艾尔突然患疝气住院，露西尔自愿去医院照顾他。于是艾尔出院后便开始正式追求她，像那个年代的追求者该做的那样经常去拜访她的父母。露西尔的父母喜欢艾尔，但也没有认真对待他对女儿的追求，因为他们觉得女儿只有16岁，此时就和一个男人定下终身未免为时过早。

---

1 Zoot suit，一种男士服装，流行于1940年代。上衣宽而长，裤腰高，裤口窄。整套服装的颜色非常鲜艳。一把大钥匙是必不可少的饰物。常为黑人穿用。

后来艾尔失去了在铸造厂的工作，又在台球厅找了一个工作。日本袭击珍珠港的时候他正做着给人摆球的差事。时年21岁的他自然被应征入伍，随着战事迫近，他和露西尔的关系也开始加速。2月底，露西尔怀孕了。这真是惊人，因为艾尔租住的地方不允许女客进屋拜访。露西尔把消息告诉父母，令他们勃然大怒。"她是这个家里的宝贝，所有人都想不到会有这种事发生。"德洛丽丝回忆。

艾尔羞怯地告诉杰特夫妇，他会娶他们的女儿为妻，但这番话并不能让普莱斯顿感到欢喜，他想劝露西尔不要结婚，结果却未能如愿。二人最后还是在国王郡市政大楼结婚了，三天后艾尔便随军队开拔。露西尔虽然有孕在身，而且结了婚，但仍坚持去学校上课，对同学们隐瞒着自己结婚怀孕的事情。她身材瘦削，妊娠的前几个月根本看不出身材的改变。艾尔太穷，没能给她买结婚戒指，所以结婚的事情别人也看不出。到最后，虽然露西尔本来希望能读完初中课程，但怀孕和无人支持的境地还是令她放弃了学业，一天下午，放学的铃声响起，她把课本留在自己的书桌里，从此就再也没能回来。

起先露西尔和父母同住了几个月，但后来她和父母之间的关系愈来愈紧张。杰特夫妇经济上并不宽裕，必须靠救济金生活；他们没什么理由赡养一个没有工作还怀着身孕的女儿。最后，露西尔在无法无天的杰克逊大街夜店圈找到一份女侍的工作。她就自己的年龄说了谎，但在"血桶"这种名声很臭的俱乐部，才没人管什么规章法制。除了上酒，露西尔还得提供点娱乐服务。"她在那里唱歌，"德洛丽丝·霍尔回忆，"男人们会给她小费，因为她的确唱得好。"

在"血桶"工作令露西尔也成了时尚人士口中"主干"（the Main Stem）的一部分。"'主干'这个词是用来形容那种什么事都有可能发生的地方。"西雅图最早的黑人DJ之一鲍勃·萨莫莱兹

（Bob Summerrise）说，他当时在那附近开着一家唱片店。"假如你去一个陌生的城市，问人家'主干在哪儿？'然后跟着的就是一通疯玩。这里皮条客、娼妓、赌徒、药贩子、瘾君子应有尽有，不过不少事业成功的黑人也到这里来喝酒找乐子。"在第 14 街与杰克逊街交界的拐角有个独臂的卖报人，外号"从不睡"，日日夜夜都在那里高声吆喝着报纸上的头条新闻。那里的确是任何事情都有可能发生，"去杰克逊街"成了寻欢作乐与道德败坏的代称。对于在教堂社区长大的露西尔来说，这里完全是黑人文化的另一面。她很快被杰克逊街上灯红酒绿的众多酒吧迷住了。

"主干"也是这个城市节奏布鲁斯音乐的中心，在"黑色与古铜色""摇椅""小哈莱姆夜总会"这样的俱乐部，存在着一个西雅图白人们无法看到的丰富多彩的另类世界。曾担任布鲁斯乐队"动力"（Dynamics）主唱的吉米·奥吉尔维（Jimmy Ogilvy）十几岁的时候去过杰克逊街，他发现在那里白皮肤不是问题，穿错衣服才是大事。"阻特装、大帽子、黑漆皮鞋是通行的装束，"他说，"如果穿的衣服不对就会被拒之门外。酒吧才不在乎你是不是白人；他们只希望你在里面跳舞快活。你得识趣才行。"

对于年轻漂亮，芳龄十六的露西尔·杰特·亨德里克斯来说，在杰克逊大街工作成了她一生的转折点。她并不是天生就人情练达，但她学得很快。德洛丽丝注意到，环境令她的妹妹"变得坚强"，同时也打开了露西尔原本封闭隔绝的世界。那片街区成了她的小天地，她认识大家，大家也认识她，她再也无法满足于生活在山坡上墨守成规的中心区父母家里。也无法满足于艾尔·亨德里克斯所代表的那个保守的世界，如今那个世界对于她来说已经成为遥远的记忆。

直到 1942 年夏天，露西尔才开始显现出大腹便便的体型，这样她也不能工作了。秋天的时候她和全家的朋友多萝西·哈丁住在一起。哈丁只比露西尔大七岁，但当时已经一人养大了三个孩子（后来又生了六个）。她也是最早在西雅图船厂工作的黑人女性之一，战前黑人和妇女是不允许在船厂工作的。也许更重要的是，哈丁在"主干"和中心区主要街道两边都吃得开。多萝西每周日都去教堂，但她也喜欢音乐和男人。她的一个孩子就是和歌手杰基·威尔逊（Jackie Wilson）短暂恋爱关系的产物。露西尔搬到哈丁家的时候距离生产已不久，"她叫我阿姨，"哈丁回忆，"我也一直照顾她。"

11月，一个狂风暴雨的晚上，露西尔正呆在多萝西家里，这时阵痛开始了。她们赶往医院，生产过程很快。婴儿于1942年11月27日上午10时15分降生。所有人都说这孩子是他们见过的最可爱的小男孩。当晚德洛丽丝给他起了个小名"巴斯特"，这个名字来自理查德·奥特卡尔特（Richard Outcault）的漫画人物"巴斯特·布朗"，另外也是一个童鞋的牌子。后来有人说这个绰号来自于吉米喜欢的电影《飞侠哥顿》（Flash Gordon）系列里饰演主人公的演员拉里·"巴斯特"·克拉布（Larry "Buster" Crabbe）。吉米本人也曾这么说过。但他自己都不知道，这个名字其实早在他长到可以溜进影院看下午场之前就存在了。在他短短的一生里，大多数西雅图的亲戚与邻居都用这个来自搞笑漫画里顽皮男孩的名字来称呼他。

起这个绰号也是为了避免用露西尔给他起的正式名字——"约翰尼·艾伦·亨德里克斯"——来称呼他。"约翰尼"在她家和亨德里克斯家都不是一个常用的名字。于是这也成了艾尔心里一直以来的问号，他怀疑自己究竟是不是这孩子的生父，觉得这个名字肯定是来自多萝西的另一个房客，码头工人约翰·佩奇。哈丁否认佩奇在露西尔生产前曾和他交往，但两人肯定是有了某种程度的亲密关系。露西尔可能确实是按照佩奇的名字给孩子取名的，但也许只是个巧合而已，因为"约翰"是1942年最流行的男孩名字。不管怎样，没有人管这孩子叫约翰尼，就连露西尔自己也不这么称呼他。不管怎样，"约翰尼"是吉米一生中第一个依法登记的名字，他一生中一共登记过三个名字。

德洛丽丝给艾尔拍电报告诉了他这个消息。后来露西尔给艾尔寄了一张照片，上面是孩子坐在她的膝头，她在上面写着"宝宝和我"，却没提这孩子的名字。寄给艾尔的另一张照片是德洛丽丝照的，上面写着："给我最爱的爸爸，亨德里克斯宝宝。"照片背面德洛丽丝写着："亲爱的艾伦，总算有一张你的小儿子艾伦·亨德里克斯的照片了。他才两个月三星期大，看上去却像是实际年龄的两倍，对不对？希望你喜欢。德洛丽丝·霍尔。"

这些和孩子在一起的照片是露西尔仅存的几张照片。她穿着西装上衣和中长裙子，没有穿长筒丝袜，双腿交叠，显得一丝不苟，略带苦涩的笑容中却有着一丝性感的意味。她的一头直发向后束成马尾，更像女学生而不是家庭主妇。她和她腿上那个圆滚滚的小婴儿都很上镜，孩子和她一样有着一双杏仁形状的深色大眼睛。任何一个身在军营的士兵看到这样一张照片，心头肯定会涌起掺杂着骄傲和情欲的复杂情绪，乃至一股悲喜交集的渴望。

孩子出生不久后，艾尔就被派往南太平洋战场，收到孩子的第一张照片时他正在斐济。艾尔服役期间有相当长的一段时期是远离战场的，于是他就有了充裕的时间去胡思乱想西雅图那边究竟发生了什么。在自传《我的儿子吉米》（*My Son Jimi*）中，艾尔写道，刚结婚时露西尔还常常写信，但是"吉米出生后，她度日艰难"。有些困难是经济上的，直到吉米1岁大，艾尔在部队里的津贴才送到她手上。然而到1943年中，露西尔周围发生了一些事，令她的生活变得复杂起来。6月，她的父亲普莱斯顿去世了，常年体弱多病的母亲克拉丽丝因此又陷入了精神崩溃。克拉丽丝暂时搬出了这栋房子，她走后，房子失火了，被烧成一片平地。他们没有保险，于是全家人失去了他们的一切财产，也包括他们的所有照片。

1944 年，露西尔和儿子过着动荡不定的生活，从多萝西·哈丁家搬到她姐姐德洛丽丝家，后来又搬了回去。事实上，两家都没有地方给他们母子住。她继续在饭馆和酒馆工作，让多萝西、德洛丽丝和母亲克拉丽丝照顾小巴斯特。"露西尔一开始都不知道怎么换尿布。"哈丁回忆。

杰特家的朋友弗莱迪·马伊·格迪尔觉得他们偶尔会忽视小巴斯特。在法庭作证的时候，格迪尔说了一件发生在冬天里的事情：克拉丽丝来到她家，怀里抱着一个褪裰。"这就是露西尔的孩子。"她说。格迪尔当时 12 岁大，她回忆那个婴儿"浑身冰凉，两条小腿冻得乌青"，尿布都结冰了。格迪尔的母亲把这孩子清理干净，给他洗了个热水澡，在他身上涂了橄榄油。克拉丽丝该走的时候，格迪尔夫人说这孩子必须留在这里，等露西尔来领人。露西尔来领孩子的时候，格迪尔夫人就如何照顾孩子好好教训了她一顿。

最后，不幸的露西尔只能找别的男人来支援她，其中约翰·佩奇至少照顾了她一段时间。没人说得清这是因为她对艾尔的感情已经淡漠，还是因为这个还不满 20 岁的母亲当时已在挨饿边缘，抑或是二者皆有。在 1943 年那些暗淡的岁月里，战争将如何发展，那些远征海外的小伙子们什么时候才能回来，这一切都悬而未决。如果说露西尔·亨德里克斯对远征海外的丈夫不忠，那么她显然不是唯一一个在那段时间出轨的战时新娘。"我认为她尽了最大的努力去等他，"德洛丽丝说，"他实在走了很长一段时间。"艾尔当然也有自己的看法。"露西尔坚持了很长一段时间，"他在《我的儿子吉米》中写道，"后来她就开始和那些女朋友还有其他男人一起混了。"艾尔还抱怨自己写给露西尔的信经常被退回来，她只是偶尔才给他写信，而回信地址竟然是各种不同的低级小旅馆。

就连露西尔的家人们也都担心这个孩子，担心约翰·佩奇的事。家庭成员们想了很多，最后去咨询了律师，律师说，如果佩奇带露西尔离开华盛顿州，他们可以控告佩奇拐带未成年人跨越州境线。后来露西尔的家人听说佩奇带着露西尔和孩子去了俄勒冈州的波特兰，于是坐火车去了波特兰，发现露西尔挨了打，躺在医院里。"她带着吉米，"德洛丽丝回忆，"我们把吉米和她带回了家。"当时露西尔只有 17 岁，于是佩奇被逮捕，根据曼恩法案[1]的条款被起诉，并被判五年有期徒刑。

那年春天，露西尔终于开始收到艾尔的战时津贴，帮她渡过经济上的难关，但还是没法让她安顿下来。照顾巴斯特的责任愈来愈多地落在德洛丽丝、多萝西还有外祖母克拉丽丝头上。巴斯特快 3 岁的时候，露西尔和克拉丽丝带他去了加州伯克利的一次教堂集会。集会之后，露西尔回家工作，克拉丽丝还想去密苏里看望亲戚。为了让孩子免受长途跋涉到中西部的辛苦，教友查普夫人提出暂时照看他。查普夫人有个女儿，名叫塞莱斯蒂娜，多年后，吉米·亨德里克斯经常和人说起小时候塞莱斯蒂娜对自己有多么好。

查普夫人本来只是想暂时照顾这孩子，但随着事态的发展，非正式地领养这孩子开始提上日程。德洛丽丝定时与查普夫人通信，她告诉查普夫人应该给孩子的父亲艾尔写信，通知艾尔孩子在加利

1　Mann Act，美国 1910 年通过的法案，旨在打击拐卖妇女，大意为"任何男子带着与自己无亲属关系的妇女穿越州界、国界，从事卖淫、淫乱或其他任何不道德行为的，都构成犯罪"。

福尼亚。就这样，远在千里之外的太平洋上，还有几星期就可以退伍的艾尔·亨德里克斯这时突然收到这样一封信，上面写着他的亲生儿子如今正受着陌生人的照顾。

第三章　比较聪明

华盛顿州，西雅图

1945 年 9 月—1952 年 6 月

> 他在同龄的小孩里算是比较聪明的，人们都非常喜
> 欢他。
>
> ——艾尔·亨德里克斯给母亲的信

1945 年 9 月，艾尔·亨德里克斯坐着部队的船回到西雅图。船只驶入艾略特湾时，他指着面前的城市对战友说："我就住在那边。"其实，艾尔根本不知道自己将来会住在什么地方，妻子还能不能保住也还是问题。身在海外的时候，他就已经开始准备离婚手续。

下船后艾尔住进了大姨子德洛丽丝家；巴斯特仍在加州查普夫人那里。下一步，艾尔回了温哥华看望家人，在那边呆了几个星期后才回到西雅图。他去市政厅拿了儿子出生证明的复印件，作为儿子回家路上的证件使用。就这样，退伍两个月后，他到加州去领小吉米。

艾尔和长子第一次见面是在查普夫人家里，当时的情景很奇怪。他在《我的儿子吉米》中写道，看到儿子，自己内心充满了复杂的

情感:"要是一个新生的、暖暖的小宝宝,那就完全不一样了,可他现在已经3岁,已经有能力照顾自己,有能力为自己做决定了。"这种违和感也有部分是由于孩子长得太像母亲。艾尔对母子二人的相似程度感到震惊,特别是吉米的眼睛,就连那开朗坦诚的笑容也很像露西尔。

查普一家劝艾尔把巴斯特留给他们。领养手续很容易办理,鉴于艾尔前途未卜的状况,大家都觉得他多半会答应。艾尔在伯克利时给母亲诺拉·亨德里克斯的信上写道,自己内心非常矛盾,但还是父爱占了上风。他写道:"(巴斯特)是个漂亮的男孩,他很乖。在同龄的小孩算是比较聪明的,人们都非常喜欢他——所有人都喜欢他。"艾尔写道,查普夫人一想到要离开这孩子就悲伤欲绝:"他们依恋他,爱他,他也已经习惯了他们,要带走他真让我觉得很遗憾,但我也爱他。他毕竟是我的儿子,我希望他知道谁才是他的爸爸,不过他现在已经开始叫我爸爸了。"在这封信末尾,艾尔说,如果他离开加州时不带走这孩子,"我将永远不会原谅我自己,所以我一定要带他走"。最后他保证圣诞节一定回去看妈妈。

吉米·亨德里克斯从来没说过自己第一次见父亲时的事,可能他已经不记得那时的情景了。到那时为止,吉米一直是由女人们抚养照顾,生活中从来没有父亲的存在。他已经习惯了查普夫人,也很喜欢塞莱斯蒂娜。坐火车回家时,艾尔威胁要惩罚他,吉米马上哭着要找塞莱斯蒂娜,然而他的保护人已经不在身边了。在火车上艾尔第一次打了儿子屁股。"我想他可能是有点想家,所以才不乖。"艾尔后来写道。

回到西雅图,艾尔和吉米住进了德洛丽丝家。她住在耶斯勒台屋市政房,这是美国第一个种族混居的市政房计划。尽管居民们都很贫穷,但社区内部却异常团结,各种文化融为一炉。"那时候那里真是好地方，"德洛丽丝回忆，"黑人不是很多，但是大家相处得很融洽。"巴斯特和其他孩子们处得很好，受多元文化熏陶的童年就此开始。

出人意料的是，艾尔和巴斯特回来后不久，露西尔出现了。她对艾尔说的第一句话是："我来了。"亨德里克斯一家三口第一次共处一室。这一次的团圆令三人都有些悲喜交集。露西尔不知道好几个月没见，儿子是不是还欢迎她，也不知道丈夫还想不想再见到自己；她和他毕竟已经三年多没见了。巴斯特第一次看到双亲聚在一起，有些不知如何是好。艾尔则犹豫不决，不知是该把她痛骂一顿，还是一把将她抱在怀里。妻子的美貌令他震惊：三年不见，她已从女孩变成一个漂亮的女人。那天最后，艾尔决定不离婚。露西尔问他："你还想尝试挽回吗？"艾尔回答："也许最好是干脆一切重新开始吧。"肉体上的互相吸引是维系二人关系最强的纽带；后来也曾令二人一再言归于好，重回对方怀抱，甚至在两人闹离婚的时候也是如此。

所有人都说，接下来的几个月是这家人最平静的一段时期。他们和德洛丽丝住在一起，开销不多，艾尔仍然从军队领取小额津贴，所以他和露西尔可以每天晚上都出去玩。德洛丽丝比妹妹保守得多，正好是现成的保姆。德洛丽丝当时在波音公司上班，露西尔和艾尔在她白天上班的时候替她照顾她的孩子们；他俩晚上出门重新培养感情的时候就轮到德洛丽丝照顾巴斯特。"那是他俩的蜜月，"德洛丽丝说，"他们走遍了杰克逊街。"

一家人甚至搭车去了趟温哥华。露西尔和巴斯特都没见过艾尔的母亲诺拉，艾尔也很乐意给母亲看看自己的孩子。巴斯特喜欢祖母，其后他还将多次去探望她。

最后，滴酒不沾的德洛丽丝受够了这夫妻俩总是喝酒。"他们喝酒，开派对，我赚钱养一家人。"她说。露西尔喝醉后总是格外热情和情绪化。艾尔则正相反，酒精令他脾气暴躁，态度恶劣。

后来艾尔在屠宰场找了份工作，薪水足够他们搬进杰克逊街附近一家对住客提供膳食的小旅馆。他们的小房间里只有一张床，一家三口挤在一起。他们有个电热炉可以用来做饭，房间里唯一的另一件家具是一把办公椅。他们在这里住了几个月。

住旅馆的这段时期，艾尔回家也满一年了，他决定改掉儿子法律上的名字。他选了詹姆斯作为名字，因为这是他自己的正式名字；然后以马歇尔作为中间名，这是他去世的哥哥里昂的正式名字。后来有人开始管这孩子叫吉米或詹姆斯，不过家人还一直叫他巴斯特。

住在旅馆里的生活让一家人得以接近露西尔熟悉的地盘，这里离她战时做侍者的地方非常近。她认识不少人，出门上街随便走一趟就能遇见好几个熟人。这对艾尔打开社交有好处，不过也助长了他的嫉妒心。"艾尔只认识露西尔的朋友，"德洛丽丝说，"他在这里没有属于自己的朋友。"他们周围的环境是整个城市中最复杂多样的，朋友中有中国人、日本人、白人，还有不少菲律宾家庭。但在西雅图，不同种族之间的不信任感依然很深，艾尔说他后来一度被拒发水手证，因为发证当局认为夫妻俩有很多非白人族裔的朋友，有可能"威胁国家安全"。

最后艾尔还是拿到了自己的商用出海许可证，得到在一艘往返日本的船上工作的机会。他随船远航了几千英里，几星期后回到家里时，他发现露西尔被旅馆赶了出去。艾尔说，旅馆老板告诉他，这是因为老板抓到她和别的男人在房间里。

德洛丽丝怀疑艾尔的说法；不管怎样，艾尔还是马上把露西尔找了回来，于是两人相处的模式就这样定型了：他们经常闹翻，又经常和好，重新在一起。"这就像一个循环一样，"艾尔在自传中写道，"在两三个月之内我们的确能过得很好，等我一走，就要出点什么事了。"就连吉米·亨德里克斯也注意到这种模式，多年后他在一次采访中谈起父母之间的恶劣关系："我父母吵过不少回架。我总是提心吊胆，随时准备溜去加拿大。"在加拿大，他可以和祖母诺拉·亨德里克斯呆在一起，不过他还是更经常去找同在西雅图的外祖母克拉丽丝，还有德洛丽丝或多萝西·哈丁阿姨。

1947年春，重聚的一家人搬到雷尼尔山景市政计划房，这是他们一家第一次住公寓房。多萝西·哈丁也住在那里，于是她成了帮忙照顾巴斯特的首选。雷尼尔山景位于中心区以南3英里的雷尼尔山谷中，本来住的都是退休的白人家庭，但随着战后黑人人口激增，这里就变成了黑人住宅区。一家人住在俄勒冈街3121号，小小的房子只有一间卧室，小巴斯特只能睡在储藏室里。父母之间争吵日益频繁，储藏室也就成了他的避难所。

大多数争执都是因为家庭的经济问题而起，露西尔抱怨艾尔赚的钱不够养家。她威胁要出去找份侍者的工作，但对于艾尔来说，让老婆出去工作无疑是质疑他男人的尊严。当时他能找到的工作大都是体力劳动，而且持续时间都不长久。他开始在士兵福利法案的赞助下学习电工技术，希望能得到工资高一点的工作。那时候夫妻俩每个月只有不到90美元的收入，而房租就要花去40美元。

露西尔更习惯"主干"的生活，雷尼尔山景这里贫乏的家庭生活与"主干"可以说截然相反。艾尔每天下班回家都累得筋疲力尽，很少有兴致出去玩。他会让她自己去。多萝西回忆："她一回家就看到他坐在那儿喝酒，发酒疯。邻居说每晚都能听到他们吵架。"德洛丽丝说他俩从吵架开始发展到动手，露西尔身上经常带着瘀伤。

1948年年初，他们有一次吵得实在太凶了，艾尔说，那次露西尔搬出去和一个名叫弗兰克的菲律宾人同居了一个月。就算这事是真的，他们也没有因此而离婚。露西尔回家后，艾尔还是接纳了她。艾尔在自传中写道："我并不是过分嫉妒，但露西尔做的那些事肯定会让别人说，'伙计，你还真能忍啊！'他们会说，如果换了他们肯定会把她轰走。"艾尔却正相反，露西尔一走，他反而更想她。德洛丽丝·霍尔觉得艾尔总是固执地把露西尔和男性朋友的交往误解为不正当的男女关系，艾尔则说露西尔公然欺骗自己——真相可能是介于两者之间吧。不管怎样，就算艾尔的自传里有一半是真的，他也算被露西尔戴了天字第一号的绿帽子。德洛丽丝却说是嫉妒心再加上酒精的刺激才让艾尔的想象力过于发达。

但艾尔的担忧并不完全是凭空想象。那年约翰·佩奇一出狱马上就上门意图报复。"他威胁要把我们全杀了。"德洛丽丝说。佩奇带着枪跟踪露西尔，发誓要把她带到堪萨斯城去。后来露西尔家的一个朋友也用枪把他赶跑了。"约翰·佩奇打算把露西尔拐去卖淫。"德洛丽丝说。佩奇显然是对朋友们吹嘘过露西尔浅色的皮肤有多么好看，去卖淫一定很受欢迎。德洛丽丝警告露西尔离佩奇远点，露西尔的回答却显得天真无知，甚至有点跟佩奇沆瀣一气的味道。"我和他没什么关系，可他总给我钱，还给我买漂亮的礼物。"多萝西·哈丁说，当时的情况"真是可怕的一团糟"。

佩奇可不会这么容易就被赶走。一天晚上，正当艾尔、露西尔、德洛丽丝和其他亲戚们从阿特拉斯剧场出来的时候，佩奇突然冒出来，一把抓住露西尔。

"放开她！"艾尔叫道。

"她是我女人，"佩奇答道，"你是她丈夫又怎样。你那时候又不在——你屁都不知道。"

就这样两个男人开始老拳相向。佩奇个头比艾尔高，不过还是打过拳击的艾尔抢得先手出了第一拳，佩奇差点被吓倒。两人在街头大打出手，艾尔一直占据上风。最后路人把他俩分开，佩奇仓皇逃窜。露西尔和艾尔一起回了家，此后约翰·佩奇再也没来打扰他们。

然而酒精是比嫉妒更加频繁光顾的魔鬼，每次都为夫妻俩的争吵火上浇油。"他们一喝酒就吵架。"德洛丽丝说。二人的家也成了经常举办派对的地方。"家里有酒的时候，露西尔和我就一起喝，如果家里有别人在，就成了派对。"艾尔在《我的儿子吉米》中写道。这些派对实在太过粗野，以至于德洛丽丝和多萝西都禁止自己的孩子们到亨德里克斯家去；有派对的时候，吉米要么离开，要么就坐在储藏室里听着外面的喧哗。德洛丽丝和多萝西都注意到吉米从那年开始变得内向。问他为什么这么安静沉默，他总会说："爸爸妈妈老吵架，老吵架，我不喜欢，我想让他们别吵。"每晚父母的口角一开始，吉米多半就会溜到多萝西·哈丁家里去。他是那么安静，哈丁甚至怀疑他有什么身体上的毛病。"他几乎不说一个字。"她回忆。

但吉米会说话，只是稍微有点口吃，直到青春期才纠正过来，成年后如果一紧张还会犯这个毛病。他说不好多萝西的名字，总叫她"多萝提阿姨"。那年秋天他开始上幼儿园，变得稍微开朗了一点，但别人经常嘲笑他说话结巴。1947年，他得到生平第一件乐器玩具——一把口琴，不过他没有表现出强烈的兴趣，很快就把它丢到一边了。他最喜欢的玩具还要算是德洛丽丝用碎布给他缝的一只小狗。在那时留下来的仅有的几张照片上，小吉米都是紧紧抱着这只小狗，仿佛那是他最宝贵的财产一般。

在相处融洽的好时光里，就连艾尔也承认露西尔的确是个好母亲。"露西尔对吉米真的很好，"他在书中写道，"她抱着他，和他说话，他也搂着她。"吉米是个很有创造力的孩子，可以自己一人玩上好几个钟头，4岁到6岁那段时间，他开始给自己假想出一个名叫"塞萨"的朋友，形影不离地陪着他做一切事情。

1947年夏，露西尔又怀孕了。事隔50年后，艾尔在书中写道，他觉得妻子是在自己不在家的某一个月里怀上这孩子的，德洛丽丝不同意这个说法。不管怎样，艾尔和露西尔那年夏天肯定在一起，怀孕让两人的关系有所改善。和艾尔书中那种阴暗的论调截然不同，两人的朋友们都说当时他为又一个孩子即将降临家中而兴奋不已。"他反反复复地说自己有多高兴，因为他想亲眼看着自己的孩子降生，毕竟他去当兵时错过了吉米的出生。"多萝西·哈丁说。

1948年1月13日，孩子出生了。艾尔给男孩起名里昂，是为了纪念他深爱的、不幸早逝的哥哥。艾尔在孩子的出生证上登记自己为父亲，之后马上就像许多新当上父亲的男人那样，把这个孩子拿给医院里的所有人看。德洛丽丝当时也在港景医院住院，里昂诞生前两天，她生下了自己的第三个孩子。在产科病房里，她和露西尔的床位正好挨着，德洛丽丝还记得艾尔围着新生的里昂团团转："他解开小小的褓褓，打量着里昂全身上下，说，'真高兴我又有了个儿子。终于能看到他的小脚趾头还有小手小脚长什么样了。'"或许是因为自己有六指的缺陷，艾尔把里昂的手指和脚趾数了一遍又一遍。

里昂的出生标志着这个家庭幸福时光的顶点。艾尔迷恋着这个新生儿，生活中其他方面似乎也有所好转。"那段时间他们之间真的很美好，"德洛丽丝说，"有段时间艾尔得到了一份更好的工作，两人的争吵也减少了。"很快，所有人包括吉米在内都看出里昂才是艾尔的最爱。吉米对表妹迪伊说："爸爸妈妈都迷上了我的小弟弟；比起我来他们还是更喜欢他。"

里昂出生后不久，一家人搬到雷尼尔山景一处有两个卧室的房子。这里仍然很小，不过至少吉米和里昂可以共用一个房间了。同年9月，吉米开始上幼儿园。那时他5岁零10个月，比同班的小朋友稍微大一点，但也不算太突出。下午放学后，他会径直去往雷尼尔山景西边一片很大的绿地，在树丛中假装自己是个印第安战士，和想象中的牛仔们作战，这些是他从祖母诺拉·亨德里克斯那里听来的。

里昂出生11个月之后，露西尔又生了一个男孩，艾尔给他起名为约瑟夫·艾伦·亨德里克斯。在出生证上，艾尔被登记为孩子的父亲。但在自传里，艾尔否认自己是乔（约瑟夫的爱称）的生父——虽说吉米和里昂都是又高又瘦的体型，而乔却是五短身材，粗壮结实，和艾尔就像一个模子刻出来的一样。

乔的出生没有为这家人带来欢乐。他有不少严重的先天缺陷，其中包括怪异的两排牙齿，腭裂，一只脚是畸形，一条腿比另一条腿短很多。那年冬天乔出生时，吉米·亨德里克斯6岁，这个家现在有三个孩子要喂饱，其实一个孩子已经够他们负担了。更糟糕的是，在两人婚姻余下的日子里，艾尔和露西尔一直不断地为乔的身体状况而争吵，双方都把乔畸形的原因归咎于对方。露西尔怪艾尔在她怀孕时推搡她；艾尔则怪她喝了太多酒。

乔一天天长大，显然需要更多治疗。艾尔担心费用的问题，开始在感情上疏远这个孩子以及家庭。相反，乔的悲惨状况却激起了露西尔的母性本能，她开始研究各种治疗方案，还经常带着乔坐公共汽车到西雅图东北部的儿童医院看病，在那时去一趟来回路上要花四个小时。她发现乔的大部分治疗费用可以由州政府负担，但家庭也得自己承担一些开销。艾尔拒绝出钱。那年他已经结束电工课程，但只能在派克村市场找到一份守夜人的工作，等农夫们离开后做做清扫。

1949年6月，这个家已经到了崩溃边缘。孩子们因为营养不良开始出现健康问题；事实上，吉米和里昂都是靠着到邻居家蹭饭才能活下来，后来他们差不多天天都去蹭饭。艾尔决定把三个孩子送到加拿大去和祖母诺拉生活一段时间。当时吉米已经快满7岁，两个弟弟还小，三个孩子中只有他会因为离开父母而受到感情上的动荡。祖母诺拉比艾尔和露西尔更能好好照顾孩子们，但她也有自己的怪癖。她会严厉地惩罚他们，乔后来说如果自己尿床了，她就会狠狠打他。不过她有不少治病的老式偏方，懂得不少草药的知识。吉米则沉迷于她讲的那些关于切罗基人祖先的故事，以及她早年流浪艺人的生涯。

　　1949年9月，吉米在温哥华上了小学一年级。后来他对采访者说，上学时祖母给他穿的是她亲手做的"带流苏的墨西哥式上衣"，其他孩子都为此讥笑他。10月，吉米和弟弟们被送回西雅图露西尔和艾尔身边，此时夫妻俩关系有了改善，但是很快又走上恶性循环。1950年秋天，吉米暂时住进德洛丽丝家，开始在霍雷斯·曼恩小学上二年级。那年秋天吉米8岁了，而亨德里克斯家又迎来一个孩子：凯西·艾拉（Kathy Ira），她早产了十六个星期，出生时只有1磅10盎司重。更糟的是全家人很快发现她生来双目失明。凯西和全家人一起生活了一段时间，但她11个月大的时候被州政府监护，被送去福利收养。艾尔后来也拒绝承认自己是凯西的父亲，尽管她和乔一样都很像他。

　　一年后的1951年10月，二人的第二个女儿帕米拉降生了，她也有先天性的健康问题，但不像凯西那么严重。艾尔同样否认自己是帕米拉的父亲，尽管在她出生证上父亲一栏填的还是他。帕米拉也被送去福利寄养，不过她就在附近，家里人可以不时去看她。

　　1951年9月吉米在雷尼尔山景小学上三年级，再次回到父母家里，那套有两个卧室的房子里如今有了三个男孩，显得更加拥挤。

尽管家中有很多不幸，吉米还是在所有男孩子都喜欢的那些事上自得其乐：他看漫画、去影院、在自己的笔记本上画汽车。夏天他在给祖母诺拉的明信片上写道："您最近怎样，我很好。他们（堂兄弟姐妹们）怎么样，他们也好吗？我们去野餐了，我有点儿吃撑了，不过野餐很棒。我们很快活。嘻嘻。爱你的巴斯特。"

然而亨德里克斯家的情况很快急转直下，日益复杂，就连吉米也"嘻嘻"不出来了。家里有三个男孩要养活，露西尔和艾尔正努力戒酒，但艾尔却再次面对无法找到稳定工作的处境。尽管有这么多难以克服的困难，归根结底，其实还是乔·亨德里克斯引发的一系列问题导致了这个家庭的毁灭。露西尔仍然希望当时 3 岁的乔可以动腿部手术，从此过上正常人的生活。但在这个问题上艾尔很固执，他总说自己出不起手术费。露西尔已经放弃了两个女儿，再放弃已经朝夕共处了三年之久的乔实在让她无法接受。后来她说艾尔做出这种决定完全是出于卑劣和吝啬。"艾尔说他就算有钱也不愿意花在为这孩子动手术上。"德洛丽丝回忆。

1951 年秋末，吉米满 9 岁的时候，露西尔离开了艾尔。艾尔心都碎了，后来他说自己是被妻子抛弃了。然而他们之间的关系并没有告终；就连离婚也无法斩断他们之间强烈的爱恨交织之情。1951 年 12 月 17 日，他们在法律上正式离婚，不久后又搞在一起，然后很快又分手了。在正式离婚协议中，艾尔取得了吉米、里昂和乔的监护权。但这只不过是书面上的。后来三个男孩实际上是由外祖母克拉丽丝·杰特、在温哥华的祖母诺拉·亨德里克斯，还有德洛丽丝·霍尔阿姨、露西尔的朋友多萝西·哈丁以及其他邻居们抚养照顾，其实在他们的父母没离婚的大部分时间里也是如此。

1952 年夏，露西尔和艾尔又复合了很长一段时间，其间经历了一场这个家庭最惨痛的生离死别。艾尔拒绝支付乔的医疗费用，因此只有把乔交给州政府，送去福利寄养，才能保证他得到他所需要的照顾。为此露西尔和艾尔必须放弃作为父母对乔的一切监护权，乔那年只有3岁。露西尔请求艾尔再好好考虑，德洛丽丝和多萝西·哈丁也都表示愿意收养乔。但艾尔拒绝了这些建议，可能是担心乔被她们领养后自己还要承担什么经济上的义务。

为了这次悲伤的离别，艾尔借来一辆车子。吉米和里昂眼看着父亲把小弟弟的东西收拾起来，把他抱进车子，心里知道肯定是出了什么事。德洛丽丝被找来照看吉米和里昂，三人对乔挥手告别。里昂只记得自己当时觉得很困惑；而已经快10岁的吉米肯定有更多悲伤的情绪。

乔本人还记得那天的情形。车子驶向医院时母亲一直双臂抱着他。"她的气味很好闻，就像花儿一样。"乔回忆。到了医院，露西尔把乔抱下车，交给一个已经等在那里的护士。乔拖着自己的跛脚坐到护士身边，看着母亲上了车子，他开始哭起来。"整个过程中我的父亲根本没有下车，"乔回忆，"他一直让引擎开着。"乔爬上护士的膝头，坐在那里望着双亲开车离去。其后的几年里，他还经常在中心区遇到哥哥吉米和里昂。两个哥哥还记得三兄弟同在一个家里的三年时光，看到他总是很高兴。他有时甚至也会在附近偶遇艾尔，但是乔·亨德里克斯后来再也没有见过露西尔。当那辆车子从医院开走时，她从车窗里投来的短暂一瞥便成为母子之间的永诀。

第四章　黑骑士

华盛顿州，西雅图

1952 年 7 月—1955 年 3 月

高文爵士：什么骑士？

瓦里安特王子：黑骑士。他是谁，殿下？

高文爵士：一个幽灵。

——电影《瓦里安特王子》

　　1952 年的感恩节，吉米·亨德里克斯年满 10 岁。艾尔和露西尔已经离婚，但两人暂时仍然住在一起，露西尔有了六个月的身孕。艾尔后来仍然否认自己是这个孩子的父亲。1953 年 2 月 14 日，孩子出生了，起名阿尔弗莱德·亨德里克斯。阿尔弗莱德是艾尔和露西尔第四个生下来就有缺陷的孩子，很快也被送去福利收养。

　　露西尔怀着阿尔弗莱德时和艾尔住在一起，但孩子生下来不久后又搬出去了。"妈妈在家的时候，我们一早就能闻见火腿和松饼的香气，"里昂回忆，"我们就从床上跳起来叫着，'妈妈回家了！'但那顶多只能维持一天，然后他们就开始喝酒、吵架，然后妈妈又走了。"那段时间露西尔和母亲克拉丽丝住在一起，克拉丽丝的房子在雷尼尔酿酒厂附近，里昂和吉米常常溜去看望母亲，他们也熟悉了母亲身上酿酒厂的气味。"我一闻见酒花的味道就想起妈妈。"里昂说。

　　尽管经济状况糟糕透顶，但兄弟俩还是像无数离婚家庭的孩子那样，尽可能利用双亲，达到自己的目的。"爸爸惩罚我们的办法就是把我们送到妈妈那里去，所以我们就故意犯错儿。"里昂说。艾尔用皮带"抽打"他们作为惩罚，如果这样也不能让他们乖乖听话，艾尔就把他们送到露西尔那里去。"爸爸给我们打个小包裹，里面装上我们的牙刷之类东西，"里昂回忆，"有时候我觉得他只是想让我们暂时离远点。他工作真的很辛苦，但境况似乎从来没有得到改善。他惩罚我们的办法就是让我们和妈妈在一起呆一个周末，但我们其实很想这样。"有很多次，这些精心策划的逃亡也会带来恶果，艾尔和露西尔见面又会吵起来，最后艾尔气冲冲地领着孩子们回家。两个儿子觉得本来能和妈妈在一起，结果却受骗了，于是又偷偷溜去找她，被艾尔发现又是一顿鞭打。除非喝醉酒，艾尔其实很少打他们。"有时候他实在烂醉如泥，醒来后会忘记到底为什么打我们。"里昂说。吉米长大一点后开始反抗，他抓住皮带不放，让艾尔没法打到他身上。不过反抗通常以失败告终。"爸爸很强壮，他能用一只手按住我们，另一只手抽打我们。"里昂说。

　　当时艾尔的工作是在西雅图城市供电局上从下午到半夜的中班，负责开气泵。他是单身父亲，孩子们放学后没人照顾，上班时总是接到邻居的电话说起孩子的事，这让他在公司处境很不妙。吉米比里昂更爱惹麻烦，但他俩犯的错通常都是些小事，没人照顾的孩子大都是这样的。"邻居们开始替父亲照顾我们，"里昂说，"因为他们知道如果不管我们的话接下来会怎么样——福利机构会来把我们带走。"福利机构的工作人员开着绿色的车子，里昂和吉米都学会了警惕街头开来的绿色车子，一看到就马上逃跑。他们小心翼翼地不逃课，避免引起福利机构的注意。"他们都不是坏孩子，只是无人教养，有些不知所措罢了。"多萝西·哈丁的儿子梅尔文·哈丁说。

艾尔在自传中写道，他常常忍饥挨饿也要喂饱两个孩子，但就算他自己饿着，实际上也没有多少东西可吃。他们的房子脏兮兮的，艾尔不能也不愿意打扫房子和洗衣服，他觉得这是女人们该干的事。有段时间艾尔找了个女朋友，但她很快就发现艾尔主要是想找她来当个管家，于是离开了他。里昂和吉米经常一到吃饭时间就跑到邻居家去。"吉米和我总是很饿，我们就到杂货店里偷东西，"里昂说，"吉米很聪明，他打开一袋面包，拿出两片卷起来藏在身后，然后又溜到卖肉的货架偷一块火腿，给自己做个三明治。"

1953 年春天，这个家庭的命运有所好转，艾尔在西雅图工程局找到一份劳工的工作，有了更稳定的收入，这样他买下在南华盛顿街 2603 号的房子，它有两个卧室，只需 10 美元首付款。于是他们又回到中心区，离杰克逊街只有几个街区之隔。对于吉米和里昂来说，最重要的是搬家后他们有了个院子可以玩耍，而且也是第一次拥有属于他们自己的房子。

房子只有 900 平方英尺[1]，已经有五十年的历史，但对于两个孩子来说，这里简直和宫殿没什么两样。吉米和里昂共用一间卧室，不久后艾尔的侄女格蕾丝和她丈夫弗兰克·哈彻也搬了进来。"艾尔邀我们住进他家，帮他照顾孩子，"弗兰克回忆，"他没能力自己照顾他们，他酗酒、赌博，有很长时间根本不回家。"哈彻夫妇一度成了两个男孩实际上的父母，格蕾丝成了他们心目中的又一个母亲

---

1 约合 83 平方米。

形象。生母露西尔偶尔也来看望他们，她的住处从一个旅馆换到另一个旅馆，在每处只住上几个星期，但她很快就不常出现了。

那年4月底，吉米再次换了学校，这一次上的是莱思奇小学，它是整个城市在种族融合方面做得最好的小学。他在这里遇到了童年时期最好的几个朋友：特里·约翰逊、伯尼尔·亚历山大和吉米·威廉姆斯。"我们就像一家人一样。"伯尼尔说。伯尼尔由外祖母马伊·琼斯抚养长大，后来她在男孩子们的生活中扮演了很重要的角色。"我们每天上学前都到她家吃早饭，琼斯夫人喜欢我和吉米喜欢得要命。"吉米·威廉姆斯说。

特里·约翰逊是男孩子们当中家教最严格的，他在教会环境中长大。吉米有时也跟他去格蕾丝卫理公会教堂，吉米在那里第一次听到了福音音乐。"吉米跟我去了好几次，"约翰逊回忆，"我觉得他以前肯定没怎么去过教堂。"吉米觉得这种音乐非常迷人，福音合唱团的放声歌唱让他体会到现场音乐的力量。

吉米最好的朋友还要算是吉米·威廉姆斯，他家里有13个孩子。两个吉米成了形影不离的朋友，也许是因为两人性格都很内向的缘故。为了避免把几人的名字混淆起来，朋友们都用外号互相称呼，吉米的外号是"亨利"（根据"亨德里克斯"而来）或巴斯特；特里·约翰逊的外号是"特里金"；吉米·威廉姆斯的外号是"薯片"，因为这是他最喜欢的零食。伯尼尔的名字和他们都不像，所以不用起外号。

学校放暑假时，男孩们的娱乐活动包括到华盛顿湖游泳，或到阿特拉斯剧院去看便宜的下午场电影，吉米就是在那里喜欢上了《飞侠哥顿》系列，还有电影《瓦里安特王子》[1]。《瓦里安特王子》里的

---

1 *Prince Valiant*，美国1954年拍摄的电影，背景是亚瑟王传说故事，根据同名漫画改编，导演为亨利·哈撒韦。

反派叫"黑骑士",吉米和里昂常常挥舞着扫帚,假装是骑士的长矛,吵着要对方扮演卑劣的黑骑士。后来家里养了一条狗,于是他们给狗也起名叫"王子"。

扫帚不仅在想象中用来当做长矛,也被用来当做吉他。吉米早先并没有对音乐产生过特别的兴趣,不过从1953年起,他开始听收音机里的流行歌曲榜,边听边跟着唱,抱着扫帚假装是吉他。"我们总是听《前十金曲大检阅》(*The Hit Parade Top Ten*)这档节目。"吉米·威廉姆斯说。他们更喜欢弗兰克·辛纳塔[1]、纳特·金·科尔[2]还有佩里·科摩[3]这样的流行吟唱歌手。吉米当时最喜欢的是迪恩·马丁[4]。

吉米差不多每天放学就听艾尔的收音机,抱着扫帚跟着音乐假装在弹吉他。艾尔觉得扫帚只能拿来扫地用,很讨厌儿子这么干。"吉米弹着扫帚吉他在屋里到处跑,爸爸一进来他就赶快扫地。然后爸爸发现床上沾了扫帚上掉下来的稻草,气得快要发疯。"里昂回忆。

男孩子们夏天会去西雅图南边的农田,做摘豆子和摘草莓的工作。他们得早起搭大巴赶到农场。艾尔凌晨四点就叫醒他们,他们先是步行到"奇迹面包房",吉米知道有个工人会把隔夜没卖出去的面包圈扔在那儿。然后他们走到西雅图的工业区,搭乘公车向南行驶20公里来到农场。农场的报酬是按采摘量支付的,所以他们要么就一直干到挣的钱足够吃午饭,要么就尽可能偷吃草莓。有时候他们在格林河游泳,有一次吉米还救了溺水的里昂。"我掉进运

1　Frank Sinatra(1915—1998),二战后著名的美国白人流行歌手,亦曾出演多部电影,声音低沉优美,深受爵士乐与古典乐影响。

2　Nat King Cole(1919—1965),美国影响深远的著名黑人爵士歌手、钢琴手,代表作有"Mona Lisa"和"Unforgettable"等。

3　Perry Como(1912—2001),美国著名白人流行歌手。

4　Dean Martin(1917—1995),美国白人喜剧演员、歌手,曲风是平易亲切的男中音。

河里，吉米游过来救了我。"里昂说，很多个晚上，在从田里回家的路上，两个男孩会挥霍一下，买10美分一个的碎肉汉堡。"我们买两个汉堡，这就是一天中的高潮，"里昂说，"然后我们回家等着爸爸，因为有时候他根本不回家。"

一年后，格蕾丝和弗兰克·哈彻夫妇受够了艾尔的作风。他们刚搬进来的时候，艾尔答应两家每隔一星期轮流负责做饭，哈彻夫妇觉得他没能信守诺言。"他只做米饭、豆子和香肠，"弗兰克·哈彻说，"他只买最便宜的肉，像脖子肉、碎牛肉这些。"哈彻夫妇不堪忍受，于是搬了出去。男孩们又只能和父亲在一起了。艾尔没把房子的钥匙留给孩子们，所以吉米或他的某个朋友经常去寻找艾尔到底流连在哪个酒馆，从他那儿把钥匙拿回来。"他常去的酒馆大概有五个，"伯尼尔·亚历山大回忆，"你得找到他到底在哪一家。"艾尔最喜欢23号街上的"阴影之地"酒馆，还有25号街和杰克逊街交界处的"贝克先生"。吉米从"贝克先生"窗户外面张望，用不着进门就能看到父亲在不在里面。有很多次，吉米和里昂放弃了寻找，干脆去朋友家过夜。

与此同时，福利机构与这个家庭的猫捉老鼠游戏并没有结束。1954年，因为不断收到邻居的投诉，一个社工开始每周走访这个家。多亏德洛丽丝·霍尔和多萝西·哈丁定期过来打扫房间，给孩子们洗衣服，才暂时没让孩子们被福利机构带走。德洛丽丝记得有天晚上她过来，发现艾尔不在家，两个孩子试着自己做饭："吉米正在煎鸡蛋，他看见我，脸上露出一个大大的笑容说：'我在做饭呢!'"很多家务活落在不到12岁的吉米头上，而且还要照顾弟弟。"吉米是里昂的保护人，"伯尼尔·亚历山大说，"他竭尽全力好好照顾弟弟。"

最后终于有个社工把艾尔·亨德里克斯逼得走投无路，阿姨们过来帮忙也不能掩盖里昂和吉米受到父亲忽视的事实。艾尔面临两个选择：要么把孩子送去福利寄养家庭，要么让别人收养他们。尽管过得很苦，但眼前的一切是吉米和里昂唯一熟悉的世界，两人都求艾尔不要让他俩分开。艾尔最后做了一个改变两个孩子生活的决定。他决定让当时已经过了10岁，不需要更多照顾的吉米留在自己身边，而把他最宠爱的里昂送去福利寄养。社工同意了艾尔的决定，但他告诉艾尔，里昂得马上就走。"别现在就带他走，"艾尔祈求，"要不我会明天就把他弄回家来的。"这是两个孩子生平难得的几次看到父亲哭泣。社工心软了，于是里昂在家里多呆了一夜。

那天晚上，他们都觉得这是三人最后的团聚。艾尔变得少见的温柔。平时他顶多在孩子们背上拍一下或是握握手；不过孩子们最喜欢的还是艾尔用指关节轻轻抚摸他们的头。因为长年累月的体力劳动，艾尔的手上布满老茧，粗糙不堪，可能他觉得自己的指节比粗糙的手掌要温柔些吧。这是奇怪的表达方式，但吉米和里昂早已能够领会这种温柔和亲情。社工一走，艾尔整晚都抚摸着两个孩子的头，仿佛自己粗大的指节便可以抚平孩子们所经历的悲伤，乃至他们未来将要面对的一切苦痛。

翌日艾尔带里昂离开家时，两个孩子都垂头丧气，不过这件事给他们带来的变化远没有想象中大。里昂呆的寄养家庭离艾尔家只隔六个街区，他和吉米白天仍然形影不离。"我还可以在爸爸家和吉米一起玩，吉米也可以过来找我，我们从没真正分开过。"里昂回忆。里昂的寄养父阿瑟·威勒也证实了他的说法："吉米经常过来，他经常和我们一起吃饭。"

阿瑟和厄维尔·威勒夫妇有六个孩子，但是他们的家仍为需要帮助的孩子们敞开，有时他们家里会容纳十个孩子。他们非常虔诚，遵循圣经的教诲，对自己的亲生子女与寄养的孩子们一视同仁。吉米差不多成了非正式寄养在他们家的孩子。"吉米在我家的时候多过在他爸爸家里，"威勒夫妇的儿子道格·威勒说，"吉米有好多次都在我家过夜，这样第二天早晨上学前就能有早饭吃。不然他可能什么也吃不到。"威勒家的厨房里总是有那么多食物，总有一碗水果放在柜子上，吉米和里昂都震惊了。吉米经常抱怨："我要是也住这儿就好了。"不过事实上也差不多。

令人惊讶的是，尽管生活中有那么多的动荡，吉米在莱思奇小学还是保持着稳定的出勤率。他不是出类拔萃的学生，但成绩也还不错，在艺术方面显示出有天分的迹象。他在笔记本上画了很多画，都是男孩子喜欢的那些东西，比如飞碟或赛车之类的。他最喜欢画汽车，甚至还画了一些汽车"设计稿"寄到福特汽车公司去。那年秋天，在艾尔敦促下，吉米开始打橄榄球，他的教练是布思·加德纳，几十年后，他成了华盛顿州的州长。"他不是个擅长运动的人，"加德纳回忆，"其实他连入门级别都不够，说实话，他根本就没达到可以打橄榄球的程度。"吉米也曾短暂地加入过童子军第16军。

1955年，看了朋友吉米·威廉姆斯在莱思奇小学的才艺秀上演唱佩里·科摩的《渴望》（Wanted），12岁的吉米对音乐的爱好上了新台阶。"我得到很多掌声，"威廉姆斯回忆，"演出结束后吉米对我说：'哇，你要红了。你出了名还会拿我当朋友吗?'"这或许是吉米生平第一次觉察到舞台拥有改变一个人的力量，就连吉米·威廉姆斯这样内向羞涩的男孩子，一旦登台演出也会大不一样。吉米一直把这铭记在心。

后来西雅图中心区的很多家庭都说吉米经常到自己家蹭饭，睡觉。那段时间，吉米的确很少呆在父亲家里，他出于各种实际的考虑，靠着黑人社区邻居们的好心过日子。威勒一家以及其他招待过吉米的家庭实在功不可没，没有他们，吉米也许根本活不下来。

那几年里照顾吉米·亨德里克斯最多的还要算是哈丁一家。吉米一直把多萝西·哈丁叫做"多萝提阿姨"，她在露西尔分娩时照顾她，给小吉米换过尿布，一直都关心他的生活。虽然吉米叫她阿姨，其实她比他生活中的任何女性都更像他的母亲，甚至比他的亲生母亲还亲。如果多萝提阿姨有段时间看不到吉米，就会找来艾尔痛骂一顿（她经常这么做）。她也是唯一能让艾尔听得进批评的人。

身为一个单身母亲，哈丁自己养大了九个孩子，为此要做两份工作才行。1955年，她白天在波音公司做铆工，下班后匆匆赶回家里给孩子们做饭，然后又到一个有钱的白人家里做帮佣。哈丁家的房子也在雷尼尔山景，有三个卧室，一家人在这里一住就是二十五年。多萝西睡客厅沙发，把卧室留给孩子们。尽管过得那么忙碌艰苦，多萝西还是让孩子们都能吃饱肚子，干净整洁，每周日她都带着一大家人去圣爱德华天主教堂。吉米有很多次也跟他们一起去，仪式上他总是显得那么专注沉醉，因为这样能让他显得更像是这个家庭中的真正一员。

哈丁家年纪大些的男孩子们在许多场合都充当吉米保护人的角色。"都是因为我们，所以没人敢去惹他，"梅尔文·哈丁回忆，"他不会打架，总是那么安静，而且他脸上总挂着个现成的笑容，让人一看就心软了。"吉米性格内向，甚至有点忧郁的感觉。"他非常敏感，"艾伯尼·哈丁说，"他从来不说自己想妈妈或者想爸爸，但我们知道他肯定想。他经常哭。"

在哈丁家的某天晚上，吉米突然说了一句话，这话太有先见之明了，以至于哈丁家的所有人后来一直都觉得这事带有超自然色彩。"他对我说，"多萝西·哈丁说，"'我要离开这里，到遥远的地方去。我要出名、发财，让这里所有人都嫉妒。'他还说他要离开这个国家，永远不再回来。我说他不能这样做，他也不能离开我。他说：'不，多萝提阿姨，我要带你和我一起走。'"吉米的大话引得哈丁家的孩子们哄堂大笑。

另一个成真的预言来自哈丁家的孩子们晚上讲的睡前故事。吉米崇拜哈丁家的男孩们，不过对他的人生事业影响最大的还要算是雪莉·哈丁。她是比较年长的姐姐，负责带弟弟妹妹们上床睡觉。她会给弟弟妹妹们盖被子，把灯光弄得暗一些，然后坐在几间卧室中间的过道里，给弟弟妹妹们做睡前表演，这对吉米来说不啻为迷人的仙丹。她给他们讲故事，吉米曾说，是"编出来的故事"，但他非常喜欢这些故事。

这些故事有三个主角：伯尼塔、奥德雷和罗伊。他们的名字从来不变，不过每晚他们的身份都不一样。"有点像伊索寓言，"艾伯尼·哈丁回忆，"最后总会得出一个道德教训。"如果那天有人做了什么好事，雪莉会特别讲一个故事，让所有人都能明白这个故事是关于做好事的那个孩子。如果有人做了错事，那个孩子肯定会发现自己的事情变成了伯尼塔、奥德雷和罗伊的故事，他可以从故事中重温自己的错误，明白自己错在了什么地方。吉米的日常经历经常为"罗伊"的故事提供素材。打扫哈丁一家的房子是件没完没了的苦差，吉米经常负责扫厨房，因此他在故事中成了"扫地男孩罗伊"。雪莉会让罗伊、伯尼塔和奥德雷在故事中经历很多成功和失败，但是带给全家人包括吉米最多欢乐的，要算是罗伊成了一个成功吉他手的故事。"罗伊弹着他的扫帚吉他，变得出名又阔气，"雪莉讲起这个故事，"人们从四面八方赶来听他弹琴，他发了大财，买了一辆黑色的加长凯迪拉克轿车。他一直都很快乐。他有很多钱，但他还是天天打扫厨房，扫地洗盘子。"这个故事的道德教训是：就算阔气出名的男孩也不要忘了打扫卫生。"罗伊出名又富有，开着他的凯迪拉克，"她继续讲道，"他可以到世界上的任何地方去。但罗伊不是那种男孩，他可以去周游世界，但他总会开着他的凯迪拉克回到家里。他开车来到雷尼尔山，按响喇叭，所有男孩子都跑出来迎接他，大家都爱他。"听到这里，吉米便觉得这个画面就是自己的未来，就像一个无比甜蜜的美梦。

第五章 约翰尼·"吉他"

华盛顿州，西雅图

1955 年 3 月—1958 年 3 月

> 英雄：我的名字是约翰尼，约翰尼·"吉他"。
>
> 第一个坏人：这算什么名字。
>
> 第二个坏人：伙计们，我要干掉你，先生；你快给她唱首歌儿吧。
>
> ——电影《约翰尼·"吉他"》

1955 年春，吉米·亨德里克斯和莱思奇小学六年级的同学们一起拍下了集体照。四十六个孩子的照片简直可以拿去给联合国当明信片了——照片上黑人、白人与亚裔美国人的人数是完全相等的。"那时候我们学校真有点田园诗的感觉，"吉米·威廉姆斯回忆，"种族问题好像根本就不存在。大家都觉得自己是集体的一员。"照片上，吉米和其他孩子们一样，按大人们说的保持着一脸笑容。就在这年春天，吉米从莱思奇小学毕业，以"C"的平均成绩升入中学。

然而吉米家里的状况依然每况愈下。1955 年 3 月 30 日，艾尔和露西尔出席了在国王郡市政厅举办的听证会（二人当初结婚也是在这里），他们签署文件，放弃作为乔、凯西、帕米拉和阿尔弗莱德·亨德里克斯父母的身份。听证会只是例行公事，当时艾尔和露西尔早已经把四个孩子交出去了，但不管怎样，签了法庭的文书，艾尔和露西尔就将永久放弃"父母对子女的一切利益与权利"。德洛丽丝·霍尔说露西尔当庭承认自己是一个失败的母亲时几近"崩溃"。听证会还有另一个重要意义——尽管后来艾尔·亨德里克斯声称自己不是那几个孩子的生父，但当年在法庭上，他亲口承认自己是这四个孩子的父亲。

听证会举行的那段时期，吉米的家庭生活也是愈发暗淡。艾尔丢了工作，欠下房款。房子肮脏凌乱，破败不堪，定期过来探望的各路阿姨们也无力回天。吉米的橄榄球教练布思·加德纳有一次路过他家，发现吉米独自坐在黑暗里。"家里断电了。"加德纳回忆。

从白天到晚上，吉米在邻里之间流浪，根本没人管他，他像一条丧家犬一样挨门挨户转，搞得中心区很多人都认识他了。不过吉米的流浪生活中也有一丝孩子探险的味道，而且他很快靠着听人家的彩排认识了住在附近的所有乐手。这个好奇的男孩一听到哪座房子里传出音乐声就会跑过去敲门。"我哥哥是弹键盘的，"萨米·德雷恩[1]回忆，"吉米听到了，有一天他就跑来我家敲门。"

但是动荡流浪的生活对于一个十几岁的男孩来说也有危险。有一天，吉米和一群孩子呆在树林里。一个邻居的残疾男孩落在后面。吉米和其他男孩叫他跟上来，后来他越落越远，大家看不到他，只好回去找他。他们发现有个男人正要强暴这个男孩，他们都怕这个男人。十余年后，吉米告诉一个女朋友说自己年轻时遭到过性侵犯。他没说细节，只是说一个穿制服的男人骚扰了他，但这件事给他内

1　Sammy Drain，西雅图黑人布鲁斯吉他手、演员。

心留下了深深的创伤。

那年夏天，福利机构威胁要采取法律手段，把吉米也送去福利寄养。作为妥协，艾尔同意让吉米住进附近自己的哥哥弗兰克家。于是弗兰克的妻子珀尔便成为吉米心目中又一个强悍的黑人母亲形象。她像教官一样操持着整个家庭，但也带给家人们关爱，特别是做得一手好吃的黄油苹果派。"妈妈告诉我，艾尔没钱照顾他，所以吉米需要一个地方呆。"弗兰克的女儿戴安娜·亨德里克斯回忆。弗兰克·亨德里克斯当时在波音公司工作，收入颇丰，所以在餐桌上多添个盘子也不算什么负担。不过对于吉米来说，不好的一点就是搬家后他不能和老朋友们上同一所中学了。那年秋天，吉米在敏尼中学升入七年级，其他朋友们都上了华盛顿中学。

艾尔终于找到一份园丁的工作，此后他毕生都在从事这一行。但是修理草坪赚不了多少钱，他只好招收房客。科奈尔和厄内斯蒂娜·本森夫妇一度住在他家，占了原本属于吉米的房间。厄内斯蒂娜发现，除了付房租，艾尔还指望她做家务。尽管离婚已经好几年了，艾尔还是经常把前妻的名字挂在嘴边。"他说她是个酒鬼，"厄内斯蒂娜回忆，"有时候他自己一喝醉就这么骂她。不过那个时候男人就是这么对女人的。男人喝酒可以，女人喝酒可是见不得人的事。"厄内斯蒂娜回忆艾尔经常酗酒失控，有时甚至回家都会迷路。"他走进一栋有大门的房子，因为他自己的房子是有大门的，他就觉得有大门的房子就是他的家，"她说，"他大摇大摆走进去，一屁股坐在沙发上说，'你们怎么都在这儿？'人家就说，'我们住这儿，你不是住这儿的。'然后叫来警察把他赶出去。"

厄内斯蒂娜·本森的出现对于吉米来说实在是因祸得福——热爱布鲁斯音乐的她带来了自己的一大堆78转唱片。这是吉米第一次接触到"泥水"[1]、"闪电"·霍普金斯[2]、罗伯特·约翰逊[3]、贝西·史密斯[4]和"嚎狼"[5]。"我喜欢布鲁斯,"厄内斯蒂娜回忆,"吉米也喜欢这些来自南方乡村的东西。"那时吉米唯一的乐器就是他的扫帚,自从听上了布鲁斯,他的"吉他"就开始越弹越逼真。"他弹扫帚弹得太猛,上面的稻草全掉下来了。"科奈尔·本森回忆。

1956年2月,吉米生活中没完没了的动荡还在继续。弗兰克和珀尔离婚了,把吉米送回给艾尔。本森一家搬了出去,家里又只剩艾尔和吉米。

回去后吉米便转学到华盛顿中学,和老朋友们重聚。过去他成绩还不错,但这一年分数急剧下降。上半年他得了一个B、七个C、一个D;下半年只得了三个C、四个D和两个F。华盛顿中学校长弗兰克·费德勒说,吉米是学校办公室的常客,大都不是因为违反纪律,而是因为成绩问题。"他不是那种爱惹麻烦的孩子,但是学习成绩真不怎么样。"费德勒回忆。

在华盛顿中学的学期就这样结束了,要不是因为家里又出了事,到1956年9月吉米本可以接着在这里上八年级的。9月,银行收回了他们的房子,吉米和艾尔只好搬进麦克凯夫人出租的膳宿房,吉米回到敏尼中学读八年级。

麦克凯夫妇有个下肢瘫痪的儿子,他有把破旧的木吉他,上面

---

1 Muddy Waters(1915—1983),美国黑人布鲁斯歌手、吉他手,芝加哥布鲁斯最著名的代表性人物,对摇滚乐和灵魂乐亦有深远影响。

2 Lightnin' Hopkins(1912—1982),美国黑人歌手、吉他手,乡村布鲁斯乐代表人物,特别是在布鲁斯乐从乡村走进城市过程中发挥了重大作用。

3 Robert Johnson(1911—1938),传奇布鲁斯吉他手,一生仅录有二十九首歌,但却对后世吉他手产生重大影响,传说他曾在十字路口将灵魂出卖给魔鬼以换取高超琴艺。

4 Bessie Smith(1894—1937),早期著名黑人爵士、布鲁斯女歌手,生平运命多舛,有"布鲁斯女皇"之誉。

5 Howlin' Wolf(1910—1976),布鲁斯吉他手、歌手,和"泥水"共同推动了芝加哥布鲁斯的发展,其吉他演奏对以"滚石"和埃里克·克莱普顿等人为代表的英国摇滚乐队影响尤为深远。

只剩一根琴弦。他本打算把这把破琴扔掉，吉米却把它捡回来，问麦克凯夫人能不能买下来。"她说要卖 5 美元。"里昂回忆。艾尔不愿意掏这笔冤枉钱，最后还是厄内斯蒂娜·本森出钱为吉米买下了生平第一把吉他。大多数人可能会觉得这把破琴根本已经成了一块没用的木头，可吉米却把它当成试验对象，他钻研着吉他上的品格、指板、琴箱、还有吉他发声的内部构造。其实他不是在弹奏音乐，只是在制造声音。"吉他只有一根弦，"厄内斯蒂娜·本森说，"但他真的可以让这根弦说起话来。"

现在吉米假装弹吉他的时候，手上至少有一把货真价实的琴了。在阿特拉斯剧院的下午场时间，吉米看了尼古拉斯·雷（Nicholas Ray）导演的电影《约翰尼·"吉他"》（Johnny Guitar）。饰演主人公约翰尼·"吉他"的斯特林·海登（Sterling Hayden）在片中只唱了一首歌，整部片中，他的木吉他不过是倒挂在背后而已。不过这个角色仍给吉米留下了难以磨灭的印象。"他看了那个电影，就爱上了那家伙背后背着吉他的样子。后来他也学着电影里那家伙的样子背吉他。"吉米·威廉姆斯回忆。和一般十几岁的孩子一样，吉米觉得吉他是个时髦的玩意。有几个同学还记得他带着那把破琴到学校来炫耀。别人问他会不会弹，他就说："琴坏了。"他从不让吉他离开自己视线，睡觉时都把它抱在胸前。

1957 年夏天，吉米 14 岁了。接下来的 18 个月里，发生了两件令他难忘的大事——他看了埃尔维斯·普莱斯利（Elvis Presley）的演出和小理查德[1]的布道。

埃尔维斯演唱会的盛况可想而知。9 月 1 日，他在西雅图的西

---

1 Little Richard（1935—），美国早期摇滚黑人歌手、钢琴手，以性感花哨的形象和台风著称，1955 年成名，1957 年突然退出乐坛成为注册牧师，1962 年以一张福音歌曲专辑重返歌坛。

科体育场演出，吉米买不起 1 美元 50 美分的票，于是就爬到附近的山顶俯瞰体育场。尽管埃尔维斯的身影只是一个小点儿，吉米还是亲眼看到了台下 1.6 万名观众为偶像欢呼的狂热景象。埃尔维斯表演了自己所有最受欢迎的金曲，然后就跳进自己的白色凯迪拉克轿车后座扬长而去。轿车离开体育场的瞬间成了吉米同这位身穿金箔演出服的"国王"最接近的一刻。两个月后，吉米在自己的笔记本上画了一张埃尔维斯拿着木吉他的画像，周围还写着埃尔维斯那十几张大卖专辑的名字。

翌年某天，里昂帮养母跑腿时正好看到小理查德从一辆轿车上走下来。小理查德和里昂握手，说自己要在当地教堂布道（那段时间小理查德暂时放弃了摇滚乐，投身上帝怀抱）。里昂飞奔去找吉米，二人当晚去听了小理查德的布道。"我们没什么像样的衣服，"里昂回忆，"吉米穿了件白衬衫，但脚下却是一双破破烂烂的球鞋。教堂里的人都直看我们。"后来吉米说自己有一次因为衣着破烂而被"踢出教堂"，其实就是根据这件事而来，不过他从没真的被踢出去过。事实上，尽管周围的年长者们投来异样的目光，吉米和里昂还是一动不动地坐在长椅上，目不转睛地望着小理查德宣讲来自地狱的烈火与硫磺，一头波浪般的头发随着慷慨激昂的话语上下起伏。布道之后，两人等在外面想再见小理查德一面，不过和其他人不一样，他们可不想和他谈什么《圣经》，他们只想摸一下他，毕竟这是他们第一次近距离接触名人啊！

1957 年 9 月，吉米上九年级了。那年的事或许也是他的人生到那时为止发生的最大一件事——他遇到了初恋女友卡门·格迪。她 13 岁，比他稍小一点，和他一样穷。"如果我们能凑够钱买根冰棍，那可是大事，"卡门回忆，"我们就把冰棍掰成两半，一人半支。"两人连一起去看下午场电影的钱也凑不齐，除非卡门把自己要捐给主日学校的钱藏下来。两人约会大都是散步或者在公园里玩。

卡门也住在出租的膳宿房，可是吉米比她还穷。"他穿着又小又破的白色平底鞋，鞋底磨了个洞，于是他就把纸板剪下来垫在鞋里。他走了好多路，纸板也给磨破了。于是他就想出这样的主意：不光在鞋子里面放上纸板，口袋里还揣上备用的纸板。走路时鞋里的纸板破了，就把兜里的纸板掏出来换上。"吉米很少能带午饭去学校，卡门经常把自己带的三明治分给他吃。

他们拥有的只是太多渴望，他俩都是梦想家。卡门的梦想是成为有名的舞蹈家。吉米眼前的最迫切的梦想是拥有一把真正的吉他。后来他宣布自己一定要成为一个了不起的乐手。这些不过是十几岁孩子的大话，同学们听了肯定会嘲笑他们，但对于吉米和卡门来说却是维系恋情的黏合剂。"我们把这叫做'让我们假装……'"卡门说，"我们互相激励，至于对方的话有多不切实际，我们却根本不去想。"

卡门还有另一件吸引吉米的事——她姐姐正在和一个弹吉他的人约会。吉米经常追在那男人后面，好像只要看着别人弹琴，自己也就能掌握这门技能似的。那时吉米已经学会嘴里拟声，配合手上假装弹琴的动作。"他发出很像琴声的声音，有点像胡乱唱唱，没有歌词，但其实是他在用人声模仿吉他独奏。"卡门说。至于真正的唱歌，吉米说自己的声音不好，不管卡门怎么要求，他也不肯给她唱首歌。这时吉米童年时期的口吃毛病已经改掉，只有实在太紧张时才会再犯，不过他和卡门在一起的时候却总是有点紧张。

当时邻里间和吉米同龄的孩子们已经纷纷开始拥有自己的第一件乐器了。伯尼尔·亚历山大是朋友们当中第一个拥有吉他的，尽管那把木吉他的琴颈粗得好像棒球棍一样，的确算不上什么好乐器。那年年底，伯尼尔有了把电吉他，这把琴在邻里间可出了名，附近的男孩子们常常上门来参观它。

吉米最后终于弄到了琴弦给自己的吉他装上，这下可以弹真正的琴了，不过琴颈有点扭曲，琴弦没法保持在调上。不管怎样，他还是一直在琴上弹奏，不等艾尔抓到他决不罢休。吉米是天生的左撇子，但父亲逼着他用右手写字。艾尔觉得弹吉他也应该一样。"爸爸觉得左撇子是魔鬼的征兆。"里昂回忆。吉米反装了吉他弦，这样就可以右手按弦，左手弹琴。结果颇有几分喜剧色彩的事经常上演——艾尔一回家，吉米就赶快换个手继续再弹下去。"他左右手都能按弦和拨弦，都是因为每次爸爸一回家，他就得把琴换个手，左手按弦，右手从下往上拨弦，要不爸爸就会吼他，"里昂说，"爸爸不喜欢他不干活总弹琴。"艾尔一有机会就抓吉米去帮自己修剪草坪，吉米总是千方百计逃避这个差事。

那年秋天，里昂暂时离开了寄养家庭，亨德里克斯一家三口又在租来的小屋团聚了。弟弟回到身边让吉米振作了很多，学习成绩也有了小小的进步。那年秋天，他的英语、音乐、科学和金工课都得了 C。不过体育课仍然不及格，只得到 D。鉴于他每星期至少有一天不能出勤，这个成绩还算不错。逃学时他总是在邻里晃来晃去，像约翰尼·"吉他"那样把吉他背在身后。

吉米和里昂有好几个月没见过母亲了，不过他们听德洛丽丝说，1958 年 1 月 3 日，露西尔再婚了。短暂的恋爱之后，她嫁给比她年长 30 岁的退休码头工人威廉姆·米歇尔为妻。德洛丽丝断定，露西尔新婚期间偶尔也会出来见艾尔，至少两人会在耶斯勒的某个两人都常去的酒馆不期而遇。"他们一在那种地方遇上，所有事就又重演了。"德洛丽丝说。

露西尔再次与儿子们相会是因为酗酒让她的身体出了问题。1957 年秋天，她因肝硬化两次住进港景医院。1958 年 1 月中旬，新婚不久的她因为肝炎又住了院。德洛丽丝带着吉米和里昂去看她。母亲毫无生气地坐在轮椅上，状况比上次见面时糟糕多了，孩子们都被吓了一跳。"她总是那么美丽迷人，总是戴着首饰，闻上去香喷喷的。但这次却完全变了一个人一样。"里昂回忆。

露西尔一再拥抱，亲吻两个孩子，吉米和里昂离开病房后，她单独对德洛丽丝说："姐姐，你也知道我活不长了。我生了这些孩子，我爱他们，我想好好照顾他们，当个好妈妈，但我不行了，我再也做不到了。"在过去，无论日子过得怎样艰难，露西尔都保持着开朗、阳光的心态；德洛丽丝看到妹妹这样消沉，感到非常震惊。"你会好起来的，"德洛丽丝对她说，"好好照顾自己。"露西尔的身体状况有所好转，一周后她出了院，希望自己能痊愈。

多年后，吉米写下自己最有自传意味的歌曲《沙之城堡》（Castles Made of Sand），里面有个坐在轮椅上的女人，"她的心如同一张愁容"。"这首歌是关于母亲的。"里昂说。这首歌第一段是一幕家庭争吵的景象，妻子摔门而出，留下醉醺醺的丈夫。下一段歌词中出现一个在树丛玩要里的小男孩，假装自己是印第安人的酋长。这个残疾女子最后决定跳海自尽，临终一跃前她祈求"你再也不能伤害我"。就这样她登上了一艘"有金色翅膀"的大船。吉米以一句对"永恒"的咏叹作为这首歌的结尾："沙之城堡"被永远冲入浩瀚的大海……

与吉米和里昂见面两周之后，露西尔·杰特·亨德里克斯·米歇尔与世长辞。

2月1日，德洛丽丝听说妹妹又住院了，露西尔的朋友打电话说露西尔被人发现晕倒在耶斯勒某个酒馆旁边的巷子里，被送进医院。德洛丽丝和多萝西·哈丁马上赶往港景医院。"护士说她们不知道她怎么了，但她们说她会好起来的，"德洛丽丝说，"她们那天晚上太忙，走廊里到处都是要打针的、开刀的，她们几乎都没瞧她一眼。"两人埋怨了半天，露西尔才被送进一个房间。她们在门口等着，但等医生到来时，露西尔已经死于脾脏破裂。"他们本来能救她，但是她有内出血，他们没能救活她。"德洛丽丝说。

露西尔的官方死亡证明上写着她的直接死因是"脾脏破裂和大出血"，还有次要原因是"门静脉高血压和门脉性肝硬化"。"门静脉"是将血液输往肝脏的血管；酗酒者经常会患有肝硬化，从而导致门静脉损伤。但是就算长期肝硬化也不会造成脾脏破裂，肯定是外伤引起的。露西尔要么是摔倒了，要么是被人袭击了，这才导致脾脏破裂。她在酒馆外面究竟出了什么事，家人们有很多猜测，但事实真相永远没人知道。

一个朋友来到艾尔租住的房子通知他这个消息。去年秋天刚满15 岁的吉米听了失声痛哭；里昂那年只有 10 岁，与其说悲伤不如说是震惊。露西尔的遗体被送往中国城的某个殡仪馆，艾尔借来一辆卡车，拉着两个孩子去了那里。在殡仪馆外，他转念一想，又不愿让两个孩子看见尸体，于是让他们留在车上，自己独自去见了那个与他共同生下六个子女的女人最后一面。"艾尔是露西尔唯一爱过的男人，"德洛丽丝说，"她的确是接受过其他男人，但她心里从来没爱过别人。"

等在卡车上的时候，吉米一直在哭，里昂却表现得很坚强，他觉得只要不流露情感，痛苦就会过去。艾尔回来后从兜里掏出一个小酒瓶，给两个孩子喝里面的施格兰威士忌。亨德里克斯家的三个男人大口喝了一番，艾尔开车载着他们回家。

四天后葬礼在一个五旬节派教堂举行，艾尔的母亲诺拉也特意从温哥华赶来，露西尔的二十多个朋友出席了葬礼。葬礼预定于周日下午两点开始。时间到了，所有人都到场了，只有艾尔、吉米和里昂没有出现。牧师把时间延后，希望他们只是迟到而已。露西尔的亲戚们觉得，如果艾尔自己不愿来，至少应该有风度地把孩子们带来。拖延了两个小时之后，下午四点，葬礼只得开始了。男孩子们始终没有出现。"我们一直等着，"德洛丽丝说，"他们一直都没来。"

在自传中，艾尔写道，吉米想去参加葬礼，但艾尔没有车子，于是给了吉米坐公共汽车的钱，说："拿钱坐公共汽车去吧。"但吉米没有坐车去参加母亲的葬礼，而是留在家里哭泣。"我们都很想去，"里昂回忆，"但爸爸不让我们去。"

那天晚上多萝西·哈丁找到艾尔，在他头顶狠狠打了一下。"我恨他这么做，"哈丁回忆，"我告诉他他终生都会为这件事而痛苦。"德洛丽丝也对他说，吉米和里昂会因为没参加葬礼而感到难过的，艾尔却答道："他们现在再去也没意义了，一切都结束了。"

"不，艾尔，"德洛丽丝指着呆在隔壁、正被多萝西抱在怀里的孩子们说，"你可能是这么想的，但对于他们来说，这一切永远不会结束。"

吉米一直都是个羞涩的孩子，但自从露西尔死后，他变得愈发心不在焉，沉默寡言。在青春期余下的时间里，他很少主动和几个密友以外的人交谈。"他变得极度敏感，"艾伯尼·哈丁回忆，"他非常非常悲伤。"有人也注意到他变得冷漠；仿佛失母之痛是人生中唯一重要的事情。吉米成年后，很多人都注意到他从来不做长期规划，仿佛每一天都是自己人生中的最后一天一样，这种特质就是从他丧母之后开始形成的。他仍然是个梦想家，但是一旦生活中出现问题，他也只是报以听之任之的态度。

露西尔的死永久改变了吉米与艾尔的关系。母亲还活着的时候，就算吉米不知道她身在哪里，她仍是他生活中的感情寄托，至少是可以去想象的对象。父亲不让他参加母亲的葬礼给吉米留下了永久的痛苦回忆。"在这件事上他从未真正原谅爸爸。"里昂说。吉米很少开口谈失去母亲这件事，就连对最亲密的朋友们也没有说。女朋友卡门·格迪是听同学说才知道的，吉米·威廉姆斯是听里昂告诉他的。在吉米的内心世界里，死去的母亲被理想化了，那年春天他开始写诗和一些萌芽状态的歌曲，露西尔很快成了它们的主题。吉米一直都喜欢科幻小说和太空探索，但是在这个男孩子气的爱好之外，他又迷上了天使。"妈妈成了他的天使，"里昂说，"他告诉我，他敢肯定她成了天使，她会一直跟随在我们身边。"

那年暮春的一个夜晚，德洛丽丝·霍尔听到门廊传来一阵响动，她打着手电出去看个究竟。黑暗中，手电的光照到了吉米圆圆的小脸。他坐在门廊角落的一把椅子上。"大半夜的你还在那儿干嘛？巴斯特？"她问。"没什么，阿姨。"他说。

"他好像迷路了一样，"多年后德洛丽丝·霍尔回忆，"那天晚上他非常消沉，我从没见过他这个样子。"

德洛丽丝想让他高兴点儿。"干嘛不进来，我给你弄点吃的。"

"啊，我在看星星，"他说，"过会儿再进去。"

"你还在想妈妈吗？"她问。

"你怎么知道？"他问，"总有一天我会见到她的，我会再一次见到她。"

"我知道，"德洛丽丝说，"我们大家都会有那么一天。"

吉米的情绪似乎缓和了一点，或许是因为如此强烈的感情只能持续这么短暂的时间。接下来，仿佛魔法被解除了，他的声音听上去又成了一个看了太多科幻漫画、在阿特拉斯影院里看了太多场《飞侠哥顿》的普通男孩。"总有一天，我要坐着飞船飞向天空，"

他夸口，"我要飞向星星和月亮。我要飞上去看看天上都有什么。"

　　"我要飞上天空，"他望着阿姨说，"我要从一颗星星飞向另一颗星星。"

第六章　又高又酷的小伙

华盛顿州，西雅图

1958 年 3 月—1960 年 10 月

> 他行云流水般地弹起《又高又酷的小伙》，简直让
> 人觉得他就是"了不起的哭泣者"中的一员。
>
> ——卡门·格迪

1958 年春天，吉米和艾尔离开了租住的房子，搬进比肯山住宅区科奈尔和厄内斯蒂娜·本森那套有两个卧室的房子。里昂再度被送回寄养家庭，艾尔、吉米、科奈尔和厄内斯蒂娜四人挤在不到 500 平方英尺[1]的小房子里。

这次搬家对吉米来说是件好事。虽说比肯山这里远离中心区与好朋友们，但是离哈丁一家很近。更何况又能回到厄内斯蒂娜身边，她给他做饭吃，像妈妈一样对他。当然，更重要的是又能听到她的布鲁斯唱片了。厄内斯蒂娜有时候会带吉米到鲍勃·萨莫莱兹开的的"音乐世界"唱片店去，让他自己挑张专辑买下来。萨莫莱兹这

1　约合 46.45 平方米。——编注

家传奇的唱片店出售从布鲁斯到节奏布鲁斯的大量黑人乐手作品，此外也不乏白人歌手的流行专辑，不过和白人开的唱片店正相反，在这里白人歌手的专辑被放在货架最底层。萨莫莱兹还主持着一档广播节目，播放最新的黑人音乐，吉米自然也是忠实听众。

那年秋天吉米 15 岁了，他的音乐品位也开始走向成熟。去伯尼尔·亚历山大家做客时，他俩会放艾尔默·詹姆斯[1]的唱片，试着用吉他跟着弹。伯尼尔从朋友那里弄了小理查德演唱会的票，当时小理查德已经重返摇滚界了。两人提前溜进剧院，坐在前排看了一场下午场。演出中两个男孩实在是太活跃了，结果演出之后伯尼尔的朋友把他俩带进后台，小理查德一下就认出了他们，拍着他们的后背说："这不是跳得最欢的那两个小子吗！"第二天在学校，吉米忙不迭地把和小理查德的相遇告诉给全班同学，但没人相信他运气这么好。那年秋天，伯尼尔和吉米还看了比尔·道吉特[2]的演出。

吉米没上过正式的音乐课，但从邻居家的孩子们那里学到了一些吉他的小过门，主要是师从一个叫兰迪·"布奇"·斯奈普斯（Randy "Butch" Snipes）的人。"布奇"可以把吉他反背在背后弹，模仿"T骨"·沃尔克[3]的动作，再学学查克·贝里（Chuck Berry）精彩的鸭子步。很多个下午，吉米坐在"布奇"脚边，目不转睛地看着，想着自己怎么才能做出同样精彩的表演。

虽然吉米学了不少吉他，但学业却每况愈下。搬到本森家意味着吉米又得转学了，这是他三年间第四次转学。九年级的成绩单上，他得到三个 C、五个 D。唯一的好消息是 F 只有一个，讽刺的是，

1　Elmore James（1918—1963），布鲁斯吉他手，三角洲布鲁斯和芝加哥布鲁斯的重要人物。

2　Bill Doggett（1916—1996），美国黑人爵士、节奏布鲁斯钢琴手，风琴手。

3　T Bone Walker（1910—1975），美国黑人爵士、布鲁斯吉他手，被认为是在 1935 年左右最早使用电吉他的乐手，有把吉他背在背后，劈叉弹吉他的招牌动作。

这一科不是别的，正是音乐。他常常把吉他带去学校，但音乐老师显然不为所动，还建议他最好选择别的行当为生。其实，这个不及格的低分只能反映出他的兴趣（布鲁斯、节奏布鲁斯和摇滚）与1950年代末期学校正统音乐理论教育之间的分歧，不能说明吉米早年缺乏才华。他的学年考试成绩排在前40%的学生之列，总成绩差主要是因为出勤状况不佳。那年春天，他缺课十一天，而且每天都迟到。"我不知道是因为他的家庭问题还是他不喜欢考勤制度那一套，"吉米·威廉姆斯说，"吉米一直都是个自由自在的人，学校实在不适合他。"

最后，差劲的学习成绩造成了吉米小时候最丢脸的一件事——他在莱思奇小学认识的、和他一起长大的朋友们都升高中了，他呢，却得留级重读一年九年级。这件事他没告诉任何人，如果有人问他在哪儿上高中，他就撒谎混过去。大多数身边的大人都觉得吉米小时候是个聪明的孩子。其实他在学校遭到的挫折主要是由于他不够努力，而且总是缺课的缘故。

吉米逃课的时候，总是像拿着警棍的警察一样在邻里游荡。他总是忍不住走向收养里昂的威勒一家门口；也会去拜访伯尼尔、吉米·威廉姆斯、特里·约翰逊他们。每天早晨，他就算迟到，也要陪卡门从她家走到学校。他开始频繁拜访邻里之间的那些乐手们，希望能讨教到一点演奏技巧。"在那个时代，人们真的都很开放，他们会给你弹他们的绝活，跟你分享好东西。"当地鼓手莱斯特·埃克斯卡诺（Lester Exkano）回忆："没人想过拿音乐去赚钱，所以和其他乐手分享这些东西更多是一种个人的荣耀。"埃克斯卡诺记得吉米那时候最喜欢的吉他手是 B. B. 金（B. B. King）和查克·贝里。

当时附近有几个音乐之家格外有名，不仅是吉米，很多有抱负的乐手们都知道他们的大名。比如键盘手戴夫·刘易斯和他父亲老戴夫·刘易斯就影响了很多人。"他们家地下室有一架钢琴，房门永远敞开着，"吉米·奥吉尔维说，"老戴夫会弹吉他，不过他主要是总在鼓励别人。雷·查尔斯和昆西·琼斯都从他那里学过一些小吉他段子。"刘易斯一家创造了一种积极的氛围：来这里的孩子们都能感受到有创造力是件好事。还有霍尔顿家的罗恩和戴夫兄弟以及他们的父亲奥斯卡也是类似的音乐之家。这些非正式的音乐学校就是这样在西雅图中心区的地下室和后门门廊里向孩子们传授节奏布鲁斯的知识——对于吉米来说，这就是他的高等教育。

那年秋天吉米 16 岁，音乐在他的生活中变得愈来愈重要。他已经练熟了手中的木吉他，但他还是更想要一把电吉他。"他迷上了电吉他，他曾经拆下音响的电线，想给他的木吉他通电。"里昂说。厄内斯蒂娜·本森注意到吉米对音乐的兴趣与日俱增，不断敦促艾尔给这孩子买把合适的乐器。

不过吉米的学业仍然很成问题，就算留了一级还是很吃力。12月，他和艾尔又搬去与弗兰克和格蕾丝·哈彻夫妇合住了几个月，于是他又得转学到华盛顿初中。春季学期结束时，吉米的数学、英语和机械绘图课都不及格。但他不能第二次留级了，于是校方批准他秋天升入高中，希望换个新环境能对他的学业有所帮助。

父子俩只在哈彻家住了很短一段时间，哈彻夫妇很快就烦透了总是惹麻烦的艾尔。"艾尔太反复无常了，他喝酒、赌博、半夜才回来。"弗兰克·哈彻说。1959 年 4 月，父子俩搬进第一山住宅区的一栋公寓。这座建筑鼠患成灾，艾尔从来懒得下厨做饭。街上遍布妓女，房子对面是一座少管所，从窗口望去，吉米或许会觉得自己将来的下场也不外如此吧。

尽管周围环境那么恶劣，但就是在这栋房子里，吉米享受到了童年时期最大的欢乐——他得到了生平第一把电吉他。厄内斯蒂娜·本森不住唠叨着"给那孩子买把吉他",艾尔终于心软了,到迈尔音乐商店去分期付款给吉米买下了电吉他,同时还买了个萨克斯打算自己吹。有那么短短一段时间,父子俩还在一起即兴演奏。不过当第二次付款期到来时,艾尔还掉了萨克斯。

吉米的吉他是一把白色的 Supro Ozark 琴,它是右手琴,吉米马上把琴弦反装过来;但是吉他上的其他控制器仍然是反的,掌握起来还是很有难度。吉米给卡门·格迪打电话,在话筒里大叫道:"我有吉他了!"

"你不是有一把吉他吗?"她说。

"不,是真正的吉他!"他叫道。之后马上冲到她家去。两人一起去了敏尼公园,吉米拿着吉他欢蹦乱跳。"要知道,我们都是穷孩子,连圣诞礼物都得不到。这么一把吉他简直就像是五个圣诞礼物加在一块儿。我真是忍不住为他高兴,我觉得那是他一生中最快活的一天。"卡门回忆。

在公园里,吉米笨拙地弹着那把吉他,试了几段用木吉他学会的小曲子。通过之前没完没了的空手弹吉他练习,他已经取得了长足的进步,虽然技巧还很粗糙,但看上去已经很有吉他手的模样。"我要当你的第一个歌迷!"卡门宣布。

"你真觉得我以后也能有歌迷吗?"吉米问道。卡门向他保证一定会有的。

此时他们的关系已经发展到接吻的阶段,不过还仍在学习和摸索。就这样,他们接吻了,吉米后来说他们的吻是"法国式舌吻"。卡门说他的吻"湿润而诱惑"。不过那天在公园里,卡门觉得吉米对吉他比对接吻更有兴趣,因此苦恼不已。当然,这把吉他也让吉米在她眼中更有魅力,吉米后来将这种魅力发挥到极致,成为一种精妙的艺术。

吉他成了吉米的生命，他的整个生命就是这把吉他。有了吉他，下一个目标就是组一支乐队。接下来的几个月里，吉米几乎和附近所有有乐器的人一起演奏过。主要是非正式的即兴演奏，大部分时间没有插电，因为吉米还没有音箱呢。运气好的时候，某个年纪大点的乐手会让他把吉他插在自己的音箱上，让他好好过把瘾。偶尔他也能从一个男孩俱乐部登记借来一个音箱。他的吉他没有琴匣，带来带去的时候只能露在外面，或者装在一个干洗店的大纸袋子里面，让他看上去一点也不像什么乐手，倒是像个流浪汉。就是用这把装在纸袋里的吉他，吉米学会了查克·贝里的《约翰尼·B. 古迪》（Johnnie B. Goode）。

那个时候吉米只会弹几段曲子，还弹不了完整的歌。卡门·格迪记得他完整弹下来的第一首歌是"了不起的哭泣者"（The Fabulous Wailers）的《又高又酷的小伙》（Tall Cool One）。"哭泣者"是来自华盛顿州塔科马市的一支受节奏布鲁斯影响的摇滚乐队，因为首次完善了《路易，路易》（Louie, Louie）这首名曲而在当地享有盛名。

吉米起先是对当时的流行歌曲感兴趣。他经常和吉米·威廉姆斯一起练习，威廉姆斯唱歌，吉米用粗糙简单的和弦给他伴奏。"我们唱了些那时候的名曲，"威廉姆斯回忆，"有很多弗兰克·辛纳塔和迪恩·马丁的东西。吉米很努力地记下旋律，他还喜欢杜安·艾迪[1]。"艾迪特别擅长欢快的乡村摇滚乐（rockabilly），他成了吉米的第一个真正的吉他英雄，他很快学会了艾迪的《40英里艰辛路》（Forty Miles of Bad Road）、《彼得·冈恩》（Peter Gunn）和《因为他们正年轻》（Because They're Young）。他学曲子非常快，一天就

1　Duane Eddy（1938—），早期电吉他手，在1958到1963年期间可以算是美国最流行的吉他手。

能学会一首新歌，吉米·威廉姆斯开玩笑说他是"人肉点唱机"。每弹到大段独奏，他总会加上华彩，但却不一定适合这首歌，就算杜安·艾迪自己这样弹也未必合适。那时候吉米对很多种音乐门类都有兴趣，摇滚乐只是其中之一，威廉姆斯记得那年夏天吉米最喜欢的歌是迪恩·马丁的《这样的记忆》(Memories Are Made of This)。

1959年9月9日，吉米开始在加菲尔德中学上十年级。虽然蹲了一级，高中生活对他来说还是个很让人兴奋的转变。加菲尔德中学位于中心区的心脏地带，是西雅图在种族融合方面做得最好的学校，也是西雅图最好的中学之一。学生中有50%的白人，20%的亚裔和30%的黑人。学校很大，吉米入学那年学校共有一千六百八十八名学生。

在加菲尔德的第一个学期，吉米共迟到二十次，学业也没有明显的长进。他在班上非常不积极，有个老师说他是"不是学生的学生"。他去上学主要是为了和吉米·威廉姆斯、伯尼尔这些老朋友们在一起。他们每天都是聊音乐，有时候上着课就在教室后面聊。学校食堂里有个允许学生使用的点唱机。学生们自己组了不少乐队，不少人都在热烈讨论着组乐队的事。大多数邻家孩子们组的乐队都很不正式，乐队成员完全取决于"谁晚上有空"。上课时他们会在教室的后座决定谁弹贝斯、新乐队主要练什么歌之类的问题。

吉米的第一次演出是在西雅图一家名叫赫西·西奈寺的犹太教堂的地下室里，是和一群年长的孩子们在一起弹，这个演出相当于试演，决定他能不能永久留在这个当时还没有名字的乐队里。"第一节的演出里，吉米亮出了绝活，"卡门·格迪回忆，"他用所有疯狂的方式弹着，介绍乐队成员的时候，聚光灯打在他身上，他变得更狂野。"短暂休息过后，第二节的演出开始了，乐队其他成员走上舞台，吉米却没有上来。格迪担心他不舒服；因为演出前吉米非常紧张，她担心他会呕吐。后来她在教堂后面的小巷里找到了垂头丧气的吉米，他看上去好像快要哭出来了。第一节演出一结束，他就被乐队炒了——他的职业乐手生涯的第一晚就被自己的第一支乐队给炒了。他不想回家，在巷子里坐了一个钟头，不住说着自己糟糕的职业乐手初体验。卡门平静地建议他弹得保守、传统一点，别那么花里胡哨。这样的话尽管是从女朋友嘴里说出来的，还是让吉米很生气。"那不是我的风格，"他坚持，"我不能那么做。"而卡门只是希望吉米能被雇用而已。

不久后，卡门和吉米的感情开始淡化，不过当然不是因为这次分歧。开始有其他男孩约卡门出去，她也喜欢他们。"我真的喜欢吉米，"她回忆，"但年纪大一点的男孩子们有车、有钱，可以带我到各种地方去。"可是和吉米约会就只能在公园里散步，他们经常路过一家免下车餐馆，眼巴巴地看着别的情侣坐在车子前排喝可乐。"大一点的男孩们可以给我买个汉堡，可吉米根本没有约会用的车子和钱。"高中时代她和吉米仍然保持着友谊，但他那湿润的吻就此永远成为回忆。

吉米参加的第一个重要的乐队名叫"丝绒之声"（Velvetones），是由钢琴手罗伯特·格林和次中音萨克斯手路德·罗布（Luther Rabb）发起的。"我们其实只是一群小孩子，"路德说，"我们的成员经常换，先后有着四个吉他手，两个钢琴手，几个小号手和一个鼓手。这可以追溯到'轻歌舞剧'的年代，那时候每场表演都有舞者。我们每次演出时都化妆打扮，在裤子上涂上亮粉，让它看上去闪闪发光的。"

"丝绒之声"不是什么精心打造的完美乐队。"我们的大多数歌曲都是吉他/钢琴合奏，混合了爵士、布鲁斯和节奏布鲁斯风格。"

在乐队里弹过吉他的伯尼尔·亚历山大回忆。"丝绒之声"的演出基本上会有一首《下班时分》（After Hours）之类的爵士标准曲，再来一首杜安·艾迪的《起义者》（Rebel Rouser）和《彼得·冈恩》。乐队的招牌曲目是比尔·道吉特的器乐曲《小酒馆》（Honky Tonk）。特里·约翰逊说："吉米弹这个最拿手。"吉米一开始并不是乐队里最好的吉他手，但他每天都在进步。吉米的手指比一般人要长，这样就可以同时按到吉他琴颈上更高音的品格，这对于其他人来说是很难的。吉米把自己的这个优势发挥到了极致，经常自己发挥出原曲中没有的音符。因为他是个新手，有时候这么发挥的结果并不好听，但是却总能引起听众注意。至少是很花哨吧。

经过一次试演，"丝绒之声"获得了在麦迪逊街与22街交界的传奇酒吧"鸟陆"（Birdland）每周固定演出一晚的机会。作为演出乐手，吉米可以免费观看酒吧其他乐队的演出，还可以去和他们交流，这对他来说可比每次演出挣的2美元值当得多。后来吉米说服戴夫·刘易斯，让他在刘易斯的乐队演出间隙休息时上去独奏。这些为时十分钟的短短独奏让吉米练习着在人群面前，在一个安全的环境下做他那些古怪的表演。刘易斯后来告诉别人，吉米经常故意把来听刘易斯演奏的那些成熟的老观众们震得目瞪口呆："他表演那些狂野的东西，听众们又不能跟着跳舞，只好眼睁睁地看着他。"

"丝绒之声"经常周五晚上在"耶斯勒台屋邻家娱乐中心"固定演出。在那种廉租社区的家庭娱乐中心演出算不上多么光荣，何况还是免费入场的，但这毕竟给了吉米和队友们体验的机会。"有点像sock hop舞曲，他们一边演出，底下有的孩子就跟着跳舞，但大多数时候台下都是其他搞音乐的孩子们，"本地乐手约翰·霍恩（John Horn）回忆，"他们表演节奏布鲁斯和布鲁斯。吉米的演出已经相当精彩了，单是看着他反着弹那把右手琴就让人觉得很好玩了。"

吉米仍然没有音箱，也知道父亲不会给他买。虽然艾尔给他买了吉他，但确实非常后悔，他觉得儿子把太多时间都浪费在音乐上。艾尔后来说自己很支持吉米那些早期乐队，但乐队成员们却异口同声地讲了和艾尔不同的版本。"吉米把吉他藏在伯尼尔家，担心放在自己家里的话，他爸爸会把琴毁掉，""丝绒之声"的安东尼·艾瑟顿（Anthony Atherton）说，"他爸爸非常讨厌它，也讨厌他在家里练琴。"帮吉米溜出家门排练或演出已经成了乐队每天的功课。乐队里还有几个人见过艾尔一生气就打吉米。"艾尔就是那样的，"伯尼尔说，"他是个很凶的人。部分原因是那个时候的男人就是这样的。没有老婆可打就打孩子。这是很粗野的一幕，是赤裸裸的丑恶。"

艾尔不常回家，不过乐队成员们都知道，只要他一回家，大家就得轻手轻脚地赶快溜走。"我那时只有十几岁，不过我也明白亨德里克斯先生显然和别人家的爸爸完全不一样，"艾瑟顿说，"我很怕他的咆哮，还有他威胁儿子时的样子。所有带乐器到他家去的人都会遭殃的。他会说：'丢开那该死的东西；又不能当饭吃。'"

一天，在"鸟陆"演完后，吉米把吉他留在后台，觉得比放在自己家里安全。第二天回来时，吉他被偷走了。"他彻底崩溃了，"里昂回忆，"但我觉得他更害怕告诉爸爸，他知道自己肯定会挨一顿好打。"在那一刻，吉米的职业乐手生涯似乎已经结束了。

1959 年秋，吉米开始和在学校里认识的贝蒂·简·摩根约会。贝蒂从小在南方长大，口音很重，和西雅图的黑人说话很不一样。因为吉米没有钱，两人约会主要是在莱思奇公园里散步。贝蒂的父母都是老派人，吉米想把他们的女儿带出去的话，需要亲自征求她父亲的同意。吉米很喜欢这种礼节。"他很乖巧，"贝蒂·简回忆，"他很有礼貌，所以我父母很喜欢他。我妈妈做一手好饭，所以他也很喜欢我妈妈。"吉米的吉他还没丢掉的时候，他会坐在贝蒂家的门廊下面给她弹琴，好讨她欢心。

那年秋天吉米 17 岁。同学迈克·塔加瓦记得他常常穿着两年前流行的过时衣服。"他穿着那种我们叫做'溜冰服'的衣服。黑色瘦腿裤，黑白条纹的立领衬衫，腰上悬着一英寸半宽的腰带。简直就是电影《油脂》[1]里的样子。"后来吉米找了一份给《西雅图邮报——信息员》送报的工作，不过没法按时领到报酬，所以没干多久，三个月后就辞工了。

吉米经常帮父亲做修剪草坪的工作，艾尔希望他也做这行，帮自己一块儿干。"吉米拼命工作一整天的话能挣到 1 美元，"里昂回忆，"但是那非常辛苦，吉米恨这个工作。"吉米·威廉姆斯在杂货店找到一份工作，每周能赚 50 美元，他想把吉米也弄去。"有了这笔钱，他的人生就大不一样了。"威廉姆斯说。但是艾尔不让儿子去做这份工作。"艾尔一直说，'我不能让他上班上到那么晚，他还得上学念书呢，'"威廉姆斯回忆，"可是吉米其实很少上学，也从来不学习。"

随着年龄的增长，还有工作和搬家的影响，邻家男孩们的友谊也在产生变化。吉米似乎在很多方面都落后于朋友们，他和贝蒂·简的关系也只发展到接吻为止。1959 年除夕，他和吉米·威廉姆斯在一起，整晚弹着迪恩·马丁的《这样的记忆》。午夜时分，他给贝蒂·简打去电话，不过她住的地方就在几条马路之外，可能未必会觉得吉米很浪漫吧。

就算那段时期吉米和别的什么姑娘上过床，他也没有和同伴们

---

1 Grease，1978 年的美国校园歌舞电影，兰德尔·克莱泽导演，约翰·特拉沃尔塔主演。

夸耀过。吉米·威廉姆斯和伯尼尔·亚历山大记得他们去过一个派对，出席的都是些成熟、有性经验的女人。表面看来，吉米本应有机会在那天晚上失去童贞。伯尼尔很懂人情世故，进屋前，他像大哥哥一样让吉米和吉米·威廉姆斯先在台阶上坐下，告诉他们"诀窍"："那些姑娘们的爸妈都不在，她们想好好乐一乐，也许玩一整夜。你们知道该怎么做吧？你们跟女人上过床吗？"

吉米和吉米·威廉姆斯都没开口，显然两人都没经验，只有面面相觑。"好吧，你们只要装酷就行了。"伯尼尔说着走进了房子。

吉米和吉米·威廉姆斯没有跟进去，两人在门廊前大眼瞪小眼，想鼓起点勇气。对于他们来说，"性"和他们接受过的"不要让女孩子怀孕"的训诫密不可分。朋友们当中已经有人有孩子了，这就更让他们恐惧。他们讨论过，觉得让女人怀孕只会让他们本来就很困难的生活雪上加霜。他们才17岁，只不过是男孩子而已。"我可养不起一个怀孕的姑娘。"吉米烦躁地说，吉米·威廉姆斯表示赞同。最后，吉米·威廉姆斯拔脚便走。吉米也站起身来跟着自己最好的朋友回了家，两人压根没有走进那栋房子。

吉米终于还是把丢掉吉他的事告诉了艾尔，结果挨了终生难忘的一顿教训。接下来的几个星期里，吉米去上学的时候都是一副垂头丧气的丧家犬模样。

丢吉他之前，吉米也开始在一个名叫"摇滚国王"（Rocking King）的乐队里弹琴。他们和"丝绒之声"一样，也是个学生乐队，但是有几场演出得到了专业乐手级别的报酬。乐队已经有了很不错的吉他手朱尼尔·希斯（Junior Heath），不过那年秋初，在一场"乐队之间的较量"里，吉米的出色表现为他在这个乐队里赢得了一席之地。"他看上去坦率正直，"鼓手莱斯特·埃克斯卡诺回忆，"他不抽烟不喝酒。比其他男孩子稍微野一点。"舞台之下的吉米是个很平庸的人，不过一旦登上舞台，接上音箱，身处聚光灯之下，就像完全变了个人一样。"摇滚国王"有个叫詹姆斯·托马斯的经纪人负责帮他们预定演出，他总是想让他们看上去更专业一点儿。比如他的管理措施里有一条是所有成员必须穿西装。有一次为了登台演出，吉米只好去租一件红色西装上衣，结果租金比他演出的报酬还多。为这事艾尔可没有轻饶他。

吉他丢了以后，吉米在"摇滚国王"里也就没什么用处了，不过乐队的几个成员们最后还是帮他买了一把新吉他。他们花 49.95 美元从西尔斯·罗巴克邮购买了一把白色的"丹尼莱克·银调"（Danelectro Silvertone）吉他，还有配套的音箱。吉米怕惹父亲生气，所以这把琴也像上一把一样，总是放在别人家。他把吉他涂成红色，还在琴正面写上了"贝蒂·简"的名字，字母大约 2 英寸高。德洛丽丝阿姨说，要不是 B.B. 金的吉他也起名叫"露西尔"，他多半会以母亲的名字给这把吉他命名的。

吉米当时仍然深受 B.B. 金影响，他的《每天都忧伤》（Every Day I Have the Blues）和《驱动轮》（Driving Wheel），是乐队喜欢翻唱的曲目。"摇滚国王"的演出中通常会有查克·威利斯[1]的节奏布鲁斯曲《C.C. 骑士》（C. C. Rider）；汉克·巴拉德[2]版本的《扭扭舞》（The Twist），他的版本比查贝·查克尔（Chubby Checker）的翻唱版要慢一点；此外还有《摇滚罗宾》（Rockin' Robin'）和《你想跳舞吗》（Do You Want to Dance）之类当时的流行曲；"近海货船"[3]

1　Chuck Willis（1928—1958），美国节奏布鲁斯歌手和词曲作者，在 1950 年代中期流行一时，《C. C. 骑士》是他翻唱的一首老布鲁斯曲，轻松甜美的节拍促进了当时一种名为"Stroll"的舞步兴起。

2　Hank Ballard（1927—2003），节奏布鲁斯和早期摇滚乐歌手，早期伴奏乐队是著名的"午夜者"；《扭扭舞》是他的经典名曲，查贝·查克尔于 1960 年翻唱了这首曲子，令其红极一时，更引发了"扭扭舞"风潮。

3　Coasters，组成于 1950 年代的节奏布鲁斯和早期摇滚和声乐队，以诙谐的歌词和舞台表演著称。

的若干金曲;"胖子多米诺"[1]的《蓝莓山》(Blueberry Hill);以及永不可缺的杜安·艾迪和查克·贝里。他们还会以自己的方式演绎本地人很喜欢的《大卫的心情》(David's Mood)和《路易,路易》。"我们把布鲁斯、爵士和摇滚乐融合在一起,"埃克斯卡诺回忆,"我们什么都弹,只要让人们跟着跳舞就行。"埃克斯卡诺特别的鼓点为歌曲带来活力,他称之为"轻松节拍"。"它有点滑步舞的感觉,"埃克斯卡诺说,"这样就可以很容易跟着跳舞。这肯定是黑人的音乐,但是我们的演出是大杂烩,所以有很多人来。"

1960年6月,艾尔和吉米搬进东耶斯勒路2606号一栋小房子里,离加菲尔德高中不远。吉米高中第二年艺术课得了B;打字课得了D;戏剧、世界史和体育都是F,此外他放弃了语言艺术、木工和西班牙语课,根本没去考试。"他只是不愿意学习,然后就得了一堆不及格,反过来又伤了他的自尊。"特里·约翰逊回忆,

9月,加菲尔德高中开学了,吉米第一个月还去上课,但很快一切都表明他根本不可能毕业。学校警告过他好几次,再不去上学就开除他,可是吉米还是不怎么露面。1960年10月底,他终于被学校正式除名了。在校方档案里,他退学的原因是"退学工作",但除了在"摇滚国王"弹吉他,他并没有任何工作。"他离能够毕业的程度太远了,根本不是成绩不好或者几门课没及格的问题,"校长弗兰克·哈纳沃尔特(Frank Hanawalt)回忆,"他缺了太多课,根本补不上。有条文规定,如果学生经常不来上学,我们就不能把他登记在册。"那年加菲尔德高中有10%的学生退学。

多年后,功成名就的吉米总是对轻信好骗的记者们编造关于自己过去的神话,他说自己被加菲尔德高中有种族歧视的老师们"踢

1　Fats Domino（1928—2017），早期广受欢迎的节奏布鲁斯、摇滚歌手,钢琴手,《蓝莓山》是他最经典的代表作。

出学校"，只因为撞见他在自习大教室里牵着白人女朋友的手。这个故事完全是胡编乱造出来的。不同种族的学生们互相约会在加菲尔德中学倒是屡见不鲜，不过吉米却根本就没有白人女朋友可以牵手。那段时间在加菲尔德中学的人都记不得吉米除了贝蒂·简之外还有别的女友。吉米确实很喜欢同班的白人女孩玛丽·威利克斯，后来两人成了好朋友，他经常给玛丽讲 UFO、下意识和转世投胎之类的事情，不过两人之间的友谊完全是柏拉图式的，她是吉米小时候结交的极少数白人女孩之一。"其他白人女生根本不知道吉米是谁。"威利克斯说。和吉米那年秋天在加菲尔德以及中心区认识的各种族乐手们一样，威利克斯也对吉米产生着持久的影响。"吉米在加菲尔德体验到的多元文化一直伴随着他，"威利克斯回忆，"这里确实很特别，每个在这个学校上过学的人都会受它影响。"吉米与这些人的友谊大都建立在对音乐的共同爱好基础上，这带给他的帮助远比在课堂上学到的东西多。

至于那个因为和虚构的白人女友交往而被踢出学校的童话，"吉米在自习大教室出现"这个说法本身就足够让朋友和同学们笑破肚皮了。真相是：1960 年 10 月 31 日，万圣节，17 岁的吉米·亨德里克斯因为糟糕的学习成绩而退学了。

第七章 西班牙城堡的魔力

华盛顿州，西雅图

1960 年 11 月—1961 年 5 月

> "西班牙城堡"就是西北部摇滚舞演出界的瓦尔哈拉
> 神殿。能在那儿成功你就红了。
>
> ——西雅图 DJ 帕特·奥登

其实吉米想去传奇舞厅"西班牙城堡"的话，根本不用像他在
1968 年的《西班牙城堡的魔力》（Spanish Castle Magic）那首歌里
唱的那样要花上"半天时间"，从中心区开车过去只要一小时就够
了。"西班牙城堡"位于华盛顿州肯特市，是美国西北部首屈一指
的舞厅，能在那里演出是所有本地乐手梦寐以求的，到"西班牙城
堡"去一趟就足以决定一个乐手的职业生涯了。亨德里克斯第一次
去"西班牙城堡"是 1959 年去看最有名的当地乐队"了不起的哭
泣者"，后来他一有机会就去。"西班牙城堡"建立于 1931 年，当
时是个交谊舞厅，能容纳两千人，它的外墙以灰泥粉饰，有塔楼形
状的装饰，还点缀着风格独特的霓虹灯。1961 年，"了不起的哭泣
者"发布了现场专辑《在城堡》（At the Castle），从此奠定了这座

舞厅在西北部音乐界的地位。这里的大部分大型演出由 DJ 帕特·奥登（Pat O'Day）一手安排。他说："'西班牙城堡'就是西北部摇滚舞演出界的瓦尔哈拉神殿。就是这儿，所有本地乐队都想在这个舞台上演出。"

吉米第一次在"西班牙城堡"的舞台亮相是 1960 年年底，那一次"摇滚国王"要为另一支乐队暖场。演出本身没什么亮点，因为他们紧张得要命，不过那年年底，"摇滚国王"有很多不错的演出机会。他们在西雅图的海洋节上演出，还在为业余乐手举办的"全明星乐队对抗赛"中获得第二名的成绩。

"城堡"的大多数观众都是白人，但没有什么种族歧视的迹象，不少当地白人乐手也喜欢节奏布鲁斯和爵士乐。"西北部音乐界很受黑人文化影响。"拉里·科伊尔（Larry Coryell）说，他本人在"西洋棋"（Checkers）乐队起家，这支乐队当年在"城堡"很受欢迎，"西北部的音乐中有种独创性，部分原因是西雅图在地理上与外界隔绝。所以'哭泣者'、'疯狂'（Frantics）和'国王班底'（Kingsmen）那种很脏的节奏布鲁斯音乐才成为本土代表性的音乐。"

《路易，路易》是这里的招牌曲，是理查德·贝里[1]根据卡利普索[2]民歌改编的。几乎每支乐队都唱过它，每场演出里都有这首歌。歌词晦涩难解，但音乐却有着卡利普索风情的强烈节拍，人们可以随之起舞。科伊尔所谓的那种很脏的音色，部分因为器材是低保真的，还要放得非常大声，不过这也是一种故意实验的结果。"我们把麦克风的话筒头去掉，蒙上毛巾，在低音音箱上贴上牙签，都能做出粗糙的回授效果。"杰里·米勒（Jerry Miller）说，他后来加入

1　Richard Berry（1935—1997），黑人节奏布鲁斯歌手，《路易，路易》的词曲作者和原唱，这首歌是他 1955 年的作品，1963 年被"国王班底"乐队唱红，在当年曾因歌词内容晦涩不明被 FBI 认为有"淫秽内容"而遭到调查，《路易，路易》迄今已有数百个翻唱版本。
2　Calypso，源于加勒比海岛屿上的土著歌舞音乐，兼具非洲和西印度群岛民歌风格。

了"莫比葡萄"[1]乐队。吉米就是从这时开始试验如何制造失真音效的，有一次他的音箱摔在地上，于是他发现这个冲撞让吉他声变得扭曲了。

要说"又脏又酷"的乐队，还得数塔科马的"了不起的哭泣者"。虽说他们都是白人，可是弹的却是经他们自己创新的节奏布鲁斯，吉他手里奇·丹格尔（Rich Dangel）对吉米有很大的影响。丹格尔记得有一次乐队在"城堡"演出过后，吉米去找他，一个劲儿赞美他的演奏。"他是个羞涩的小伙子，但显然很想恭维我，"丹格尔说，"他说如果我们还招吉他手，他随时都想加入进来。"这话乍看起来很荒唐，但无疑表明羞涩的吉米很想努力推销自己。能在"城堡"演出的黑人吉他手不多，吉米自然很想在其中脱颖而出。

那时候的吉米在"城堡"后台到处逛的段子如今已成为传说。帕特·奥登是最常说的是这样一个故事："那个黑人孩子经常到处逛。他向我走过来，彬彬有礼地说：'奥登先生吗？如果有人音箱坏了，我车里有个音箱，真的挺不错的。不过你要是需要借用，就让我也上台弹一段吧。'"那时音箱很容易烧坏，吉米的要求等于是小小敲诈一下：要用我的音箱，就得连我也一块儿用。这个段子虽说有几分真实基础（奥登后来为"吉米·亨德里克斯之体验"的演出做宣传时，他和吉米都对"西班牙城堡"表示过怀念之情），但其实也夸大了不少，首先吉米自己根本就没有车，其次，那段时间他唯一的音箱就是那把"银调"吉他配套的音箱，没有任何乐手会说它"真的挺不错"。吉米的朋友萨米·德雷恩记得一个邻居小伙子有辆古旧的水星牌小轿车，偶尔会被借来拉大家到"城堡"去。"吉米在歌里唱'花上半天时间'，其实是因为那辆车太破了，有时候坐着

---

1 Moby Grape，1966 年成立于旧金山的摇滚乐队。

它到'城堡'真得花上半天工夫。"德雷恩说。

不靠谱的交通工具也给"摇滚国王"添了不少麻烦。有一次，乐队预定要在温哥华演出，报酬颇丰，结果车子在加拿大边境坏掉了。于是他们改在华盛顿州的贝林罕姆举办了一场临时演出，却被当地警察制止。最后乐队只剩下坐大巴回西雅图的钱。这场灾难性的"巡演"结束之后，"摇滚国王"的原始阵容就此解散，不过经纪人詹姆斯·托马斯重组了乐队，吉米在新乐队中也得到提拔，被加派了唱和声的任务。当时吉米还很少唱歌，他觉得自己的声音太弱了。托马斯给乐队重新命名为"托马斯与公猫"（Thomas and the Tomcats），自己当主唱。乐队以这个阵容在远离西雅图的乡村地区做了几场演出，但是车子仍然是个麻烦。有一次，他们在华盛顿东部的一场演出净赚了 35 美元（也就是说吉米干了一周末就赚到大约 6 美元）。而且台下的乡村观众们喜欢这支乐队，特别是吉米在翻唱厄尔·金[1]的《来吧》（Come on）中的吉他独奏，它是"公猫"最出彩的曲目之一。演出结束，乐队兴高采烈地踏上了归途，不料却在西雅图东边遭遇突如其来的风雪。"大约是凌晨四点，"鼓手莱斯特·埃克斯卡诺回忆，"我们都在詹姆斯·托马斯那辆 1949 年的斯蒂贝克老爷车上。所有人都很累，所以我们靠在路边睡了一会儿，希望醒来后雪能停下来。"两个小时后他们醒了过来，发现窗外已是狂风暴雪，他们担心再不开车就会冻死。于是埃克斯卡诺坐上了驾驶席，车子开出去后滑进沟里，车翻了。没人受伤，但小伙子们都吓坏了。

吉米更是吓得不轻，他说自己受够了半夜坐着破车到处跑，"我

1　Earl King（1934—2003），黑人节奏布鲁斯吉他手、歌手、歌曲创作者，新奥尔良布鲁斯的代表人物，《来吧》是其最著名的代表作，吉米与"体验"乐队的翻唱版本后来出现在《电子女儿国》中。

再也不干这种破事了。"他对目瞪口呆的同伴们说。说罢他仰面躺在雪地里挥动双手，在积雪里留下身体的痕迹。其他人跌跌撞撞地走上公路，沿途寻找拖车求救。一小时后他们回来了，吉米仍然躺在雪地上，外套盖在脸上，看上去似乎已经没气了。"我们真的以为他冻死了。"埃克斯卡诺回忆。他上前去摸吉米的心跳，结果他们的吉他手一跃而起，叫道："我逗你们玩呢！我才没那么容易就死！"

1961 年春，吉米的大多数朋友都从高中毕业了。那时年轻的美国黑人男性能得到的工作机会非常少，一般仅限于服务行业。其实就连很多服务行业（比如百货商店店员）也并不对黑人开放。直到 1950 年代，西雅图的黑人虽然能在城里的百货商店买衣服，但却不许试穿。鉴于机会有限，吉米有几个朋友参了军，其中就有特里·约翰逊和吉米·威廉姆斯，对于邻里的大多数普通黑人男性高中毕业生来说，参军算是当时最普遍的一条出路了。

中途辍学的吉米可选的出路比大多数人还要少。他没有工作经验，只是在乐队弹过吉他，帮父亲修剪过草坪。那年春天朋友们要是问他有没有找到工作，他就说自己的工作是给"公猫"弹吉他。除了吉他和音箱，他一无所有，但这两样宝贝已经足以让他幻想自己将来成为职业吉他手。汉克·巴拉德与"午夜者"（Midnighters）来西雅图巡演时，吉米弄到了免费的票，带着吉他去看了演出。后来他缠着巴拉德的吉他手教他弹几段，一直跟着那个吉他手直到他答应为止。吉米开始满怀热情地推销自己，虽然他没什么钱，但他不缺少雄心和勇气。不过，就算在"公猫"，吉米一个月也挣不到 20 美元，挣来的钱也大都用在买各种设备和演出服上。吉米已经 18 岁了，在法律上已经是成年人，但他仍然要依靠父亲过活。

那年春天，吉米无意中认识了另一位出身本地的名人李小龙。

"那是在帝国路和雷尼尔大街交界的位置。"吉米在加菲尔德中学的校友丹尼·罗森克兰兹（Denny Rosencrantz）说。李小龙当时主要是因为在当地的功夫表演和喜欢在保龄球馆的停车场打架闻名。吉米喜欢去那里看朋友们打保龄球（他自己没有钱打），不过除了和李小龙握过手，他和这位未来的功夫传奇巨星大概也没有更多交集了。

那年春天，吉米和父亲的关系仍然很成问题。艾尔觉得儿子太懒惰，而当时的吉米无论如何也已经是个成年人了，艾尔经常责骂他。"爸爸觉得吉米搞音乐的想法都是屁话，"里昂回忆，"他说音乐是'魔鬼的事业'。"艾尔仍然希望长子能帮自己修剪草坪。吉米却讨厌这种体力活儿，更觉得给父亲打下手简直是太可怕了。一起劳动对于增进父子感情完全没有帮助，吉米抱怨干完活艾尔只付给他一块钱。吉米和里昂常常学着父亲粗哑的嗓音说："给你一块钱。"1961 年春天，艾尔的一个客户见过艾尔打吉米。在 1967 年的一次采访中，吉米说过这件事："他打我的脸，我跑开了。"里昂记得直到吉米 18 岁，艾尔还会用皮带抽打他。

"摇滚国王"的其他成员也都是平民出身，可是就连他们也觉得吉米家实在太穷了。特里·约翰逊在加菲尔德中学对面一个汉堡包小店工作，吉米常去那里索要免费食物。特里告诉他，饭馆打烊时会把没卖掉的汉堡和薯条扔掉。于是就算特里没去上班的时候，吉米也会在小店快关门时造访，询问有没有什么剩下来要扔掉的食物。一开始店员们看到这个以前就在对面学校上学的孩子竟然上门来乞讨，都大吃一惊。后来他们也了解到吉米处境实在太可怜，于是每天都给他留点没卖掉的汉堡。幸运的时候，吉米能弄到半打汉堡带回家。但大多数时候，他只能像一头饥饿的野兽那样卷起剩下的随便什么残羹剩饭匆匆而去，然后就站在街头边吃边看着对面的母校，那是他再也回不去的地方。

吉米仍在和贝蒂·简·摩根约会，不过他还是没钱带她去任何地方，两人只能逛公园。不管怎样，那年春天吉米向她求婚。这个举动实在鲁莽，贝蒂·简和她的父母从没把他的求婚当真。"妈妈说我得等到毕业再说，那要到1963年了。"她回忆。她父母虽然喜欢吉米，但似乎还是希望他先找份工作再来提和女儿的婚事。

那年5月初，谈婚论嫁这事彻底破产了，吉米受到西雅图警察局的保护和监督。1961年5月2日，他因为身在一辆偷来的车上而遭到拘留。从住了一年的家里直接被带进街对面的未成年人拘留所。艾尔去保释他的时候，他说自己不知道那辆车是偷的，他被捕时那辆车是停在那里的。艾尔在自传中说这件事很快就被澄清了，"吉米并没有再受到拘留"。但警方纪录却并非如此：吉米因为这次的事在监狱里呆了一天后被释放，仅仅四天后又因为在另一辆偷来的车里而遭到拘留。两次事件相隔如此之近，因此吉米第二次被捕时没能得到宽大处理；他在未成年人监狱里呆了八天。这还不算完，吉米还需要面对法庭听证会，届时会对他正式宣判，他可能被判重刑。

当时西雅图警方经常因为对黑人男性的反应过度而遭到抨击。"就算你走在街上什么也没干，也会有警察拦住你问话。"特里·约翰逊回忆。1955年，西雅图市长成立了一个专门小组，调查警方在中心区的残酷行为。这个小组的报告中写道：警察们普遍相信"所有的黑鬼都带着刀""能开凯迪拉克的黑鬼不是老鸨就是毒贩子"。吉米发誓自己两次都没有偷车，也不知道它们是被偷来的。但他仍然要面对审判，如果两次偷车罪名都成立，总共要入狱五年。

吉米是个梦想家，但他最疯狂的梦想也无非就是能在西雅图靠搞音乐为生。他也表示过有兴趣从军，随着审判日期临近，他开始严肃地考虑参军这个选择，因为检察官会把申请军中服役这种行为当做减刑的理由。那年春天早些时候，吉米曾经和"丝绒之声"的队友安东尼·艾瑟顿一起去空军报名。"到了办公室，他们只看了一眼就说我们的身体条件不合格，不能耐受飞机飞行时的重力。"其实更可能只是因为他们是黑人；当时空军中几乎没有黑人飞行员。

吉米的第二选择是陆军。他去了征兵办公室，问自己能不能加入 101 空降师。他在历史书上读过 101 空降师的事迹，还在笔记本上画过该师著名的"啸鹰"（Screaming Eagle）臂章。"他总是说自己也想弄一个那样的臂章。"里昂回忆。这个臂章成了吉米的执念，能佩戴它成了一种身份的象征。对于一整个童年都居无定所的男孩子来说，这个臂章以及它所代表的男子气概有着强烈的吸引力。

1961 年 5 月 16 日，未成年人法庭举办了对吉米的听证，一个公共律师为吉米辩护。检察官同意吉米入狱两年的刑期可因吉米入伍而缓刑。不过他被定罪一事将永久纪录在案。翌日，吉米签名入伍三年。他被安排于 5 月 29 日乘火车赶到加州奥德堡军事基地开始基础训练。运气好的话，他很快就能成为著名的 101 空降师中的一员。那可是在诺曼底登陆战役中跳伞登陆敌占区的部队啊！不过除了幼儿时代的旅行之外，吉米从未去过西雅图 200 英里之外的地方。也没坐过飞机，更别说跳伞了。

离家前夜，吉米和"公猫"做了最后一场演出。那是麦迪逊街上的一次户外音乐节，就在"鸟陆"对面，三年前吉米正是在"鸟陆"和"丝绒之声"开始了自己的乐队生涯。里昂和贝蒂·简·摩根也来看吉米的告别演出。演出之后，吉米送了贝蒂·简一个自己买的便宜水钻戒指，说这是订婚戒指。还有一个比戒指更重要的信物——他问简能不能暂时帮他保管他那把心爱的吉他，等到有条件时把它寄到自己身边去。

音乐节吸引了几百个人，其中不少都是吉米在西雅图十八年以来熟识的同学和邻居。卡门·格迪也在其中，她身边已经有了新男友。卡门和吉米并没有反目成仇，看着他重返舞台，卡门心中并无伤感之情。不过她毕竟是看过他第一场演出的少数人之一——在那家犹太教堂的地下室，演出之后他就被解雇了——她不禁注意到，吉米的演奏在短短时间里竟有了那么大的进步。他现在充满自信，尽管独奏仍然过于花哨，但他的演奏中已经有了一种派头，能让观众不得不注意他。"他还是那样，一弹起吉他就变成一个狂野的人，"她回忆，"但他很棒，他真的很棒。"

　　翌日，吉米坐夜间火车赶往加州。十五年前，年幼的吉米也曾随外祖母克拉丽丝和母亲露西尔坐火车去往加州的伯克利。对于一个三岁的孩子来说，火车是又神奇又伟大的机器，然而作为成年人，列车离开站台时他心中只感到阵阵孤独。吉米的整个童年与少年时代都在离这座火车站步行可及的范围之内度过，但如今列车再度载着他向南行驶，离开世界上唯一一个曾被他称之为"家"的地方。

第八章 狂野兄弟

加利福尼亚州，奥德堡

1961 年 5 月—1962 年 9 月

> 她是个很可爱的女人，我相信也会是个好妈妈，不
> 过就像你说的，她有点受"狂野兄弟"的迷惑。
>
> ——吉米·亨德里克斯给父亲的信

1961 年 5 月 31 日，吉米·亨德里克斯抵达加利福尼亚州奥德堡，开始接受美国陆军基础训练。入伍后，他申请做文书职务，并要求加入 101 空降师，不过他的最终去向还要等基础训练结束后才能决定。吉米后来说，自己选择空降师是因为跳伞有风险，可以得到相对较高的津贴——每月 55 美元，他这辈子赚的钱加起来可能都没那么多呢。他也考虑过加入陆军游骑兵，也是个非常辛苦的岗位。吉米在军队的记录显示，入伍一个月之后，他的体重是 155 磅，身高是 5 英尺 10 英寸。

几年后，吉米对采访者说自己"很快就恨上了军队"，但这话和他的家信并不吻合。至少他一开始很喜欢军队里那种组织性和正规性——什么时候吃饭、穿什么衣服、每天每分钟该做什么都有规

定。对于一个一直活得无拘无束的少年，一个从小受到忽视的孩子来说，军队的纪律性其实是个很好的改变。至少吉米可以每天按时吃到三餐，这是他生平第一次在营养上有了持续保证。

在军队的前六个月里，吉米给艾尔写了几十封信。一开始是为了管家里借钱（他说军队的津贴迟迟不能发到手，不够生活基本开销）；但是很快就变成了抒发思乡之情，以及展望对未来的抱负。吉米经常给艾尔写很长的信，里面总是充满渴望与期盼。就算没什么事他也会写信——有一次只是为了告诉父亲，自己弄丢了一张汽车票。艾尔也回信，他的信总是很短，也不按时回复。不过这样的通信对两个男人来说都很重要，这是父子之间最亲密的时段。吉米的童年倍受忽视，是"钥匙儿童"，也是个脆弱的、没见过多少世面的孩子。远离朋友和家人激发了他的思乡情绪。尽管父亲有不少缺点，吉米显然还是深爱着艾尔，也能感受到父亲对他的爱。这种感情在他们的通信中远比在生活中来得明显。

吉米来到奥德堡五天后就给家里写了第一封信，先是要钱（"你要是有几美元就马上寄过来，拜托了"），其后还附着一份长长的花费清单（"擦鞋用具：1.7 美元；两把锁：各 80 美分"）。他还写了自己对军队中清洁理发之类事情的印象："我们睡觉之前要先打扫宿舍。我只想让你知道我还活着，不过没什么精神。啊，军队目前还不错。一般吧。不过有时候确实'有好有坏'。天哪，所有的头发都得剪掉，我还得刮胡子。"吉米的胡须是不久前才开始长出来的，刮胡子对于这个 18 岁的小伙子来说还是件新鲜事。到最后他试图乐观一点，但思乡之情却暴露无遗。"我在这儿呆了才一星期，感觉就像过了一个月。时间过得还挺慢的。"

接下来的两个月里，吉米至少每星期给家里写一封信，有时候一星期写好几封。一开始，军方通知，将派他到弗吉尼亚的李堡，进入打字学校学习，但这项任命并未实现，吉米仍然在渴望着加入 101 空降师。8 月 4 日，他完成了基础训练，得到二等兵的军衔。一个月之前，他就已经拍好了军装照，此时他给父亲、德洛丽丝·霍尔、多萝西·哈丁和贝蒂·简·摩根这些人写信报告自己晋升的好消息，也附上了这张照片。他和摩根经常通信。因为相隔遥远，他对女友的依恋也随之加深，他把她的照片放在床头，还一直说要娶她。他甚至给她的妈妈和祖母也写信。虽说有讨好未来岳父母的成分，但也是因为吉米太孤单了，任何人的回信对他来说都像救命稻草一样。

入伍不到两个月，他就让艾尔到贝蒂·简的妈妈那里去把吉他拿回来寄给他。7 月 31 日，吉他寄到。这么美好的一刻足以让吉米再写一封信回家了。这封信长达六页，写在美国陆军训练中心抬头的信纸上，当然不止是感谢父亲为他寄来了那么重要的吉他。一开头，吉米先是道歉自己没有马上回复艾尔的上一封信。"我们在野外训练了一星期，信纸和邮票都用完了，我真倒霉，就是这样。"关于吉他，吉米写道："看到它实在是太好了，让我想起你和咱们的家。"他还抱怨正在执行一项长达八周的任务，还抱怨上级威胁说要把他的入伍期延长一年。

当时艾尔刚和一个名叫韦琳的女友分手，吉米在信中写了对她的感觉。"她是个很可爱的女人，我相信也会是个好妈妈，不过就像你说的，她有点受'狂野兄弟'的迷惑。如果她能明白和你在一起是她生平最好的事就好了。但我知道她还爱你，因为她和我说过好多次她真的很关心你，反正我相信她。对于这种事，我是不会轻信的，就像我和贝蒂那样。"

吉米还写道，军中生活并没怎么改变自己的性格。但他学会了怎么清扫宿舍。他说自己盼望看到艾尔的新音响，回家探亲时他会带回自己在军营拍的照片。他保证，如果能赶上飞机，周六晚上他就能回家。在信的末尾，他用上了生平写给父亲的最温柔的话语："只要有你在我身边，我就心满意足了，因为你是我亲爱的爸爸，我永远爱你……永远……亲爱的老爸，给你全世界的爱，你亲爱的儿子詹姆斯。"

最后吉米在落款处画上了自己那把丹尼莱克吉他的小小图案，未来几年里，他的大多数信件都是这么落款的。信里他还说自己很快就可以得到一周假期；他希望能坐飞机回西雅图。结果假期一再延迟，一周后，他写信回去说自己还在等待上级通知。"有人已经等了两三天，或者四天了，可能再过几个星期，甚至再过几个月……虽然每一天都能算数，但我还是觉得时间被浪费了。"吉米所说的"算数"是指每过一天，自己入伍的三年期限就少了一天。他参军刚两个月，就开始一天天数着自己何时能够离开。不过最后还是有好消息。"我成了神枪手，我们用 M-1 来复枪射击，我是第二名。"吉米是怎样取得这个成绩的，如今已无从得知；他有严重近视。军医在体检记录上记下了他糟糕的视力状况，要求他去配眼镜，吉米却拒绝了。

9 月 1 日，吉米终于得到了一周假期。他带着吉他回了西雅图，希望在接到下一项任命之前把它留在那里。不过吉米买不起飞机票，只好坐大巴回去。这意味着一周假期中要有四天时间在旅途中度过。从汽车上跳下来的时候，他身穿军装，胡子修剪得干干净净，袖子上系着表示接受过特训的蓝丝带。"他穿着军装英俊极了，"表妹迪伊·霍尔回忆，"他骄傲地向所有人炫耀自己的行头。"

吉米和艾尔、里昂终于重逢，三人都很激动。艾尔为身穿军装的吉米感到自豪，他发现去军队呆了一阵，儿子好像成熟多了。里昂则被这身军装弄得眼花缭乱，更惊喜的是哥哥还给了他五美元。

吉米去拜访了德洛丽丝阿姨和多萝西·哈丁，还有很多邻居老朋友，但他最渴望见到的莫过于贝蒂·简。假期的大部分时间他都和她呆在一起——不过没那么浪漫，她的父母也在场。"他对我父母说，我一毕业他就要娶我，让我当上军人的新娘。"贝蒂·简回忆。在西雅图的最后一天，吉米送了贝蒂一个丝绸枕套，是他在加州买的。他说自己每天都枕着这个枕套思念着她——不过军人似乎不许用这么奢侈的丝绸枕套。他在枕套上写着："永远爱你，永远属于你的詹姆斯·亨德里克斯，1961 年 9 月 7 日。"

整个 9 月，吉米和贝蒂·简几乎每隔一天就写信。有几次他没有按时回信，她就责备他对自己不忠。"你肯定是在那边和别人鬼混……你最好赶快回信，离那些'蓝军装'（指女兵）远远的，要不就别回来见我。"收到几次这样怒气冲冲的信之后，吉米给艾尔写信抱怨自己的女朋友"每写两三封信，有时候是四封信，情绪就变一下"。吉米最后忍不住写信给她说，自己没钱了，所以给她的生日礼物要晚点才能寄出去。

万圣节时，拖延了很久的任命终于到了：吉米被任命为驻肯塔基州坎贝尔堡 101 空降师的补给员。他马上把这个光荣的好消息写信告诉给所有人。艾尔那边也有好消息，他回信告诉吉米，自己终于拿回里昂的抚养权，父子又团聚了。吉米回信说，弟弟和爸爸能重聚，自己真是"太高兴了"，但他自己却很孤单："我一想到你们就觉得孤独，还有大家和贝蒂。"信的末尾他发誓："为了我们大家，我要在空降师好好干……我要干出点名堂，让整个亨德里克斯家族都能骄傲地戴上'啸鹰'袖章。"

11 月 8 日，他来到坎贝尔堡，之后很快就给父亲去信。信的落款仍然画着那个简笔吉他图案，不过又添上了一个小小的跳伞兵。他写道：

好吧，我终于来到这个渴望已久的地方。我现在就在
101 空降师……这里很艰苦，不过我不会抱怨，到现在为止，
我也并不后悔。来这里第三天，我们从 34 英尺高的跳伞
塔上跳下去。还挺有趣的……我沿着台阶走上塔顶，步伐
缓慢优雅，尽量放轻松。有三个小伙子走到塔顶就放弃了。
任何时候都允许放弃，他们往下看了一眼就放弃了。沿着
台阶往上走的时候我也忍不住胡思乱想，但我已经下定决
心，不管发生什么事，我都绝不放弃。

站在塔顶，教官给吉米系上保护带，把他推出塔去。吉米写道，
那条缆绳"像赶牛鞭一样在身后抽响"，然后他就降落在一片沙地上。

这是全新的"体验"。来了两星期，只有体力训练和
各种烦人的事，然后就是跳伞学校，简直就像地狱。他们
让你干到死，小题大做，争来吵去……他们确实干得热火
朝天，后来又有一半人放弃了。他们就用这样的办法把男
人和男孩区别开来。我希望这回自己能当个男子汉。

11 月的一个雨天里，吉米呆在坎贝尔堡的一号军人俱乐部练吉
他，这时正好有一个路过的军人听到他弹琴。俱乐部里有乐器和音
箱可以出租，吉米不出勤的时候，如果不写信，就来这里练吉他。

听到琴声的军人名叫比利·考克斯（Billy Cox），他觉得自己
听到的东西"是贝多芬与约翰·李·胡克[1]的结合"，一时被迷住了。

1　John Lee Hooker（1917—2001），黑人节奏布鲁斯吉他手、歌手，和"泥水"等同为
现代电声布鲁斯音乐的奠基人之一，对 1960—1970 年代的摇滚乐和民谣有着深远影响。

考克斯在匹兹堡长大，在若干乐队里弹过贝斯。"这是一种我从来没听过的声音，"考克斯回忆，"我进去做了自我介绍。一切就这么快。"考克斯向俱乐部租借了一把贝斯，开始和吉米一起即兴弹起来。有了音乐的纽带，考克斯和吉米马上成了朋友，其后他们在音乐上和生活中的友情与合作持续了将近十年之久。

考克斯既是吉米的音乐伙伴，也是他在军中交到的第一个真正的朋友，吉米的兴趣就此发生了转移。当然他仍然渴望着啸鹰臂章，而且下个月跳伞学校就要开课了，但他和考克斯马上兴致勃勃地找来了另外三个士兵，组成一支五人乐队。他们没给乐队起名字，乐队的人员也经常变换，只有比利和吉米是不变的核心；他们周末在基地的俱乐部里演出。有段时间他们的阵容是三人，除了他俩另有一个鼓手，吉米和比利轮流担任人声，考克斯唱歌不怎么样，于是这个短命的阵容就成了吉米担任主唱的第一次冒险。他仍然不怎么喜欢自己的声音，但为了乐队不得不唱。

坎贝尔堡位于肯塔基州和田纳西州的交界，离纳什维尔60英里远。附近田纳西州的克拉克斯维尔有很多对现役军人开放的俱乐部，其中就有吉米常去的"粉红小狗"。这个俱乐部的常客几乎都是黑人。来到南方，吉米才第一次领教了种族隔离。尽管军队的官方态度是种族融合，但军人们私下交往还是以种族为基础，绝大多数社团都不对黑人开放。就连音乐也有种族之分。南方黑人大都喜欢布鲁斯和节奏布鲁斯；吉米拿手的《路易，路易》在这里并不受欢迎。考克斯记得吉米当时开始对艾尔伯特·金[1]、"苗条口琴"[2]、"泥

1　Albert King（1923—1992），重要的布鲁斯吉他手，和 B. B. 金与弗莱迪·金并称为"布鲁斯三王"，对后来的布鲁斯与摇滚吉他手们都产生重要影响，艾尔伯特·金亦是左撇子吉他手，不过却没有反装琴弦，而是左手从下往上拨弦。
2　Slim Harpo（1924—1970），著名布鲁斯乐手，主要乐器是口琴。

水"、吉米·里德[1] 这些当地的布鲁斯传奇人物产生兴趣。

那年冬天，吉米终于有机会从飞机上跳伞了。在后来的采访中，他说自己当时非常兴奋。"第一跳真的很出人意料，"他对《新音乐快报》杂志的记者说，"我们坐上飞机，有的人还是第一次坐飞机呢。有的人吐了。"不过吉米没告诉记者，自己也是第一次坐飞机。不过他说飞机发出的声音令他着迷（"飞机开起来是'呜呜呜呜'的"），跳伞的声音也很有趣（"风声在耳边'嗖嗖嗖嗖'地过去"）。他还借来相机拍了些跳伞的照片。他在自己拍的另一个士兵跳伞的照片背后写道："摄于跳伞之前一刻，之后他就'啪嗒'一声跳出去了。"

伞兵的生活也有一定危险，吉米就担心自己的伞包坏掉。他也有点害怕参加真正的战斗。在 1 月份给德洛丽丝阿姨的一封长信中他写道："我在 101 空降师，这是最好的部队。世界上最精锐的武装。如果世界上什么地方有麻烦，我们肯定会第一批上战场。"1962 年，吉米给阿姨写信说，朝鲜边境、东欧和古巴的紧张局势都有可能导致军事行动。东南亚的摩擦也在升级之中，越南战争很快也会把美国部队卷进去。局势如此，1962 年年初，吉米开始思考自己每月多挣的那 55 美元是不是值得。

吉米在军队领取的津贴是他生平第一次，也是唯一一固定领取过的报酬。1 月，他被提升为一等兵，有资格佩戴 101 师的臂章了。他买了一大堆臂章寄回家去，发现自己生平第一次竟然有了积蓄。在给贝蒂的信中，他写道，自己开始固定买 25 美元公债，他觉得这样就可以向她父母表明自己有能力养家活口。他自掏腰包去照相馆拍了些照片寄给贝蒂·简，其中一张是他穿着军装站在一片热带雨林背景前面。他还给贝蒂·简寄去一张卡片，上面写着自己作的

---

[1] Jimmy Reed（1925—1976），著名布鲁斯歌手、吉他手、口琴手，是 1950 年代中期最流行的布鲁斯艺术家之一。

诗，题为"甜心"。落款是："一个永远真心爱你的人"。1962年春天，他给她写了好几封信，说如果她愿意嫁给他，他可以出路费让她过来。"他想让我坐飞机到肯塔基去，"贝蒂回忆，"他送了我一个钻石戒指做订婚戒指，他还订好了婚礼乐队。"

吉米一个劲劝说贝蒂和她的父母让他俩早早结婚，但最后还是失败了。她父母坚持要等到她毕业。不过求婚失败只是令吉米对婚姻更加渴望。他的求婚也许是出于对贝蒂·简的一片深情，抑或只不过是绝望地想摆脱孤独。

1962年3月，就连贝蒂·简也注意到吉米信中的口吻有所变化，乐队成了他主要提及的事。去年冬初，艾尔把吉他给他寄到了肯塔基，有了吉他，胳膊上又稳稳戴上了啸鹰臂章，101空降师原本的魅力开始消散了。随着对乐队的兴趣不断增长，他原本对军队的崇高敬意也在消失。"他们不让我搞音乐。"几年后吉米对采访者说。他在培训中学会了使用几种武器，但还是手里拿着吉他最有安全感；他仍然抱着吉他睡觉。战友们发现了他的怪癖，结果他也就更不合群了。

对于他来说，最舒服的莫过于和比利·考克斯一起做乐队。现在乐队已经有了名字："待命士兵"（Kasuals）。他们渐渐在当地建立起声誉。乐队周末在纳什维尔演出，也会到其他军事基地表演，最远到过北卡罗来纳。吉米很快发现，在种族隔离严重的南方，黑人乐队通常只能招揽黑人听众。"他写信说在那边，黑人搞乐队非常艰苦，"贝蒂·简回忆，"他说他发现田纳西州的种族歧视很严重，是在西雅图从来没见过的，在音乐界也是如此。"不过，南方数量庞大的黑人人口还是撑起了不少黑人俱乐部。吉米也发现，比之西雅图，这里更有机会遇到单身黑人女性。在舞台上英俊潇洒、光芒四射的他生平第一次发现自己还挺有女人缘的。

乐队不断演出，他们在当地也开始小有名气，"待命士兵"有可能得到巡演机会。唯一的问题是吉米和比利都是全职军人。考克斯的服役期已经快满了，吉米却不能从军队退出，如果开小差，还有入狱的事等着他。截至 4 月 1 日，他在军队中只呆了十个月，可他的服役期长达三十六个月。他愈来愈难以忍受。4 月 2 日，他去了基地医院，说自己有严重的隐私问题，要和军队的精神科医生谈谈。吉米给医生编了一个疯狂的故事，说自己渐渐产生同性恋倾向，迷上自己的战友。医生让他多休息。

4—5 月，他开始频繁拜访精神科医生。他说自己手淫成瘾，不可自拔。有一次，有人撞见他在宿舍里手淫，很可能是他故意被人看见的。他告诉医生，自己爱上了一个战友。他说自己无法入睡，总是半夜在恐惧中惊醒，一再梦遗。他因为单恋那个战友，自己掉了 15 磅肉。这些胡编乱造的鬼话完全是无奈之举，如果这样也不能让他退伍的话，同僚们肯定会排斥他的。没有任何士兵愿意被当做开小差者，在同性恋歧视严重的军营里，也没有人愿意被当做同性恋看待。如果露出开小差或同性恋的苗头，会遭到"蒙毯子派对"的待遇——也就是说被带进宿舍痛打一顿，有时候甚至会挨流弹。也许是为了证明自己真的疯了，当月吉米把自己的吉他卖给了同小队的另一个士兵。

最后，5 月 14 日，约翰·霍伯特上尉给吉米做了一次完整的体检。吉米入伍时也做过全面体检，他在自我评估中写下唯一的问题是："过去曾有口吃。"这次面对同样的表格，吉米填写了七种疾病，包括"胸痛"和"同性恋"。在吉米的医疗记录上，霍伯特上尉写道："同性恋、手淫、头晕、左胸疼痛并有压迫感、体重减轻、经常失眠、有个人生活问题。"不过他忽略了吉米填表时无意中泄露的心事：入伍时吉米填写的职业是"学生"（虽说当时他退学已经一年了），入伍一年之后，他的表格上有了新职业："乐手"。

军队让步了。霍伯特认为吉米有"同性恋倾向"，最好退伍。吉米从来没承认过自己用说谎来作为退伍借口这件事，就连对最亲近的朋友也没说。后来被问到为什么离开军队时，他总是说自己第二十六次从飞机上跳伞时摔断了脚踝。"我的后背也受伤了。"后来他对记者说。"每次他们给我做检查时我都疼得叫出声来，于是他们相信了我，让我退伍了。"6月，"待命士兵"在演出时拍下的照片中，吉米脚踝上确实缠着纱布。这究竟是真伤还是又一次欺骗行为已经无从知晓，不过军队的医疗记录上却没有提他摔断脚踝的事情。

吉米的最后一次薪水中包括一份未使用二十一天假期的额外津贴。他打算先回西雅图娶贝蒂·简，再找份工作。"我发现自己站在坎贝尔堡军营大门外，田纳西和肯塔基交界的地方，肩上背着行李，兜里揣着三四百美元，"1967年，他对《锐舞》(Rave)杂志说，"我想回西雅图，不过路很远……然后我想先去趟附近的克拉克斯维尔，先在那儿过一夜，第二天再动身回家……"

在克拉克斯维尔，吉米进了一家爵士酒吧喝起酒来，喝了一杯又一杯。"我那天善心大发，"他对《锐舞》的记者说，"肯定是谁管我要钱，我就给他钱来着。"几小时后他走出酒吧再一数兜里的钱，只剩下16美元了，连回西雅图的路费都不够。吉米说自己当时的第一个念头是给父亲打电话要车费，"但是我能想到，如果我告诉他我一天之内就弄丢了将近400美元他会怎么说。不，不能这么做。我觉得我能做的就是弄把吉他来找点工作。"吉米想起了那个买下自己吉他的人。他偷偷回到驻地，把"贝蒂·简"借了回来，费了将近三个月才逃出军队的他这天又偷偷溜回来睡在自己的旧铺位上。

比利当时还有三个月才退伍，两人说好，吉米先留在克拉克斯维尔，直到比利退役，然后就可以大干一场了。乐队只有在周末才能演出几场，但是吉米就这么活下来了，就像人生未来的四年那样，他一直都睡在朋友家的沙发上，或是和在俱乐部认识的女孩同居。那年夏天他开始和当地一个名叫乔伊斯的女孩谈恋爱，她很可能是他的第一个性伴侣。1962 年 9 月，考克斯终于自由了，有段时间三人合住在一个小公寓里。

吉米和乔伊斯相爱意味着他迎娶贝蒂·简的幻想结束了。就在那个月，他给贝蒂·简写信说他不打算回西雅图，也不打算回到她身边；她很快寄回了那个订婚戒指。"结婚"曾经是吉米强烈的白日梦，但如今它已经成为过去，他开始发现肉体的快乐，要过好几年之后他才会再度考虑和一个女人建立稳定的关系。

就连写着"贝蒂·简"名字的吉他也被抛弃了。由比利·考克斯担保，吉米从克拉克斯维尔一家乐器店里分期付款买来一把"艾比风·威尔舍尔"（Epiphone Wilshire）吉他。而曾被他如此深爱，每天夜里都要搂着睡觉的"贝蒂·简"则被卖给了当地一家当铺。

第九章 猎头

田纳西州，纳什维尔

1962 年 10 月—1963 年 12 月

> 吉米就像在猎头一样，总是寻找那些最棒的乐手。
>
> ——吉他手约翰尼·琼斯

9 月，比利·考克斯也离开军队，他和吉米终于可以全职做音乐了。后来吉米在克拉克斯维尔一家酒吧里认识了一个男人，这人说自己在给印第安纳波利斯一家酒吧找驻场乐队，就这样，吉米他们获得了第一个工作机会。"吉米总在结识别人，"考克斯回忆，"我总得扮演告诫他的角色：'这家伙不靠谱。'总得有人理智点儿才行。"不过这一回考克斯听了吉米的指挥。"我们最后开着一辆 1955 年产的普利茅斯轿车去了那里，后来那辆车子就再也没能开回去。"考克斯说。

来到印第安纳波利斯，他们才发现那家俱乐部不愿意雇一支全黑人乐队。他们身上的钱不够回程的油钱了，只好试着在本地更开明一点的场所找工作。他们抵达的当天下午，印第安纳大街上的乔治酒吧正好在举行"乐队大赛"，这一带相当于印第安纳波利斯的

110

"主干"。吉米他们参加了竞赛，干得还不错。他们表演了"舍勒斯"[1]的《军人男孩》(Soldier Boy)，最后获得第二名。"第一名'总统'是本地乐队，更讨当地女孩子欢心，要不我们本应该得第一的。"考克斯回忆。

第二名没有奖金，但"总统"的吉他手阿方索·杨(Alphonso Young)被他们深深打动，决定退出自己的乐队加入他们。他们给乐队起了个新名字叫"随意国王"(King Kasuals)，吉米充当核心，哈里·巴彻勒(Harry Batchelor)担任主唱，考克斯弹贝斯，杨弹节奏吉他。杨会用牙齿弹琴，每节演出中都会特意安排他表演一小段这个绝技。吉米不是第一次见识这种把戏——西雅图的布奇·斯奈普斯也会这么干——但这还是他第一次被乐队队友抢风头。好在吉米学东西很快，他很快就学会了杨在舞台上的怪异动作和演奏风格。

乐队回到克拉克斯维尔，在纳什维尔的德尔·摩洛哥俱乐部找到一份工作，每周演出两次。其他时候就到各种小饭馆、路边点唱亭或舞厅去演出。这是吉米第一次尝试担任职业乐手，结果他发现就算没有学校或军队的烦扰，全心全意从事这项工作也挣不到多少钱，跟以前在"丝绒之声"做学校演出时挣的钱差不多。有段时间他实在没钱了，只好和阿方索·杨在两人租的小公寓里合睡一张床。"有时候吉米带姑娘回来，我们三个都睡在那张床上，不过只是睡觉而已。"杨说。

姑娘们是那年秋天吉米生活中主要的好事。乔伊斯之后是弗洛伦斯，接着是维黛尔，再往后又是数不清的姑娘。乔伊斯是维持时间最长的女友，1962年12月，吉米甚至还给艾尔寄过两人的合影。

---

1 Shirelles，1950—1960年代的四人女子合唱团体，风格融合了R&B、流行与摇滚。

照片上乔伊斯直视镜头，吉米一只胳膊搂着她，眼神却像是在对别人暗送秋波。他穿着西装、白衬衣，系着细细的领带，看上去自信快活，很像个城里人。在军队里被剪短的头发长了，烫成"波浪头"的样式，这发型是从小理查德开始流行起来的，其后几年里吉米的头发一直是这样。

吉米英俊潇洒、彬彬有礼、话语轻柔，显然非常聪明能干，当然也身无分文。他却把自己的贫穷当做优势发挥到了极致。吉米强调自己的窘境，让女人们情不自禁地觉得自己会成为他的救主。在学校里，他的羞涩可能显得软弱，但在布鲁斯俱乐部里却成了长处，因为这里成年人的性事都是明目张胆的，其中很少有温情脉脉的成分。吉米却很温柔，而且这种温柔很性感。遇到他的女人都想和他罗曼蒂克一番，像母亲一样对待他，给他床睡，通常也会给他饭吃和衣服穿。这样田园诗般的生活能延续几个星期，直到这位拯救者发现自己收养的流浪儿其实是个到处留情的罗密欧，他身后早有另一个乐于奉献的南丁格尔在排队了。

这段时期吉米的女友们都是黑人，在当时的南方，黑人男子哪怕和白人女性调调情都会招来杀身之祸。在纳什维尔，唱片货架被分隔为（白人录制的）"山地歌曲"和（黑人录制的）"种族歌曲"，这种严格的区分贯穿生活中的方方面面。尽管田纳西的种族歧视程度不像密西西比那样普遍（直到1962年，密西西比州还存在对黑人使用私刑的现象），但黑人仍然生活在与白人隔离的世界，遭受不平等的待遇。黑人与白人的学校和住房都是隔开的，饭馆则因为受前不久一场大规模民权运动影响才取消了种族隔离。吉米的圈子则更加封闭，每天大部分时间都是在三四个对黑人开放的俱乐部里度过。乐队巡演时，他很快就意识到肤色给自己带来的麻烦——在南方，不少加油站都不许黑人使用厕所。前一年麦德加·伊文思

（Medgar Evers）刚刚开始号召抵制这种加油站，1963 年 6 月，这位黑人民权活动家便惨遭暗杀。不过吉米既不是社会活动家也不是黑人分离主义者，他一向只关心音乐，他觉得这是超越肤色的。那年白人听众中正流行冲浪音乐[1]，吉米练习时也喜欢弹些冲浪音乐。然而他建议把冲浪音乐加入演出曲目时却遭到黑人队友们的嘲笑，觉得这是种大逆不道的行径。

练琴是那一年吉米生活中的头等大事。他上床时还在练琴，睡觉时把吉他抱在胸前，早上醒来第一件事就是接着练。为了多腾出点时间练琴，他有时会买廉价的安非他命，这样就可以熬夜练琴了。这是吉米第一次有规律地使用非法药物；他买的安非他命很便宜，药效比"不瞌睡"[2]大不了多少。除了安非他命，吉米使用过的非法药物只有大麻，大麻在当地的乐手圈子里很普遍，不过吉米太穷，也买不起很多。

吉米对吉他的迷恋为他在克拉克斯维尔赢得了"疯子"的"美名"，人们觉得他已经"丧失了理智"，练琴练得快疯了。吉他成了他肢体的延伸。比利·考克斯觉得吉米只用了五年就达到了别人练二十五年的效果。阿方索·杨记得吉米在去演出的路上也要练琴，之后一晚上演出整整五个小时，坐车回去的路上还要接着练。"他手上总是拿着那把吉他。"杨说。这种奇异的执著很像伟大的爵士萨克斯乐手约翰·柯川（John Coltrane），他在演出间隙也要练萨克斯，吉米也是如此。还有人见过吉米带着吉他走进电影院，就算短短一场电影的时间，他也舍不得放下吉他。

苦练渐渐有了回报，吉米琴艺的突飞猛进既是由于自身卓越的

---

1 surf music，1950 年代末到 1960 年代在美国流行的音乐，主要特色是高音和声，歌词多与海滩、冲浪有关，代表乐队包括"沙滩男孩""投机者乐团"等。

2 No-Doz，咖啡因药物的俗称。

天赋，也是和他对吉他细微之处的悉心研究分不开的。队友们开玩笑说就算让他蒙着眼睛，从下往上弹，把吉他背在身后也能弹。事实上，1962 年的时候这三样他都能做到。

不过靠音乐谋生又是另一回事了，吉米觉得做录音室伴奏乐手也许能养活自己，11 月，比利·考克斯接到了一份在录音室伴奏的活儿，他叫了吉米一起去。这份工作是在纳什维尔的国王录音棚为弗兰克·霍华德与"指挥官"乐队伴奏，吉米被允许加入录音，但制作人觉得他的风格太狂野，干脆把他的麦克风关掉了。吉米的风格在那个时候的确是非常疯狂。他那些刻苦的练习，再加上他天生修长的手指，让他在弹琴时有种大师般的轻松自如，但当时的他还缺少一丝伟大吉他手那种个人化的特殊声音。

那时纳什维尔最好的吉他手是"帝国"（Imperials）乐队的约翰尼·琼斯（Johnny Jones）。吉米第一次遇到琼斯要追溯到他还在军队里的时候，当时"帝国"每周二晚上都会在克拉克斯维尔演出。"他还只是个孩子，但他仿佛肩负着某种使命。他就那么正对舞台坐着，死盯着我弹琴。"琼斯回忆。演出间隙，吉米问琼斯能不能在休息时间用一下他的吉他。他保证自己就坐在最前排，绝不弄坏它。琼斯答应了，结果下个星期吉米又问琼斯能不能在休息时间用他的音箱。琼斯又答应了，主要是因为不想再听吉米没完没了的唠叨。于是休息时间吉米就独自静静地弹拨着吉他，不是想弹给观众听，只是想弄明白琼斯琴声中的秘密。

吉米搬到纳什维尔去以后，便开始尽量观看"帝国"的所有演出，希望能从琼斯身上多学点东西。吉米可算是找到一个好导师：琼斯那年 26 岁，只比吉米大六岁，但他是从传奇吉他手罗伯特·约翰逊的徒弟们那里学的吉他。琼斯说："我的吉他已经学会自己说话了，一旦你的吉他开始自己说话，那感觉就像写信，你只要给它加上标点就行了。"琼斯在芝加哥呆过，跟弗莱迪·金[1]、"泥水""T骨·沃尔克"以及小罗伯特·洛克伍德[2]都学过琴。更重要的是，他在密西西比三角洲贫困的乡村长大，把艰辛的生活融入到自己的琴声之中。"吉米听过很多布鲁斯唱片，但他从来没跟我这种满身泥土的人打过交道，"琼斯说，"要想成为好的布鲁斯乐手，你得既穷困潦倒，又激情四溢。吉米那时还不能让沉重的琴弦自己说出充满激情的话来。"

琼斯喜欢吉米，他们成了朋友。无数个演出结束后的晚上，两人会坐在琼斯车子的前座，吉米不停问着关于吉他的问题。"吉米非常喜欢分析问题，"琼斯说，"但他需要更多生活的历练，才能理解布鲁斯。"那年秋天，通过琼斯的关系，吉米终于见到了自己的两个终身偶像——B.B.金和艾尔伯特·金。"B.B.走进来的时候，吉米的眼睛一下子就亮了，"琼斯回忆，"和艾尔伯特·金在一起的时候，吉米简直就像上了天堂。"就像对琼斯那样，吉米缠着艾尔伯特·金问他手指技巧的问题，还有他怎样水平地推弦。大多数年轻的吉他手见了金都只会赞美他弹得真棒；吉米却敢于莽撞地去问他为什么那么棒。布鲁斯乐手普遍都有种大男子主义心态，没有人愿意去这样问别人，更不愿意显得自己没经验。令人惊讶的是，很多功成名就的乐手都觉得吉米这人不构成什么威胁，他们乐于和吉米分享自己的独门绝活，毫不担心这个身材瘦削，头发蓬乱的孩子会成长起来，最后威胁到自己的地位。

吉米内心却有强烈的抱负，对自己的宿命怀着深深的信心。他贪婪地吞食着音乐，迅速掌握了各种技巧，将各种不同技法融为一炉，他的进步远远超过了导师们的预料。那年秋天，他向导师约翰

1　Freddie King（1924—1976），与B.B.金和艾尔伯特·金齐名的黑人布鲁斯吉他手。
2　Robert Lockwood Jr.（1915—2006），布鲁斯吉他手，是罗伯特·约翰逊的亲传弟子。

尼·琼斯挑战，两人将之戏称为"猎头"。在朋友拉里·李的煽动下，吉米拖着一个沉重的音箱进了琼斯常去的俱乐部。一进门，李就挖苦琼斯："我们今晚就是冲着你来的，老家伙，最好弹好点儿。"作为挑战者的吉米却没那么招摇，只是说："今晚就分胜负吧。"琼斯让他们"把本事亮出来"，让他们上了舞台。

决胜负的时刻，吉米却很快被比下去了。他的音箱没有琼斯的音箱好——这个教训吉米肯定会牢牢记住——他的演奏也不如琼斯，他的技术虽然娴熟，但仍然没有琼斯擅长的那种深邃音调。吉米独奏时观众们有时竟会哄堂大笑，因为模仿 B. B. 金的痕迹实在是太明显了。吉米垂头丧气地走下舞台，琼斯的"头人"地位保持不变。后来拉里·李埋怨吉米演得太差："你到底在搞什么啊？那家伙彻底把你比下去了。"吉米说话一向不像朋友们那么利索，他答话的口气倒有点像试验失败的科学家："我只是想试着弹出 B. B. 金的调子，结果试验失败了。"后来吉米和琼斯还共演过好几次，但从来没能打败过琼斯。"他像个枪手一样来挑战，结果挨枪子儿的是他自己。"琼斯笑道。这些失败帮助吉米提升到崭新的境界，他明白了很多吉他手都能模仿 B. B. 金，但真正的 B. B. 金只有一个。

到 12 月，吉米终于放弃了。"随意国王"的演出机会没有增加，他觉得这样下去实在没什么前途，于是借钱买了去温哥华的车票，和祖母诺拉在一起呆了一段时间。当时他没回西雅图主要是因为和父亲关系紧张，另外也不想见到贝蒂·简。温哥华离西雅图只有几小时车程，吉米在温哥华期间却没有回过家，而是和波迪·泰勒与"温哥华人"乐队混在一起。一年后，特里·约翰逊和"温哥华人"一起弹过琴，他回忆："他们弹的是摩城[1]风格的东西，另外也有点冲

---

1 Motown，这里指底特律的著名黑人音乐厂牌摩城公司为代表的音乐风格，主要是带有流行色彩的黑人灵魂乐。

浪音乐和车库摇滚的味道。"吉米在乐队里弹节奏吉他，弹主音吉他的是汤米·钟（Tommy Chong），他后来组了"奇克和钟"（Cheech and Chong）乐队。

1962年底，吉米和乐队在温哥华"但丁的地狱"夜总会常驻演出。"温哥华人"乐队很有才华，但吉米却沮丧地发现台下的观众大都是白人。他很快就和父亲二十五年前在温哥华的想法不谋而合：一个人要生活在自己的种族和音乐不被当做异端的地方才能如鱼得水。在温哥华呆了两个多月，一列南下的列车便载着吉米回到密西西比三角洲，去追寻约翰尼·琼斯一再说起的"泥土"。

从小在西雅图长大的吉米没怎么吃过南方黑人的传统食品"灵魂菜"（soul food）。不过每次去祖母家，曾在温哥华的鸡肉餐馆当过厨子的诺拉都会亲手给他做上一顿南方饭菜，经典菜色有甘蓝菜、燕麦、火腿肉、鲇鱼、猪下水、玉米面包、油炸玉米饼和甜土豆饼等等。诺拉每年都义卖这些南方传统佳肴为教堂募捐。"我们做过猪肠大餐，卖得非常快，忙得我头晕眼花，"诺拉在一次采访中说。"猪肠大餐"的主菜就是俗称下水的猪大肠。要想做得正宗得花上五个多钟头，菜刚一出锅，诺拉的邻居们马上就会蜂拥而至。

"猪肠院线"的名字便是来自这道著名的南方菜，它主要是指南方腹地专供黑人演出的一系列夜间演出场所。从纽约的阿波罗剧院开始，途经华盛顿特区的霍华德剧院，但之后就包括农村地区层次比较低的场所了。"'猪肠院线'其实就是任何能给黑人听众演奏的场所，公路旅馆、烤肉店、游泳池或酒吧都可以。"布鲁斯传奇鲍比·拉什[1]说。

1963年到1965年，"猪肠院线"成了吉米·亨德里克斯最常出

1　Bobby Rush（1935—），美国灵魂乐与节奏布鲁斯歌手，是"猪肠院线"的代表人物之一。

没的地方。有时和"随意国王"一起演出，不过大都是作为雇佣伴奏乐手与别的乐队合作，吉米很快摸清了从弗吉尼亚到佛罗里达再到德克萨斯各种点唱亭和小酒馆的门径。但就算每天晚上都有演出也很难谋生。这段时间为吉米积累了宝贵的经验，让他学到怎样表演，怎样注意观众的反应，怎样以职业巡演乐手为生。他渐渐形成了这样根深蒂固的观念：巡演乐手的工作中包含有娱乐观众的成分，如果观众不能被演出迷住，就算音乐再好也无济于事。就这样，每多演一场，吉米就多学到一点密西西比三角洲的传统，他的演奏也随之又娴熟了几分。

1963年2月，"随意国王"的演出中加入了小号演奏的环节。"我们想做真正的'秀'。"阿方索·杨说。他口中的"秀"是指那十年间风靡一时的轻松歌舞剧风格大型乐队表演。"猪肠院线"的很多观众都不是只想听音乐，晚间的节目还应该有喜剧、话剧和哑剧。"随意国王"招来了司仪雷蒙德·贝尔特，用模仿女笑星"马布雷老妈妈"[1]的风格为"随意国王"做暖场小表演。乐队在他之后上场，要想比这种易装笑剧更有娱乐效果还真不容易。

吉米·亨德里克斯的风格花哨依旧，在"猪肠院线"这种要求乐手提供娱乐效果的大环境下，他的"绝活"日臻完美。他像"T骨·沃尔克"那样把吉他背在背后弹，模仿阿方索·杨用牙齿弹琴的把戏。比利·考克斯给吉米买来一条50米长的吉他线，这下他就可以随意跳下舞台，在舞池里弹吉他，有时候还冲到街上去弹。吉米在舞台上和阿方索·杨的互动就像吉他手互飙琴艺的决斗，让他们的演出更加精彩。杨建议吉米，演出间隙不要老是练琴，应该走出去多见见观众，吉米接受了他的意见。"他太羞涩，"杨回忆，

1　Moms Mabley（1894—1975），活跃于"猪肠院线"的黑人歌舞杂耍喜剧女演员。

"我让他多和观众打打交道，要了解观众，和他们聊聊。这是建立歌迷群的好办法，他们会夜复一夜来听你弹琴的。"吉米也很快发现，和观众打交道不失为结识姑娘的好办法。

"随意国王"走遍了田纳西、肯塔基、阿肯色和印第安纳，虽然他们建立起了广泛的歌迷群体，但这样的成功很有局限性。他们基本上是一支伴舞乐队，只为黑人观众们演奏当红的节奏布鲁斯金曲，这无疑限制了他们的发展。

大多数乐队成员都得找兼职维持生计。吉米却是例外，他推掉所有全职工作，只想和自己的吉他在一起。作为艺术家，这令人赞许，不过这也意味着他只能仰仗他人的慷慨维持生活。有一次，有个俱乐部老板给"随意国王"提供了一个免费住处，他们马上住了进去，但很快发现这不是什么美事，第一晚就有人从窗子向屋里开枪。他们从邻居口中知道，前任房客是个黑人，被指控谋杀了一个白人。但他们还是住了下来。"我们没有别的地方可去。"杨说。在这之前，吉米都在一个正在施工的房子里偷偷过夜，天一亮工人来了再溜走。

吉米虽然没有正式工作，但他总是积极参与各种音乐活动。他给卡拉·托马斯[1]、汤米·塔克[2]、"苗条口琴"、杰里·巴特勒[3]、玛丽恩·詹姆斯[4]、查克·杰克逊[5]和所罗门·伯克等人当过伴奏乐手，和他们一起巡演。这些巡演都不长，大都只是"猪肠院线"中的几个局部地区，但这些体验是相当重要的。吉米接受任何同音乐有关的职位，不管报酬好坏，每一次巡演都能让他多学到一点东西。

1　Carla Thomas（1942—），黑人女歌手，有"孟菲斯灵魂乐之后"的美誉。

2　Tommy Tucker（1933—1982），布鲁斯歌手、钢琴手。

3　Jerry Butler（1939—），节奏布鲁斯歌手，1980年代参与政治。

4　Marion James（1934—2015），纳什维尔布鲁斯女歌手。

5　Chuck Jackson（1937—），节奏布鲁斯歌手。

在吉米 1963 年的各种经历中，最值得一提的是跟随所罗门·伯克的巡演。所罗门·伯克当时已经是灵魂乐的传奇歌手，此外他还是牧师，兼职做殡仪工作。伯克体重 250 磅，拥有与身材相称的大嗓门。当时他已经有两首歌登上 Top 40 金曲榜，是吉米伴奏过的真正巨星。"我那时有首歌叫《离开（我的怀抱）》〔Just Out of Reach（Of My Two Open Arms）〕，吉米能弹得如泣如诉，催人泪下。"伯克回忆。那次巡演里有五个大人物：伯克、奥蒂斯·雷丁[1]、乔·泰克斯[2]、"甜饼"·迪桑托斯[3]还有喜剧演员"猪肉"·马昆。就算在这样的全明星阵容中，吉米也堪称最好的吉他手之一，但他那花哨的弹法让伯克颇有微词。"前五场演出一切顺利，"伯克回忆，"到第六场，他就开始玩原曲里没有的那些疯狂的花活儿。我根本不知道怎么跟上他。"一天晚上，在巡演大巴里，伯克拿吉米做了交易，就像球队交易球员那样，他把吉米给了奥蒂斯·雷丁，换了两个小号手。结果吉米在雷丁的乐队里呆了不到一个星期就因为同样的原因又被解雇。"最后我们把一个人他扔在路边了。"伯克回忆。

接下来一连串似曾相识的解雇事件一再发生。后来吉米得到给著名摩城乐队"玛维勒斯"[4]伴奏的机会。同行的明星还有吉他手柯蒂斯·梅菲尔德[5]，他那行云流水般的流畅风格曾经深深影响过吉米，但吉米不小心把他的一个音箱弄坏了，结果又被解雇了。很多次吉米离开时都是不欢而散。比如他和鲍比·沃玛克[6]短期合作过一段后，

1　Otis Redding（1941—1967），黑人灵魂乐，布鲁斯歌手，在 1967 年的蒙特利尔音乐节声誉鹊起，成为超级巨星，但不幸在同年死于飞机失事。

2　Joe Tex（1933—1982），节奏布鲁斯歌手。

3　Sugar Pie DeSantos（1935—），黑人节奏布鲁斯女歌手。

4　Marvelettes，摩城四人流行女子组合，1960 年成立，1972 年解散，主要成员包括格拉迪丝·霍顿、凯瑟琳·安德森、乔治安娜·蒂尔曼和万达·扬。

5　Curtis Mayfield（1942—1999），著名黑人节奏布鲁斯歌手，吉他手。

6　Bobby Womack（1944—2014），黑人歌手，曾和兄弟们一起组成"沃玛克兄弟"福音歌曲合唱团。

沃玛克的兄弟趁吉米睡着时把他的吉他从车窗扔下去了。吉米醒来吓了一跳，只好借吉他来弹。

走投无路时吉米总会去找比利·考克斯。比利总会把他从荒凉的火车站或公路旅馆接回来，像大哥哥一样照顾他。至于西雅图的家人们，吉米仍然和他们保持联系，不过这期间他的家信变得很短，通常只是他在不同地方辗转时写的明信片。"亲爱的爸爸，"3月间他写道，"只是给你写几句话，告诉你我到了南卡罗来纳。"他给艾尔寄过一张"随意国王"的照片，是那年春天拍的，背面写着："我们是纳什维尔最棒的节奏布鲁斯乐队之一。"鉴于纳什维尔主要都是搞乡村和山地民谣的乐队，这话倒也不算吹牛。

1963年秋，吉米已经和全国最棒的一些乐队一起巡演过，他对"随意国王"的兴趣也随之减退。后来"随意国王"终于找别人把他换掉了。有一次和"精彩乔治"（Gorgeous George）一起巡演的时候，吉米还给山姆·库克[1]和杰基·威尔逊[2]做过暖场。还有一次，他临时加入的乐队给小理查德暖场，正式演出结束后，吉米和小理查德的乐队一起玩开了即兴，这可是他小时候在西雅图满心敬畏地去看过的那支乐队啊。这次演出后，吉米觉得自己的乐手生涯已经走过了完整的循环，他可以与自己从小就崇拜的那些乐队同台竞技了。由此他也愈发清楚地认识到，在纳什维尔做翻唱乐队绝非自己的宿命。

后来有个纽约的演出承办人来到纳什维尔，招人去纽约工作，吉米抓住了这个机会。他劝"随意国王"的同伴们跟自己一同前往，但没有人愿意跟他一起去。比利·考克斯为人实际，希望"随意国

1　Sam Cooke（1931—1964），黑人节奏布鲁斯和灵魂乐歌手，不幸遭枪击身亡。
2　Jackie Wilson（1934—1984），黑人节奏布鲁斯歌手，以宽广的音域和精彩的舞台表现著称，有"黑埃尔维斯"之誉。

王"在田纳西做出点成绩就好。阿方索·杨对吉米许诺的出名和发财很有兴趣，但吉米大量服食安非他命让他忧心忡忡。"他总是吃'红魔鬼'[1]，还有叫'极速'（speed）的那些药片。"杨回忆。杨是耶和华见证会的信徒，对所有禁药都深恶痛绝。

那年11月，约翰·F.肯尼迪总统遇刺一周之前，吉米满21岁了。一个月之后，他坐着灰狗大巴去了纽约。他背吉他的样子还是小时候从约翰尼·"吉他"那里学来的姿势。在车站，有个乐队的队友送了他一件薄呢大衣抵御纽约冬天的寒风；当时他拥有的衣服就只有军装而已，这种打扮在势利的纽约只怕行不通。吉米的全部家当只有一个粗呢小包。他拿着包走上车，像南方黑人那样乖乖走到属于他们的后排，马上就拿出吉他公然练习起来。同车人听到的多半无非是资深布鲁斯爱好者们耳熟能详的内容，不过在快速的弹拨和娴熟的技巧之外，已经有种个人风格隐现其中，经过三年在南方的历练，已经呼之欲出。这个坐在大巴后排的布鲁斯吉他手没有在模仿任何人，他开始弹出只属于吉米·亨德里克斯的声音。

1　一种安非他命药物的别称。

第十章 哈莱姆世界

纽约州，纽约市

1964 年 1 月—1965 年 7 月

> "哈莱姆世界"是我们用来称呼黑人音乐界动向的名词儿。在更广义的情况下被我们用来称呼姑娘们、整个社区、所有音乐等等等。后来还有了叫"哈莱姆世界"的俱乐部。
>
> ——友人坦德 - 拉·阿里姆

1964 年初，吉米生平第一次来到纽约市。他大半生都呆在黑人人口并不算多的西雅图，哈莱姆区却居住着五十多万黑人，其繁荣活跃难免令他瞠目结舌。在那个时代，不管是从政治还是艺术的层面，哈莱姆区都堪称美国黑人的文化首都。吉米搬进 125 街的一家旅馆，租金是一周 20 美元，就这样开始了他的纽约生活。

那个所谓的工作机会很快就没有了。在这个城市，他举目无亲，只有到哈莱姆的"小人物天堂"和"棕榈咖啡"之类酒吧打转，想找个什么演出能客串一下伴奏乐手。来纽约的第一个月，他参加了在阿波罗剧院举行的周三夜业余乐手大赛，获得了第一名和

25美元的奖金。不过让人失望的是，获奖没能马上给他带来一份工作。吉米发现纽约音乐圈规模虽大，但要打入这个圈子却很不容易。他到俱乐部去申请驻场工作，通常会被断然拒绝。他本来希望这里能比纳什维尔更开放，却发现哈莱姆反而更加狭隘。这里只接受节奏布鲁斯、爵士和布鲁斯这三种类型的音乐，而且最好是忠实地以大师们的方式一成不变地演奏。"黑人不想在哈莱姆区听到什么摇滚乐，"朋友塔哈卡·阿里姆说，"在这里有一整套着装的规矩，如果你的穿衣打扮或言行举止不是特定的样子，就会受到排斥。和这座城市的其他地方相比，哈莱姆就像另一个星球。我们把这里叫做'哈莱姆世界'，因为这里就是我们整个世界的中心。"

到纽约之后不久，吉米遇到了里索菲妮·普利金，她成了他在哈莱姆区的第一个女朋友，大家都叫她菲妮。19岁的她从小在这里长大，是个美丽的黑人姑娘，已是哈莱姆名人了。"菲妮是个超级骨肉皮，"后来成了她丈夫的塔哈卡说，"她和奥蒂斯·雷丁还有詹姆斯·布朗[1]都约会过，那些人她都认识。"有些人管她叫"阿波罗的菲妮"，因为她总在这座著名剧院的后台转悠。菲妮和吉米第一次正式约会就是带吉米去她母亲家吃饭。她母亲热爱烹饪，而饥肠辘辘的吉米正需要大吃一顿。后来菲妮在为《画廊》杂志所作的文中写道，自己是在一次宴会上邂逅吉米的，不过他何以受邀出席这样盛大的场合却不得而知。恋爱中菲妮发现吉米的作风异常老派——他经常谈起中学时代的女友贝蒂·简。

两人恋爱后搬入塞弗旅馆同居，后来又住进菲妮的母亲家。在《画廊》的文中，菲妮说两人的关系是建立在性爱基础上的："我们

1　James Brown（1933—2006），有"灵魂乐教父"之誉的著名黑人歌手，影响深远。

所有的活动都是在床上发生，他上床时的样子就像一个顶着太阳干了十个钟头苦工的密西西比伐木工看见一大盘甘蓝菜和玉米面包那么饥渴。他在床上也很有创造力。我们干了一次又一次。"她说，吉米的性欲似乎永无止境，"有时候他差点把我撕成两半"。唯一能与性爱激情相媲美的只有他对吉他的热爱，菲妮觉得自己的情敌"不是另一个女人，而是一把吉他"。两人经常为这样那样的事吵架。吉米有一次得到少有的机会离开纽约去巡演，他给她写信，求她别听别人说他的坏话。"别理街上那群黑鬼，"他写道。还有一天晚上，吉米不愿带她出门，两人为这事吵了一架。他在信中解释道："你知道我讨厌头发不好看的时候出门。"吉米对发型有强迫症，常常花几个小时弄那些鬈发。这是他当时唯一的虚荣迹象——他衣服破破烂烂，鞋子邋遢不堪，借的外套几乎不能御寒，但出门时却一定要把头发弄得完美妥帖。

吉米深深迷恋着普利金，不过不少女孩对他也有兴趣，其中就有一个菲妮的朋友。为了补偿这个朋友，菲妮约上塔哈卡·阿里姆，撮合他和那个女孩，让他俩与她和吉米做四人约会。塔哈卡却带上了自己的孪生兄弟坦德 - 拉，结果四人约会变成了五人约会。那天晚上的气氛可一点都不浪漫。阿里姆兄弟总是被人叫做"双胞胎哥俩"，他们都在哈莱姆长大，有着吉米身上所不具备的街头智慧和强悍气质。"我们一下子就喜欢上他了，"坦德 - 拉回忆，"他虽然年轻，但有种敏锐的洞察力。"那天晚上吉米给大家讲起自己在南方巡演和弹吉他的各种趣事，逗得大家很开心。来到纽约一个月，他在哈莱姆总算也有第一批粉丝了。

阿里姆兄弟也当过乐手，不过当时放弃了音乐从事毒品交易。他们在一个名叫"胖杰克"·泰勒的人手下工作，此人有个唱片公司，不过主要还是靠贩卖麻醉毒品赚钱。"他是哈莱姆区最大的毒贩子之一。"坦德-拉说。哈莱姆区的音乐俱乐部到处充斥着毒品、妓女和赌博,吉米在西雅图的杰克逊街虽然都见识过,不过规模要小得多。在哈莱姆,这三样东西都和音乐界盘根错节,密不可分,而且都是规模很大的大买卖。"'胖杰克'就像狄更斯笔下的人物,他举办盛大派对,周围都是漂亮体面的人,但是当然也有阴暗面。当时我们觉得跟着他是摆脱贫困的捷径。"塔哈卡说。

要说贫困,在这里没人比吉米更穷了。"胖杰克"给了他一份贩毒的工作。吉米拒绝了诱惑,坚信音乐才是人生中的唯一召唤。后来他和一个采访者说起自己对音乐之外的工作的看法:"人们都说:'没工作你就得饿死。'但我不想做音乐之外的工作。我试过一些工作,比如开车送货之类的,但总是干不了一星期就辞职了。"吉米热忱的音乐梦想让阿里姆兄弟也开始重新考虑自己的选择;第二年他们也不再贩毒,重新开始搞音乐。不过吉米对音乐的忠诚也有矛盾之处——他一度住在阿里姆兄弟家里,用贩毒赚的钱付房租也无所谓。吉米能专心从事音乐只是因为受着别人恩惠。他在性道德方面也不是什么善男信女。在纽约,他最初的工作就包括为一个叫潘多拉的脱衣舞女现场伴奏。"她是个异国风情的舞女,和一条蛇一起跳,我们跟着她在整个州巡演,吉米有时候也跟我们一起给她伴奏。"坦德-拉回忆。

吉米最渴望的莫过于和一支好乐队一起巡演。有天晚上他通过菲妮帮忙,去阿波罗剧院找到了山姆·库克,山姆是菲妮的前男友之一,吉米求他帮自己找个工作。库克的乐队已经有吉他手了,但这次尝试壮了吉米的胆子。1964年2月,吉米终于时来运转,他听说"艾斯利兄弟"[1]在找新吉他手。1964年2月9日,吉米在艾斯利兄弟新泽西的家中和他们初次见面。当天晚上正好是"披头士"在《艾德·沙利文秀》[2]中亮相,吉米和艾斯利兄弟一起从电视中观看了这场历史性的演出,不过他们不知道,这次节目将一举改变整个美国,令摇滚乐在排行榜上牢牢占据统治地位。

3月,吉米加入艾斯利兄弟的乐队。他第一次参加他们的录音是录制《作证》(Testify),后来这首歌小小走红了一下。春天他随乐队巡演,走遍了东海岸的"猪肠院线",甚至还到了百慕大。夏天乐队回到纽约,吉米随他们一起进录音室录了几首单曲,其中包括《最后的女孩》(The Last Girl),年轻的狄昂·华薇克[3]在其中担任伴唱。"艾斯利兄弟"是当时最大的节奏布鲁斯乐队之一,但吉米后来却抱怨在"艾斯利兄弟"时必须在音乐和穿着方面都固守节奏布鲁斯的清规戒律。"我得遵守规矩,"他在1967年的采访中说,"我们都穿白西装、黑漆皮鞋,梳着油光水滑的发型。不许打扮得随随便便就上台。如果两根鞋带不配套也会被扣5美元。天哪,我真受不了这一套!""艾斯利兄弟"喜欢歌舞剧表演风格,使用阵容庞大的乐队,吉米的位置在后排,每节演出只有20秒的独奏时间。他学会了尽情享受和尽量利用这段时间。但大多数演出里,观众还是看不到他,也很难注意到他的演奏。后来乐队巡演来到纳什维尔,吉米退出"艾斯利兄弟",加入"精彩乔治·奥德尔"(Gorgeous George Odell)做了一次短期巡演。

---

1 Isley Brothers,黑人节奏布鲁斯组合,主要由凯利、鲁道夫和拉尔纳德·艾斯利三兄弟组成,1950年代便已组团,多年来长盛不衰,"披头士"首张专辑中著名的"Twist and Shout"便是翻唱他们的作品。

2 Ed Sullivan Show,美国CBS电视台著名的音乐综艺节目,于1948—1971年播出,由著名电视人艾德·沙利文制作并主持,埃尔维斯·普莱斯利、"披头士"等都是通过该节目在美国走红。

3 Dionne Warwick(1940—),黑人节奏布鲁斯、流行女歌手,1960年代初给许多大牌黑人歌手和乐队当过伴唱,同时开始个人发展并走红。

"精彩乔治"在孟菲斯巡演时，吉米利用休息日拜访了斯塔克斯唱片公司（Stax Record）。无知无畏的他径直走进公司大门，宣称自己是途经此地，前来拜访的吉他手，想见见公司的传奇吉他手史蒂夫·克罗珀[1]。这次吉米难得没有随身带着吉他，大概是没胆量带着吉他到克罗珀面前班门弄斧吧。秘书说克罗珀正在录音室里忙着，让他晚点再过来。"再晚点我就要离开孟菲斯了。"吉米回答。

　　克罗珀正把自己关在录音室里工作，秘书跑来说外面有个小伙子想见他；他让秘书把这人轰走。克罗珀忙到晚上六点，走出录音室，秘书对他说："那小伙子还在那儿。"吉米就这么等了一整天。"我根本不知道他是谁，但还是见了他。"克罗珀回忆。他发现这个姓亨德里克斯的小伙子彬彬有礼，而且对自己的所有专辑如数家珍。对于自己的情况，吉米只是谦卑地说："不过在纽约和别的地方弹点儿吉他罢了。"克罗珀问吉米录过音没有，吉米说了自己在"艾斯利兄弟"录的作品以及为堂·科维[2]伴奏的《仁慈，仁慈》（Mercy, Mercy），这是吉米参加录音的歌曲第一次登上 Top 40 排行榜。克罗珀被打动了："你还弹过那个？那是我最喜欢的歌之一。很高兴见到你。"

　　克罗珀带吉米去吃晚饭，他很高兴能有这样一个年轻有为、才华横溢的乐迷。"最后我请他一起回录音室，我们聊了几个小时，我给他弹了几个连复段，"克罗珀回忆，"吉米用克罗珀的吉他弹了自己在《仁慈，仁慈》里的小段独奏。"

　　克罗珀堪称职业乐手的典范。他是个功成名就的伴奏乐手，

1　Steve Cropper（1941—），最富盛名的灵魂乐吉他手之一，亦有制作人、录音师、词曲创作者等多种身份，曾为奥蒂斯·雷丁等人制作专辑。
2　Don Covay（1936—2015），黑人节奏布鲁斯歌手，《仁慈，仁慈》是他 1964 年的作品，达到 Top 40 排行榜第三十五位。

弹起布鲁斯来既真诚又庄严，他参与创作的《绿洋葱》（Green Onions）成为他的乐队"布克尔·T.与MG's"[1]的排行榜头名金曲。吉米惊讶地发现克罗珀竟然是白人；大多数听众都觉得只有黑人才能弹出克罗珀那种放克风格的吉他。在某种程度上，他们两人都是试图突破黑人与白人音乐之间传统藩篱的先驱。

涉及做音乐和弹吉他，两人说的是同一种语言。到那年秋天吉米就满22岁了，经过一整年夜复一夜演出的历练，他的琴艺已臻成熟。在《仁慈，仁慈》中，他的那段吉他前奏已经不再是对B. B.金的生吞活剥，不再是对任何人的模仿。"那段吉他很放克，有种特殊的东西在里面。"克罗珀回忆。

吉米的吉他开始自己说话了。

吉米又误了"精彩乔治"的巡演大巴，滞留在堪萨斯城，这是典型的吉米的作风。他只好等着别的巡演乐队来到这里，混进某个大乐队，好搭他们的车走。果不其然，不到一个星期就有一支乐队雇了他。"我没钱了，这时候有个乐队来了，就把我带到了佐治亚的亚特兰大。"后来吉米在采访中说。这个乐队的名字如今已经不得而知，虽然吉米和他们在一起呆了好几个星期，但是他混过的乐队实在太多，自己也记不清那许多名字。

那年夏天在亚特兰大，有一天，吉米带着吉他正在饭馆吃饭，另一个顾客向他走来。"我问他弹不弹吉他，"格伦·威林斯（Glen Willings）回忆，他当时正在小理查德的伴奏乐队"锻造机"（Upsetters）里弹琴。吉米说自己会弹，也很想演出。于是威林斯带着吉米去找小理查德试音，小理查德听过后当场就雇下了他。至于吉米有没有告诉小理查德自己小时候看过他布道，在西

---

1 Booker T. & the MG's，斯塔克斯唱片公司的招牌乐队，克罗珀在其中担任吉他手，主唱是布克尔·T.。

雅图的雄鹰剧场后台见过他，前几年还和他的另一支伴奏乐队合演过，那就不得而知了。奇怪的是，尽管吉米已经是 22 岁的成年人，小理查德还是让同样来自西雅图的邦普斯·布莱克威尔（Bumps Blackwell）给艾尔·亨德里克斯打电话，就正式雇用吉米一事征求他的同意。小理查德后来对传记作者查尔斯·怀特说："邦普斯……给亨德里克斯先生打电话问他同不同意吉米加入我们，结果艾尔·亨德里克斯说：'吉米崇拜理查德啊，要是能加入理查德的乐队，让他吃了十个院子的屎都行。'"小理查德记得吉米加入"锻造机"时弹的是"B. B. 金风格的布鲁斯"，后来小理查德还说吉米之所以对融合摇滚与布鲁斯产生兴趣完全都要归功于自己，还声称吉米的舞台动作、穿衣风格乃至山羊胡子都是受自己影响；小理查德出了名地喜欢自吹自擂，这些话有一部分是往自己脸上贴金，不过也有一部分是确有其事。小理查德确实有着独一无二、石破天惊的演出风格，那个时代成长起来的许多乐手多少都有点受他影响。

理查德的"锻造机"是吉米迄今参加过的最大牌的伴奏乐队，他们的演奏异常严谨。不过这份工作还是难以满足吉米的创造力，而且吉米发现小理查德是个超级控制狂，连每个成员在台上站什么位置都要管。演出时，每当小理查德唱起他的名曲《图蒂·弗卢蒂》（Tutti Frutti）、《你好呀，莫里小姐》（Good Golly, Miss Molly），观众们都会陷入疯狂，但吉米却觉得夜复一夜弹着同样的和弦没什么意思。一个月后，巡演来到纳什维尔。吉米的前导师约翰尼·琼斯也来看演出，他注意到这个角色并不适合吉米。"吉米进步了，弹琴也更花哨，但我知道他在理查德身边呆不长，"琼斯回忆，"吉米很棒，小理查德不会让乐队里有人比他棒的。"

跟着小理查德巡演的经历中，有几件事后来成了吉米最心爱的段子，几年后他常常津津有味地讲起，还惟妙惟肖地模仿着小理查德尖锐的嗓子。其中有一个故事是，有一天晚上吉米厌烦了演出制服，穿了一件缎子衬衫上去。演出结束后他被小理查德大骂一顿，最后还罚了他一笔钱。"我是小理查德，"理查德咆哮着，布道的劲头好像又回来了，"我才是唯一的小理查德！我是摇滚之王，只有我才能穿得漂亮。把衣服给我脱下来！"

1964 年除夕夜，"锻造机"在洛杉矶难得地放假一晚，当晚吉米到加利福尼亚俱乐部去看了艾克与蒂娜·特纳[1]乐队的演出。然后他就盯上了罗莎·李·布鲁克斯，她 21 岁，在一个女子组合里唱歌，吉米扔给她这么一句话——虽然一点都不浪漫，但无疑是真话——"你长得很像我妈妈。"罗莎·李和露西尔的相貌确很像。午夜时两人接了吻，后来又一起去"小内勒"饭馆吃汉堡。布鲁克斯有辆英帕拉敞篷车，她开车，吉米坐在后座弹吉他，看上去活像狂欢游行队伍里的嘉宾。后来他们回了他的旅馆，"我们整晚都在'庆祝新年'，直到黎明时分。"布鲁克斯回忆。

那天晚上吉米抱怨了半天小理查德。他讨厌小理查德总是打压他，抱怨小理查德到处寻花问柳，还有自己总得夜复一夜弹着那些一成不变的东西。"我更喜欢柯蒂斯·梅菲尔德。"吉米对布鲁克斯说，他刚刚开始写歌，打算将来另立门户，独立发展。他们还开玩笑要组个二人组合。"我们也会像米奇和西尔维娅[2]，要不就是艾克和蒂娜。"布鲁克斯说。"米奇与西尔维娅"1958 年的金曲《爱多么奇怪》（Love Is Strange）是吉米最喜欢的歌曲之一。

1　Ike Turner（1931—2007），黑人流行／摇滚吉他手、歌手、词曲作者；Tina Turner（1939—），歌手，是 1960—1980 年代黑人流行乐界的性感符号。二人于 1962 年结婚并开始音乐事业上的合作，1978 年离婚。

2　Mickey and Sylvia，由米奇·贝克与西尔维娅·罗宾逊组成的节奏布鲁斯二人组合，《爱多么奇怪》是二人唯一打入排行榜前二十名的歌曲。

那个星期吉米为布鲁克斯的演出做了几次伴奏，有一次还遇到了格伦·坎贝尔[1]。布鲁克斯惊讶地发现吉米知道坎贝尔所有的录音作品，而且还说自己喜欢坎贝尔和"沙滩男孩"[2]合作的东西。布鲁克斯的母亲有一家餐馆，吉米一度频繁光顾，而此时两人的性欲也如干柴烈火一般。布鲁克斯说小理查德看到两人打得火热不禁受到刺激，提出想看两人做爱，被吉米一口回绝。

　　2月19日，吉米给父亲写信说自己在洛杉矶。这张明信片上还显示出另一个信息：吉米当时正在使用"莫里斯·詹姆斯"（Maurice James）这个名字。其后三年间他还将使用其他若干化名，这是第一个。"莫里斯"这名字怎么来的不得而知，但他曾告诉罗莎·李，"詹姆斯"是为了纪念伟大的吉他手艾尔默·詹姆斯。改名换姓可能是吉米打算离开小理查德自己发展的迹象。不过就算他真有此打算，该计划很快也以失败告终。那年3月他退出了"锻造机"，之后马上加入了艾克与蒂娜·特纳的伴奏乐队进行巡演。艾克·特纳说吉米在自己的乐队呆了很短一段时间，但他那花哨的独奏"太过刻意，超越了他应有的限度"，于是他又被炒了，重新回到小理查德的乐队。

　　3月初，罗莎·李·布鲁克斯录了一首单曲，名叫《我的日记》（My Diary），她把吉米带去弹吉他。有"第一个黑人嬉皮士"之称的阿瑟·李[3]也参加了录音，吉米和李从此结下了多年深厚的友谊。当时李已经因为古怪的言行举止而颇有名气，他常常只穿一只鞋，戴着根本没法看清东西的墨镜在好莱坞街头招摇过市，不过不久后他的

<hr>

1　Glen Campbell（1936—2017），著名白人乡村歌手。

2　Beach Boys，美国杰出的摇滚乐队，成立于1961年，灵魂人物是键盘手、贝斯手布莱恩·威尔逊，乐队早期主要为冲浪音乐，1966年充满试验色彩的《宠物之声》（Pet Sounds）是其经典杰作。

3　Arthur Lee（1945—2006），洛杉矶摇滚乐队"爱"主唱和核心人物，多才多艺，会演奏多种乐器，代表作是1967年的"Forever Changes"，一生行为乖张，富于争议。

乐队"爱"（Love）就推出了好几张影响深远的迷幻专辑。那天三人一起录了两首歌，吉米的吉他是主要部分。B面歌曲《Utee》是大路货，但《我的日记》证明吉米不愧是柯蒂斯·梅菲尔德的好学生，他的独奏简直会被误认为是梅菲尔德亲自弹的。这首歌在洛杉矶的电台放过几次，不过没有登上排行榜成为金曲。

尽管吉米又回到小理查德身边，两人仍然冲突不断。4月，小理查德在加州亨廷顿海滩演出之前，吉米让罗莎·李帮自己烫卷了头发，这显然是恶意针对小理查德的行动，登台时他身穿一件女式短上衣，头戴西班牙式礼帽。还特意做了早被小理查德明令禁止的各种舞台动作。"他用牙齿弹琴，把琴背在身后弹，在胯下弹，所有人都疯狂了。"布鲁克斯回忆。演出之后，小理查德自然没有付给他报酬。

吉米在小理查德的乐队里一个月能挣200美元，对于伴奏乐手来说，这个报酬还不错，但扣除各种罚款之后，拿到手的就不是这个数了。在华盛顿演了一场之后，他误了车，追上乐队后才知道自己的位置已经岌岌可危。吉米后来坚持说自己是主动退出的，但巡演经理，小理查德的兄弟罗伯特·潘尼曼告诉传记作者查尔斯·怀特："我炒了亨德里克斯……他是个很棒的吉他手，但这小子从来不守时，他总是误车迟到，和姑娘们调情，诸如此类的事情。"

吉米曾向罗莎·李保证，自己一离开小理查德的乐队马上就回洛杉矶。但是等他回到哈莱姆，舒服地安顿下来，洛杉矶又变得远在天边了。那年秋天布鲁克斯收到吉米一封信，问她能不能给他寄点钱，好让他把吉他从当铺赎回来。后来吉米也承认自己那年的确是当了好几次吉他，主要是靠女人的施舍才能把琴赎回来。所有亲眼见过他有多么热爱吉他的人听说他竟然把琴当掉了，都难免会生出恻隐之心，这也是他弄到钱的一个办法。就连像布鲁克斯这样被他远远甩在 3000 英里之外的前女友也没法拒绝这样的请求。罗莎·李给吉米寄了 40 美元，还有自己的一张照片。"一想起他手里没有吉他就让我受不了。"此后她再也没有收到过吉米的来信。

第十一章　绚丽的梦

纽约州，纽约市

1965 年 7 月—1966 年 5 月

　　我曾做过色彩绚丽的梦：1966 年会有大事发生在我身上。

　　——吉米·亨德里克斯接受《开放城市》采访时的话

　　1965 年夏，吉米·亨德里克斯回到纽约哈莱姆区，和菲妮·普利金或者阿里姆兄弟住在一起，再不然就住在时报广场周围便宜的旅馆里。离开小理查德的乐队后，他回到艾斯利兄弟的乐队，在新泽西州某个景点演了一个月。不过他已经厌倦了当伴奏乐手，开始考虑发展自己的音乐事业。那年夏天他开始为成为录音室乐手而努力。这个转变是不是因为和史蒂夫·克罗珀见过面的关系，吉米从来没提起过，不过的确很有可能。

　　7 月，吉米向很多唱片公司申请担任录音伴奏乐手。他也在尝试自己写歌，尽管技巧还不那么纯熟，但也有一些新鲜的创意在其中，他做了一张样带寄给苏伊唱片公司（Sue Records）的杰基·穆雷（Juggy Murray）。苏伊公司曾在 1962 年推出过吉米·麦克格里夫（Jimmy McGriff）的金曲《我有了个女人（第一部分）》［I've Got a Woman（Part 1）］，旗下签有稳定的节奏布鲁斯艺人阵容。穆雷对吉米的歌没什么兴趣，但还是给了他一份吉他手的工作。穆雷建议他们先签合同，吉米看都没看一眼就签了一份两年合约。不过吉米事后可能后悔了，因为后来好几个月里他都没跟穆雷联络。和许多新手一样，吉米也憧憬着能被某个制作人相中，这本身就足以成为极大的报偿。走运的是（那一年吉米难得遇到这么走运的事），后来苏伊公司的财务出现问题，再也没有让他履行合约。夏天，吉米还找到了别的录音室工作，与节奏布鲁斯乐手"韦格勒斯先生"（Mr. Wiggles）合作。韦格勒斯聘请吉米为自己在"金三角"（Golden Triangle）厂牌发行的几支单曲录音。"他弹起吉他就像一阵飓风。"韦格勒斯回忆。这段时间吉米参加的许多录音工作都没能署他的名字，这次也不例外，当时45转单曲唱片上通常只写录音艺术家的名字，伴奏乐手都没有份。

　　1965年8月8日，吉米在给艾尔的信中提到自己事业方面的进展。"我现在一切重新开始。在别人身后伴奏时，你自己是没法出名的，只有自己给自己干才行。但我和其他人一起巡演时也在公众面前曝光过，明白了这个行业的状况，主要是看看这一切都是怎么回事。这样等我推出自己的唱片时，有一些人已经认识我了，这会对促进销量很有帮助。"他对艾尔夸口说，没准很快就能在广播里听到自己的歌。"再过三四个月，你也许就能听到我的一张棒极了的唱片，到时候别不好意思啊，就等着金钱滚滚来吧。"信的末尾，吉米的署名是"莫里斯·詹姆斯"，同时他也开始用"吉米·詹姆斯"或"吉米·吉姆"作为艺名。这些化名造成了很多混乱，如果他的目的是想建立口碑，这些改名的把戏可算帮了倒忙。不过，这种改名游戏反映了吉米性格中的核心部分：他对音乐、时尚或文化的兴趣经常发生改变，会在变化中重新塑造自己。后来正是这种变色龙般的天性使得身为巨星的吉米显得神秘如谜。不过在音乐生涯的早期，在他还没有歌迷的时候，这样的把戏却对吸引拥趸有害无益。

1965年10月，"莫里斯·詹姆斯"住在市中心便宜的"美国旅馆"。月初，他在旅馆大厅遇到了"绅士"（Squires）乐队的柯蒂斯·奈特（Curtis Knight）。奈特是个吉他手，也是"绅士"的领队，不过主要还是靠拉皮条赚钱。"他是个搞乐队的皮条客。"当时的另一个乐手朗尼·杨布拉德（Lonnie Youngblood）说。奈特问吉米愿不愿加入"绅士"，吉米答应了。根据奈特的说法，当时吉米正在考虑放弃音乐，那个月又把吉他当出去交房租了。奈特借给吉米一把吉他，他知道只要吉米还在弹这把吉他，就会多少听一点自己的话。接下来的八个月里，奈特让吉米当上了乐队的主角。尽管"绅士"远不如吉米呆过的那些大牌乐队，但是也有一样好处：奈特让吉米站在前排正中央，保证让他当上明星。1965年，奈特录了几首单曲，但没有一首打入排行榜。他和吉米合作的第一首录音室作品是翻唱鲍勃·迪伦（Bob Dylan）的《像一块滚石》（Like a Rolling Stone），更名为《你觉得怎么样》（How Would You Feel），吉米在其中贡献了激烈的吉他独奏，但也同样没能在排行榜上取得一席之地。

《你觉得怎么样》是一首标准的翻唱歌曲，因为制作人是PPX公司的经理艾德·查普林（Ed Chalpin）。查普林是个成功的唱片厂牌经营者，靠在海外迅速推出美国排行榜金曲的翻唱版本起家。他随时关注美国各大榜单，一旦某首歌开始走红，就马上录一首翻唱版本在海外市场发行。查普林一开始没怎么注意吉米，因为吉米不识谱。不过听了吉米的演奏后，他发现了吉米的才华，1965年10月15日和他签了录音与制作合同。

这份合同吉米还是看也没看就签下来的，上面规定他必须"三年内只能为 PPX 公司制作、演奏（或演唱）歌曲。"还规定吉米"每年至少录音三次。"吉米可以获得自己的唱片零售销量金额的 1% 作为报酬。根据这份合同，PPX 独家拥有吉米录音歌曲的一切母带，为此吉米可以获得"1 美元"，这在当时的唱片工业中是标准的条款，因为当时没有预付款一说。实际上，吉米并没有预先得到任何报酬，不过零售销量的 1% 这个报酬在当时已经算是比较高的版税额了。

双方在 PPX 录音室所在的那条街上的一个咖啡屋里签了合同。"他高高兴兴地签了合同，"查普林回忆，"他知道做伴奏乐手是分不到版税的。我给了他很不错的版税，丝毫没有克扣。他也知道自己能当上艺术家了。如果做出金曲，他的名字会写在封套上，还能分到版税。"查普林敏锐地找到了最能吸引吉米的那个有魔力的字眼：艺术家。一想到自己能当上艺术家，而不是伴奏乐手，吉米就觉得恍若梦游一般。"他非常高兴能成为自立门户的艺术家，"查普林说，"为了这个让他签什么都行。"

接下来的八个月里，吉米在录音室里给查普林录了二十多次音，成果后来被法院判定为三十三首歌。大多数歌曲中只有吉米的吉他独奏比较突出，因为柯蒂斯·奈特的演唱水平实在不怎么样。也许和奈特在录音室合作带来的唯一好处就是吉米在查普林的录音室里学到了录音和叠录音轨的基本知识。《没有这样的动物》（No Such Animal）是这批作品中为数不多的佳作之一，吉米贡献了欢快的吉他独奏，而且歌里没有奈特人声的部分。

查普林还安排过一次吉米演艺生涯中最奇怪的录音——为 B 级片女明星詹尼·曼斯菲尔德录音，曼斯菲尔德是个以乳房丰满著称的艳星，那天她扯着脖子唱了一首名叫《漂浮的云》（As the Clouds Drift By）的歌，自己的录音乐手生涯竟然以这么烂的歌作为起步，吉米究竟作何感想就不得而知了。

柯蒂斯·奈特和"绅士"定期在纽约的"紫洋葱"和"水仙子"之类的俱乐部演出，但是没能吸引多少拥趸，吉米在这个乐队也挣不了多少钱。另外，"绅士"不搞巡演，只在纽约附近活动。吉米也唱过几首歌。不过他还是没什么创作自由，因为"绅士"只翻唱别人的作品。当时吉米的绝活之一就是弹一段威尔森·皮克特[1]的《午夜时分》（In the Midnight Hour），但是加了不少自己新创作的吉他独奏，如果有人天天来听的话就会发现每场演出中都有新鲜独特的东西。不过吉米这样做只是自娱自乐而已，因为"绅士"那时候根本就没有回头客。

吉米发现和"绅士"在一起还是没法谋生，于是和"乔伊·迪伊与星光石"（Joey Dee and the Starliters）一起巡演了六十天，共演出 58 场。巡演对于吉米来说是意外的成功，因为"星光石"是个很不错的乐队，他们的《薄荷糖卷》（Peppermint Twist）曾经登上排行榜首位。"我那时住在新泽西的洛迪，吉米来我家车库试音，我们一听当场就雇了他。他是个很棒的吉他手。"乔伊·迪伊回忆，"星光石"是吉米离开西雅图后遇到的第一个黑人和白人都有的乐队，音乐方面比他以前的乐队都更像摇滚乐。巡演主要在美国东北部，但在南方也演了几场。吉米发现，在南方，黑人和白人混合的乐队甚至比全黑人乐队处境还困难。他们只能在黑人开的旅馆里睡觉，有时候旅馆离演出场地有 50 英里；他们常常坐在饭馆厨房的面口袋上吃饭，因为大多数餐厅不欢迎乐队里的三名黑人成员。尽管吉米后来抱怨在这支乐队报酬太少，但他与"星光"的合作证明当时的白人乐手中的确有人愿意挺身而出维护种族平等权利。"有

---

[1] Wilson Pickett（1941—2006），灵魂乐歌手。

很多次，对方说如果不带黑人乐手演出就付更多报酬，但我都拒绝了。"乔伊·迪伊回忆。巡演中，"星光"的观众最多曾达一万人，吉米生平第一次面对这么多观众。但是这个黑白混杂的乐队也多次引起过种族冲突，有很多次，乐手们在演出间隙休息时都不许离开后台半步。

也许是因为共同承受着种族歧视的压力，"星光石"非常团结，吉米也很快如鱼得水起来。"他一开始真的很羞涩，但慢慢就好了，还给我们讲了好多他跟'艾斯利兄弟'还有小理查德一起巡演时的疯狂故事。"乐队成员大卫·布里加蒂（David Brigati）回忆，吉米还讲过自己和詹姆斯·布朗一起巡演的时候，有一次不小心在这位"灵魂乐教父"说话时插嘴，结果被布朗打了一拳踢出乐队。

"星光石"相当于一支伴舞乐队，所以没有更多选择，只能每天一成不变地弹自己那几首金曲。不过吉米每晚演出的时候还是有一段独奏时间，他总是把吉他背在身后弹。除了在加菲尔德中学和军事基地里的几次机会，这还是吉米第一次面向白人观众演出。"有些城市台下全是白人。"布里加蒂回忆。吉米惊喜地发现，台下的白人少女们更多把火热的秋波投到自己身上。他很惊讶，因为那时候他并不觉得自己特别英俊。"吉米长了不少青春痘，这让他愈发内向自卑，"坦德-拉·阿里姆回忆。这些年轻的白人女歌迷们帮助吉米建立了自信，他开始向同伴们吹嘘自己的女歌迷"俱乐部"。"他就像磁场一样。他身上有种特别的东西能吸引女人们。"布里加蒂说。

有天在巴法罗演出后，三个印度女人说吉米长得像某个印度的神明，于是和他上了床——她们是在宾馆遇到他的，根本没看过他弹吉他，连乐队的歌迷都不是。还有一次巡演途中，一个和布里加蒂上床的白人女歌迷特别大胆，二人事后，她说自己有和黑人做爱的性幻想，让布里加蒂打电话叫乐队里的其他人过来。布里加蒂打了电话，"还没等我没下床，一个家伙已经压在她身上了。"之后吉米停下来，彬彬有礼地问道，自己能不能先把牛仔靴脱下来。布里加蒂赶快离开了房间，两小时后他才回来，里面只剩那个女人，她对布里加蒂说这是她一生中"最棒的一天"。

作为巡演乐手，沿途的性爱成了吉米生活中不可或缺的一部分，但也无法让他继续留在"星光石"了。后来他在接受《新音乐快报》采访时说："收了一份'薄荷糖卷'那么少的报酬后我又得走了。"不过他肯定也意识到继续在这个乐队呆下去对他出唱片的梦想没什么帮助。和"星光石"巡演途中，他过了自己的23岁生日。1966年新年来临之际，他对几个朋友说梦见新的一年里自己的生活将会发生改变。"我曾经做过色彩绚丽的梦：1966年会有大事发生在我身上，听起来好像很傻，但这是千真万确的事情。"后来他对一个记者说。

但这个宏伟的命运还需要再等待片刻，因为1966年年初，吉米的生活似乎又回到了原点。他再次和柯蒂斯·奈特与"绅士"一起演出，拼命找机会去录音，过着饥一顿饱一顿的生活，感情道路也不怎么顺利——他在哈莱姆最重要的女朋友菲妮·普利金嫁给了塔哈卡·阿里姆。吉米住进了夫妻俩的公寓，让菲妮觉得很不舒服。"菲妮不理解我怎能刚结婚就让吉米搬进来。"塔哈卡说。一天晚上，夫妻俩觉得家里没别人，于是大吵一架。"她让我把吉米撵走，但我说，'让他留下吧。'"后来他们才发现吉米什么都听到了。

于是吉米很快搬进了一家廉价旅馆。1月13日，他给艾尔寄了一张帝国大厦的明信片："在这个破烂的大纽约里，一切都一般吧。发生的一切都是些坏事情。"那时他因为付不起房租快要被旅馆轰出去了，而且经常吃不饱肚子，生活中唯一的安慰就是那张明信片中的最后一句话："告诉本和厄妮，我现在弹吉他棒极了，他们听都没听过这么棒的布鲁斯。"这番吹嘘是特意写给厄内斯蒂娜·本森的，吉米正是从她那丰富的唱片收藏中才得以窥见布鲁斯音乐的门径。他那句"发生的一切都是些坏事情"很像某支经典布鲁斯中的歌词，同时也说明他在内心世界与艺术气质上的提升。1965年，吉米过着悲惨的生活——贫穷、孤独、在南方巡演时备受歧视——这是自母亲去世后他生平最艰苦的一段时光。但正是这些动荡把他培育成一个真正的艺术家，赋予他约翰尼·琼斯所说的那种伟大的布鲁斯乐手不可或缺的"泥土"气息与悲怆气质。此时的吉米不仅是在弹奏布鲁斯音乐，他就生活在布鲁斯之中。

救星很快来了，金·柯蒂斯[1]与"全明星"（All Stars）乐队在哈莱姆"小人物天堂"的演出需要一个临时吉他手。当时所有著名的黑人乐手都会在"小人物天堂"演出，风琴手吉米·史密斯（Jimmy Smith）就是在这里起家的。马尔科姆·X曾在这里当过侍者。"吉米那时真是胆大包天，因为在哈莱姆区，没人在乎你有多坏，但你得符合别人心目中的形象，"塔哈卡·阿里姆说，"你爱怎么坏都可以，但你得穿得和别人一模一样，打扮得别人一模一样，别人怎么走路你也怎么走路，别人怎么说话你也怎么说话。"当晚吉米一直站在乐队后排弹着节奏吉他。但第一段独奏一下就让他脱颖而出。"全明星"中拥有不久后便成为传奇的鼓手伯纳德·"帅哥"·珀蒂（Bernard Pretty Purdie）和吉他手科奈尔·杜普利（Cornell Dupree），同他们合作对吉米只有好的影响。杜普利也是个很棒的吉他手，吉米学会了怎样和他互动，以及在音乐中加入更多情感与灵魂，像杜普利说的那样，弹得更加"如醉如痴"。吉米很快学会

1　King Curtis（1934—1971），著名黑人节奏布鲁斯萨克斯乐手。

了乐队的所有歌曲。"我这辈子从来没见过哪个吉他手学曲子这么快的。"伯纳德·珀蒂后来回忆。

接下来的几个月里，吉米和金·柯蒂斯一起演出并录音，偶尔也和"绅士"一起演出。但他的三餐和房租还是很成问题。那年冬天，戴安娜·卡朋特在百老汇与52大道交界的"火腿蛋"饭馆初次遇到吉米，那是一个寒冷的冬日，吉米却只穿一件单层的薄外套，一下吸引了她的目光。"我看见他鞋底上有个大洞。"她回忆。饭馆有50美分买一杯水的最低消费，吉米身上也就只有这点钱。

16岁的卡朋特是个离家出走的站街妓女。那天她和自己的皮条客在一起，二人起身要走时，吉米对她说："你真美！"他竟敢当着皮条客的面这么说话，让她大吃一惊。皮条客觉得受了挑衅，让吉米"闭嘴"，搂着卡朋特出了饭馆。几星期后，吉米和戴安娜再次偶遇，这次没有皮条客的打扰，两人相爱了。

一开始，戴安娜的职业对吉米来说不是问题，反而对他有好处，他对她有点崇拜的成分。她挣的钱比他多得多，而且工作一天之后，她的性欲仍能与他旗鼓相当。"他非常活跃，一晚上能做两三次。"她说。卡朋特是个肤色很浅的黑人姑娘，吉米也对她说她长得像他妈妈；不知因为这是他最喜欢的情话，还是因为他的确会被长得像露西尔的女人吸引。为了避免遭到逮捕，卡朋特只在白天工作，所以她晚上有空，可以去看他的演出。"他总在抱怨柯蒂斯·奈特欠他钱，但就算柯蒂斯给了他钱，那钱也不够付房租的。"卡朋特说。有人觉得吉米给卡朋特拉皮条，事实上他的确是靠她的钱生活，但从没给她拉过客。

尽管如此，两人的生活还是很拮据。一天晚上，他们走过第5大道，吉米问她，如果他发财了，她想买什么珠宝。她选了一块硕大的宝石。"总有一天我会给你买下来的。"他夸口道。两人经常谈

143

起他将来一定会功成名就。"我会有多富有?"他问她。"非常非常
有钱,而且非常非常出名。"她答道。有时候这样的谈话也会蒙上
一层阴影。"如果我不能在一年内出名发财,我一定会疯掉的。"他
有一次这么说。吉米的幻想愈来愈绝望和迫切,仿佛这些幻想如果
不能迅速成真便会蒸发掉一样。他每天练好几小时的吉他,从四个
街区之外的俱乐部借来音箱一路拖回旅馆,因为他没钱打车。

有一次,吉米回家时看到嫖客正勒着卡朋特的脖子。他拉开那
家伙,把他赶了出去。但这件事开始让他对戴安娜的工作心怀不满。
就在同一个星期,戴安娜被捕了,她被关进监狱,之后被送上一辆
开往中西部的巴士。她逃下车子回到吉米身边。他哭着说自己担心
她已经被人害死了。还有一次,她告诉他自己童年时曾受过性骚扰,
他也是大哭起来,说自己童年时也受过类似的性侵犯,不过他没说
细节,只是说这是小时候的事情。

5 月初,卡朋特发现自己怀孕了,在吉米的坚持之下,她不再
去街头拉客。吉米唯一的收入是偶尔演出的报酬。春末时,两人开
始靠偷窃为生。有一次两人在商店里偷东西被人发现,店主挥着棒
球棍在后面追他们。两人跑了好几条街才逃脱。吉米经常发怒。"我
要改变这狗屎一样的生活。我受不了了。我不想像狗一样死掉。"
卡朋特又开始偷偷接客赚钱。吉米发现后就用皮带抽她。"我们都
知道我怀着孕,"她说,"他只打过我那么一次。"他边打她边说了
一大堆话,她做梦也没想到这样的话能从他嘴里说出来,"我让你
干什么你就得干什么!"他咆哮道,"你要敢不听话,就给我等着,
我给你点颜色看看。"吉米平时说话做事都不是这样的,话里的恶
毒让卡朋特非常震惊。

他们的关系从那以后每况愈下。有一次卡朋特建议两人去看便
宜的下午场电影,是拉娜·特纳(Lana Turner)的《X 夫人》(*Madame*

144

X），结果却惹得吉米大发雷霆，他觉得这片子是关于卖淫的。她气得冲出门去接了个嫖客，结果那人是个卧底警察。她被捕了。警方发现她没满 18 岁，于是给了她两个选择：要么在监狱里蹲三年，要么坐车回家找父母。忍饥挨饿的她担心肚里孩子的健康，于是选择了回家。1967 年 2 月，戴安娜生下一个体重还不到 5 磅的女婴，取名塔米卡。推算怀孕时间，卡朋特觉得这孩子肯定是吉米的，更何况她只接白人嫖客。但她不知道该往哪儿给他写信，他们俩住过太多便宜旅馆了，最后她放弃了找他的念头。

吉米和卡朋特的这段感情可能会让他不想再找妓女当女朋友了，不过这些女人和他的过去显然存在着千丝万缕的联系：廉价旅馆、穷困潦倒与颠沛动荡的生活方式，这一切都像极了他的童年。这也许并不是吉米渴望的生活，但这是他熟悉的生活，他也只有在这种生活里才觉得自在。

卡朋特走后不久（也许是她走以前），吉米开始和自己的第一个白人女朋友卡萝尔·史洛基交往。她也是妓女，不过是应召女郎，不是站街女。这是一段短暂混乱的关系。史洛基给吉米买了把新吉他，这样他就不用依附于柯蒂斯·奈特，吉米花了几小时把这把右手琴改装成了左手琴。

吉米通过史洛基认识了迈克·夸西（Mike Quashie），他是西 44 大街上的"非洲屋"的艺人，绰号"蜘蛛王"。夸西 1961 年上过《时代》封面，是他把"林波舞"[1]介绍到了美国。他身高 6 英尺 2 英寸，但可以摇晃身体向后仰着从一支距离地面只有 7 英寸高的杆子底下穿过去。夸西在史洛基住的旅馆房间里见了吉米，当时吉米头上夹着红红绿绿的卷发器，夸西一开始还以为他是个拉皮条的。夸西给

1　Limbo，一种西印度群岛的舞蹈，舞者须向后仰并穿过一支水平杆，每次都要比前一次仰得更低。

吉米讲了不少巫毒教（Voodoo）的事情，但他发现吉米太安静，太内向，简直有点烦人。"他非常颓废，总在抱怨自己的抑郁、挫折和焦虑。他过得可真不容易。"夸西说。吉米后来震惊世界的一些舞台表演——系丝巾、跪着弹琴、在台上玩火等等——不少都是从夸西那里学来的。吉米在同"绅士"一起演出时也试了一些疯狂的把戏，但是反响寥寥。

在"绅士"的一场非常糟糕的演出之后，吉米写了一首诗表达自己的失望。其中写到他那些所谓的"朋友"们只对他强烈奇异的风格有兴趣，却没有"深入思考我的想法"。他当时没什么朋友，所以诗中写的可能是"绅士"的队友们。他没能写完这首诗，也没有给它配过曲子。就像他那段时期写的大多数东西一样，只是一个简单的动机，被草草写在一张纸上，然后又塞进吉他盒里。这首诗的题目可以概括吉米内心深处贯穿过去与未来的所有魔鬼——"时尚的朋友变成了思想的敌人"。

第十二章　我的问题孩子

纽约州，纽约市

1966 年 5 月—1966 年 7 月

万花筒般的奇幻形象在我眼前涌现、交替、变幻，不断打开或闭合为圆圈和螺旋，爆炸为色彩的喷泉，之后又重新排列混合为源源不绝的流体。特别值得注意的是，诸如门把手或外面汽车经过的声音等种种听觉体验都变成了视觉体验……据我所知，没有任何已知物质可以以如此小的剂量就产生这么深的精神效果，导致人类的意识，乃至对内心世界与对外部世界的体验发生如此戏剧性的转变。

——阿尔伯特·霍夫曼，

《LSD：我那惹是生非的问题孩子》

1966 年 5 月底的一个晚上，一个棕色眼睛的女孩、一个明尼苏达州出生的民谣歌手与一种迷幻药同时闯入吉米·亨德里克斯的生活，三者都深刻地改变了他的事业生涯。这三种力量帮助吉米打开了内心世界中原本从未被触及的一片天地，并且永久改变了他一直以来作为伴奏乐手的命运。这些改变一旦发生，他之前的生活——诸如来来去去地给小理查德伴奏、穿着制服在某个节奏布鲁斯大乐队里弹琴之类——全都变成遥远而令人不快的回忆。这个经常重新塑造自己的人将完成人生中的新蜕变，这崭新的强大人格还将一直持续下去。

最先出现的是那个女孩，21 岁的美女模特琳达·基斯，她是个和吉米截然相反的人——英国犹太人，富有，受过高等教育，是摇摆伦敦不可或缺的一员。或者最能打动吉米的是，她的男朋友是"滚石"乐队的基思·理查兹（Keith Richards）。琳达从 1963 年开始和理查兹恋爱，一起见证了"滚石"的诞生，她也得以成为英国音乐界上层圈子中的一员。一个月之后"滚石"要来美国巡演，1966 年的这场巡演可以说是万众期待；琳达比乐队提前一步来体验纽约的夜店风情。她疯狂地热爱音乐，特别喜欢布鲁斯，旅行时随身总是带着一箱自己最喜欢的 45 转唱片。她聪明漂亮，有音乐品位，足以令所有年轻男人倾倒。

5 月底她走进"猎豹"俱乐部时所有人的确都倾倒了，那天吉米正在那里和柯蒂斯·奈特与"绅士"同台演出，演出照例糟糕至极。整个春天吉米都在赌咒发誓一定要永远离开奈特的乐队，最后他终于做到了，这场演出最后成了他在"绅士"的绝响。也难怪他想离开——俱乐部里几乎没什么人。

"猎豹"的前身曾是世纪之初全纽约最有名的舞厅之一。1966年 4 月，它又改头换面，作为一个高端夜店重新开张，不过一开始还没有流行开来。这里墙壁上贴着豹纹壁纸，房间一侧有个吧台，有个 50 英尺宽的舞台可供乐队演出。全场能容纳两千人，不过琳达记得那天顶多只有四十来个人。她一开始没怎么留意舞台上的乐队，直到那个吉他手突然闯入她的眼帘。"他的双手在琴颈上下抚摸的样子非常好看，他长着一双漂亮的手。我发现自己只是看着他弹琴就已经被迷住了。"

琳达只是一个著名吉他手的女朋友，不是星探，但她发现了吉米出众的才华。这么棒的吉他手竟然只能为寥寥几个冷漠的观众演出，她不禁觉得很不公平。"他是个非常了不起的吉他手，他弹的布鲁斯非常精彩，"她说，"他显然应当是个明星，但他真是个古怪的明星，而且置身一个奇怪的场所，看上去真不对劲。"一节演出终了，吉米去吧台喝酒，琳达和她的朋友们请他到她们的桌边来，毫无保留地赞美了他一番。被美丽的模特们看上，这对吉米来说可是新鲜事；而当琳达告诉他自己是即将来美国演出的基思·理查兹的女朋友时，吉米的心情就更是只有天知道了。

琳达和她的朋友们一直呆到演出结束，之后又请吉米去了她们在第 63 街的住处。他们一起讨论音乐、政治，当然，还有毒品。琳达的一个朋友正是毒品专家。她们问吉米想不想来点"酸药"（acid），吉米的回答显示出他对迷幻药是多么天真无知。他直率地说："不，我不想要这个，不过我倒想来点 LSD 试试。"但他不知道，"酸药"就是 LSD 的俗称。

1966 年之前，因为穷困，吉米对毒品的体验非常有限，大都是大麻叶、大麻膏，或是便宜的安非他命"极速"，偶尔也来点可卡因。"在曼哈顿，一提毒品，不是可卡因就是大麻，"塔哈卡·阿里姆说，"哈莱姆区那时候还没有人使用迷幻药。"有些黑人觉得 LSD 是"白人的玩意儿"。那年夏天晚些时候，吉米劝住在上城的朋友朗尼·杨布拉德和自己一块儿嗑药。"吉米说了很多那东西让人脑子里产生乱七八糟的玩意儿，蜘蛛网形的图案之类的，嗑药让这些幻相清楚而集中地显现出来。"朗尼教训了吉米一通，说 LSD 很危险，而且这种药会让人像个白人那样去想问题。"这是白人孩子们的药，"杨布拉德说，"我可不想产生那些幻觉，我有车有房，还有老婆孩子。"

1938 年，阿尔伯特·霍夫曼博士在研究麦角真菌时发现了 LSD——麦角酸二乙基酰胺（lysergic acid diethylamide）。霍夫曼出于意外服下了这种药剂，马上注意到了它的致幻效果。后来他在自己的回忆录《LSD：我那惹是生非的问题孩子》中描写过自己的第一次迷幻之旅："那是一种梦幻般的境地，闭上眼睛（因为觉得阳光非常刺眼），我感觉到一股不间断的奇幻图案在脑海中流过，有着奇异的形状和强烈的、万花筒般的纷呈色彩。"到 1940 年代，山德士制药公司开始在市场上公开销售 LSD，称其为能治百病的灵药，从酗酒到精神分裂无所不包。1965 年 8 月，随着 LSD 的致幻效果引起争议，以及它作为非处方药过于泛滥，LSD 被禁止正式销售。1967 年，LSD 在美国成为非法禁药，也就是说，吉米第一次使用 LSD 时还是合法的。

蒂摩西·李尔[1] 博士是首批全面彻底研究 LSD 的科学家之一，其研究大部分是在自己身上进行的，他声称，使用 LSD 时，使用者的心态（set）和当时所处的环境 (setting) 以及服用的剂量是同样重要的因素。[2] 而吉米·亨德里克斯的第一次迷幻之旅就有着极为理想的心态与环境：那天晚上他被一个英国模特一直赞美着（她不仅聪明美貌，而且连罗伯特·约翰逊是谁都知道）；置身一个时髦的公寓，红色的墙壁上装饰着豹纹图案，耳边还听着基思收藏的布鲁斯单曲唱片，就算没有毒品也足够让人飘飘欲仙了。不用说，这次

1　Timothy Leary（1920—1996），哈佛大学心理学教授，因率先使用、推广 LSD 成为嬉皮一代的精神导师。

2　据《LSD: 我那惹是生非的问题孩子》所述："在 LSD 迷幻期间，感觉器官被高度激发，一个客厅或是外地点的优美环境能被特殊的感受力所感知，所以这样一种愉快感就对实验进程有重要的影响。试验中出现的人物，他们的外在形象和他们的个性特点也是对实验起决定作用的背景的一部分。音响环境同样重要，美妙音乐能产生愉快体验……同样重要的是实验者的精神状况，即他们当时的心理状态、他们对此药的体验的态度和他们对此的期望。"（沈逾、常青译，北京师范大学出版社，2006）

旅行一切顺利。

吉米后来对一个朋友讲过自己的第一次迷幻之旅，他说自己"照着镜子，觉得我是玛丽莲·梦露"。于是，自 1966 年 5 月开始，他便开始经常照这面迷幻的"镜子"。麦角酸二乙基酰胺成了他余生中用来过滤音乐作品的一面透镜。并不是说他所有的作品都是在迷幻状态下创作的，然而，一旦他进入毒品世界，迷幻思维便开始影响他的演奏，乃至他写下的旋律和歌词。吉米曾对朋友说，自己指下弹出的是色彩而不是音符，他演奏时能在头脑中"看到"音乐。这种对创作过程的描述和霍夫曼博士的说法奇异地不谋而合："每种听觉体验……都变成了视觉体验。"

不过迷幻药并不是吉米那天晚上的唯一发现。两周前，鲍勃·迪伦推出了新专辑《无数金发女郎》（*Blonde on Blonde*），琳达·基思手上也有一张。吉米不仅是迷幻药菜鸟，而且也没听过迪伦的最新专辑。当专辑放到第一首歌《雨天的女人＃12 & 35》（Rainy Day Women＃12 & 35），迪伦唱到"所有人都得嗑药"那句的时候，吉米多半也已经开始嗑上了。后来吉米说《无数金发女郎》是迪伦的专辑中自己最喜欢的一张；诚然，一边嗑药，一边第一次听到《我要你》（I Want You）、《又一次听着孟菲斯布鲁斯被困在车子里》（Stuck Inside of Mobile with the Memphis Blues Again），以及悲哀的《眼睛忧伤的低地女人》（Sad Eyed Lady of Lowlands）这些歌，肯定能给任何人留下难以磨灭的印象。[1]

琳达后来说那天晚上是个"魔幻之夜"，但是多年来报道说她那天晚上和吉米做了爱，这种说法纯属谣传。"我那时在和基思（理查兹）交往，而且我是个中产阶级女孩，有中产阶级价值观。"不

1　以上都是 Blonde on Blonde 中的歌曲，歌词都有含混不明的特征。

过那天晚上是吉米第一次和女人探讨自己最心爱的话题：音乐和吉他，这样亲密的关系对他来说还是头一回。后来，琳达的朋友们听够了诸如三角洲布鲁斯好还是芝加哥布鲁斯好这类话题，到另一个房间睡觉去了。吉米和琳达在起居室里聊了一个通宵，琳达说，两人之间什么也没有发生。

谈起自己的乐手经历，吉米的坦诚天真让琳达吃了一惊。他在生活中显然处处碰壁，但谈起自己的失望困窘时却全无羞惭之情，这在普遍大男子主义的吉他手们当中可以说是很少见的性格。后来吉米从吉他箱里拿出粉红色的塑料卷发器卷头发，琳达不禁瞠目结舌，不明白他何以明明知道对方很有教养，却当着对方肆无忌惮地卷头发。

谈起音乐，两人都疯狂地爱着布鲁斯。琳达对美国的根源音乐非常熟悉，仿佛为了证明这一点，她从旅行箱里拿出一堆名不见经传的 45 转唱片，其中有约翰尼·泰勒（Johnny Taylor）的《小青鸟》（Little Bluebird）、斯努克斯·伊格林（Snooks Eaglin）的《你真诚的》（Yours Truly），以及很多罕见的布鲁斯单曲，其中有不少都是基思·理查兹的私藏。单曲都放完后，他们又重新听起《无数金发女郎》，似乎对它难以释怀，念念不忘。吉米说他非常崇拜迪伦，两人都觉得这张专辑是真正的天才之作。整晚吉米都在边听边弹吉他。"这是你能想象的最特别的音乐会，"琳达说，"我每放一张唱片，他要么就跟着弹，要么就听完再给我弹一段他自己的版本，简直就像他的个人独奏演出。"

他们还聊起歌曲创作，比如怎样写出一首有力量的好歌。吉米告诉她，自己写了很多曲子，他给她弹了《红房子》（Red House）的早期版本，以及后来被收录在《你可曾体验过》（Are You Experienced）中的其他一些歌曲。琳达被打动了，她忍不住问自己新收下的被保护者：他怎么会浪费那么多时间为别人当伴奏乐手到处巡演？提问的方式直截了当："你为什么要和柯蒂斯·奈特那种人一起演出呢？"吉米也简单明了地回答："因为我没有自己的吉他。"不知道那时卡萝尔·史洛基是不是已经给他买了属于他自己的吉他。"也可能是他想利用我给他买把吉他，但我并不那么想。"琳达后来说。

她说，她可以给他买把吉他。当时她已经彻底相信了他，愿意尽最大努力来帮助他。那天晚上他还告诉她自己的真名是吉米·亨德里克斯，而不是他当时的艺名：吉米·詹姆斯。她问他为什么不唱歌。"啊，我不是好歌手。"他说。自从在中学时，吉米就觉得和好友吉米·威廉姆斯相比，自己的嗓音显得太弱，但现在迪伦这样的歌手都开始走红，他也开始重新评估自己的声音。"现在，人们不在乎你的唱功有多好，"那年他在给艾尔的信上写道，"他们希望你唱得随意，把你的歌唱出特色来。所以我可以从这个角度切入，就能赚到钱了。"不过他对自己还是没有自信，只是和柯蒂斯·奈特合作唱过几首歌。

"你当然是个好歌手啦，"听了吉米好几个小时的个人演唱会的琳达·基思这样答道。如果她还需要更多论据，现成的证据就摆在唱片机托盘上——鲍勃·迪伦。不必再说什么了，那个一头乱发，身穿长外套的削瘦男子正从《无数金发女郎》的唱片封套上凝视着吉米，除了皮肤的颜色，他和吉米简直就是一模一样，他的声音令吉米无法释怀。

《无数金发女郎》激发了吉米的野心，也让他相信自己能唱歌，其实早在和琳达·基思相遇几年前，他就已经对迪伦感兴趣了。他对迪伦的崇拜（有人说简直就是迷恋），让他在哈莱姆区的朋友们中间显得格格不入。菲妮·普利金记得1965年吉米用身上最后一点钱买了迪伦的新专辑《重返 61 号公路》（*Highway 61 Revisited*），令她颇为气恼。更早的时候，吉米还把《答案就在风中飘》（*Blowing in the Wind*）的单曲唱片带到哈莱姆一家俱乐部让 DJ 播放。那个黑人 DJ 对迪伦不怎么熟悉，糊里糊涂就给放了。结果吉米被愤怒的人群赶出俱乐部，他们叫道："带着你的白人山地佬唱片滚出去。"

听了《无数金发女郎》后不久，吉米买了鲍勃·迪伦的曲谱集。吉米不识谱，所以吸引他的肯定是迪伦的歌词。他总是随身带着这本曲谱，它往往成为他旅行包里唯一的物品。乐手保罗·卡鲁索（Paul Caruso）记得，1966 年他认识了吉米，吉米劈头第一句话就是："你怎么弄了个鲍勃·迪伦发型啊？你知道他吗，就是那个白皮肤的黑人？"吉米后来也弄成了迪伦的发型，可能是用了卷发器吧。

吉米后来说，1966 年他在麦克道格街一个名叫"鱼壶"的酒吧遇到了迪伦。而迪伦对两人之间关系所说过的唯一一句话是在为 1988 年的某个展览写的东西里，他写道："吉米成为巨星之前我没太听说过他，他成名以后也没怎么见过他。"

琳达·基思之所以吸引吉米，部分是因为她是吉米遇到的第一个喜欢迪伦的女人，两人相遇的第一晚，他谈了很多关于迪伦的话题。而琳达则对吉米的个人生活更感兴趣，还问他有没有女朋友。"有很多。"他答道，不过他唯一说了名字的女人只有"菲妮阿姨"，他说他俩每星期都一起在城里吃一次饭。他没提当时很可能正在和他同居的卡萝尔·史洛基，也没提怀了他孩子的戴安娜·卡朋特。

听过《无数金发女郎》两星期后，迪伦仍然萦绕在吉米的心里，那天他在"猎豹"与二流节奏布鲁斯乐队卡尔·霍姆斯（Carl Holmes）与"强占"（Commandeers）一起演出，遇到乐手里奇·黑文斯（Richie Havens），黑文斯对吉米的琴技赞叹不已，问他是从哪里学来的。话题最后转到迪伦身上，黑文斯说自己在演出中会翻唱迪伦的《像一个女人》（Just Like a Woman），吉米想听，就问里奇是在什么地方演出。于是黑文斯给他讲了格林尼治村咖啡屋里演出的盛况。尽管吉米在纽约断断续续住了两年，黑文斯却觉得他好像初来乍到一样，什么都不知道。"你一定得到格林尼治村去看看，"黑文斯一再说，"那里有大事发生。"两人分别时，黑文斯给吉米写下了不少格林尼治村著名俱乐部的名字，其中就包括"Wha?"咖啡屋。

"Wha?"坐落在麦克道格街与米尼塔街交界的拐角，格林尼治村的中心，其实基本就是个洞穴——黑漆漆的地下室，四面环着土墙。这家俱乐部与其说是以推出新人而小有名气，倒不如说是因为玛丽·塔沃斯（Mary Travers）而出名的，她在加入著名的民谣组合"彼得、保罗与玛丽"[1]之前，曾在这里当过女招待，迪伦几年前也曾经在这里演出。它没有贩卖酒精饮料的许可证，因此顾客中有很多未成年人，其中绝大多数是白人，乐队也大都是白人乐队。夏天"Wha?"上午十点开门，凌晨两点关门。工作日时没有最低消费，不过顾客最好每节演出都能点一杯饮料，最受欢迎的是7分钱一杯的"绿虎"——搅了酸橙汁的苏打水。乐手每晚演五节，能得到6美元的报酬。就是在这个看似和自己完全不搭的地方，吉米的事业乃至人生开始发生翻天覆地的变化。

那年春天亨德里克斯第一次来到格林尼治村，在4月到5月间做了几次试演。保罗·卡鲁索还清楚地记得自己第一次见到吉米走过麦克道格街时的情形："他穿着条纹裤、加勒比式海盗衫，垂着宽大的袖子，还留着小理查德式的香肠鬈发，看上去很可笑。"哈莱姆区的海盗一不留神跑到了属于垮掉派、波西米亚艺术家与激进分

1　Peter, Paul & Mary，著名美国民谣组合，1961年成立，由彼得·亚罗、诺埃尔·"保罗"·斯图基和玛丽·塔沃斯组成，曾唱红鲍勃·迪伦的《答案就在风中飘》，1970年解散。

子们的格林尼治村。1966年跨文化交流运动在美国方兴未艾，格林尼治村正是这一运动的孵化器之一。男人留长发风靡一时，戴串珠也很流行，对迷幻药的体验正在激增，而关于性与婚姻的社会观念开始出现激烈动荡。吉米在哈莱姆区显得格格不入，一来到格林尼治村，他的与众不同和标新立异却顿时如鱼得水，大受欢迎。

亨德里克斯第一次到"Wha?"究竟是几月几日，如今已经无人记得，但肯定是一个星期一。当天晚上俱乐部有个乐队招聘公开试听会。詹尼斯·哈格鲁夫（Janice Hargrove）出席了试听，她几乎场场必到，她的男朋友当时在那里洗盘子，她后来成了"Wha?"的女老板。"任何人都能上台试试身手，大都很一般。吉米上了台，在场的15个人全都震惊了。"她回忆。吉米当时还没有大量原创作品，所以演的都是翻唱曲目，但他把吉他独奏作为整个演出的核心部分。俱乐部当时的经理马上就答应给他这份工作。那天晚上，不知是因为过度兴奋，还是出于安全考虑，吉米把吉他留在了俱乐部后台，结果悲剧重演了——吉他被偷了。

第二天晚上吉米回来发现吉他丢了，顿时火冒三丈。俱乐部的头儿们询问了所有员工，但是没有线索。于是吉米在"Wha?"的首场演出只有借琴来弹了。哈格鲁夫回忆："有人给了他一把右手琴，他毫不犹豫地拿过琴来，右手按弦，左手从下往上弹。这件事本身就把我们给镇住了。他一点停顿都没有，就是把它转个方向，上手就弹。他反手弹别人的右手琴就和弹自己的左手琴一样好。"演出结束之后，俱乐部的人邀请他第二天晚上接着来演出。

同一个星期，吉米去曼尼乐器店买吉他，遇到一个名叫兰迪·伍尔夫（Randy Wolfe）的15岁逃家少年。吉米夸口说自己当晚在"Wha?"有个独奏演出，邀请他加入自己的乐队。后来加入"杜比兄弟"（Doobie Brothers）乐队的杰夫·"臭蛋"·巴克斯特（Jeff

156

"Skunk" Baxter）当时在曼尼乐器店打工，吉米请他过去弹贝斯。就这样，吉米走进一家乐器店，邂逅了两个陌生人，当场就组了一支乐队。

至于名字，吉米给这支临时拼凑起来的乐队取名"吉米·詹姆斯与蓝色火焰"（Jimi James and the Blue Flames），因为小帕克[1]的乐队也叫"蓝色火焰"，不过吉米根据自己的心情，有时也会把乐队叫做"雨中花"（Rain Flowers）。在"Wha?"演出后不久，吉米决定把自己名字的拼写从"Jimmy"改回"Jimi"，因为"Jimi"看起来更有异国色彩。"Wha?"唯一的宣传用品就是一块写着粉笔字的小黑板，所以改改名字不是什么难事。"蓝色火焰"的成员经常变动，后来又来了一个名字也叫兰迪的成员，吉米就把伍尔夫称为"兰迪·加利福尼亚"（这名字后来成了伍尔夫的艺名），新来的兰迪被他称为"兰迪·得克萨斯"。不过吉米才是观众们瞩目的焦点，其他成员们根本没人留意。"吉米那时候还没什么原创的东西，大都是翻唱曲目，"坦德-拉·阿里姆说，"但他总是将它们变化为吉米自己的音乐。"兰迪·加利福尼亚说，那年夏天，乐队有了四首原创曲目，其中只有一首后来成了吉米的保留曲目，那就是《噩运先生》（Mr. Bad Luck），后来又改名为《看那边》（Look Over Yonder）。有人说吉米那时也弹过《狐狸精》（Foxy Lady）和《围绕太阳的第三块石头》（Third Stone from the Sun）的早期版本，但如果这是真的，吉米也极少在演出里弹它们。

那时候吉米主要是翻唱"嚎狼"的《死地》（Killin' Floor）和迪伦的《像一块滚石》，不过都打上了他自己独有的印记。"我们就是演些当时流行的曲子，""蓝色火焰"的鼓手丹尼·泰勒（Danny

---

1　Junior Parker（1932—1971），原名赫尔曼·帕克，孟菲斯布鲁斯歌手，以嗓音甜美著称。

Taylor）说，"但是吉米总是给它们发展出不同的版本。我们唱过《日出之屋》（House of Rising Sun）、《挺住！斯卢比》（Hang on Sloopy）、《午夜时分》（Midnight Hour）、《敲木头》（Knock on Wood）和《仁慈，仁慈》。"晚间演出的时候，乐队会多弹些节奏布鲁斯，少演点摇滚。为了填补演出时间，他们还有一首《夏日》[1]的 20 分钟版本。演出中还有一个亮点是《野小子》（Wild Thing）的改编版，这是那年夏天"穴居人"[2]风靡一时的超级金曲。"穴居人"的版本是 2 分 42 秒，吉米却把这首歌延长为 12 分钟的巨作，有时他每节演出都会弹这首曲子，但每次都会有所不同。现在的吉米不用受到"猪肠院线"演出中那种刻板的限制，他乐于把布鲁斯的和弦应用到摇滚乐的旋律之中，或在经典的布鲁斯老歌中加一段狂野的摇滚风吉他独奏。很多布鲁斯吉他手都会用推弦的技巧让吉他发出额外的音调，吉米所"推动"的却是整首歌，他推动了音乐，让琴中弹出的一切都成为属于他自己的声音。

1966 年 6 月，吉米在试验法兹效果器的初期版本，这是"窒息"[3]乐队的一个成员帮他做的。这种效果器可以用来放在吉他和音箱中间，起到扭曲音符、让声音变得更厚重的效果——它可以让轻柔的拨弦声变得很重，让很重的弹拨变得就像锤子敲打一般。这种迷幻的声音再结合推弦以及操纵音响制造的回授效果，听起来非常像吉米当年在"西班牙城堡"听到的那种西北部的"嘈杂"之音。1966年，吉米在技术方面的能力突飞猛进，很快就能掌握各种新效果，

1　"Summertime"，这里是指乔治·格什温在反映黑人生活的歌剧《波吉与贝丝》（Porgy and Bess）中的名曲。

2　The Troggs，1964 年成立的英国摇滚乐队，不列颠入侵时期在美国走红一时，成员包括龙尼·邦德、皮特·斯特普尔斯、西蒙·贝格曼、理查德·穆尔、康林·弗莱彻、托尼·默里和戴夫·赖特。

3　Fugs，1964 年成立于纽约，成员包括科迪·巴蒂、图利·库普弗尔伯格、斯科特·佩蒂托、艾德·桑德斯和史蒂夫·泰勒，多为格林尼治村的艺术家，歌词带有鲜明诗意和政治色彩。

158

把它们应用到音乐中去。他能娴熟地运用那些简陋的电子设备，这甚至吸引了不少吉他手，他们对他使用新技术的本领惊叹不已。"太惊人了，"鼓手丹尼·泰勒说，"他用吉他发出的震动轰鸣之声完全是一种艺术。"

就算对电吉他不感兴趣，"蓝色火焰"也绝对值得一看。这是吉米第一次自由自在地领导一个乐队，他尽情用上了所有从小理查德、所罗门·伯克、杰基·威尔逊和约翰尼·琼斯那里学来的东西，向台下的白人观众们呈现典型的黑人演出。他穿戴着迈克·夸西在表演林波舞时穿戴的丝巾和珠宝，别具一种异国情调。演出一开始，他就会上演自己的所有把戏。他用牙齿弹琴，在背后弹琴，在双腿之间弹琴，用显然带有色情暗示的方式把吉他在双腿之间来回移动，与此同时还让音乐保持高潮迭起。他把在"猪肠院线"时学到的"作秀"和在迈克·夸西身上学到的"蜘蛛王"表演用自己的方式融会贯通，带给"Wha?"台下的白人观众们。如果吉米在纳什维尔的德尔·摩洛哥俱乐部乃至哈莱姆区的"小人物天堂"亮出这些把戏，多半会遭到一番嘲笑，被人们从台上轰下去，因为他的表演实在是太夸张了。但在1966年的夏天，来到"Wha?"的这些长岛白人孩子们却觉得他的举动充满魔力。迪伦、迷幻药、"蜘蛛王"的林波舞、琳达·基思的鼓励乃至在格林尼治村遇到的新朋友们都在影响、启发着他，那个在不久的将来令整个世界为之倾倒的"吉米·亨德里克斯"就是在这一年的夏天，在纽约的这个昏暗的地下俱乐部开始成型的。1966年7月1日，"Wha?"给吉米涨了薪水，现在他一个晚上可以赚10美元了。

第十三章　黑迪伦

纽约州，纽约

1966 年 7 月—1966 年 9 月

　　因为他的发型，我们开始管他叫"黑迪伦"，他是个让人看一眼就再也忘不了的人。他的头发可能是烫过了，看上去真和迪伦的发型一模一样。

　　　　　　　　　　　　　　　　　　——艾伦·麦克埃尔韦恩

"蓝色火焰"在"Wha?"演了几星期后，虽说没有为数众多的支持者，但也吸引了一些忠实歌迷，格林尼治村中的不少乐手也开始注意他们。里奇·黑文斯拉着迈克·布鲁姆菲尔德（Mike Bloomfield）来看演出。布鲁姆菲尔德被认为是纽约最好的吉他手，他看完演出，宣布自己今后再也不碰吉他了。"亨德里克斯知道我是谁，那天他在我的眼皮底下差点把我轰到死，"布鲁姆菲尔德后来对一个采访者说，"简直是一连串的氢弹、远程导弹满天横飞——我形容不出来他的吉他出的都是什么声。就在那个屋子里，就用他那把 Stratocaster 琴弹出了所有我听到的那些声音……他究竟是怎么做到的，我真的无法理解。"布鲁姆菲尔德说到做到，果然没有出席自己的下一场演出，里奇·黑文斯只好临时顶替他出演。

很多吉他手第一次看过吉米的演出都会有和布鲁姆菲尔德一样的反应。仿佛吉米是在弹给他们听，仿佛吉米的才华令他们相形之下黯然失色。他们把他的后来居上当成是针对他们的个人的挑战，于是有人羡慕他，也有人嫉妒他。就连吉米的彩排都开始吸引狂热拥趸。吉他手巴兹·林哈特（Buzzy Linhart）记得吉米有一次彩排其实就是给几个吉他手做了一场完整的演出。"他在表演，虽说观众只是几个乐手。他把吉他扔出去，然后接住它继续弹。"吉米生平第一次感受到他人的敬畏，他对此也颇为乐在其中。

琳达·基思仍在帮吉米找寻能像这些吉他手们一样赏识吉米的制作人。她把"滚石"当时的经纪人安德鲁·隆格·奥德罕姆（Andrew Loog Oldham）带到"Wha?"看演出，希望他有兴趣签下吉米。琳达一个劲儿推销吉米，奥德罕姆却不为所动："与签下他相比，其实我对她和吉米的关系更感兴趣，显然她认识他，和他还很熟。她是我乐队主音吉他手的女朋友，所以我很担心。我确实喜欢那音乐，但也能看出他是个麻烦人物，'滚石'给我找的麻烦已经够多的了。"奥德罕姆还记得那天吉米有好几次在台上就对着琳达说话，让他觉得非常不安，觉得这一幕要是被基思·理查兹看见就糟糕了。"谁要是和他的女朋友不清不楚，基思准会杀了他，他就是这种人。"奥德罕姆说。

琳达的回忆却有所不同，她觉得奥德罕姆只是不喜欢亨德里克斯而已，他无法透过吉米身上廉价的衣服看到他的本质："安德鲁觉得吉米是垃圾。的确，吉米形象糟糕，而安德鲁就是个以貌取人的人。问题是，吉米整个人完全沉浸在琴弦与音乐营造的高墙之中。安德鲁却对此视而不见。吉米并不能对上所有人的口味。"吉米那星期正好出了很多青春痘，可能也为他减分不少。

琳达没有退缩，她又找来了谢尔唱片公司（Sire Records）的塞默·斯坦恩（Seymor Stein）。斯坦恩对看到的一切很感兴趣，特别是亨德里克斯还有一些原创曲目。但糟糕的是那天晚上吉米在恼怒中把吉他砸坏了。虽说很容易修好，还是把琳达吓了一跳，可能是因为这把吉他是她从基思·理查兹那里偷来的。斯坦恩后来又和琳达一起去了一次，却只看见琳达和吉米吵了一架，于是也就没谈成生意。

那年夏天，琳达·基思和基思·理查兹因为种种原因分手了，理查兹嫉妒吉米也是原因之一。琳达自己坚持说她和吉米从来没有正式开始严肃的恋爱关系，他俩的感情没能进一步发展，主要是因为吉米不愿意安定下来："我对他说，如果他想和我在一起，那就不能再拖着他那一大堆女人们，我给他下了最后通牒，然后他选了其他那些女人。我觉得我是唯一一个不愿意接受他这种状况的女人吧。他那些女朋友们都不得不充当次一等的角色，她们都得提供给他某种东西，要么是钱，要么是食物，要么就是更多女人。"

让琳达·基思觉得惊奇的是，吉米能同时应付众多女友，能哄得每个人都相信自己才是他唯一的对象："他非常了解女人，所有被声称自己是他一生中最爱的女人可能的确是他那个时刻的真爱，至少他是对她们那样的。"她记得自己有一次去了吉米在莱诺克斯旅馆的房间，看见七个女人睡在他的床上。她们可能是妓女，不是吉米的女朋友，但这样的场面也未免太惊人了。吉米说自己的花心是一种"天性"。吉米无法忠实于一个伴侣，这让琳达很受伤，奇怪的是，琳达高高在上的身份也让吉米觉得很受伤。他觉得自己受到她的怠慢。不过吉米总是尽可能避免直接冲突，宁愿回避矛盾或令人不舒服的局面，他一面向她献殷勤，一面又无法放弃各种和他邂逅并且上床的女人，他就是这样处理两人之间的关系的。

虽说吉米如此花心，琳达还是不懈地帮助他吸引世人的关注。大概没什么乐手能有幸得到如此意志坚定的同盟了。琳达甚至让"滚石"来看吉米在市中心"水仙子"舞厅的演出。"滚石"乐队能来出席某人的演出，这本身就是一条能上报的花边新闻了，不过他们去看吉米的演出却没有人报道，他们也没有被吉米的表现打动。那天晚上他们主要是去跳舞和躲避崇拜者们的骚扰；唯一一个关注了吉米的就是基思·理查兹，他显然注意到了自己的女朋友和那个叫吉米的家伙说话时的样子。

公平地说，在"水仙子"的演出并不是"蓝色火焰"的最佳状态，这个俱乐部是在城里，主要设备都是为跳迪斯科服务的。"蓝色火焰"对于格林尼治村那些宽容厚道的观众们来说才更有魅力。吉米从来没试过带这支乐队到哈莱姆演出，他觉得这种摇滚和布鲁斯掺杂的风格在那里不会受欢迎。他曾多次邀请朋友朗尼·杨布拉德去"Wha?"看"蓝色火焰"演出，但是吉米的音乐对于杨布拉德来说有点太难接受了："吉米开始和那些白人孩子，那些怪人们混在一起，他一直都给我弹他自己写的那些曲子，还希望我和他一起录这些歌，但我听了却觉得它们怪得很。"亨德里克斯一直对杨布拉德夸口说，只要有了合适的乐队，他们两人就可以"攻占'Wha?'咖啡吧"。"我对这个一点兴趣也没有，还是转身回到我在'小天堂'的一席之地。"杨布拉德说。

几个月来，吉米一直挣扎在两种音乐文化之间，一种是哈莱姆区严格遵循传统的节奏布鲁斯文化，一种是格林尼治兼容并包的民谣／摇滚新生文化。出众的音乐才华让他在两个世界里都如鱼得水，但他知道不能把下城那套东西带到上城来。"如果他在哈莱姆区也玩那一套，肯定会被人嘲笑的。"塔哈卡·阿里姆说。阿里姆兄弟是为数不多的愿意去格林尼治村看吉米演出的黑人朋友。"天启就

163

这样显现了，那是他在艺术上的神悟。"坦德 - 拉说。这种艺术类型上的杂交正如吉米艺术生涯中的所有大事一样，是在完全没有任何刻意计划的情况下发生的。吉米不是故意要将布鲁斯、摇滚和节奏布鲁斯融为一体；只是他在音乐上的想象力就是如此宽广，任何类型的藩篱都无法限制而已。那年夏天他在格林尼治村的地下酒吧所熔铸出的独特声音完全是出于偶然，但那是一个多么灿烂辉煌、富于远见的偶然啊。

先后在安德鲁·隆格·奥德罕姆、塞默·斯坦恩和"滚石"那里受挫之后，琳达·基思觉得自己已经失败了。"我真的就像拼命在抓救命稻草一样，"她说，"我开始自我怀疑，觉得自己肯定是疯了。"最后"动物"（Animals）乐队的贝斯手布莱恩·"查斯"·钱德勒（Bryan "Chas" Chandler）成了她和吉米的救星。"动物"是个很成功的英国乐队，有八首歌打入 Top 40 排行榜；他们 1964 年的金曲《日出之屋》[1]在英美两国都登上了排行榜首位。"动物"1966 年美国巡演结束后，钱德勒打算离开乐队，寻找担任制作人的机会。虽然他当时只有 28 岁，但已经在世界顶级的摇滚乐队里呆了十年，哪首歌一听就知道它有没有成为金曲的潜质。那年夏天他听到蒂姆·罗斯（Tim Rose）版本的《嘿，乔》（Hey, Joe），觉得如果能找到合适的乐手在英国翻唱这首歌，肯定能引起轰动。

8 月 2 日晚上，琳达正好在一个俱乐部外面遇到钱德勒，"我之前只是知道查斯是谁，其实都没怎么和他说过话。"琳达回忆。不过钱德勒是个令人一见就难以忘记的人，他身高 6 英尺 4 英寸，长着一副纽卡斯尔矿工般的结实体格——如果不是走上音乐之路，他的命运也的确就是成为矿工。琳达对查斯说，格林尼治村里有个很

1　"House of the Rising Sun"，翻唱自美国民谣作品，作者不详，曾为多人所翻唱，"动物"这个版本是最流行的版本。

164

好的吉他手，他应该去看看。两人说好翌日下午去看吉米演出。

第二天，也就是星期三，钱德勒和琳达出现在"Wha?"的下午场，里面大约有二十来个年轻人喝着"绿虎"看演出。钱德勒穿着一身西装站在外围。"他穿得比别人都体面，一看就知道肯定是经纪人之类的人。"吉米乐队里的丹尼·泰勒回忆。之前琳达已经告诉亨德里克斯说钱德勒要来，于是他拿出了浑身解数尽情表演。出于命运的安排，吉米最近也凑巧注意到了蒂姆·罗斯的《嘿，乔》，他一弹起这首曲子，钱德勒顿时兴奋起来，以至于打翻了面前的牛奶。"我当时就觉得他是我见过的最好的吉他手。"钱德勒在纪录片《关于吉米·亨德里克斯的电影》（*A Film about Jimi Hendrix*）中说。

一节演出结束，吉米、查斯和琳达一起坐到桌边，钱德勒做了自我介绍。钱德勒问吉米是怎么在《嘿，乔》这首歌里弹出这么独一无二的吉他来的。多亏了机缘巧合，两人对《嘿，乔》的共同喜爱成了他们合作的开始。聊天过程中，钱德勒知道吉米曾给小理查德和艾斯利兄弟做过巡演伴奏乐手，他进一步确定吉米有成为巨星的潜质。"我坐在那儿，心里暗想：'应该有人看好他才对，好几年前就应该有人签他了，'"几年后钱德勒在一次采访中回忆，"我真不敢相信他这样的人才竟会到处闲逛，没有人出来帮他做点什么。"吉米告诉钱德勒自己和苏伊唱片的杰基·穆雷签过合同，钱德勒说他会摆平的。他又问吉米还签没签过别的合同，吉米却没提（也许是忘了）自己和艾德·查普林以及PPX公司的那份合同。

钱德勒问吉米愿不愿意去英国，他相信吉米在那里肯定能成功。在后来的采访中，吉米总是说自己当场就点头答应下来，不过当时的很多目击者们却有不同说法——一开始，去英国这个建议让吉米吓了一跳。他对英国知之甚少，甚至问自己的电吉他和英国的供电系统能不能兼容。不管怎样，会面结束时，双方基本达成了君子协定。钱德勒还要随"动物"继续在美国巡演一个月,他向吉米保证,等他一回来就会搞定所有细节。

不知吉米有没有拿钱德勒的话当真,不过在接下来的一个月里,他没对朋友们透什么口风,也没有对自己的事业做进一步的安排。他仍然在格林尼治村演出,希望自己能在美国本土签约,然后出一张唱片。钱德勒再过五个星期才回来,这段时间还不够他申请护照呢。在这段时间里,他仍然致力于在格林尼治村一点点地吸引乐迷。

吸引更多乐手的关注也不是什么难事。有一次,小约翰·哈蒙德[1]正在演出,一个朋友突然闯进来告诉他,街对面就有人在演奏他新专辑里的歌——哈蒙德去年刚录完反响不俗的专辑《太多道路》(*So Many Roads*),用的乐手都是崛起中的新星,比如后来著名的"乐队"[2]乐队的骨干成员罗比·罗伯逊(Robbie Robertson)、利文·赫尔姆(Levon Helm)和加斯·哈德森(Garth Hudson);还有查理·马塞尔怀特[3]和迈克·布鲁姆菲尔德。哈蒙德马上去了"Wha?",惊异地发现吉米正在弹《太多道路》里罗比·罗伯逊的吉他段落,但是弹得比罗伯逊好多了。一节演出结束,哈蒙德过去向吉米做了自我介绍。"吉米对我说他来自西雅图,"哈蒙德回忆,"他开朗、友善,才华横溢。任何听过他的音乐或者看过他演出的人都觉得他肯定会成为明星——简直是太明显了。"两人成了朋友,哈蒙德同意让吉米暂时加入自己的乐队,在"Au Go Go"咖啡吧演出两个星期。没过几天,哈蒙德又让自己著名的父亲——制作人和星探老约翰·哈蒙德来看吉米演出。老约翰曾经签过比莉·哈乐黛(Billie

---

1　John Hammond Jr.（1942—），白人布鲁斯吉他手。

2　The Band，加拿大摇滚乐队,因 1965 年为迪伦巡演担任伴奏乐队一举成名,成员包括贝斯手里克·丹肯、风琴手加斯·哈德逊、钢琴手理查德·曼纽尔、吉他手罗比·罗宾逊和鼓手利文·赫尔姆。

3　Charlie Musselwhite（1944—），著名白人布鲁斯口琴手。

Holiday）和鲍勃·迪伦，后来又发掘了布鲁斯·斯普林斯汀（Bruce Springsteen），不过这位业界传奇也同样错过了吉米·亨德里克斯。

"Au Go Go"咖啡吧只能容纳200名观众，但却是格林尼治村的招牌俱乐部，很多知名乐手都是在这里被发掘的。吉米暂时加入哈蒙德的乐队，又恢复了伴奏乐手的身份，但他在每节演出中都有一段独奏时间。吉米参演第一天，台下只有二十多个观众，乐手基尔南·凯恩（Kiernan Kane）也在其中。"他用那把 Strat 琴弹的东西真是令人震惊，"凯恩回忆，"有很多炫技，但也有很多实实在在的东西，那种变化和转折让人深深沉浸其中。"第二天晚上凯恩又来了，台下仍然空空荡荡，于是他又坐到了和前一天晚上相同的位置——吉米的正前方。

艾伦·麦克埃尔韦恩[1]是"Au Go Go"那个星期的头牌艺人，其间她对吉米一直都很友善。在哈蒙德的乐队里，吉米已经是众人瞩目的焦点了，但他还是大胆要求加入麦克埃尔韦恩的乐队演出；他的胆大包天让她吃了一惊，于是答应了他。表面上，吉米只是个伴奏吉他手，但他让整个晚上变成了彻头彻尾的"吉米秀"，于是又收获了不少乐迷。"他让所有人瞠目结舌，"当时在那个俱乐部工作的比尔·多诺万（Bill Donovan）回忆，"他把吉他背在身后弹，还有所有从'T骨·沃尔克'那里学来的东西。我们还以为那是他发明的呢。没有人明白这其实是黑人的音乐传统，可以追溯到1920年代。"随着吉米声誉鹊起，观众也开始渐渐增加了。

不过，又过了一个星期，一个真正的布鲁斯艺术家要在"Au Go Go"演出了，而吉米也经历了一回和在纳什维尔比赛失败差不多严重的丢脸事。他使出加入哈蒙德和麦克埃尔韦恩的乐队同样的

1　Ellen McIlwaine（1945—），白人女歌手、吉他手，从小在日本长大。1960年代曾与众多黑人艺人同台，歌曲和吉他技巧中带有浓厚的布鲁斯色彩，特别以 slide 弹法著名。

手腕，暂时加入了即将在"Au Go Go"演出的传奇口琴手小威尔斯（Junior Wells）的乐队。演到一半，威尔斯对观众们说："听说观众席上有个真正疯狂的家伙也想上来弹两下。"吉米上了舞台，威尔斯却扔下乐队回了后台。困惑的吉米带着乐队奏了三首歌，只盼着小威尔斯赶快回来，谁知他一回来就对吉米破口大骂："你这个恶心的小混蛋！别想再偷走我的乐队。"威尔斯把吉米推下台去。一开始吉米很困惑，好像在等着威尔斯说这其实只是个恶作剧。但这显然不是在开玩笑，吉米顿时面如死灰。"他垂头丧气，"比尔·多诺万说，"我觉得他可能哭了。后来有好几天我们都没看见他出现。"

麦克埃尔韦恩可能是格林尼治村里唯一一个见过吉米和黑人乐手们一起演出的艺人："我看过他在亚特兰大和金·柯蒂斯的演出，因为他的发型，我们都管他叫'黑迪伦'。"麦克埃尔韦恩问自己的经纪人愿不愿意带吉米。经纪人答道："你不能让他加入你的乐队，他是黑人。"尽管格林尼治村是当时全美最前卫的地方之一，音乐产业内仍然没有实现种族平等。一天晚上，"Au Go Go"预定进行一场全黑人乐手传统灵魂乐歌舞剧的演出，吉米和麦克埃尔韦恩一起去了，发现台下格林尼治村的白人嬉皮观众们一点兴趣也没有。吉米对麦克埃尔韦恩说："他们从来没见过灵魂乐队。"这对吉米来说是一个重要的教训：要想在白人观众中受欢迎就必须取得平衡——太多夸张的"作秀"只会失去他们的欢心，而艾斯利兄弟乐队那种为正规舞步伴舞的风格对于坐在台下看演出的白人观众们来说，可能又太过正规了一点。与此同时，吉米还需要选几个招牌动作来巩固自己"表演家"的名声，因为仅仅作为一个天才吉他手——不管是黑人还是白人——并不能确保他当上明星。他需要一些华丽炫技的把戏，但又不能太卡通化。就连在舞台上的性暗示也必须隐晦一点，不能太过夸张。比如有一次，和麦克埃尔韦恩一起演出的时候，另一个乐队的人在吉米独奏时把一管牙膏扔到他两腿之间嘲笑他。

8月，吉米为"蓝色火焰"在"Au Go Go"争取到两周的演出机会。这下他不用呆在哈蒙德或麦克埃尔韦恩身后，可以自己占有舞台了。后来他听巴兹·林哈特说迪伦有时也会到"Au Go Go"来，于是他每天晚上都会向观众席中张望，希望看到偶像那张著名的脸庞。有天晚上，在俱乐部小小的更衣室里，他问了比尔·多诺万一个问题，对于格林尼治村的村民来说，这个问题简直太幼稚了："那个写歌的人真让我震惊，就是鲍勃·迪伦。你听说过他吗？"吉米问。"啊，当然，我当然听说过他。"多诺万答道。接下来吉米就滔滔不绝地说《无数金发女郎》有多么伟大，足足说了20分钟。

琳达·基思还是经常来看吉米演出。8月底，她和基思·理查兹正式分手。理查兹非常愤怒，为了报复，他给琳达的父母打电话，说他们的好女儿正和纽约一个"黑人毒鬼"卷在一起。荒唐的是，作风放荡、吸毒成性的基思·理查兹竟说吉米是"毒鬼"，琳达·基思的父亲不禁大惊失色。理查兹详详细细地告诉基思夫妇到哪儿能找到琳达和她所谓的"情夫"。基思先生雇了一个大律师，先把琳达置于法庭监护之下，然后亲自飞到纽约打算把她拖回来。

基思先生到"Au Go Go"去找女儿那天晚上，吉米正好有演出。这或许不是吉米第一次面对一个为失途的女儿忧心忡忡的父亲，但肯定是他第一次面对一位英国绅士父亲。有人跑到后台告诉吉米和琳达：基思先生正在冲向更衣室。吉米转向镜子整理头发，"啊，我看上去还不错吧？"他问道。琳达后来回想起来，觉得在那个紧张气氛一触即发的时刻，这真是个轻浮的举动。"这个疯狂的男人好像觉得只要把那头乱七八糟的头发捋平，就能给我的父亲——一位年长的英国犹太绅士——留下好印象似的。"琳达的父亲不声不响地把她从俱乐部带走，带回了英国。后来她有两个月没能见到吉米，不过她给他写信，寄到"Wha?"去。

9月的第一个星期，查斯·钱德勒回到纽约。那个星期吉米正好没有俱乐部的演出，所以光是找到他就逼得钱德勒差点当了一回侦探，后来他说他花了四天功夫在城里的廉价旅馆四处搜寻。好容易找到吉米，两人见了好几次面，讨论如何把当时艺名为"吉米·詹姆斯"的吉米推向外界。

钱德勒充当着吉米经纪人的角色，不过从一开始，他就在和"动物"的经纪人迈克尔·杰弗里（Michael Jeffrey）合作，杰弗里很快和他一起成了吉米的经纪人。查斯是个又外向又合群的人，谈生意一般都是在酒吧里，一杯酒下肚就可以成交，杰弗里则内向狡黠，很多人都觉得难以摸透他的心思。他身高5英尺6英寸，比钱德勒矮了一大截，他总是戴着墨镜，让人觉得幽深的镜片后面仿佛隐藏着某种邪恶的力量。他曾经在英国情报机构从事秘密工作，对此他只是隐约暗示过而已，有人传说他曾经杀过人。这些谣传可能有夸大其词的成分，但杰弗里从未做过澄清。就像"齐柏林飞艇"（Led Zeppelin）的彼得·格兰特（Peter Grant）和鲍勃·迪伦的经纪人艾尔伯特·格罗斯曼（Albert Grossman）等很多有权有势的摇滚乐经纪人一样，杰弗里也经常使用恐吓和威胁作为谈生意的手段。

英国有非常严格的移民法，就算只让吉米双脚踏上英国，也要有护照文件证实他过去的履历。吉米一向只是个巡演乐手，没有什么书面文件可以用来证明他的过去，出国用的文件只能靠凭空编造。他们编纂了若干信函，让吉米看上去好像是被某个演出承办者请去英国的。杰弗里出了几百块钱把吉米的合同从苏伊唱片的杰基·穆雷那里买回来。他们还从西雅图弄来了吉米的出生证明，给他打了最新的疫苗。所有事务都是杰弗里一手操办，他一个电话就能摆平所有条条框框和规章制度。

吉米主要是担心自己在音乐事业上的前程，钱德勒却总是回避这个话题。吉米一开始误以为查斯想签下自己的整个乐队，对于这个敏感问题，查斯说迟些再来解决。吉米希望兰迪·加利福尼亚能和自己一起去，甚至去征求兰迪继父的同意，但显然15岁的离家出走少年兰迪是弄不到护照的。吉米也邀请过"蓝色火焰"的其他人跟自己一起去。"吉米问我能不能跟他一起去，"鼓手丹尼·泰勒说，"但我不想潦倒地被困在英国。"吉米自己最大的担心也正是这个，他还邀请比利·考克斯同去，比利彬彬有礼地拒绝了他，但祝吉米一切走运。

做最后决定的时间一点点地临近了，吉米仍然满腹狐疑，但在纽约根本没什么值得他留下来的，所以这个举动也算不上冒了多大的险。后来他说自己当时想："好吧，我不就是换个地方挨饿吗，"反正他在美国也是这么挨饿挨过来的。吉米和钱德勒最后一次会谈时，吉米说了自己最后的顾虑。"我到英国去弹吉他有什么意义呢？"他问钱德勒，"你们都有艾里克·克莱普顿（Eric Clapton）和杰夫·贝克（Jeff Beck）了。你们不需要更多吉他手了。"然后他又自问自答道："如果你答应把我介绍给克莱普顿，我就跟你去伦敦。"钱德勒一再保证，这件事一定能帮他办到；他一定会带吉米去见艾里克·克莱普顿的。于是他们定下9月23日出发。

吉米从来不擅长告别。临行前他去看望了菲妮·普利金、卡萝尔·史洛基、阿里姆兄弟和朗尼·杨布拉德。也问他们借了钱。他告诉所有人，自己是短期去一趟英格兰，录一张唱片，很快就会回到美国来。"对于从小长在哈莱姆乃至西雅图的人来说，英格兰就像另一个星球一样。"坦德-拉·阿里姆说。吉米出国时没给父亲写信、打电话。1966年，他和艾尔之间的通信已经渐渐稀少，何况

171

艾尔恐怕也不会支持他出国搞音乐这种事。

1966 年 9 月 23 日晚，吉米来到肯尼迪国际机场，登上泛美航空公司的一架航班，生平第一次坐进了头等舱——当然，是迈克尔·杰弗里掏的钱。吉米全部的行李就是他的吉他，还有一个小包，里面装着一套换洗衣服，粉红色塑料卷发器，还有一罐治粉刺的沃尔德玛牌擦脸油。除此之外，他的全部家当就只有几件衣服，出发前送了一个朋友。他实在太穷，于是动身去机场之前特意又去了一趟"Au Go Go"，看看约翰·哈蒙德的乐队里有没有什么人能再借他点钱。鼓手查尔斯·奥蒂斯（Charles Otis）给了他 40 美元，这就是他上飞机时兜里揣的全部财产。

第十四章　婆罗洲野人

英格兰，伦敦
1966 年 9 月—1966 年 11 月

> 快下楼去看看查斯带回来的那个家伙，长得活像婆
> 罗洲野人。
>
> ——祖特·玛尼之妻罗妮·玛尼这样描述吉米

1966 年 9 月 24 日上午 9 点，飞机降落在希斯罗机场，吉米·亨德里克斯第一次踏上英国的土地。一个"动物"的巡演工作人员拿着他的吉他过了海关，因为英国法律严格限制外国人在境内找工作，不能让吉米给海关留下"找乐手工作"的印象。不过迈克尔·杰弗里办公室的媒体负责人托尼·加兰德（Tony Garland）来机场接他们，花两个小时给吉米安排好了工作许可证。"我得编个故事说吉米是个著名歌手，是到英格兰来收版税的，要不然他们根本就不让他入境。"加兰德说。最后吉米得到为期一周的签证，可以入境了。

他们从机场出来，顺便去富勒姆拜访了祖特·玛尼 [1] 和罗妮·玛

1　Zoot Money（1942—），著名意大利裔英国摇滚歌手，钢琴手。

尼夫妇。祖特是个成功的乐队领队，罗妮也经常流连各大俱乐部和夜店。查斯很乐于到处炫耀一下自己发掘的新艺人。吉米拿出自己的 Strat 琴，想接上玛尼夫妇的音响弹几首歌。可惜没有连好，于是随便拿过一把木吉他弹了起来。十几年后参与组建"警察"（Police）乐队的吉他手安迪·萨默斯（Andy Summers）当时住在玛尼家的地下室，听到上面一片喧哗，于是上楼来加入这场非正式的派对。他看到吉米精湛的技巧，于是不幸成了大英帝国众多对吉米望而生畏的吉他手中的第一人。

楼上还住着一个 20 岁的女孩，名叫凯西·埃金汉姆，她是个漂亮的棕色眼睛女孩，是个美发师，有时也客串一把 DJ。她和"滚石"的布莱恩·琼斯（Brian Jones）、"谁人"（The Who）的鼓手基思·莫恩（Keith Moon）还有若干摇滚明星都约会过。那时候她已经睡了，罗妮·玛尼把她叫起来，说楼下有新鲜事，"我还记得楼下一片喧哗，我的床直摇晃，"埃金汉姆回忆，"罗妮说：'凯西，醒醒。快下楼去看看查斯带回来的那个家伙，长得活像婆罗洲野人[1]。'""婆罗洲野人"后来成了吉米在伦敦小报上的绰号之一，全拜吉米粗犷的相貌和黑人种族所赐——这两个特点在英国音乐圈里可都不多见，搞得媒体看待他简直就像是人种新发现一样。钱德勒陪着他，把他介绍给众人，在某种程度上，吉米确实算得上"新发现"。这个绰号当然有点种族歧视色彩，没有人会这么称呼一个白人乐手。不过吉米却很喜欢它，它让他显得很有趣，而且富于异国色彩，这正是他想塑造的形象。报纸还管他叫"矛矛"[2]，这个绰号也同样很有争议色

1　Wild Man of Borneo，婆罗洲位于东南亚，分属马来西亚和印尼，北部曾是英国殖民地，当地居民肤色黝黑。

2　Mau Mau，非洲一秘密组织，由基库尤人于 1950 年代创立，进行暴力和恐怖活动，试图赶走欧洲移民并结束英国对肯尼亚的统治；英国人最终镇压了该组织，而肯尼亚在 1963 年获得了独立。

彩，可以让一个新人受到媒体关注。

埃金汉姆前一天晚上在派对上玩得太累，最后没能下去看那个所谓的"野人"，但当天晚上，她去"圣詹姆斯威士忌"酒吧喝酒时，吉米正好在台上。"威士忌"经常有乐手和业界人士光顾。吉米要求上台即兴弹一段，结果和他当初在哈莱姆到处碰壁的经历不同，这里的人马上就一口答应下来。令人难以置信的是，在伦敦，吉米的肤色反而帮了他的大忙——因为这里几乎见不到什么黑人乐手，但有很多人都是美国布鲁斯的爱好者。人们一看他是黑人，马上就会相信他。

吉米弹起吉他（据当天在场的人回忆，主要弹的是布鲁斯），整个俱乐部顿时鸦雀无声，人们几乎是欣喜若狂地望着他。埃金汉姆回忆："他简直是太棒了，人们从来没听过这样的东西。""动物"的主唱埃里克·伯顿（Eric Burdon）那天也在，他说："说不清他到底有多棒，只是让人情不自禁地停下一切事情看着他。"吉米一边弹着布鲁斯的经典曲目一边玩他那些花活，很快就让观众们叫好不迭。

查斯把埃金汉姆叫到桌边，周围还有其他几个年轻女人，罗妮·玛尼和琳达·基思也在其中。他看到吉米引起全场轰动固然欣慰不已，但更担心这样会违反临时签证的规定："我得让他下来。他不能工作，就算没报酬也不行。"吉米被拖下台来，坐到琳达·基思身边。

后来琳达走开了一会儿，吉米叫凯西·埃金汉姆到他身边来。再后来琳达回来了，埃金汉姆对当晚的描述颇具戏剧性："琳达对罗妮说了一些关于我的刻薄话。然后我们就吵起来。我们坐的桌子是石板桌面，上面放着一瓶威士忌。罗妮拿起酒瓶，把它狠狠摔在桌面上，用瓶子摔碎的豁口指着琳达的下巴，一切都是在瞬间发生的。"查斯吓坏了，他可不想吉米卷进酒吧斗殴事件里去，于是让凯西带着吉米快走，打车回他们住的酒店。琳达·基思则说埃金汉姆的说法"荒唐无稽"，她说根本没有发生过这种事。假如这事是真的，两个英国"鸟儿"[1]竟然为他争风吃醋，大打出手，肯定会让吉米美得不行吧。

这个晚上接下来发生的事情没有其他争议说法：吉米走出俱乐部，却忘了在英国汽车都是靠左行驶，和美国不一样，于是径直向面前的一辆计程车走去，差点被撞飞。"我一把拽住他的领子把他拉回来，那辆出租车就在他面前呼啸而过。"埃金汉姆回忆。回到酒店，吉米和凯西去了酒店的酒吧，吉米问她："你愿意到我房间来吗?"埃金汉姆觉得吉米又英俊又有魅力便答应了。之后两人的关系断断续续保持了两年，埃金汉姆成了和吉米维持关系最久的女友之一。也许在当时更有意义的是，凯西认识音乐圈里的所有人，她成了吉米打入新社交圈子的敲门砖。"谁人"和"滚石"以及其他很多乐队的成员都是她的朋友，他们很快也成了她这位新男友的朋友。

吉米来到英国还不到 24 小时就震惊了伦敦音乐界的中坚力量，还给自己找了个女朋友。他一向是创新与变化的大师，但刚来英国一天，生活里就飞速地发生了这么多改变，肯定会让他自己也觉得目不暇接。这一天发生的事也充分显示吉米的个人生活乃至事业很大程度上受着看似偶然的因素支配——比如他碰巧遇到一个姑娘；结果她就成了他的女朋友。如果说他在伦敦第一天的经历完全是各种机缘巧合，那么接下来他在英国的两年里发生的一切也几乎大同小异。在过去，要让别人注意他的音乐，要挣到足够的钱谋生曾是

---

[1] 英国对于围着乐队转的年轻女孩的俗称。

那么艰难，如今这一切仿佛瞬间易如反掌，简直就像命中注定的安排。吉米一生的前二十三年里都在拼命谋求认同，努力在这个处处视他为异类的世界上取得一席之地。然而就在来到伦敦的第一天，他的整个人生命运便仿佛被彻底重新改写了一般。

纵观整个摇滚史，吉米·亨德里克斯可以说是在最佳时机来到伦敦的。1966 年，摇滚乐刚刚开始在美国崛起，一种有争议的说法是：艾克·特纳的《火箭 88》（Rocket 88）是第一张摇滚唱片（吉米在同艾克和蒂娜短期合作期间学会了这首歌）；与此同时，伦敦则堪称世界文化王国的首都。亨德里克斯到来时正赶上 1960 年代英国时尚、摄影、电影、艺术、戏剧与音乐大爆发的顶点。《时代》杂志 1966 年 4 月的封面故事以《摇摆伦敦》（Swinging London）为题，向整个世界宣告伦敦的文化先锋地位。作者肖恩·李维（Shawn Levy）称之为"青春震荡的奇迹"，而在吉米眼中，时尚是这个奇迹最直观的体现。在伦敦，男人都留着长发，女人穿着短裙，摩斯族（Mods）和摇滚乐手们把舞台上的着装变成一种政治宣言。

1966 年，"不列颠入侵"的高潮在美国已经渐渐褪去，但英国乐队仍主宰着世界唱片销量排行榜，"披头士"仍是大西洋两岸最流行的乐队。吉他手维克·布里格（Vic Briggs）说："在'披头士'之前，没人觉得搞摇滚有前途。大家都只想着玩两年摇滚乐再去找个正经工作。但是'披头士'改变了一切，现在人们开始把搞音乐当正经职业了。"伦敦到处都是夜店，演出场馆和酒吧。光是围观被米克·贾格尔称为"四头怪"的"披头士"的动向，就已堪称一项夜间活动。

吉米在伦敦的第一个星期主要有两个任务：第一，组一个乐队；第二，弄到正式工作许可，以便留在这个国家。钱德勒最初是想把亨德里克斯包装为一个原汁原味的美国布鲁斯乐手向公众推出。为此得让吉米先在伦敦各大演出俱乐部登台亮相，一纸工作许可必不可少。"查斯只有找迈克尔·杰弗里帮忙。"埃里克·伯顿说。杰弗里知道该怎么走后门，该去贿赂什么政府官员，和英格兰主办俱乐部巡演的负责人联系密切；有人说他和犯罪组织也有关系。"英国这种暗箱操作的事很严重，好像一切都被弗兰克·辛纳特拉[1]操纵着那样。"埃里克·伯顿说。

其实杰弗里扮演的角色与其说像辛纳特拉，倒不如说更像007；他总是用耳语般的声音说话，总是穿一件骆驼毛呢上装。他最早涉足音乐界是当年在纽卡斯尔经办一家名叫"A Go Go"的俱乐部。"那时他就在哄骗别人方面显示出卓越才能。"波顿说。后来俱乐部莫名其妙被付之一炬，赔付的保险金使他可以签下纽卡斯尔的"动物"，作为旗下第一个签约乐队，他和查斯也就是这样结识的。纽卡斯尔有种独特的劳工阶层文化，口音也与别处不同。查斯说起话来就是十足的纽卡斯尔矿工腔调，而杰弗里则是来自伦敦东区的正宗伦敦佬，会说包括俄语在内的好几种语言。虽然1960年代，伦敦的阶级壁垒正在慢慢被打破（这是社会变革的重要部分），但显然查斯仍属于劳工阶级，而杰弗里则来自上层社会。不过杰弗里虽然来自这样的文化背景，他却乐于挑战常规，为了挫败税务局的审计，他用俄文记帐，希望能迷惑审计官员们。

杰弗里-钱德勒经纪公司的办公室位于杰拉德街39号一栋拥挤狭小的建筑的二楼上。这里属于廉租区，邻居们都是摄影师、艺术家以及其他种种从事边缘工作的人，隔着三间屋子还有一个搞色情出版业的家伙。杰弗里喜欢在办公室办公，钱德勒却比较乐意在酒吧一角把生意搞定。

---

1 辛纳特拉一生和美国政客过从甚密，和多位美国总统都有交情，常给人八面玲珑的感觉，这里似是借此比喻英国音乐业界和政界的密切交易。

吉米新乐队的第一个成员是 20 岁的吉他手尼尔·雷丁，之前是"恋爱与孤独的人们"（Loving Kind and the Lonely Ones）乐队的成员，参与过一些不出名的乐队，但也学到了不少东西。他看到《作曲人》（Melody Maker）杂志上"招募乐手"的广告，便来应征"动物"吉他手的工作。面试时查斯问他是否有兴趣和吉米组乐队。"查斯问我会不会弹贝斯，我说不会，但我可以试试。"尼尔说。于是雷丁生平第一次拿起贝斯，和吉米即兴玩了起来。他们弹了《嘿，乔》和《仁慈，仁慈》。后来吉米问能不能和他谈谈，于是尼尔建议去酒吧。酒吧里，吉米第一次喝到了英国苦啤酒，他说尼尔蓬松的头发有点像鲍勃·迪伦。吉米觉得任何长得像迪伦的人都错不到哪儿去。吉米在音乐上的选择很多时候都是出于一时冲动，这一次也不例外，但他与自己最初的冲动总能产生良好的化学反应。就这样，尼尔得到了贝斯手的工作，他开出的条件是先给他十个先令坐火车回家。后来尼尔成了优秀的贝斯手，但他还是一直想弹吉他，这在他和吉米之间形成了永久的竞争，两人之间不仅是音乐上的矛盾，有时他俩想睡同一个女歌迷的时候也会产生冲突。

同一个星期，乐队的名字也定下来了。尼尔说是迈克尔·杰弗里最先提出"吉米·亨德里克斯之体验"这个名字。"我们都觉得这名字很疯狂，但后来我们真的成为了一种'体验'。"尼尔说。

他们还在继续招募乐手试音，钱德勒和吉米的观点有所分歧：亨德里克斯大多数乐手生涯都是在歌舞风格的大乐队里度过，他想组个九人乐队，有传统节奏布鲁斯风格的小号。钱德勒则希望组个小点的乐队，一方面更省钱，另一方面，他希望乐队的焦点集中在吉米身上。吉米甚至和老邻居、老朋友特里·约翰逊联系，问他愿不愿意来加入自己的大乐队。"我在服兵役，他设法找到了我。他说想要个风琴手。"约翰逊回忆。特里说自己已经入伍，还得在空军呆四年，吉米介绍自己服役期间的经验："总有办法离开的，说你是同性恋就行了。"约翰逊说这个赌注太大，一个弄不好会被周围的士兵们杀掉的。特里害怕冒这个险，于是吉米只好继续招募英国乐手了。

也许是为了满足吉米想要个键盘手的愿望，钱德勒给"布莱恩·奥格三重奏"的领队布莱恩·奥格（Brian Auger）打了电话，这支乐队是以布鲁斯为基调的摇滚乐队，也深受爵士风格影响。钱德勒在电话里向他提了个很过分的建议："我这儿有个特别厉害的美国吉他手，我觉得能让他到你的乐队里来当主唱那就太棒了。"钱德勒其实是希望奥格炒了自己的吉他手维克·布里格，让吉米取而代之，实际上就是把奥格的乐队变成吉米的乐队。奥格当时对吉米·亨德里克斯一无所知，他对这个建议感到不快，于是一口拒绝。作为让步，钱德勒问能不能让吉米加入"三重奏"当晚的演出，只是和他们即兴玩一次。奥格答应了。

俱乐部里，"三重奏"的吉他手维克·布里格正在为演出调试乐器，这时钱德勒突然走进来，问能不能让吉米加入。布里格用那种对美国人来说非常别扭的英国式礼节表示同意，甚至还要把自己的吉他借给吉米，虽说吉米自己也有吉他。布里格用的是最早期的马歇尔牌音箱，当时还是试验中的型号，它有四个 6 英寸直径的喇叭，比后来的马歇尔音箱小一些，但是也有极大的功率。吉米把自己的吉他接上音箱，把音箱的音量旋钮调到最大，布里格不禁瞠目结舌。"我从来没把音量开到大于五。"他回忆。吉米注意到布里格脸上惶恐的表情，说："别担心，哥们，我会在吉他上把声音调小的。"吉米对布莱恩·奥格大声报出四个和弦，然后开始弹了起来。

音箱发出的声音完全就是一堵由回授和失真组成的墙壁，轰鸣着俱乐部里所有人的脑子——从那一刻起，吉米就爱上了功率强劲的马歇尔音箱。更令观众们惊讶的是，吉米弹起那些困难复杂的段落时也是一脸轻松的样子。"所有人的下巴都掉到地上了，"奥格回忆，"他和克莱普顿、杰夫·贝克还有埃尔文·李[1]这些英国吉他手们的不同之处就在于，你仍然能从克莱普顿和贝克的弹法中找到他们所受的影响。在英国有很多 B. B. 金、艾尔伯特·金和弗莱迪·金的模仿者们，但吉米却不模仿任何人，他弹的是全新的东西。"现在吉米的位置颠倒过来了，他成了当年约翰尼·琼斯在纳什维尔俱乐部里的角色，他一下子就被当做领头人与对飚琴技的胜者。

10 月 1 日星期六，埃里克·克莱普顿带着他的乐队"奶油"（Cream）在伦敦中心的"工艺"（Polytechnic）酒吧演出，查斯几天前遇到克莱普顿时说过想把吉米介绍给他认识。这件事是查斯在纽约就答应过吉米的。克莱普顿说起在"工艺"的演出，说钱德勒到时可以把自己的被保护人带过去。克莱普顿的意思很可能只是说他愿意见见吉米而已，不过吉米还是带上了自己的吉他。查斯、吉米和他们的女朋友在观众中站着看了半场演出，中间休息时，钱德勒叫住台上的克莱普顿，问他能不能让吉米和他们一起即兴玩一会儿。这个请求真是太荒谬了，"奶油"的所有成员——克莱普顿、贝斯手兼主唱杰克·布鲁斯（Jack Bruce）和鼓手金格尔·贝克（Ginger Baker）一时都不知道该说什么好。在那以前，没有人曾经要求过和他们一起即兴演奏，他们是英国最棒的乐队，光是他们的名头就已把绝大多数人吓倒了。最后杰克·布鲁斯说："行啊，让他接我的贝斯音箱吧。"吉米把吉他插到一个空余的接口上。"然后他站起身来，弹了'嚎狼'的《杀戮之地》，简直精彩得要出人命，"站在观众中的托尼·加兰德（Tony Garland）回

1　Alvin Lee（1944—2013），英国乐队"十年后"（Ten Years After）的吉他手。

忆，"我是和埃里克一起长大的，我知道他非常崇拜艾尔伯特·金，艾尔伯特弹过这首歌的慢版。吉米的版本要比艾尔伯特·金那个版本快三倍，埃里克的下巴都快掉下来了，他不知道接下来还会发生什么事情。"埃里克·克莱普顿后来在接受《未删节》(Uncut)杂志采访时回忆那天的情景，说："我想，'天哪，简直就像嗑了迷幻药的巴迪·盖伊[1]'。"

杰克·布鲁斯事后讲起这传奇的一幕时，他主要讲了克莱普顿的反应，还提起当时遍布伦敦的涂鸦"克莱普顿是上帝"。"埃里克肯定觉得很难应付，因为他已经成了'上帝，'然后这个名不见经传的家伙突然来了，把一切都给烧掉了。"当天伦敦另一个顶级吉他手杰夫·贝克也在观众之中，他也被吉米的表演惊骇住了："就算只是随便弹弹——其实并不是——也让人很有压力了。"就这样，吉米刚来伦敦八天就遇到了上帝，还把上帝一把火烧掉了。

这个秋天吉米的运气非常不错，有一次他在俱乐部即兴演出时，法国歌手约翰尼·哈利戴（Johnny Hallyday）也在观众之中。哈利戴被吉米深深打动，邀请他在自己10月份的法国巡演上做暖场乐手，这正是钱德勒最想给吉米找的首演机会。不过"体验"还缺个鼓手，哪怕找个临时的也行。钱德勒给刚刚离开乔治·菲姆[2]的乐队的约翰·"米奇"·米歇尔打了电话，让他来试音。米歇尔刚满20岁，不过有不少巡演和录音室录音的经验。他身材矮小，只有5英尺7英寸，但却是个强力型的鼓手，两次试音后，他成了"体验"的鼓手。从三人阵容确立后的最初几次合练起，"吉米·亨德里克斯之体验"就非常吵闹。一次排练时，一个熟悉的身影走到录音室

1　Buddy Guy（1936—），"泥水"之后最伟大的芝加哥布鲁斯吉他手之一，吉米·亨德里克斯和史蒂维·雷·沃恩等人去世后，埃里克·克莱普顿经常称巴迪·盖伊为至今在世的吉他手中最伟大的一人。

2　Georgie Fame（1943—），英国融合了爵士和美国节奏布鲁斯风格的早期摇滚乐手。

门口，让他们把声音关小点，正是著名作曲家亨利·曼西尼（Henry Mancini）。

去法国之前，三人与钱德勒和杰弗里签下了合同。合同规定钱德勒和杰弗里得到乐队全部收入的20%作为报酬；在唱片销售方面，乐队可以得到2.5%的版税收入。吉米单独与钱德勒签署了一份发行版权协议，六年期间，钱德勒可以从吉米原创词曲的版权收入中得到50%的收益。目前乐队每人可以拿到每周15镑的周薪，从未来收入中预支。虽说这些合同本质上对经纪人更有利，在未来更是能让经纪人比乐队获利多得多，但在当时，没有人知道这支乐队是不是真的能够赚到一个子儿，很多无名的乐队都很乐意签下这样的合同赚点薪水。为了支付器材和旅行费用，杰弗里向父母借了钱，钱德勒卖了自己的贝斯。乐队成员们同意，如果乐队能正经挣到大钱，将把资金注入一家在巴哈马注册的名叫"亚麦塔"的空壳公司里，作为避税之用。杰弗里用这个办法成功地帮"动物"逃了不少税，但就连查斯·钱德勒也私下里抱怨过，从这许许多多的空壳公司中获益最多的其实还是杰弗里自己。这样一来，乐队的真实收入到底是多少根本无从得知。

至于吉米，能拿到每周15镑的薪水已经让他足够开心。和以往一样，他和杰弗里、钱德勒签合同的时候照样没看合同内容，只关心自己能预先拿到多少现金。他用预付的薪水到伦敦一些时装小店买了一堆衣服，那些店名都稀奇古怪的，比如"奶奶去旅行了""我是厨师阁下的仆人"之类的，两家店都专卖古装。"奶奶去旅行了"门口有一幅高15英尺的印第安人"坐牛"的巨幅画像，还挂着这样的箴言："要不就成为艺术品，要不就穿件艺术品"。吉米很喜欢这句话。他把从纽约带来的破烂外套换成了一件华丽的大英帝国全盛时期的古董军装，还买了各种色彩鲜艳的丝绒裤子。钱德勒让他

183

买羊毛呢西装，吉米却说自己已经受不了这种风格，想要抛弃它了。他在服装上的出格品位令他生平第一次走在时尚尖端。歌手特里·瑞德（Terry Reid）回忆说当时光是吉米的衣着打扮就已经成为其他乐手津津乐道的话题："那时候我们还不知道他的名字，就用'那个好像从姑娘的衣橱里捡了一堆东西穿在身上招摇过市的家伙'来称呼他。"就这样，这个从小穿着褴褛旧衣长大的男孩摇身一变成为时尚先驱，引领起"复古风潮"来了。

花哨的丝绒裤、军装、黑色的西部风情大帽子，再加上乱糟糟的发型，吉米走在街上总会引得路人驻足观看。"人们都停下来盯着他瞧，"埃金汉姆回忆，"当然不是因为他们知道他的音乐，他们只是觉得他的样子太奇怪了。"埃金汉姆自己也很擅长穿衣打扮，总能跟上流行风尚，她站在相貌堂堂、身穿古董军装的吉米身边，确实堪称一景。有时吉米和凯西会去牛津街上的塞尔福里奇百货公司逛，两人一出现便会引得周围的顾客偷偷窃笑，有些人可能是觉得黑人和白人的配对有点超越时代，不过大多数人只是觉得吉米的样子实在太离谱了。

吉米和凯西很快同居了，不过是住在宾馆里，吉米的钱只够勉强付租金。有一天，埃金汉姆在夜店里遇到"披头士"的鼓手林戈·斯塔，她抱怨他们的宾馆房间实在太小。林戈就把自己暂时不住的一套有两个卧室的公寓借给他们。于是吉米和埃金汉姆与查斯及其女友一起搬进了蒙塔古广场34号。乐手和经纪人住在一起的情况很少见，但这段时间钱德勒确实是充当了类似吉米父亲这样的角色。至于他的亲生父亲，吉米已经有好几个月没给艾尔写信了，他打去电话，不过发现艾尔已经搬家，于是他给西雅图的厄内斯蒂娜·本森打了电话。厄内斯蒂娜告诉他艾尔再婚了，他的继母名叫绫子·"琼"·金卡（Ayako "June" Jinka），是个有五个孩子的日本女人。

吉米又给艾尔打了电话。艾尔在自传中写道，吉米在电话中说起自己的乐队和在英格兰的生活。艾尔也告诉吉米自己再婚了，还打算收养琼的一个孩子。但吉米和凯西·埃金汉姆事后的说法却不一样。"吉米打的是对方付费电话，艾尔怒不可遏，骂他浪费钱，吉米一个劲地告诉他英格兰的事，但艾尔却根本不信。"凯西说。吉米自己后来说，艾尔在电话里听说吉米身在伦敦时的第一反应是"他问我从哪儿偷了钱当路费"。最后吉米把电话递给凯西，希望她的英国口音能向父亲证明自己的确身在伦敦。"是的，亨德里克斯先生，吉米他确实在英格兰。"埃金汉姆对着电话说。结果艾尔的反应让她大吃一惊，事隔几十年都忘不了。"告诉我儿子给我写信，我出不起接听付费的电话钱。"说罢就摔断了电话。吉米放下听筒，对凯西说："他连自己的孩子都照顾不好，怎么能去收养别人的孩子呢？"

10 月 13 日星期四，"吉米·亨德里克斯之体验"在法国埃夫勒的新新剧场进行了首场演出。他们是约翰尼·哈利戴的开场乐队，所以只有短短十五分钟的演出时间。这其实是个很奇怪的组合——哈利戴经常被称为"法国猫王"，风格确实很像埃尔维斯·普莱斯利，和"体验"那种老练的布鲁斯摇滚并不搭调。"体验"的演出时间实在太短，根本来不及给听众留下什么印象。他们演了《嘿，乔》和《杀戮之地》，以及其他一些翻唱曲目。一份法国报纸把吉米称为"詹姆斯·布朗与查克·贝里的糟糕混合体，一刻钟的演出时间里不停在台上做鬼脸，还用牙齿弹吉他"。尼尔说当时乐队排练不足，弹得乱七八糟："吉米还在适应唱歌，我们根本不了解彼此。"

几天后，巡演来到巴黎，在奥林匹亚大厅演出一场。有广受欢迎的哈利戴做招牌，票很快买完了。两千五百个座位座无虚席。"布莱恩·奥格三重奏"也加入演出阵容。奥格说："要是法国观众不喜欢你，那你可得当心了，因为他们可能真的会把西红柿扔到台上来。但如果他们喜欢你，那就是发疯一样的喜欢。""体验"演的基本上是和第一场演出同样的曲目，但是更自信了，还加入了吉米特别精彩的《野小子》的翻唱版本，演出过程中一再被观众们的掌声打断。这是乐队真正意义上的第一场精彩演出，法国人一下就爱上了他们。"吉米彻底征服了观众们。"维克·布里格回忆。钱德勒的计划生效了：至少在法国，吉米那种布鲁斯与摇滚结合的风格赢得了观众们的欢心。

在巴黎呆了一星期，吉米离开美国也满一个月了。钱德勒把乐队拉进录音室录制他们的第一首单曲《嘿，乔》。选 B 面歌曲时，吉米建议录《仁慈，仁慈》，但钱德勒说，如果他想通过发行音乐挣钱，就得写自己的东西才行。尽管吉米对自己写歌的水平还不自信，但在钱德勒鼓励下，他一夜之内便写出了《迷幻自由》（Stone Free），这是他创作的第一首完整的歌曲。钱德勒回忆自己当时只是简单地鼓励吉米写出自己的情感，不过这对于吉米的初期创作来说已经足够了。这首歌结构简单，歌词完全写实，是关于吉米不愿被某一个女人所束缚的心情，歌曲的最后，他"在迷幻的自由中乘着微风而去"。

10 月 29 日，吉米的名字上了《唱片之镜》（Record Mirror）杂志，这是他第一次在英国媒体上亮相："查斯·钱德勒签下一个名叫吉姆·亨德里克斯的 20 岁黑人乐手，并带他来到英国，他擅长用牙齿弹吉他，有人称他为'下一个巨星'的有力竞争者。"第一次媒体报道就把吉米的名字弄错了，而且只提到他用牙齿弹琴的奇技淫巧而已。尽管这篇报道满是错误，但吉米仍然很得意。他把报道剪下来，珍而重之地放进自己的钱包。一个名叫基思·奥尔瑟姆（Keith Altham）的记者说："事后看来很荒唐，但是在早期，吉米的那些花活对于吸引公众注意是完全必要的。你得先吸引媒体的注意力，然后别人才能注意你。"吉米一向喜欢炫耀他的各种花哨把戏，他喜欢吸引别人的眼光，但就在那段时期，他很快厌倦了夜复一夜表演这些东西。

"体验"下一站来到德国的慕尼黑，杰弗里为他们在那里的"大苹果"俱乐部安排了四个晚上的演出。吉米在慕尼黑给父亲寄去了一张明信片。"亲爱的爸爸，虽然我没有地址，但我觉得该给你写信了，要不就太过分了。我们现在在慕尼黑；我们刚离开巴黎，还有法国的南锡。我们也开始在伦敦演出了，我最近一直都在伦敦。我有了自己的乐队，两个月内就要出新唱片了，名叫《嘿，乔》，乐队叫'吉米·亨德里克斯之体验'。我希望你能收到这张卡片。我会写封长信来的。我想一切都会好起来的。"

"大苹果"需要乐队一晚上演出两场，在其后一年里，这种演出安排很常见。吉米每天晚上都得演两遍自己的那套曲目和花活，观众越来越多，越来越热情。"我们第一次觉得自己会搞出大名堂，"尼尔·雷丁回忆，"你能感觉到我们就在成功边缘了。"吉米接上一根长长的吉他线，一边弹琴一边在观众之中走动，回到舞台上，他把吉他抛起来，结果琴颈裂了。吉米看到琴坏了很烦恼——新买一把琴要花掉自己两个月的报酬，他抓起琴颈举过头顶，狠狠摔在舞台上。这可能是一个以前从没排练过也从来没做过的动作，观众们却报以疯狂的掌声，到演出结束时甚至把吉米拖下台来。望着观众们的反应，钱德勒决定今后几场演出里一定得给吉米提供足够的吉他让他摔。就这样，毁坏吉他（有很多次是同一把吉他被粘起来夜复一夜地摔）开始成为吉米演出中经常出现的表演，如果吉米做了所有的花哨把戏还不能取悦观众，他就会亮出这项绝技。这成为吉米最伟大的惊叹，帮他祛除多年的愤怒与郁郁不得志。那个曾为自己生平第一把吉他苦苦等候的男孩如今在舞台上随心所欲地毁灭它们。

第十五章　自由自在

英格兰，伦敦

1967年5月—1967年12月

> 我们不想被划入任何门类。如果非要给我们贴个标签，我希望被称为"自由自在的感觉"。它混合了摇滚、迷幻、布鲁斯与跳舞音乐。
>
> ——吉米·亨德里克斯在接受《唱片之镜》采访时说

那年11月，吉米·亨德里克斯满24岁了，这是他成为新星后的第一个生日。虽说名气日增，但他穷苦时养成的在鞋筒里塞张一块钱钞票的习惯还是没有改掉。在"猪肠院线"巡演那阵子，他本来都是放一枚1美元的硬币，但后来有一次把它花掉了，就换了一张纸币。有好几次他都是靠这最后一块救命钱脱离了困境，之后再重新换上一张。在英格兰，他把这个习惯改成塞一张一英镑纸币在帽沿里。他对凯西·埃金汉姆说："一旦尝过一文不名的滋味，就永远难以忘记。"

11月，媒体宣传负责人托尼·加兰德开始帮吉米撰写生平第一份供媒体用的正式个人简历。听着吉米报出一大串合作过的传奇节奏布鲁斯乐队，加兰德简直难以置信。有一次他们听着金·柯蒂斯的唱片，加兰德问吉米知不知道里面的吉他是谁弹的。"我靠，是我弹的啊！"吉米脸上露出了一个大大的笑容。加兰德担心如果简历上一下列出几十个吉米曾经合作过的乐队名字，记者们肯定会觉得是瞎编的。

其实就算简历上不写，只要看看吉米的鞋子就能知道他这些年的奋斗与挣扎了。"他的鞋底全都磨破了。"加兰德说。他的鞋不光是又破又旧，而且完全是过时的。"他穿着打补丁的黑靴子，鞋帮上有拉链。"尼尔·雷丁说。有人觉得吉米走路姿势奇怪是因为鞋底磨破的缘故。但后来他买来了一双时髦的 11 号平头古巴靴子，走路姿势还是很特别，好像鸽子走路一样。"从他走路的姿势能看出他小时候一定经常穿着不合脚的鞋子，所以步子才会有种拘谨的感觉，他走路总是内八字。"埃里克·伯顿说。

其实吉米身上很多地方都显得生硬和棱角分明，他走路总是拖着脚，脚尖还有点内八字；他的身材呈"V"字型，肩膀宽，腰却非常细；和"体验"的另外两人一起走在街上时，吉米总是走在最前，走在正中，尼尔和米奇跟在两侧。尼尔和米奇都是白人，而且脸色都很苍白，但是三人的形象却非常合拍，他们穿得一模一样，发型也一样，虽然肤色不同，但却好像三兄弟一般。他们的特殊造型部分是吉米从伦敦时尚的设计师那里借鉴而来，不过主要还是出于吉米时不时的灵机一动。不仅在乐队里，在时尚方面，吉米也是尼尔和米奇的领袖，吉米穿喇叭裤，那两人也跟着穿。尼尔的头发是自来卷，他留起头发，发卷甚至比吉米还大；米奇得去烫发才能达到同样的效果。发型确实成了他们的鲜明特色，随着他们的非洲式鬈发慢慢变长，三个人简直有点像三个大头鬈发洋娃娃。"留着这么一脑袋头发，他们的头要比身子还宽了。"埃里克·伯顿说。从背后打光拍照片的时候，这三顶厚厚的头发的确非常可观，摄影师们也都会刻意强调他们的非洲式鬈发。他们不仅容易上镜，他们简直就是摄像师们的天使。

在伦敦的"袋中钉"（Bag O'Nails）俱乐部演过一场后，吉米举办了一次记者招待会，之后首次接受《唱片之镜》访谈，文章题为《现象人物》，其中引用吉米的话："英国真的很美妙。"他说自己不愿让乐队的音乐被贴上任何门类的标签，但如果硬要分类的话，"我希望被称为'自由自在的感觉'。它混合了摇滚、迷幻、布鲁斯与跳舞音乐"。乐队接受访谈时，主要发言的是吉米，但尼尔和米奇也经常插进一些搞笑的话。尼尔是乐队里最能开玩笑的，不过对于当摇滚明星这回事，三人都有点漫不经心的态度。吉米总是让尼尔模仿一段彼得·塞勒斯[1]，吉米经常模仿小理查德。三人之间的友情就这样在巡演和录音中培养起来，但这毕竟是在工作环境中形成的友谊，乐队是吉米的，这决定了一切。尼尔觉得录音时吉米经常越界，非要告诉别人该怎么演奏，但三人之间还数尼尔和吉米关系最好。乐队的生意和具体事务都是经纪人在管理，他们要做的就是搞乐队，简直有点青春期的感觉，笑话和男孩子气的恶作剧把他们联系在一起，当然也有对自己音乐的自豪之情。"有段时间，感觉就是我们联合起来对抗整个世界。"尼尔说。

去录音室的时候，吉米第一次遇到了"谁人"的成员们。"他看上去邋里邋遢，没给我留下什么印象。"吉他手皮特·汤曾德回忆。鼓手基思·穆恩那天情绪不好，一直叫着："是谁放这个野人进来的？"吉米尽量不去理他。汤曾德跟吉米说了几句到哪里去买音箱的事，不过他觉得这个美国佬未必真的需要那样的顶级设备。

1　Peter Sellers（1925—1980），著名英国喜剧演员。

几天后汤曾德第一次看了吉米的演出，才明白为什么人们都对他大惊小怪。"我一下就成了他的乐迷，"汤曾德回忆，"吉米在伦敦的最初几场演出我都看了，一共六场。"演出都是在夜店里，包括"布莱斯"（Blaises）、"上层切口"（Upper Cut）、"强力即兴"（Ram Jam Club）、"轻松谈话"（Speakeasy）、"7 又 1/2"和"袋中钉"。这些场地都很小，报酬至多一场 25 英镑，但乐队的名声很快就传开了，吉米被誉为伦敦最棒的吉他手。远比"体验"有名的乐队——包括"滚石"和"披头士"——也开始到他的演出现场来捧场，跟他交流。吉米在纽约见过"滚石"的布莱恩·琼斯，如今琼斯却成了吉米最热心的宣传员，拖着其他摇滚明星们来看他的演出。吉米一开始看到这些传奇人物还觉得又惊又喜，后来却看着自己崇拜过的这些英雄们众星捧月般簇拥在他身边。

一场演出之后，埃里克·克莱普顿邀请吉米去自己家坐坐。吉米带了凯西·埃金汉姆同去，尽管气氛很友好，埃里克和吉米却都不健谈，最后成了两人的女友一直闲聊。两个吉他手都很崇敬对方，但是他们的背景的确太不相同，唯一的共同语言只有对布鲁斯的热爱。"那是一次非常别扭的会面，"凯西·埃金汉姆回忆，"他俩对对方都有几分敬畏。谈话只能围绕音乐进行。"几小时后吉米告辞出门，对埃金汉姆说："真累啊。"

12 月小理查德来到伦敦，吉米带着埃金汉姆去拜访这位传奇歌手。凯西穿上正装，吉米也换上自己最好的衣服，上身正是那件古董军装。两人来到小理查德下榻的饭店，受到热情的欢迎，理查德很高兴看到吉米。整晚气氛都很轻松，直到吉米向理查德索要当乐手时理查德欠他的 50 美元。理查德拒绝付这笔钱，说这是吉米误了乐队巡演大巴的罚款。吉米需要这笔钱，但这次他是以一个真正乐队的领队身份出现在小理查德面前，这样的"报复"已经足够了。

虽说到底也没能要到钱，但吉米的心情很不错，两人步行回家，埃金汉姆突然发现他们被七个警察包围了。起先，两人不知道自己做错了什么，觉得警察是不是被他们这对跨种族的搭配给激怒了。后来一个警官对吉米叫道："你知不知道，我们的士兵就是穿着这身军装战死沙场的？"原来他说的是吉米的古董军装。吉米彬彬有礼地说，他穿成这样并不是想冒犯谁。以前也有些退伍老兵指责他这身军装，一般来说，只要吉米说自己是从 101 空降师退伍的士兵就足以安抚对方。虽然吉米后来被人们树为反文化革命家的形象，但他其实对军人一直都非常尊敬。他甚至还曾去查过自己身上这种军装的历史，发现它并不是前线将士的军装，而是给"饲养驴子的伙夫兵穿的"。他想对面前的警察们解释这些，但一个警察却一个劲地说，他穿的可能是战死沙场的士兵的军装，是卖国贼的行为。吉米答道："有穿着皇家兽医队制服战死的人吗？"警察们觉得吉米是在强词夺理，勒令他把衣服脱掉，还说，如果再被他们看到穿这身衣服，就把他抓起来。警察们离开了，吉米手拿着衣服站在那里，倍感屈辱。警察们一走远，他就把那件军装穿上走回家去。

尽管吉米名声大噪，在吉他手们当中已经很有名气，但他究竟是否真能挣到钱这个问题还是没有解决。这完全要指望"体验"的第一张单曲唱片《嘿，乔》的销量。乐队还没有签唱片约就已经开始在录制新的完整专辑，如果《嘿，乔》卖得不好，这张正在录制中的专辑可能也就没有面世的机会了。迪卡唱片（Decca Records）以及另外至少两家唱片公司已经拒绝了《嘿，乔》的小样。最后，钱德勒说服"谁人"的经纪人基特·兰伯特（Kit Lambert）和克里斯·斯坦姆（Chris Stamp），在他们成立的新公司"音轨唱片"（Track Records）发行吉米的唱片。"音轨"帮"体验"安排了在《各就位，预备，跑!》电视节目中亮相的机会，它是能让新乐队在英国全境出名的极少数媒体渠道之一。"体验"的节目在 1966 年 12 月 16 日单曲发行当天播出，这首歌马上就成了金曲。

这个成功并不完全是自然发生的。单曲在排行榜上名列第四，其实吉米的经纪团队在人为提升排名方面发挥了巨大作用。"他们各处到唱片店去买这张唱片，好提升它在排行榜上的位置。这是作弊，我知道肯定有这回事，其实我自己就买了好几张。"埃金汉姆回忆。单曲上升到排行榜第六位时，吉米高兴地跳起来，他这么高兴可不常见。"他说，'太棒了！咱们去酒吧庆祝一下吧！'"钱德勒也开起了玩笑——典型的"体验"式内部笑话："吉米，奖励你和凯西去南非度假两周。"要知道，南非当时实行种族隔离制度，吉米和凯西去了可能会被逮捕，也许更糟。

为了庆祝，吉米去酒吧喝了一杯。他在美国很少喝烈酒，但到了英国便习惯了酒吧的社交生活，也开始经常喝酒了。他还开始一根接一根地吸烟，经常是第一根刚抽完就续上第二根。毒品在当时的英国音乐圈已经普及，主要是大麻。吉米最爱的吸法是从迈克尔·杰弗里那里学来的，就是把烟草从卷烟里抽出来，插入大麻叶，再在周围裹上烟草。这样他就可以随时在公共场合陷入迷醉，不会被人发现。有一次，在演出后台，他还一边吸这种烟一边和警察说话。

LSD 当时刚刚登陆伦敦，起先在"体验"的巡演面包车里还不多见。乐队更青睐便宜的"急速"，虽然不能带来迷幻效果，但却能帮他们整晚熬夜演出或录音。那年冬天乐队在全英格兰做了无数演出，想挣够租用录音室的钱。在伦敦北边几小时车程的某个城市演完，接着马上又冲回伦敦在半夜录音（因为半夜租用录音室的费用比较便宜），这对他们来说已经成了家常便饭。雷丁说："我们在曼彻斯特演完，又开车回伦敦，三点钟进棚录音。凌晨五点上床，第二天早晨又爬起来赶到北边去演出。夜里回伦敦录音。我们的第一张专辑就是这么做出来的。"

"体验"给《各就位，预备，跑!》节目录《嘿，乔》那天晚上，他们又去了 CBS 的录音室录制了《红房子》《狐狸精》和《围绕太阳的第三块石头》。看到乐队工作人员一连搬进来四对马歇尔扩音器，录音工程师迈克·罗斯不禁目瞪口呆，也就是说一共用上了八个喇叭。他问吉米是不是每对都要连上话筒，吉米指示他把其中一个话筒放在 12 英尺之外。乐队开始演奏，震耳欲聋的声音逼得罗斯只得逃回控制室。"这是我在录音室听过的最吵的声音，震得我耳朵生疼。"罗斯回忆。

在第一张专辑最终入选的歌曲中，有很多吉米的原创曲目都是他反复推敲了一年乃至更长时间的结果，在纽约时就演出过这些歌的片段和雏形，《红房子》也是其中之一。1967 年 1 月，专辑需要速战速决了，吉米几乎是每隔一天就写一首歌出来。他觉得那年冬天，许多歌曲似乎是在下意识中就自然而然地涌现出来。《红房子》来自吉米的过去。这首歌是布鲁斯中最基本的 12 小节布鲁斯曲式，主题也是布鲁斯中最古老的主题——歌者的女人不再爱他，所以搬了家——吉米告诉尼尔这首歌是关于他中学时代的女友贝蒂·简·摩根的。贝蒂·简是吉米的初恋，她也确实和这首歌中的女主人公一样有个姐妹。不过贝蒂·简家的外墙是棕色的，不是"红房子"。吉米写歌已经有了一定技巧，知道"棕房子"不如"红房子"来得琅琅上口。不过歌词和歌名其实无关紧要，这首歌中最有说服力的是吉米精彩的吉他独奏，使它成为他创作的第一首经典布鲁斯曲。

吉米神秘的缪斯究竟是从何而来，那些音乐是怎样进入他的脑海？最好的例子莫过于《风在呼唤玛丽》的创作。1 月 10 日下午，吉米在公寓里接受了《作曲人》采访。那天埃金汉姆做了晚饭，吉米抱怨她厨艺不好。换作平常她只会和他开玩笑，拍着他的后背说：

"不吃你就饿着吧。"其实平时他俩就经常为她的厨艺吵架。不过这次，两人真是大吵了一架。"我非常生气，把锅都扔在地上，冲出门去。"凯西说。第二天她回来时,吉米已经写下了《风在呼唤玛丽》，"玛丽"是凯西·埃金汉姆的中间名。

录这首歌对吉米来说同样轻而易举。那天录音时间还剩最后二十分钟，钱德勒开玩笑问吉米，"你还有什么可录的吗?"吉米拿出了这首新写好的歌，乐队在录音现场临时学会了它。尼尔说:"我们连预演一遍的时间都没有，录《风在呼唤玛丽》时，吉米只是简单地弹了一遍和弦，因为我以前也是弹吉他的，所以很快领会了他的意思，我们找到了感觉，把它录下来。我们并不是故意赶工，但我们就是觉得必须赶快把它录下来。"加上吉米叠录吉他的时间，整个录音过程也不过 20 分钟而已。这个版本最终成为专辑的第三首单曲。

1967 年 1 月 11 日是"体验"史上最高产的一天，乐队整个白天在录音室里忙碌，晚上又在"袋中钉"演了两场。白天他们在李亚街录音室（De Lane Lea Studio）录了几首歌，其中包括《紫雾》《51 周年纪念日》（51st Anniversary），并且又录了一版《围绕太阳的第三块石头》。两个星期前，吉米在演出后台写好了《紫雾》的歌词。尽管这首歌后来被人们同使用 LSD 后的幻觉联系在一起,吉米却说，灵感是从看了菲利普·何塞·法默尔（Philip Jose Farmer）的小说《光明之夜，梦幻之日》（*Night of Light: Day of Dreams*）的梗概后做的梦中产生的。在歌词早期的草稿中，吉米在标题下面写着"耶稣拯救"的字样，这句话是法默尔的小说中没有的，他可能想把这个句子当成副歌部分。后来他抱怨最终发表的版本被删节了。他对一个采访者说:"（完整版的）歌词大约有一千字，我都快疯了，这样一来（指删节）就不是《紫雾》了。"最终发行的《紫雾》成为"体验"

第二首走红的单曲。

　　这一天的录音比往常更加冗长艰苦，光是《紫雾》就录了四个小时，之后吉米和乐队还要在"袋中钉"演两场。"袋中钉"是一家充满传奇色彩的夜店，有点像查尔斯·狄更斯笔下的地方。它位于苏荷区一条狭窄的街道，是个阴暗潮湿的地下室，要走下一段长长的台阶才能到达。那天晚上来看"体验"演出的全是伦敦摇滚界数一数二的大腕——假如那晚有一颗炸弹落在这座地下室顶上，英国流行乐就要完蛋了。关于当晚光临演出的贵宾名单，虽说事后有若干不同说法，但埃里克·克莱普顿、皮特·汤曾德、约翰·列侬、保罗·麦卡特尼、林戈·斯塔、米克·贾格尔、布莱恩·琼斯、"披头士"的经纪人布莱恩·爱泼斯坦（Brian Epstein）、约翰·恩特维斯托[1]、多诺万（Donovan）、乔治·菲姆、丹尼·莱恩[2]、特里·瑞德、杰夫·贝克、吉米·佩奇（Jimmy Page）、露露[3]、"霍利斯"[4]、"小脸"[5]、"动物"这些人和乐队肯定都在。不过人群里最重要的人还要算是罗杰·梅尔（Roger Mayer），他当时还只是个默默无闻的电子学专家，业余时间潜心帮吉他手们研发各种效果器。那天的演出深深打动了梅尔，后来他特意为吉米量身定做设计各种音效设备。

　　歌手特里·瑞德之前从没看过"体验"演出，他回忆："那天晚上好像全世界的吉他手都出现了。"里德找到位子坐下，惊讶地发现保罗·麦卡特尼就坐在自己身边。"看过这家伙演出吗？他太

1　John Entwistle（1944—2002），The Who 贝斯手。

2　Denny Laine（1944— ），英国乐"忧郁布鲁斯"（Moody Blues）乐队的主唱、吉他手，后一度和保罗·麦卡特尼组成"飞翼"（Wings）乐队。

3　Lulu（1948— ），英国女歌手。

4　Hollies，1962 年于曼彻斯特成立的摇滚乐队，成员包括托尼·希克斯、艾伦·克拉克、格雷厄姆·纳什、博比·埃利奥特、特里·西尔韦斯特、伯尼·卡尔弗特。

5　Small Faces，英国摇滚乐队，成立于1965 年，成员包括史蒂夫·马里奥特、龙尼·莱恩、肯尼·琼斯和吉米·温斯顿，1969 年解散后多数成员与罗德·斯图尔特另组"小脸"乐队。

棒了！"麦卡特尼对他说。更让瑞德震惊的是吉米的开场曲。"感谢光临，"吉米一上台就说，"下面带来这首小小的歌曲，你们会觉得亲切的，因为它是排行榜第一名的曲子。"这句话本身就足以让台下的乐手们目瞪口呆了。"我们都想，如果是排行榜头名的歌，我们是不可能觉得亲切的，因为排行榜前十名的歌只会招我们讨厌。"吉米接下来弹起了《野小子》。"《野小子》是一首流行大路货，这里所有人都烦它！"瑞德说，"可是他一开始弹，所有轻蔑的想法就都无影无踪，直奔外太空了。世界上最烂的一首歌突然变成了最美妙的音乐。"瑞德中间去了一次洗手间，回来正好撞见布莱恩·琼斯，琼斯说："台前发水了。"瑞德问："你说什么，我怎么没看见水？"琼斯答道："都是吉他手们哗哗的眼泪啊。"

"袋中钉"辉煌的一晚之后，"体验"移师"7 又 1/2"俱乐部演了一星期。克莱普顿、汤曾德和贾格尔也都跟去了。一场演出中，汤曾德发现克莱普顿就站在自己身边，之前两人都对吉米的横空出世感到不知所措，但是很快成了吉米的乐迷，两人也都在忧虑着吉米的出现会对自己的乐手生涯造成什么样的影响。那年冬天，两人结成了好友，他们几乎只谈一个话题，那就是吉米·亨德里克斯，还有他们究竟应当对此人做出什么样的反应。在这场演出上，吉米弹起《红房子》，弹得格外精彩，他俩在下面看着，手指不禁随之颤动。克莱普顿一把抓住汤曾德的手，两人就像两个在看精彩电影的小姑娘一样手拉着手看完了吉米的这段演出。

米克·贾格尔在纽约时并没特别留意吉米，但吉米震撼了整个伦敦后，他的看法也不免随之大变。一天晚上，贾格尔带安妮塔·帕伦伯格 [1] 和自己的女友玛丽安娜·费斯弗去看演出。"米克那天说他

1　Anita Pallenberg（1944—2017），初为布莱恩·琼斯的女友，1967 年成为基思·理查德的女友，两人关系持续到 1980 年。

在纽约就见过吉米,"费斯弗回忆,"他对我说:'他会把整个世界都掀翻的。'"1月底吉米在"轻松谈话"演出,米克又带着费斯弗去了。中间休息时吉米来到他们桌边,当着贾格尔的面就和费斯弗真刀真枪地调情。也许是因为吉米和基思·理查兹的女朋友琳达·基思的友谊,贾格尔也把吉米视为对手;两人共处一室时,米克的言行举止就像开屏的孔雀一样夸张,企图一挫吉米的锋芒。吉米则对此报以显然的恶意,他对费斯弗自我介绍时显得格外厚颜无耻。"他问我为什么要和米克在一起。"费斯弗回忆。那时候可没有任何其他男人胆敢问出这样的问题。为了勾引她上床,吉米对玛丽安娜说,《风在呼唤玛丽》是为她写的。后来费斯弗坦诚地说:"这是我一生最大的遗憾之一,我本该站起身来说,'好吧,伙计,咱们走。'"她后来想,为了让贾格尔嫉妒,吉米当时肯定会不顾一切跟她走的。

那时吉米还和埃金汉姆在一起,不过好像没有能力保持忠诚了。更糟的是,钱德勒觉得最好让吉米在媒体面前保持单身形象,所以每当有记者出现在公寓,凯西都会被劝走。有时候来采访的是女记者,不止一次,埃金汉姆回来时会把衣衫不整的女孩赶出公寓。此外,吉米和他父亲一样非常善妒,尤其是喝醉酒以后。埃金汉姆很美貌,吉米觉得所有男人都对她心怀不轨。有天晚上,在"袋中钉",凯西给人打电话,吉米觉得她是在和别的男人交谈。吉米一把抓住话筒,用话筒打她;突如其来的暴力让她又惊又痛,这和他平时的样子太不一样了。她尖叫起来。这时约翰·列侬和保罗·麦卡特尼正好进了俱乐部,总算是和和气气地把话筒从吉米手里拿下来。

吉米很少这么暴力,他侵略性的行为一般都是发生在酗酒之后。"袋中钉"的事显示出他脾气急躁的一面,和他平日彬彬有礼的风度迥然不同。那种瞬间沉迷在表演之中的能力令他成为天赋异禀的艺术家,同时也让他时常不顾一切地听从瞬间的渴望或冲动的召唤。

这种特质令他在音乐领域成为伟大的即兴乐手，但反复无常，几乎是孩子气的天性却令关心他的人非常痛苦。有天晚上，在曼彻斯特的演出结束后，埃金汉姆抓到吉米在女厕所和一个刚认识的女孩做爱。凯西对这些数不胜数的背叛已经快麻木了。她只是逆来顺受地说："快点完事，要不就赶不上回伦敦的车了。"吉米给她的借口是："那女孩想要我的签名。"凯西是吉米最亲近的人，但他们开始经常吵架，查斯·钱德勒曾经单独和她谈过，让她不要在公众场合和吉米冲突，他觉得在大庭广众之下闹起来有损吉米的形象。埃金汉姆对他说：这实在太搞笑了。于是她和吉米继续在伦敦的各种酒吧里吵得不亦乐乎。

1月底，"体验"在著名的萨维尔剧场（Saville Theatre）和"谁人"一起演了两场。列侬、麦卡特尼、乔治·哈里森和"奶油"的成员们都出席了。其中一场演出结束后，杰克·布鲁斯离开剧院直奔家中，在吉米的演奏启发之下写下了名曲《爱之阳光》（Sunshine of Your Love）的连复段。

吉米·亨德里克斯一生中的前三分之二都在西雅图度过，然后只身来到英格兰，除了"瓦里安特王子"漫画，他对这个国家的历史文化一无所知，然而在英国摇滚乐波澜壮阔的漫长历史上，只有他一人以如此迅雷不及掩耳之势在伦敦飞速崛起。但是直到1967年初春，吉米的影响力是否能扩大到伦敦以外，前景依然并不分明，因为英格兰其他地方的听众们品位并不像伦敦人那么前卫。"体验"的第一张专辑在那年春天完成，这张LP专辑最后命名为《你可曾体验过》。它是乐队挤出时间分别在好几个不同的录音室见缝插针录成的。钱德勒最后统计几个月以来租录音室的费用时发现这张专辑其实只花了72个小时录音。有好几次，他和杰弗里没法用现金付清录音室的账单，录音的磁带就被录音室扣下来，直到他们付清费用才能赎回。为了加快录制速度，钱德勒会骗乐队说现在是彩排时间，其实真正的录音已经开始了。尼尔回忆："查斯总是说：'嘿，小伙子们，咱们先来过一遍。'我们弹过一遍，他就说：'好的，再来一遍。'其实我们弹第一遍时他已经偷偷录下来了。弹完第二遍，我们会出去休息一下，抽支烟，回来后他就说：'录完了。'我们问：'你什么意思？不是还没开始录吗？'然后他就把第一遍录的音拿出来。"钱德勒为了录这张专辑已经赌上一切，包括他个人的金钱与声誉。一些早期乐评对专辑的反应表明他的努力完全是值得的。比如《新音乐快报》的基思·奥尔瑟姆的乐评写道："这张专辑是亨德里克斯力图创作精彩原创音乐的勇敢尝试。"专辑正式推出后一举登上英国排行榜第二位，仅次于"披头士"的专辑。

虽说对专辑的制作效果有些微词，但吉米对自己的处女专辑总的来说相当满意。收到第一张预先给他的醋酸酯测试盘后，他马上把它带回家，给布莱恩·琼斯打电话要他过来听。布莱恩带来一个叫斯坦尼斯拉斯·德·罗拉的朋友。德·罗拉回忆："我们一晚没睡，没完没了地听着那张唱片，吉米觉得非常骄傲。"布莱恩·琼斯也被专辑打动了，还表示将来愿意给吉米当制作人，吉米说乐于考虑这个建议。吉米在伦敦的所有朋友都是琼斯和德·罗拉这种和音乐圈有关的人，私交和工作上的交往都混在一起。其实吉米那时候的全部生活就是音乐，除了工作，他没有别的世界可言。

专辑发行之前，"体验"在全英的一系列影院剧场院线巡演了一次，这是他们第一次进军英国内陆。在英国，摇滚乐队的演出往往被包括在一场歌舞综艺演出之中，这种形式吉米在"猪肠院线"巡演时便已熟悉。他们的巡演队伍头牌是"沃尔克兄弟"[1]，此外还

1　Walker Brothers, 1960年代在英国走红一时的美国流行乐队，由司各特·沃尔克、约翰·沃尔克和格雷·沃尔克三人组成，但其实是艺名，三人并非兄弟。

有恩格尔伯特·汉帕迪克[1]和卡特·史蒂文斯[2]，"体验"为这个奇异的组合担任开场乐队。巡演第一天，吉米、查斯·钱德勒和记者基思·奥尔瑟姆在后台讨论怎样才能让吉米在演出中更显眼一点儿。他们先是想到砸吉他，但奥尔瑟姆说，汤曾德现在也开始玩这个把戏了。"也许我得砸掉一头大象才行。"吉米开玩笑。奥尔瑟姆紧跟着提了一个看似和砸大象一样不可能的建议："可惜你不能把吉他放火烧了。"听了这话，吉米顿时眼神一亮，让一个巡演工作人员去找点可燃液体来。吉米在更衣室试了几次，最后宣布至少能做到让吉他看起来好像烧着了。演出开始了，"体验"的演出时间只有短短五首歌，最后一首是《火》（Fire），唱到这儿吉米把可燃液体浇在吉他上，往上扔了一根火柴。他试了三次，最后吉他总算熊熊燃烧起来。吉米挥舞着吉他转圈，就像风车一样，一个工作人员赶快冲上台来用水把火浇灭。吉米下台后，这个城市的消防局长来到后台，训斥了他好几分钟。吉米辩解说自己挥舞吉他想把火扑灭。当时只有一两千人目睹了这场燃烧吉他的奇观，全程大概只持续了三十秒。但这件事一旦付诸文字，马上就成了传奇。当时没什么摇滚乐手能有那么大的制造新闻的本事，吉米却似乎天生就擅长这个。1967年中，他在英格兰的一举手一投足都能登上报纸头条。与"沃尔克兄弟"巡演途中，有个疯狂歌迷带着一把剪刀追逐吉米，剪下了他的一缕头发——就连这点小事后来也上了新闻。他演出的广告上公然标榜道："别错过这个家伙，他是迪伦、克莱普顿与詹姆斯·布朗的合体。"

尽管联合巡演给吉米带来了一大群新歌迷（其中大部分是沃尔

1　Engelbert Humperdinck（1936—），英国流行情歌手，有"罗曼蒂克之王"的称号。

2　Cat Stevens（1948—），英国民谣/流行歌手、词曲作者，1970年代皈依伊斯兰教，更名为优素福·伊斯兰。

克兄弟的歌迷），吉米却厌倦了后台那种和马戏团没什么两样的氛围。巡演来到利物浦，要在帝国剧院演两场，他和尼尔趁着演出间隙溜到一个小酒馆，酒保看他们的衣服，误以为他们是小丑，拒绝为他们提供服务。一同巡演的恩格尔伯特·汉帕迪克就从不会出这种事，他总是穿着晚礼服。此外在利物浦还有一个花絮。当晚巡演经纪人尼维尔·切斯特（Neville Chesters）同意让一个利物浦朋友跟他们的车回伦敦。"体验"喜欢这个利物浦人，决定让他在接下来的两个星期里让他帮忙担任巡演的工作人员。此人正是莱米·吉尔敏斯特（Lemmy Kilmister），后来他成为"摩托头"（Motorhead）乐队的贝斯手、主唱和创立者。

那年3月，《新音乐快报》上开始出现不少关于"体验"的深度报道，其中一篇文章里，吉米被要求填写一份名叫"生命线"的问卷，主要是关于他喜欢什么，不喜欢什么。吉米不喜欢"果酱和冰冷的床单"，喜欢"音乐、头发、高山和田野"。他最喜欢的食物是草莓脆饼和意大利面。他的爱好是"读科幻小说，画风景画，做白日梦，音乐"。他最喜欢的作曲家包括迪伦、"泥水"和莫扎特。但是更有意义的是那些关于他过去的问题。他就自己的年龄说了谎，把自己少说了三岁，因为经纪人们告诉他年轻一点可以吸引到更多姑娘。在父母一栏里，他只写了自己的父亲，兄弟姐妹中只写了弟弟里昂。关于职业方面的抱负，他写道："想演电影，用我的光芒抚摸银幕。"问卷中的大多数问题他都是用随意和讽刺的腔调来回答的。只有在"个人志向"这个问题下面他写道："做出自己独特风格的音乐。"这个目标在他来英国的第一年已经基本实现了。然后他又添了一行，大概只有他在西雅图的老朋友们才能看懂这句话的涵义：他说自己真正的志向是"与母亲和家人重逢"。

在英格兰，没有人听吉米谈起过自己的母亲。托尼·加兰德写过吉米的媒体简历，"生命线"这份问卷也是他帮吉米一起答的，然而他根本不知道吉米的母亲是生是死。凯西·埃金汉姆只知道他的母亲已经去世。"他说她是自己喝酒喝死的，"她回忆，"但他又说她是天上的女神与天使。"吉米的母亲去世已经十年了，吉米依然会梦见她，记忆的碎片像浮光掠影一般常在他心头划过。他告诉埃金汉姆，自己关于母亲最清晰的记忆是小时候有一次他和里昂坐在汽车后座，母亲在前面开车。那是夏天，窗子被摇下来，能闻见她头发的香气。吉米很少说起这样深刻的感情或记忆。"他通常不是个好接近的人。"凯西说。埃金汉姆小时候也是个苦孩子，这是她和吉米为数不多的共同点之一。

吉米有空的时候主要是练吉他，他也喜欢看电视里疯狂的喜剧节目《愚公秀》(*The Goon Show*)，还爱玩英国版的"大富翁"游戏。他很少有空余时间，不过他一有空就看科幻小说，他最喜欢的棋盘游戏是以"称霸世界"为目的的冒险棋。"他玩得非常好，而且非常想赢。"埃金汉姆说。

春末，《你可曾体验过》在英国和欧洲正式推出之前，另一桩征服世界的机会来到吉米面前：钱德勒和杰弗里开始筹划将"体验"推向全世界。凭着激情十足的现场演出，吉米在欧洲成了明星，但这个成功是否能在美国复制还不可知。3月，杰弗里与华纳兄弟公司签约，由他们在美国发行吉米的新专辑。华纳公司同意支付史无前例的15万美元作为版税报酬。华纳兄弟的媒体稿声称："我们将引入一种全新的概念推广吉米，令他在极短的时间内迅速走红。"

然而真正的推广机会还是在一个凑巧的机会下发生的。那年6月，制作人卢·阿德勒（Lou Adler）以及"妈妈和爸爸"（Mamas and Papas）的乐手约翰·菲利普斯（John Phillips）在加利福尼亚蒙特利尔筹办一场音乐节。安德鲁·隆格·奥德罕姆和保罗·麦卡特尼被请为作为英国顾问参加这次盛会。麦卡特尼早就是亨德里克斯的热情宣传者了。他为《紫雾》写了一篇听后感发表在《作曲人》上，文中说吉米堪称"手指·亨德里克斯，他是绝对的吉他王牌。"奥德罕姆和麦卡特尼两人都选了"谁人"和亨德里克斯作为英国的代表参加音乐节。演出没什么钱赚，但这次亮相对于吉米打入美国市场至关重要。其实当时"体验"的第一张专辑已经进口到美国，开始在消息灵通人士之间流传。有些歌已经开始在美国的地下电台播放，然而吉米在自己的祖国仍是名不见经传。

吉米很少谈起当年在美国弹琴的经历，他在英国如鱼得水，肯定不愿再回那个他曾为出人头地而苦苦挣扎的地方了。5月，在萨维尔剧场演出时，他这样介绍自己的一首歌："当年我在自家后院弹琴的时候，孩子们都围过来听我弹，还说我弹得很酷。现在我想感谢你们让这里变得就像我的家一样。"后来钱德勒来到他的公寓，宣布"体验"很快要去加利福尼亚演出，埃金汉姆记得吉米当时只说了一句话："我要回家了，要回到美国那个家了。"

第十六章　从谣传到传奇

英格兰，伦敦

1967 年 6 月—1967 年 7 月

观众们马上就明白"吉米·亨德里克斯之体验"前途无量。当吉米离开舞台那一刻，他正式从谣传晋升为传奇。

——《洛杉矶时报》记者皮特·约翰逊

关于蒙特利尔流行音乐节的报道

动身去蒙特利尔流行音乐节之前，吉米·亨德里克斯在英国还有几场演出合同要履行，另外还有录音任务。虽说《你可曾体验过》刚在英格兰发行，乐队马上又得开始录第二张专辑。两张专辑的录音好像都连在一起了。录音工程师艾迪·克拉默说："我们根本停不下来，查斯是那种'如果我们有四个小时，那就得充分利用起来'的老派人。"吉米的工作热情也同样强烈，他最喜欢的事莫过于弹琴，所以整天录音无非是给了他一个好机会，让他可以整天和吉他呆在一起。

录音成果后来成了"体验"的第二张专辑《轴心：像爱一样勇

敢》（Axis: Bold as Love），这张专辑也同样录得很快。乐队在其中尝试了各种吉他音效、相位移动[1]、回授等试验效果，令音乐更加复杂，此外还尝试了罗杰·梅尔发明的一些设备。梅尔的正式工作是在政府部门担任声学分析师，下班时间，他为吉米·佩奇和杰夫·贝克制造效果器，其中包括早期版本的法兹效果器。看过亨德里克斯在"袋中钉"的演出后，他就像发现怪物的弗兰根斯坦博士那样兴奋不已，自那以后也开始为吉米制作效果器。梅尔发明了八度效果器（Octavia），它能让吉他的声音升高或降低整整八度，制造一种超现实般的效果，吉米把它用在了《紫雾》当中。"吉米总是问我，'罗杰，我们能做点什么？'"梅尔回忆，"我们试着用声音去创造情感，描绘图画。那时候我们只拥有粗糙的技术，但如果我们想要什么不存在的东西，我们就把它创造出来。"吉米给梅尔起了个外号叫"活塞"，还说他是他们的秘密武器。有了梅尔的发明，再加上市面上已经有售的 Vox 哇音效果器和法兹效果器，吉米弹出来的声音是任何其他吉他手都无法轻易模仿的。

技术问题不时也会给吉米捣乱，特别是在音响效果不好的场地演出的时候。如果设备坏了或者走调了，他总会非常恼怒，演出质量也因此受损。5 月 29 日在斯伯丁演出时，四千名观众亲眼目睹了吉米在台上突然大发雷霆。他中间停下来好几次给吉他调音，观众中不禁发出了嘲笑的声音，于是吉米叫道："我靠！妈的就算花一晚上我也得把吉他调好。"擅长舞台表演的名声也给他惹了麻烦；观众们都想赶快看到报纸上描述过的精彩景象，一旦用牙齿弹琴之类场面迟迟不出现，他们就显得很不耐烦。女性主义学者格梅尼·格里尔（Germaine Greer）去了斯伯丁的演出，她后来给《奥兹》（Oz）

1　Phasing，两个相同的音效撞在一起时产生的特殊效果，比如《轴心：像爱一样勇敢》专辑中 "You Got Me Floatin'" 一首的前奏效果。

杂志的稿子中写道："他们（观众）……才不管《嘿,乔》走调了没有,他们只想听到点什么东西,然后奉承他。他们希望他给他口交,在吉他上摩擦他的老二。他们根本就不想听他弹琴。但吉米想弹琴,他一直都想弹得精彩优美。所以他就这么做了,然后他的吉他出了毛病,人们就开始动摇和抱怨。他严厉地看着他们,知道这些人根本就听不进他想弹的东西,今后也永远没有听进去的可能。"

那天的观众们可能对吉米混乱的表演感到又失望又困惑,对开场乐队"平克·弗洛伊德"（Pink Floyd）的表演也是同样大惑不解。三天后吉米出席了"平克·弗洛伊德"在伦敦的演出,发现台下和自己的演出一样众星云集。"平克·弗洛伊德"深重的迷幻之音甚至比吉米走得还远,他们无所畏惧的精神也鼓舞了吉米。同一个星期"披头士"的专辑《佩珀军士的孤独之心俱乐部乐队》（*Sgt. Pepper's Lonely Hearts Club Band*）在英格兰正式发行,它跃居排行榜首位,《你可曾体验过》只能屈居第二。吉米喜欢《佩珀军士》,觉得"披头士"能和自己探索同一片迷幻疆域,简直是命中注定。

"披头士"的这张专辑在吉米生平极具传奇色彩的两场演出中也扮演了重要角色——那就是6月4日"体验"的两场"告别英伦"演出（于同一天先后进行）。演出地点在萨维尔剧院,剧院的老板是"披头士"的经纪人布莱恩·爱泼斯坦。因为爱泼斯坦的缘故,"披头士"的成员们也可能会出席观看演出,石破天惊的《佩珀军士》发行刚好三天,这是新专辑发行后他们首次公开亮相。保罗·麦卡特尼此前不遗余力地向蒙特利尔流行音乐节推荐吉米,如果这次演出吉米又像在斯伯丁一样搞砸了,那可是一场大灾难。

开场的"普洛考·哈勒姆"[1]乐队刚唱完他们正走红的《苍白的浅影》(A Whiter Shade of Pale)一曲，离"体验"上台还有 30 分钟，吉米突然冲进后台更衣室，向尼尔和米奇宣布他打算用一首新歌作为开始曲。他手里拿的正是《佩珀军士》。他把唱片放进自己带来的便携唱机中，放起专辑的同名标题曲《佩珀军士的孤独之心俱乐部乐队》，"我们第一首就弹这个。"他说。米奇和尼尔满腹狐疑，面面相觑，目瞪口呆。"我们觉得他可能是嗑药了。"尼尔回忆。吉米把这首歌弹了几次，三人合了一下和弦。

"体验"登上舞台，雷鸣般的掌声顿时响起。台下很多人都能看到保罗·麦卡特尼和乔治·哈里森坐在爱泼斯坦的包厢里，吉米从台上或许也能看见。观众中照例还有吉米的其他几位巨星拥趸——埃里克·克莱普顿、斯宾塞·戴维斯[2]、杰克·布鲁斯以及流行歌手露露。吉米向其他开场乐队们致谢，感谢观众们来出席他在英格兰的最后一场演出，说自己再次回到这里要过"很长很长一段时间"。之后，他就弹起了《佩珀军士的孤独之心俱乐部乐队》。

《佩珀军士》发行刚三天就翻唱这首歌，而且"披头士"的人还坐在台下，这是吉米生平做过的最胆大包天的事情之一。如果他的演绎不如原作，或者只是照本宣科，没有创造性的发挥，这将是抹不去的尴尬。他的表现哪怕不够精彩，都是对剧院老板爱泼斯坦乃至对"披头士"的侮辱。这样鲁莽的选择真让人难以置信，只有凭着绝对的信心才能做到，吉米就是有这样的自信。他再也不是四年前那个在纳什维尔的德尔·摩洛哥俱乐部备受嘲笑的 B. B. 金复制品了。卓越的技巧与无比的信心令他势不可当。艾迪·克拉默回忆：

1　Procol Harum，1960 年代英国摇滚乐队，被视为"前卫摇滚"或"交响摇滚"的奠基人，成员包括加里·布鲁克、罗宾·特罗尔、马修·费希尔、B.J. 威尔逊、基思·里德、克里斯·科平。

2　Spencer Davis（1939—），威尔士摇滚乐手、歌手。

"'披头士'们简直不敢相信自己的耳朵，吉米就这么弹了一首他们新鲜出炉的歌，他完全掌握了这首歌，弄出一套全新的编配，简直是太棒了。这需要极大的勇气和一往无前的冲劲。"吉米甚至还加了一段充满回授的吉他独奏，让这个演绎彻底变成他自己的东西。人们能听出是在翻唱原曲，但他用吉他以新的方式组合了旋律，取代了"披头士"原曲中使用的管乐。"基本全是即兴做出来的，不过这就是我们做事的方式，我们天不怕地不怕。"尼尔说。

翻唱《佩珀军士》只是个开头，"体验"的演出持续了一个钟头，唱了《狐狸精》《紫雾》《嘿，乔》以及鲍勃·迪伦的《像一块滚石》等。吉米的设备又出了一点问题，不过只是暂时影响了演出，完全没有破坏整体效果。唯一的破坏场面是吉米砸了那把"我亲爱的吉他"，翌日在伦敦的酒吧夜店里，这比他翻唱《佩珀军士》还要让人津津乐道——虽然说砸吉他更像是一种表演，其实没有翻唱"披头士"那么勇敢。唱《你可曾体验过》时，吉米换了吉他，他拿过一把 Strat 琴，正面有他亲手绘制的图案，背面写着他献给英国的一首诗："这也许是爱，也许是困惑，从挫折之中诞生，不能与宇宙吉卜赛女王真正做爱导致残损的心情，自由地表达音乐。我亲爱的吉他，请安息，阿门。"演出最后，吉米把这把吉他摔得粉碎，把残片踢向观众。

评论家休·诺兰（Hugh Nolan）撰文写道，"体验"偷去了伦敦的心，"以 50 兆吨位氢弹般的威势冲击着伦敦"。很多人都担心吉米一回美国就不复返了，诺兰却说，就算他在蒙特利尔之后再回到英格兰，"吉米·亨德里克斯也肯定不再是原来的他了"。更重要的赞美来自保罗·麦卡特尼，他说吉米翻唱《佩珀军士》"是我音乐生涯中的最高荣誉之一"。

演出结束后，布莱恩·爱泼斯坦邀请"体验"的成员们参加他的私人派对。后来麦卡特尼嘴上叼着一支粗粗的大麻卷烟推开门走了进来，"体验"的成员们不禁又惊又喜。麦卡特尼把烟递给吉米说："真是太牛了，伙计。"仅仅一年前，吉米还在与柯蒂斯·奈特与"绅士"一起亦步亦趋地翻唱节奏布鲁斯名曲。仿佛就在转瞬之间，他便成了整个伦敦炙手可热的宠儿，更棒的是，他嘴里还叼着"披头士"的大麻烟。

两星期后"体验"和布莱恩·琼斯、埃里克·伯顿一起从希斯罗机场飞往纽约，在纽约短暂停留后再去加利福尼亚参加蒙特利尔音乐节。在纽约，吉米很快就明白尽管自己在伦敦音乐界已经闯出了名堂，但是回到种族主义盛行的美国，他仍然还是个黑鬼。乐队预定在切尔西酒店下榻，但大厅里有个女人把吉米当成侍者，非让他帮自己提箱子不可，于是乐队就离开了。后来吉米要打车的时候根本打不到车，出租车见了他都不停。当然跟他穿着大花外套和鲜绿色围巾这种奇装异服也有关系，但背后隐藏的种族歧视才令人不寒而栗。不过是经历了短短五个小时的空中旅途，他便从"披头士"的知己沦为酒店侍从。

来到格林尼治村的酒吧，情况才有所好转。在一个饭馆里，他遇到"发明之母"[1]的成员们，他们知道吉米在英格兰出了名，就请他喝啤酒。他还在"Au Go Go"咖啡吧遇到里奇·黑文斯，黑文斯很高兴他能成功。后来吉米去了"布景"俱乐部看"大门"（The Doors）乐队的演出，对美国摇滚的发展有了更好的了解。

翌日，"体验"一行飞往旧金山过了一夜。吉米上次来湾区还是六年前在奥德堡当兵的时候。就在这六年之间，旧金山发生了翻天覆地的巨变：青年运动正在鼎盛之际，在那场后来被称之为"爱

---

1 Mothers of Invention，弗兰克·扎帕在 1960 年代的乐队。

之夏"的运动中,成千上万的年轻人搬到这里的海特区居住。在伦敦,就算最前卫的音乐家也会穿精美的套装,但在旧金山,穿着卡耐比街上买来的衣服的吉米简直就好像方特勒罗伊小爵爷[1]一样怪异。美国年轻人的时尚无非就是长发、牛仔裤和串珠。和英国不一样,美国的青年文化运动因越战而高度政治化,1967 年,每周都有几百名美国士兵葬身越南沙场。马丁·路德·金博士号召反战和民权运动抗议者们联合起来,示威运动遍布全美。青年运动中有不少无政府主义者,他们积极参加各种活动,蒙特利尔流行音乐节也不能"幸免":"雅痞"(Yippies)和"挖掘者"(Diggers)等社团就要求音乐节完全免费。

蒙特利尔流行音乐节以"第一次国际性大型音乐节"留名后世,主办者最开始无非是希望能够借此提升摇滚乐的文化地位。"('妈妈和爸爸'的)约翰·菲利普斯(John Phillips)、保罗·麦卡特尼、我,还有其他一些人讨论过摇滚乐何以不能像爵士乐一样在人们心目中成为一种艺术形式。"音乐节的组织者之一卢·阿德勒回忆。ABC电视台出资拍下为期三天的演唱会,计划编辑成一部片子在当周播放。D. A. 彭尼贝克(D. A. Pennebaker)被雇来摄制这一在蒙特利尔镇广场举行的盛会。

音乐节于周五开始,"体验"也在当天到达。组织者们弄来了十万朵兰花。所有到场的人都在头上插了鲜花。音乐节的主办者们本来预计有一万名观众,但最后来了九万人,音乐节主舞台门外另有"另类"舞台,供即兴演出使用。也许最能体现时代精神的一件事便是臭名昭著的化学家奥古斯塔·奥斯雷·斯坦利三世(Augustus

---

1 Little Lord Fauntleroy, 弗朗西丝·H. 伯内特同名儿童小说中的人物,是英国贵族与美国平民女子的后裔,从小在美国被抚养长大,小说中描写他身穿"黑色丝绒套装,蕾丝领子,留着长长的发卷"。

Owsley Stanley III）向后台的乐手们提供免费 LSD。奥斯雷最喜欢把他自制的 LSD 做成紫色，吉米惊喜地发现这种迷幻药竟已被一些听过他英国单曲的人起绰号为"紫雾"。

"体验"要到星期日晚上才上台，于是整个周六吉米在人群中乱转，和"电旗"（Electric Flag）乐队的巴迪·迈尔斯（Buddy Miles）、埃里克·伯顿以及布莱恩·琼斯呆在一起。吉米还穿着他那件古董军装，衣服上扣着一个徽章，上书"我是处男"，琼斯穿着一件古代巫师的衣服。"他们看上去真是太怪异了，"埃里克·伯顿说，"布莱恩像个身穿皮裘的阔老太太，吉米更是标新立异。"星期六吉米看了"电旗"的演出，还有詹妮斯·乔普林（Janis Joplin）与她的乐队"老大哥与控股公司"（Big Brother and the Holding Company）在音乐节上石破天惊、横空出世的演出。不过星期六最精彩的还要算是奥蒂斯·雷丁，他的表演技艺与音乐才华征服了观众。奥蒂斯之后上台的是史蒂夫·克罗珀，吉米在后台和克罗珀短暂交谈了几句。距离两人上次在斯塔克斯公司见面仅仅过去了三年，那时的吉米还只是个默默无闻的普通小伙。

在后台，吉米特别开心能遇到在西雅图舞厅"西班牙城堡"的旧识，"莫比葡萄"的杰里·米勒。他们开玩笑说曾经在"了不起的哭泣者"唱歌的小伙子盖尔·哈里斯（Gail Harris）屁股太大。吉米后来借了米勒的吉普森 L5 吉他去做即兴演出，算是热身一下。他带着这把吉他走上主会场外的"另类舞台"，台下坐着快睡着了的观众们。"观众们看到他上来，不禁抱怨起来，因为根本没人知道他是谁，而且他们已经想睡觉了，"埃里克·伯顿回忆，"而他就那么弹起一段美丽、忧伤、旋律起伏的乐曲，最后发展为众人欢快的即兴。"这段即兴演奏后来有多少乐手参加说法不一，但是当晚有那么一段时间，台下昏昏欲睡的观众们很可能有幸看到吉米与"感恩之死"（Grateful Dead）的主唱罗恩·"猪圈"·麦克南（Ron "Pigpen" McKernan）、"杰弗逊飞机"（Jefferson Airplane）的吉他手约马·考克宁（Jorma Kaukonen）和贝斯手杰克·卡萨迪（Jack Casady），可能还有"感恩之死"的杰里·加西亚（Jerry Garcia）同台，演了《遛狗》（Walking the Dog）和《早上好小姑娘》（Good Morning Little Schoolgirl）。杰克·卡萨迪说："那时候还没有人成为传奇，蒙特利尔音乐节最特别的一点就是让所有的乐手都互相认识了。"星期日，"感恩之死"在台上演出时，吉米却在后台发起了一场即兴演奏，参加者包括詹妮斯·乔普林、"妈妈和爸爸"的"卡斯妈妈"（Mama Cass）、"谁人"的主唱罗杰·达特里（Roger Daltrey）、埃里克·伯顿和布莱恩·琼斯，大家一起唱了《佩珀军士》。"我们实在太吵了，比尔·格雷厄姆（Bill Graham）从台上跑过来说，'妈的闭嘴！你们要把乐手吵死了'。"伯顿回忆。

那个时候没有人能预料到蒙特利尔音乐节重要的历史地位，不过吉米明白这场演出是"体验"在美国的首次亮相，后面进展怎么样就看这次了。"对于吉米来说，回到美国有点奇怪的感觉，"尼尔说，"他走时搞的是翻唱节奏布鲁斯名曲的乐队，回来的时候却成了摇滚乐队，还带着两个白人。他的变化太大了。"吉米一直没能在美国取得成功，回来以后能不能成名也很成问题——就算他在英国那么有名，回了美国照样什么都不是。为了让自己在台上显眼一点儿，吉米花了整个下午在自己的 Strat 吉他上画满了色彩迷幻的漩涡状图案。

蒙特利尔音乐节组织很松散，星期日乐队的登场顺序并没有明确的安排，只定了"妈妈和爸爸"（Mamas and Papas）压轴，拉维·申卡[1] 第一个演,吉米和"谁人"什么时候上台还没决定。"吉米和'谁人'来到蒙特利尔的时候,我们都非常想引起注意,我们的演出时间都很短,我们是相互竞争的关系。我可真的不想在吉米之后演出。"皮特·汤曾德说。同理,亨德里克斯也不想在"谁人"之后演。"感恩之死"也被安排在那天下午演出,他们已经表态"什么时候演都行"。组织者约翰·菲利普斯最后让"谁人"和"体验"两支乐队投硬币解决问题,胜者先上台,负者随后。"谁人"赢了,吉米成了倒霉的输家。吉米用威胁的口吻对汤曾德说:"在你后面演,我一定会全力以赴的。"然后就忿忿地去找燃料了。"谁人"献上了一场精彩的演出,一举奠定了乐队在美国的星途。汤曾德在演出结束时异常愤怒狂暴地摔了吉他,碎片都溅到30英尺开外正拍着片子的彭尼贝克身上去了。

在后台,吉米遇到"布鲁斯计划"(Blues Project)的艾尔·库珀(Al Kooper)。两人谈起迪伦,库珀曾经给迪伦做过伴奏[2]。亨德里克斯邀请他和自己同台共演《像一块滚石》。库珀拒绝了。后来吉米又去了"妈妈和爸爸"的帐篷,和"卡斯妈妈"还有她的男朋友李·基弗聊了一会儿。基弗回忆:"后来奥斯雷出现了,于是吉米嗑了迷幻药。这可是真的好东西,绝不会有不良体验。"好像所有来蒙特利尔的人都吃了奥斯雷的迷幻药,吉米开玩笑说要是"感恩之死"在他前面演出就糟了,要是这样,嗑药的观众们在他演出的时候肯定高潮都已经过了。吉米控制了一下自己嗑药的时间,确保自己的高潮时刻将在演出中到来。

"体验"该上台了。布莱恩·琼斯上台报幕。"我想向你们介绍

1　Ravi Shankar（1920—2012）,对西方影响深远的印度西塔琴大师,特别与"披头士"的乔治·哈里森过从甚密。
2　《像一块滚石》录音版本中的风琴即是由艾尔·库珀演奏。

一位非常好的朋友，一个你们的同胞。他是个了不起的表演者，是我听过的最棒的吉他手——有请'吉米·亨德里克斯之体验'。"乐队先是演奏了《杀戮之地》和《狐狸精》。直到第三首《像一块滚石》，吉米才开始令观众们倾倒——当时他的专辑还没在美国发行，只有《像一块滚石》才是观众们熟知的歌。"成千上万的观众们都张大了嘴巴，"当天的观众保罗·波迪回忆，"我们从来没听过这样的东西，我们也从来没见过这样的人。"吉米那天穿着带花边的黄色衬衫，红色紧身裤，刺绣军装夹克，头上系着发带，他玩了用牙齿弹琴、在背后弹琴、在双腿之间弹琴等等这些平时惯用的把戏。当然，除了这些花哨的把戏，更重要的是他那些富于新意的歌曲，乐队的整体配合也功不可没，经历了七个月的巡演，三人之间的默契已经炉火纯青。"我们摧毁了现场，我们锁定了胜局。乐队在美国成功了。"尼尔说。

在《风在呼唤玛丽》末尾，吉米出了唯一一个错，他的吉他严重地走音了。但吉米不想换吉他，为了这个时刻，他还特意精心在吉他上画了画。他靠着不用保持音调的回授效果艰难地撑过了后面一首《紫雾》。接下来，他对观众说："现在我要牺牲一样我所热爱的东西，别以为我疯了，我没有丧失理智，我只能这样做。"然后他就弹起了《野小子》，他说这首歌是"英美结合的赞歌"。弹了两分钟，他拿起一罐罗森液体燃料把吉他点燃。浇燃料时，他分开双腿跨在吉他上面，最后跪下来，像巫毒祭司一样用手指拨弄着琴弦。吉米以前也这么做过，不过这次可不一样，台下有摄像机镜头，还有1200多个来报道蒙特利尔音乐节的记者，各种作家、评论家及各路报道者。吉米演出时皮特·汤曾德和"卡斯妈妈"一起坐在台下，吉米最后砸毁燃烧的吉他时，卡斯对汤曾德说："他偷了你的招牌动作。"汤曾德语带双关地说："不，他是在搞（这里有'做爱'

的含义）我的动作。"吉米下台后，身上还残留着燃料的味道，休·麦塞克勒[1]冲他尖叫道："你把他们全干掉了！"安迪·沃霍尔（Andy Warhol）和妮可（Nico）率先冲向来向他道贺。演出之前他们根本没注意到他，现在却左右开弓地亲吻着他的双颊，拥抱他，好像宴会女主人迎接刚进入社交界的少女那样。妮可后来说吉米在蒙特利尔的演出是她生平看过的"最性感的演出"。

蒙特利尔音乐节让吉米·亨德里克斯在美国成了明星，不过成果并不是立竿见影的。首先 D. A. 彭尼贝克的片子后来过了将近六个月时间才面世，现场报道者们的描述也花了一段时间才在全国流传开来。皮特·杰克逊给《洛杉矶时报》的报道中这样描述吉米演出的结尾："观众们马上就明白'吉米·亨德里克斯之体验'前途无量，当吉米离开舞台那一刻，他正式从谣传晋升为传奇。"基本上所有关于音乐节的报道都提到了"体验"，虽说也有非正面的报道，但都一致认为"体验"是音乐节上最令人难忘的乐队。吉米曾经怀疑自己能否能在美国成名，蒙特利尔音乐节给了他信心。"这是属于他的出场派对，"埃里克·伯顿说，"他已经准备好为自己树立丰碑。"

不是所有报道都持肯定意见，负面报道为吉米引起了不少争议，但对于一个刚出名的乐队，这样的争议是有好处的。罗伯特·克里斯戈（Robert Christgau）给《时尚先生》（Esquire）杂志的报道中称吉米是"迷幻汤姆大叔"，后来一手创办《滚石》杂志的简·温纳（Jann Wenner）为《作曲人》撰文称，"他以敏锐的节奏感和一点点戏剧性摆弄着手中的吉他，但他并不是传说中那么伟大的艺术家。"皮特·汤曾德觉得吉米太过依赖夸张的表演和奇技淫巧，对

1　Hugh Masekela（1939—2018），南非黑人爵士乐小号手，1950 年代末开始在英美两地发展。

他感到失望。"吉米上台去做了那么多我们做过的同样的花活，要知道那只是一些纯粹的小把戏而已，我觉得吉米其实比我想象的更乐于装疯卖傻，吸引关注，我真是小瞧他了。他其实根本不需要这样做。这些都是愚蠢的，娱乐界的垃圾。我当初开始砸吉他是把这种行为当做严肃的艺术概念，有着清晰的宣言在里面。"——不过汤曾德要是去找吉米讨论什么"宣言"不"宣言"的，吉米大概只会把吉他砸在汤曾德头上吧。

蒙特利尔音乐节结束后的那天，吉米在蒙特利尔机场遇到了汤曾德。为了缓解两人前一天的紧张关系，皮特说："听着，不是跟你治气，我真想留一块你摔碎的吉他当纪念啊。"亨德里克斯回了冷冰冰的一个眼神，说汤曾德是个"下贱白人"（cracker）。吉米很少用带有种族主义色彩的词去辱骂白人，但这次他是真的被激怒了，一连串脏话从他嘴里滔滔不绝地冒出来。汤曾德一时被吉米的谩骂吓傻了。在英格兰时，他们其实经常谈起"种族"在音乐中扮演的角色。汤曾德回忆："我们曾经说过一些这方面的话题，'滚石'和克莱普顿他们从美国拿来了黑人节奏布鲁斯，把它做成唱片卖回美国，好像它是英国人和白人的东西一样，而吉米又把它'收复'了。我们谈起这个话题时总是带着强烈的讽刺色彩，不过当然都是在双方能接受的范围之内。"蒙特利尔音乐节过去几个月后，汤曾德和吉米重新和好，这份友谊得以一直延续下去。但在蒙特利尔机场时，两人的确是满心怨毒，不欢而散。吉米在蒙特利尔音乐节上独领风骚，完全有理由兴高采烈，但他登机时还在为汤曾德的事生气，满脸都是痛苦扭曲的表情。或许这是他生平第一次意识到，名声的到来必然伴随着各种羡慕、鬼蜮与妒忌。

蒙特利尔音乐节为吉米带来了不少媒体曝光机会，但名与利往往不能同步到来。音乐节后，桑恩扩音器（Sunn Amplifiers）公司和他们签了合同，为他们免费提供设备，迈克尔·葛德斯坦（Michael Goldstein）和他们签约，负责乐队在美国的宣传事宜。但他们还是没什么演出机会。唯一一次演出是比尔·格雷厄姆邀请他们在自己在旧金山经营的费尔默剧场（Fillmore）做几次开场演出。他们只作为开场乐队演了一晚，观众们的反应实在太强烈了（要知道在他们后面演出的包括詹妮斯·乔普林的"老大哥"），于是他们被改为演出的招牌乐队演了一星期。几次演出下来，吉米认识了詹妮斯，传说演出间隙他们在费尔默后台的洗手间里做爱了。虽说这件风流韵事没有被双方当事人正式证实，但双方的乐队成员都相信这是真的。吉米在伦敦时同凯西·埃金汉姆住在一起，但在外面演出时他一贯表现得像是个单身汉。詹妮斯肯定乐意配合，来者不拒，说不定还是主动求欢的人。两个正在崛起的超级巨星在费尔默后台背靠着墙匆匆寻欢，这一幕已经成了费尔默传奇史的一部分，和舞台上曾经奏响的音乐一样永远留在人们心中。

7月初乐队在洛杉矶的圣芭芭拉有一场演出，乐队在洛杉矶的首次亮相是在著名的"威士忌 A Go Go"酒吧。"威士忌"的演出吸引了不少明星大腕前来观看，其中包括"卡斯妈妈"和吉姆·莫里森。传奇摇滚骨肉皮帕米拉·德斯·巴里斯（Pamela Des Barres）那天也在"威士忌"，她觉得这场演出标志着吉米在洛杉矶的走红："这场演出之前没有人知道他是什么人，之后所有人都认识他了。"后来吉米向德斯·巴里斯求欢，正在骨肉皮生涯早期的她惊讶地发现他性感到自己都有些受不了。"他浑身散发出性感的诱惑，"她回忆，"他身上显然有种磁场，我那时候可做不到。"后来在月桂谷的一次派对上，吉米遇到了更加棋逢对手的德文·威尔逊（Devon Wilson）。她是个高大迷人的黑人女子，是摇滚界第一批"超级骨肉皮"。她原名艾达·马伊·威尔逊，15 岁那年改名德文，成了街头妓女。1967 年，她成了专和摇滚乐手睡觉的骨肉皮，其后三年间她一直断断续续地充当吉米的床伴。德文不仅美丽，而且非常聪明，她长得有点像约瑟芬·贝克[1]，但身材还要更好。她经常吸毒，弄得自己形容憔悴，要不然她本来可以当上模特的。不过她发现和炙手可热的摇滚明星们混在一起可以得到自己想要的权力与身份。于是她一看到吉米就对他展开了不屈不挠的追求。

"威士忌"演出翌日，"体验"飞往纽约在俱乐部里演了两场，接着又飞到佛罗里达州的杰克逊维尔参加"蒙奇"（Monkees）乐队的巡演，为他们担任开场乐队。这个演出机会是迈克尔·杰弗里安排的，他通知查斯·钱德勒时，钱德勒的反应是："你他妈的疯了吗？""蒙奇"是个风靡一时的流行乐队，他们整个巡演的票都被一抢而空，但"蒙奇"和"体验"的联合巡演堪称摇滚史上最奇怪的组合之一。"我们的观众显然不怎么待见他。""蒙奇"的贝斯手彼得·托克（Peter Tork）说。其实，整个演出中"体验"只赢得了四个新歌迷，就是"蒙奇"的四个成员。"我们都提前到场，在后台看他演出，"托克说，"他弹得非常巧妙。我喜欢看他双手的动作，他弹起琴来太轻松了，好像根本就没在弹琴一样。"托克觉得吉米弹起琴来简直就是举手之劳，就像女王出行挥手一样，非常简单的动作，做一整天都不会觉得累。"大多数吉他手弹琴时双臂总会很紧张地弯曲着，"托克说，"但其实你越放松，你能表达的范围就越宽广，吉米就是这样，他显得非常非常轻松。"

吉米喜欢弹琴，但他的心情并不好，他觉得给一个十几岁小孩子们才喜欢的乐队暖场对于自己来说是一种倒退。虽说"蒙奇"能提供用之不竭的上好大麻，但他还是不怎么喜欢这次巡演。钱德勒

1　Josephine Baker（1906—1975），舞蹈家、社会活动家。

要求演出主办者允许"体验"再演八场就退出。虽说当时的吉米已经受到很多争议，钱德勒好像还嫌不够，他发布了一条媒体通稿，伪称一个名叫"美国革命之女"的组织指责吉米的表演"太色情"，因此"体验"被开除出巡演。"美国革命之女"的成员们可能的确不怎么喜欢吉米，但这份媒体通稿的内容完全是捏造的。不管怎样，因为演出太过色情而被开除出巡演，这可是极好的新闻素材，《新音乐快报》很快报道此事，题为"亨德里克斯：是退出还是被逼走？"于是进一步炒起了争议。

退出巡演后，"体验"的日程安排便出现了一个很大的空档。他们用这段时间来到纽约录音，同时也预定了几场俱乐部的演出。愿意接受他们的地方不多，其中就有"Au Go Go"咖啡吧。不到一年前，吉米还在那里用吉米·詹姆斯的名字在那里演出。那时候的他还只是个无名小卒，给约翰·哈蒙德伴奏，被小威尔斯欺辱。场地实在太小，演出获得的报酬远不如"体验"在英国能挣到的钱。但是能看到他们的海报每天晚上都挂在街头，吉米一定有种凯旋的感觉。吉米回纽约做的第一件事就是找到查尔斯·奥蒂斯，还了当初去英国时借的 40 美元。堂堂正正还债的感觉当然很好，不过更好的是他终于闯出了名堂，做到了他在格林尼治村曾经对所有人宣告过的事情：他做到了那看似不可能的事，他从伦敦回来了，他成了超级明星。

第十七章　黑色噪音

纽约州，纽约

1967 年 8 月—1968 年 2 月

　　他不用手弹，只是踩着哇音效果器踏板，把这股噪
音变成扭曲的旋律。贝斯和鼓的音量开到最大，营造出
黑色噪音的墙壁，给双眼和耳膜都造成强烈的冲击。

　　　　　　　　——《纽约时报》上的文章《黑埃尔维斯?》

　　　　　　　　　　　　　　　　　　　　1968 年 2 月 23 日

　　接下来的一个月"体验"都在纽约的俱乐部里演出，于是吉
米有时间联系他在哈莱姆区的朋友们了。哈莱姆区的人都不怎么关
心英格兰的音乐状况，吉米特意带去一张英国发行的《你可曾体验
过》，向朋友们证明自己确实在英国引起了轰动。"我们都不知道他
已经成名了，"坦德-拉·阿里姆说，"我们觉得詹姆斯·布朗很成
功，我们不知道吉米是不是也那么成功，因为我们根本就没听说过
这回事。"阿里姆兄弟觉得他身上的打扮很奇怪，但等吉米从口袋
里掏出一大把 LSD 药片，他们马上就明白面前的吉米已经不再是
过去认识的那个羞涩的男孩了。他们听着他的专辑，仍然不大敢相

信吉米已经成了大明星。"我们以前总是觉得，'可怜的吉米，他不会成功的'。"塔哈卡说。那时候阿里姆兄弟是哈莱姆音乐圈里的的知名乐手，他们安排吉米会见了著名黑人 DJ 弗兰基·克洛卡（Frankie Crocker），希望能让吉米的专辑在黑人电台播放。克洛卡讨厌这张专辑，所有参与了这次见面的人最后都很尴尬，吉米垂头丧气地离开了。

一天晚上，吉米和阿里姆兄弟一起去了"小人物天堂"，觉得自己没准儿能以胜利者的姿态故地重游一番，结果发现自己身上那些在旧金山买的奇装异服和身边黑人们的装束格格不入，别人都嘲笑他。吉米差点和周围的人打起来，阿里姆兄弟赶快帮他道歉。坦德 - 拉回忆："吉米戴着大大的巫师帽，我们所有人戴的都是窄沿小帽。他穿着肥大的喇叭裤，别人都穿瘦腿裤。不管我们穿什么，他都要和我们不一样，他头发比我们长，裤子比我们肥，什么都比我们多出一点。他这一套在黑人社区里可不怎么吃得开。"

吉米在格林尼治村受到的待遇显然更好些，那里很多人都听到了英国进口的"体验"单曲碟。巴兹·林哈特家里音乐终日不绝，迷幻药也随时免费供应，吉米在那里被奉为上宾。"我们有差不多一吨的黎巴嫩大麻，是有人用私人飞机运回来的，"林哈特说，"吉米随时都会过来，还有迪伦、罗杰·麦克奎恩[1]、大卫·克劳斯比[2]这些人。"吉米经常过来，也许是想遇到迪伦（不过他总是错过机会），也许只是想抽大麻，客人们也经常即兴演奏音乐。有一天晚上，吉米嗑了迷幻药，一连弹了八小时琴，其他来做客的乐手们都不得不佩服他的体力。

1　Roger McGuinn（1942—），原名吉姆·麦克奎恩，"飞鸟"乐队歌手、吉他手。
2　David Crosby（1941—），"飞鸟"乐队歌手、吉他手，后组成"克劳斯比、斯蒂尔斯和纳什"。

其实吉米离开这一年间，格林尼治村也发生了很大变化。"垮掉派"开始被嬉皮、瘾君子和花童们取代。服装风格，使用药品的方式和音乐成为青少年之间划分阵营的标志，种族的藩篱在反文化运动中反倒不那么重要。那个月"体验"在"拯救"俱乐部（Salvation Club）演了两个星期，有空时，吉米开始经常光临早期摇滚杂志《龙虾》（Crawdaddy）的编辑部。有的乐手可能希望主动去影响媒体，吉米却从不以此为目标："我们谈的都是音乐，但有时候他只是随便进来抽大麻，"《龙虾》的编辑保罗·威廉姆斯回忆，"一旦进入一个大家一起使用迷幻药的状态，所有人便都成了共犯，同时也构成了一个瘾君子团体。在那时，吉米和白人嬉皮们呆在一起要比和黑人们在一起更安全、更舒服。"吉米成了《龙虾》的铁杆支持者，后来杂志刊登了他的一幅照片，配发一篇短短的文章，吉米马上拿了一大摞杂志，拿到附近"飞鸟"（Byrds）的演唱会上分发给观众们，也许一边发，嘴里还在一边叫着"我是吉米·亨德里克斯，这杂志上有关于我的文章"吧。观众中只有寥寥几人好像认出了他。这件事说明吉米此时在美国依然默默无闻。在伦敦，歌迷们追着他走过整条街，就是想摸摸他的头发，回到美国，他还得自己到处派发杂志做宣传。

8月时吉米遇到老队友柯蒂斯·奈特，给他放了《轴心》的小样。"我真的在做大事呢。"吉米说。两人打算共进晚餐，可是吉米没有现金。奈特建议吉米去找艾德·查普林借钱——就是那个1965年以1美元的预付款和吉米签约的制作人。

凌晨两点，奈特和亨德里克斯闯到查普林家去把他叫醒，三点钟三人一起去了饭馆吃宵夜。那天晚上发生的事情说奇怪其实也不奇怪，只是反映出吉米天性中矛盾的本质而已：他永远把音乐本身置于音乐工业之上。他体内似乎存在某种基因，让他只能活在当下，活在此时此刻，正是这种特质赋予他创造力，同时也让他没有能力去周详地考量商业合同之类的东西。几年前吉米和查普林签下的合同此时已经开始困扰着他——吉米在英国刚出名时，查普林就已经在想办法诉诸法律中止"体验"的录音了。换言之，此时的查普林和吉米其实是对簿公堂的敌人，可是吉米见了他却像见了老朋友一样，脸上也丝毫不见敌意。

查普林回忆，那天晚上他和吉米、奈特三人的晚餐气氛非常友好，他还借了吉米一小笔钱。吉米做了一个令人难以置信的决定，不过这个决定却是确确实实地被磁带录下来了——他三更半夜来到录音室，给查普林录了六首曲子。录音过程中，吉米警告查普林发行时绝对不能署他的名字。"不能……不能把我的名字放在上面，"他警告，"这东西无论如何不能署我的名字。"查普林回忆吉米那天很好说话，一点也不像一个正在和自己打官司的人。"他喜欢我1965年给他录音的方式，于是1967年他就回来了。"查普林说。吉米好像非常乐于展示使用哇音效果器踏板的效果。查普林最后还是把这些录音冠以吉米的名字发表，无疑令双方的官司更加复杂化了。这次录音真是够奇怪的了，更奇怪的是8月时吉米又来了一次，又和奈特一起给查普林录了一次音。

8月，"体验"在纽约演了几次，在美国各地也演了寥寥几场，其中包括在好莱坞剧场为"妈妈和爸爸"开场。8月21日，他们回到伦敦，这是三个月来他们第一次回到英国。两家主要报纸媒体很快报道了他们回英的消息，他们还上了好几次电视，宣传乐队在英国推出的最新单曲《午夜之灯的燃烧》（Burning of the Midnight Lamp）。吉米和埃金汉姆幸福地重聚，但没过一会儿就因为她的厨艺吵了起来。

1967年9月1日，《你可曾体验过》终于由"重奏"唱片公司

（Reprise Records）在美国发行。美国版删去了《红房子》《你能看见我吗》（Can You See Me）和《记得》（Remember），但收入在英国版作为单曲发行，没有收入专辑的《嘿，乔》《紫雾》和《风在呼唤玛丽》。有两首歌的名字被改掉了，《狐狸精》的"Foxy"被误拼为"Foxey"，《你可曾体验过》歌名后面被添了一个问号，唱片的题目也同样被添了个问号。唱片在美国获得的反响大都是积极的，特别是发表在地下媒体上的评论。但也有一些负面的评价，证明吉米的风格还是过于革命性了一点。查斯·钱德勒看到《纽约时报》上有一篇刻薄的评价，当时就觉得让吉米先到英格兰发展是正确的选择。这篇报道写道："唱片本身无异于一场噩梦秀，充满欲望与痛苦。"文章对唱片封面的评价更低，写道："三人面带冷笑，顶着蓬松的头发，有点超现实的雌雄同体感，强化了颓废堕落的主题。"英国媒体也用过很多疯狂极端的词来形容吉米，不过像《纽约时报》那样说他是"雌雄同体"还是头一回。几个月后，《纽约时报》上又发表了一篇称颂吉米的文章——那时的吉米已经大受欢迎，媒体再也不能随意贬低他了。

好在美国的"年轻一代"对摇滚乐手的看法并不受主流媒体那些愤怒的作者们所左右。更有影响力的是调频电台，《你可曾体验过》很快就在电台成了经常被点播的曲目。美国和英国与欧洲大陆的情况不同，在英国和欧洲大陆，吉米是（更主流一些的）明星，经常上电视，单曲常常在商业电台播放。在美国，专辑的走红也有部分受益于被《纽约时报》抨击为半男不女的那张鱼眼封面。很少有摇滚明星像吉米那样上相，不管从哪一个角度拍照，他都显得那么英俊，但这张卡尔·弗里斯（Karl Ferris）摄影的照片可以说是十年来最优美的迷幻照片之一。照片采取仰角拍摄，视角仿佛是在吉米的胯部，使整个乐队显得有种爱丽丝漫游奇境的感觉，让观者觉得封套之内有一个充满幻觉色彩的世界在等待着。奇异的封套与石破天惊的音乐让这张专辑很快成了"重奏"史上卖得最快的唱片，销量超过了"重奏"最大的明星弗兰克·辛纳特拉。从小在西雅图长大的吉米也崇拜过迪恩·马丁和辛纳特拉这些低声吟唱风格的歌手。他从没想过自己有一天能够超越辛纳特拉，这真是里程碑般的成就啊。

回英格兰不久后，亨德里克斯和凯西·埃金汉姆搬进了上伯克利街的一处公寓，仍然是和查斯以及他的女友同住。查斯占了新居里最好的房间。虽然吉米现在是大明星了，但查斯仍然是他的老板，两人的关系有点乱七八糟，查斯是吉米的艺术指导、引路导师、朋友、雇主，有时候还得充当吉米的保镖。有一次在酒吧里，查斯用拳头狠狠揍了一个威胁吉米的醉汉。"他们一起聊科幻小说，也一起玩冒险棋，"艾迪·克拉默说，"吉米深深信赖查斯，他走进录音室的时候，总是相信查斯能帮自己实现梦想。"不过就算两人之间这么亲密，他们在录音室里也常常吵架，这是典型的经纪人和喜怒无常的艺术家之间的争吵。"吉米开始施展自己的权力，"巡演经纪人尼维尔·切斯特回忆，"那时候，他知道自己想要什么，也知道自己想要什么样的音乐。查斯希望歌曲紧凑短小；吉米希望歌曲尽可能地延长、伸展。"和钱德勒在一起的第一年，吉米听任查斯做出大部分决定，他基本上只是个搭便车的乘客，但是等到他开始成名，就不愿意再对钱德勒言听计从。

乐队的组织结构有点像个功能失调的大家庭。迈克尔·杰弗里负责大部分商业上的安排，钱德勒开玩笑说他像是父亲的角色，钱德勒则总是被视为一个地位较低的合作者。他们的办公室开始支付乐手和他们的女友们的私人花销，虽然总有稳定入账，却总是入不敷出。"我得给他们付房租，"办公室主管特里克西·苏利文说，"他们去哪儿都打车或者租车，让公司出钱。"杰弗里在办公室里的主要任务就是向天天追债的债主们赖账，钱德勒可干不了这个。为了挣点钱，1967年9月乐队在欧洲做了一次短暂的巡演。他们在瑞典已经成了巨星，仅在斯德哥尔摩就卖出了一万六千多张票。

在英国，《午夜之灯的燃烧》成了吉米第一首没能打进前十名的单曲，不过乐队之前的几首金曲还在广播里播放着。10月6日，BBC电台现场录制了乐队的一场演出，录音结束后大家欢快地即兴演奏，史蒂夫·旺德（Stevie Wonder）打鼓，吉米和尼尔弹琴。10月乐队继续录制《轴心》，断断续续地在英国做了几场演出，主要是在北部。尽管他们在伦敦已经成了明星，但在一些边远城市上座率还是很低。有一次吉米对听众开玩笑："谢谢你们两位。"

10月底，《轴心：像爱一样勇敢》录制完成。专辑计划在英美两地使用同样的封面。负责宣传的托尼·加兰德找来了一幅非常有宗教色彩的图画，后来就成了专辑封面。亨德里克斯起先不喜欢那种印度风格的设计。"你搞错了，我不是这种印度人。"他说。不过后来他也开始喜欢上了这种艺术化的封面，也许是因为它能符合专辑音乐中的迷幻色彩吧。"音轨"唱片公司为这张封面支付了5000美元制作费。

很多乐队的第二张专辑质量都会大幅下降，但《轴心》却是吉米更成熟的作品，是一种全新的、更有整体感的音乐。1966年，歌手基姆·弗雷（Kim Fowley）问吉米他心目中的音乐是什么样的，吉米的回答正好适合为《轴心》充当注脚——"科幻小说摇滚乐"。专辑的第一首歌名叫《EXP》，其中吉米假装成格林尼治村的朋友保罗·卡鲁索，在广播里聊关于UFO的话题。虽然专辑中的歌曲并不是以科幻小说为主题，但听上去非常梦幻，有点来自外太空的感觉。在录音室里，吉米逐一试验着梅尔发明的各种效果器，声像移动（panning）、立体相移（stereo phasing）……"我们什么都能做，或者说我们什么都愿意为他去尝试，"艾迪·克拉默说，"我们的规则就是没有规则。"

录《轴心》时，吉米对录音室更熟悉了，但他对唱歌还不那么拿手。每首歌都是乐队先录乐器演奏的音轨，然后加上人声。轮到吉米唱人声部分的时候，他坚持把骨肉皮和无关的人都赶出去。就算这样，吉米仍对自己的声音不满意。在《西班牙城堡魔力》（就是关于西雅图传奇俱乐部"西班牙城堡"的那首歌）末尾，他嘟囔道："我唱不了歌。"可是一到吉他的部分——比如《小翅膀》（Little Wing）里面那段精致的演奏——他就完全无所畏惧了。

钱德勒和杰弗里起先想给乐队起名叫"吉米·亨德里克斯与他的体验"（Jimi Hendrix and His Experience），后来觉得这个名字有歧义，就换了"吉米·亨德里克斯之体验"，但在录制《轴心》过程中，用"吉米·亨德里克斯与他的体验"来描述吉米和乐队的关系真是再合适不过了。吉米对雷丁和米歇尔抱怨说希望他俩更出力，但等他俩真提了主意，却常常遭到粗暴的拒绝。虽然吉米允许尼尔的《她真美》（She's So Fine）出现在《轴心》里，但没有同意把这首歌作为单曲发行，让尼尔有些记恨在心，等于为乐队未来的不和埋下了一颗种子。尼尔还抱怨吉米录音时总是非要告诉他贝斯部分应该怎么弹，有时甚至在混音时把尼尔的部分剪掉，自己亲自弹贝斯。吉米这么做主要是出自完美主义，如果他会打鼓的话，肯定也会对米奇做同样的事情。

《轴心》最后的混音结束后，吉米却在发行之前又去录音，剪出《天使》（Angel）的小样。这首歌反映出他在创作时开始愈来愈多地表现自己的生活与内心，《西班牙城堡魔力》和《沙之城堡》都是这样的。吉米没有直接描述"天使"是什么样子，只是说她是一个"来自天堂"的女人。其中一句歌词是"孩子在旭日中看到银色翅膀的剪影"。《天使》和《小翅膀》的主题其实是一样的,都是讲一个女人从云端走下来,注视着歌中的主人公。有个记者让吉米解释一下《小翅膀》的意思,吉米说这首歌是在蒙特利尔写成的。"我想我是把周围的一切提炼出来,也许是综合成一个女孩的形象……我把它叫做《小翅膀》,然后它就可以飞走了。"吉米的回答掩盖了两首歌真正的主题,它们其实是他内心的自白。后来他告诉弟弟里昂,两首歌都是关于他们的母亲露西尔的。

1967 年 12 月 1 日,《轴心:像爱一样勇敢》在英国正式发行(一个月后在美国上市)。英国评论界顿时好评如潮。"毫无疑问是一张热门唱片。"《唱片之镜》写道。《作曲人》的评论更是极尽赞美,简直就像在鼓吹新的宗教崇拜:"真是太棒了。让你的耳朵大吃一惊,让你的心为之战栗,让你的眼睛眨个不停,随便你爱怎么样都好,像你从未有过的那样沉浸在亨德里克斯的世界里吧。"吉米自己对专辑的描述也很玄妙:"我们想让这些怪异的歌曲进入另一个空间,所以采用了这些如同天空般的效果,好像真的是天堂掉下来的。"

《轴心》推出之际,"体验"正在英格兰巡演,几乎没什么时间庆祝新专辑的成功。这次巡演是和"平克·弗洛伊德""行动"(Move)和"美好"(Nice)三支乐队合演,第一站在伦敦皇家艾伯特大厅举行。演出被命名为"炼金术婚礼",或者是因为参演几支乐队的诡异本质,以及他们音乐中的迷幻药因素吧。吉米看到"平克·弗洛伊德"的主唱和吉他手希德·巴瑞特(Syd Barrett)总是郁郁寡欢,就给他起了个外号叫"大笑的希德·巴瑞特"。休·诺兰为《唱片》(Disc)杂志撰文道:"吉米歇斯底里的兴奋演出肯定是流行音乐演出里最杰出、最充满激情、最令人战栗的压轴,也许只有'披头士'才能匹敌。""体验"的巡演还是那么艰苦,仍然是经常每夜演两次,这次巡演，他们在二十二天里演了三十二场。

吉米在巡演途中度过了自己的 25 岁生日，工作人员给他买了生日蛋糕。回到伦敦，埃金汉姆送给他一条短腿猎犬作为生日礼物。吉米给她起名叫"埃塞尔·弗伦"，不过一般都叫她"耳朵女王"。吉米经常说起自己小时候养的那只名叫"王子"的狗，埃金汉姆送他这只狗，就是为了帮他找回美好的童年回忆。不过"王子"是只很独立的狗，"埃塞尔"却连自己在家大小便都做不到。吉米和凯西有时到海德公园去遛狗，这一幕肯定会引起路人围观吧。后来这只狗长得太肥，他们小小的公寓养不下了。埃金汉姆找了一户乡下人家，把埃塞尔送走了。

忙于巡演的 1967 年已告尾声，筋疲力尽的感觉开始袭上吉米心头。年底《作曲人》对他进行了采访，吉米说，在自己直线上升的成名过程中，第一次感觉到疲惫："我想休息六个月，去上音乐学校。我已经厌倦了写东西，觉得再也写不出来了。我想给音乐配上些太空题材的神话故事。"他还说自己希望米奇和尼尔继续作为乐队核心，但也希望加入其他乐手作为补充。

为了克服疲劳，乐队更加频繁地交替使用兴奋和镇定的药品，几乎每天睡觉起床都得靠它们。尼尔·雷丁在回忆录中写道，他们开始比着嗑药，"我吃得比你多。"吉米服药的用量比他和米奇还有工作人员们都多，如果尼尔吃两片，吉米就吃四片。乐队热衷嗑药的名声开始吸引毒品贩子和骨肉皮们把各种毒品样品带进他们的后台休息室。尼尔记得有人说给他可卡因，其实是海洛因，他用鼻子吸了一点，结果恶心得不行。

1 月份乐队来到北欧斯堪的纳维亚巡演，疲劳感进一步加剧了。来到瑞典第一天，吉米演出前喝得酩酊大醉，把宾馆房间砸得一塌糊涂。雷丁在回忆录中写道："我们都烂醉如泥。吉米和那个瑞典同性恋记者混在一起。也许是那个记者给吉米出的主意，吉米建议我们来个四人群交。"雷丁说这个主意实在太荒唐，但那个瑞典人一再坚持。后来没有什么性事发生，只是吉米把酒店房间砸了。为此他遭到逮捕，缴纳罚金后才被释放，光是法律诉讼的费用就花掉了乐队巡演所得的1/3。这件事让乐队在经济上损失不少，但更大的代价是吉米在媒体上受到了羞辱——1968年，流行歌星破坏酒店房间还没有那么司空见惯，是很尴尬的一件事。

巡演途中，吉米和尼尔起码睡过好几百个姑娘，他们经常在睡骨肉皮这方面竞争一番，这是他俩之间的长期较量。尼尔·雷丁在回忆录《你可曾体验过？》中形容巡演就是"纵欲无度"。除了那个瑞典记者的事，还有很多段子暗示吉米可能有双性恋倾向，令他吸引女人的那些东西有时候也会让他在男人眼中很有魅力。吉米至少有两次主动向同性求欢，虽说是在他嗑了很多药的情况下发生的——有天晚上，"克劳斯比、斯蒂尔斯、纳什和杨"（Crosby, Stills, Nash and Young）的鼓手达拉斯·泰勒（Dallas Taylor）接到女朋友电话让他过去。泰勒赶到时，发现自己的女朋友正和吉米躺在床上，两人都嗑了药，一丝不挂。"我的心都碎了。"泰勒说。不过更震惊的还在后头，吉米邀请泰勒和他们一起三人行，泰勒断然拒绝，拂袖而去。阿瑟·李也说吉米有一次想拉自己三人行。这两件事不知是因为吉米真有双性恋倾向，还是嗑了药胡闹而已，反正如今已经不得而知了。

关于"体验"在巡演途中的放纵狂欢，很奇怪的就是他们和骨肉皮打成一片，常常在后台众目睽睽之下就做爱，还经常交换性伴。"他们彼此共享那些姑娘，"他们的办公室主管特里克西·苏利文说，"姑娘们先是和巡演工作人员睡觉，然后就可以往上爬。"吉米总是把"自由恋爱"挂在嘴边，好像这是他的人生信条，不过自由也有代价。"最搞笑的是有一次我们把他们大家全送去看医生，因为有个骨肉皮有淋病，把他们全传染了。"苏利文说。在艾滋病盛行之前的年代，这样的滥交仍然有可能带来不少麻烦：淋病之类的性病、嫉妒引起的忿怒，还有怀孕。吉米最怕的莫过于最后一件事，不过没有让他怕到使用避孕措施的地步。

在瑞典巡演途中，吉米和一个名叫爱娃·桑德吉斯特的女大学生好上了。他俩是"体验"上次巡演在火车站认识的，吉米对她展开了狂热的追求，甚至在舞台上直呼她的名字，宣告自己住在哪家酒店，等着她过去。"他会事先把他的巡演安排告诉你，"桑德吉斯特在接受《每日邮报》采访时说，"我当时和父母住在一起，父亲不同意我和他交往。吉米从不到我家来，总是我到各种酒店去找他。他一直都是个完美的绅士，非常善良和贴心。"桑德吉斯特说，1968年1月，正是在吉米因破坏酒店房间遭到逮捕的那次巡演途中，她把处女之身交给了吉米。

1月底，"体验"出发去美国进行他们的首次大型美国巡演。《你可曾体验过》在美国已经卖出一百万张，非常流行，但是《轴心》在美国得到的评价就比较不温不火。《滚石》说吉米的声音听上去像"垃圾堆"，他的歌"基本上很乏味"，还说他唱歌实在是太吃力了。其他的评价并不这么露骨，不过评论界普遍承认吉米是"最伟大的摇滚吉他手之一"，但对于他的整体艺术性与歌曲创作水平不是忽视就是低估。不管怎样，吉米·亨德里克斯的形象被固定为吉他之神，很难再有所改变了。

吉米在美国的宣传负责人迈克尔·葛德斯坦受命制造"一个事件"，来为美国巡演揭开序幕。他举办了一场名为"英国人来了"的新闻发布会，杰弗里和钱德勒旗下的另外两支乐队"软机器"（Soft Machine）和"动物"也加入到发布会中。葛德斯坦打算让三支乐

233

队乘着直升机在泛美大厦楼顶着陆，新闻发布会就在那里现场进行。结果当天的天气状况不适合直升机飞行，这个计划也就告吹了，乐队只能坐大巴赶来，不过毕竟还是吸引了十几家杂志和广播电台到场采访吉米。

采访者中就有《龙虾》的迈克尔·罗森勃姆（Michael Rosenbaum），吉米对他讲了很多关于自己的信仰。在大多数时候，特别是接受音乐杂志采访时，吉米总是用很街头的腔调说话，每说一句就加点"棒极了""你知道""酷！"之类的口头禅。这些话让他显得很嬉皮，也让他显得有点难以捉摸。他再次讲起"美国革命之女"逼迫他退出"蒙奇"巡演的事，还说"那些小孩子们还挺迷我们的"。谈起《像爱一样勇敢》这首歌，吉米说，特定的颜色可以同特定的情感相搭配，他想做的就是把这些色彩用吉他弹出来。他说《轴心》里只有《像爱一样勇敢》《小翅膀》和《爱人小姐》（Little Miss Lover）这三首歌是他自己喜欢的，还说"我们下一张专辑绝对会是我们自己想要的样子"。没有任何乐手会用这样的话来这样宣传自己的新专辑，宣传人员赶快过来制止他的这番即兴讲话。

美国巡演从旧金山的费尔默和"冬日土地"两处场地开始。迈克尔·林顿（Michael Lydon）在《纽约时报》上发表题为《黑埃尔维斯？》的文章盛赞这场演出。在旧金山，吉米发现自己的名字在演出海报上位居艾尔伯特·金之前成为首席。亨德里克斯第一次见到金是在纳什维尔，被约翰尼·琼斯领着。如今艾尔伯特·金竟然为他开场，这一定会令他百感交集吧。金后来说两人再次见面时感觉很好，不过他也不会在舞台上向任何人示弱。"那天晚上我给他好好上了一堂布鲁斯课，"金后来对《乐手》（Musician）杂志说，"吉米在舞台上摆了一排按钮，还有一大堆音箱，一个摞着一个。他踩一个按钮，就冒出点动静来……但你得静下心来好好搞布鲁斯，他的那些曲子我都能很轻松地弹下来，我的曲子他就弹不了。"其实吉米弹了一首名叫《鲶鱼布鲁斯》（Catfish Blues）的慢歌，是在"泥水"的《小大人》（Mannish Boy）基础上的进化，非常精彩。金肯定是错过了这一段吧。

旧金山的观众们可不会同意艾尔伯特·金的看法。比利·格雷厄姆在回忆录《比尔·格雷厄姆出品》（Bill Graham Presents）中说，吉米"是顶级骗子与顶级技师的结合，更有着极为强大的感情力量"。格雷厄姆觉得吉米那种超越种族的魅力是独一无二的。"继奥蒂斯·雷丁之后，吉米是这个国家史上第一个能令众多白人女子忘掉他的种族，渴望他的身体的黑人……继奥蒂斯之后，他是美国白人世界里的第一个黑人性感符号。"格雷厄姆的话的确不假，吉米的女歌迷与日俱增，她们崇拜他高超的吉他技巧，更爱他散发的性感魅力。

旧金山演出结束后，"体验"在加州演了几场，最后一场是2月11日在圣芭芭拉的演出。票几乎售罄，吉米终于证明了自己在美国也可以像在英国一样受欢迎。但是演出结束不久，尼尔却发现吉米紧张兮兮，心神不宁，看了巡演日程安排，尼尔恍然大悟——巡演的下一站正是华盛顿州的西雅图。

第十八章　新音乐空间震荡

华盛顿州，西雅图

1968 年 2 月—1968 年 5 月

　　亨德里克斯就像"窒闷空气"一样，是新音乐空间震荡中的艺术强音。若要忽略他那野蛮的布道，我们便会对原始火焰核心地带的丛林中所潜伏的新意义一无所知。

　　　　　　　　　　　　——汤姆·鲁宾斯发表于《螺旋》

　　1968 年年初"体验"第一次大型美国巡演期间，吉米·亨德里克斯的生活彻底成了巡演乐手那种流动性的生活方式。"体验"在五十一天里跑了四十九个城市，不是在舞台上，就是在赶往舞台的路上。巡演经纪人尼维尔·切斯特估计整个巡演途中自己开车跑了18000 英里，而乐队全年行驶的总路程达到了 54000 英里。他们的日程一直都是暴风骤雨般的密集，往往是长途跋涉赶到演出地点，下了台马上又得上路赶往下一处。他们一直都很缺钱，所以迈克尔·杰弗里觉得不能推掉任何演出，就算是让乐队整夜赶路也在所不惜。就拿 1968 年西雅图这场演出来说，"体验"要先从圣芭芭拉

236

飞往西雅图，翌日一早就得飞回洛杉矶。有时候他们能坐飞机，但大多数时候还是得坐车赶路，不得不一起挤在租来的车子后座上挨过旅途中几个小时的无聊时光。

整次巡演中最让吉米紧张的当然莫过于2月12日在西雅图中心体育场的演出。他已经整整七年没有回过故乡，上次一别以来，各种情况已经发生了天翻地覆的变化。1961年他回家时还是身穿军装的士兵，此后生活中就发生了各种各样的事；他的家庭也有了很大改变，父亲再婚后，吉米添了个新继母，还有五个弟弟妹妹。离开家乡时，他的亲弟弟里昂还是个孩子，如今已经成了个20岁的帅小伙，不过还没有开始独立的成人生活。里昂当过街头皮条客，在城里一家舞池外面拉活儿，如果吉米不离开西雅图，等待他的大概也是同样的命运吧。另外，西雅图的演出虽然是直到最后时刻才敲定的，宣传期只有一周而已，但票却已经销售一空，这就更让吉米紧张了。

演出前一周，承办人帕特·奥登给吉米打了电话，问他在西雅图有没有什么特别想干的事情。吉米说自己想给加菲尔德中学的学生们免费演出一场。奥登答应尽量安排。谈话中，吉米觉得奥登好像说过自己有望获得西雅图的荣誉城市钥匙，但是后来却没有这回事，奥登也说自己没说过这话。不管怎样，那个星期吉米接受《星期日镜报》访谈时的确声称自己即将获得这一荣誉，他说自己在西雅图的命运和待遇发生了这样巨大的改变，让他自己也惊奇不已。"过去我在这个城市顶多只能指望得到牢房的钥匙。"他说。的确，1960年他离开西雅图是因为坐在一辆赃车里，一度面临五年监禁的指控。如今他的演出一票难求，他像个英雄那样衣锦还乡。

演出当天下午，他们的飞机抵达西雅图，吉米是最后一个下飞机的人。里昂和其他家庭成员一样，也有好几年没见过他了，一看哥哥的打扮，他也和其他人一样惊讶："他戴着一顶大帽子，穿着红色丝绒衬衫。满脑袋的头发就像野人一样!"里昂则戴着一顶窄沿小帽，穿着瘦腿裤，跟哥哥正好相反。艾尔的样子也让吉米大吃一惊——父亲老了很多，生平第一次剃掉了小胡子。而且这是吉米这辈子唯一一次看见父亲居然打起了领带。来西雅图之前，吉米对一个记者说，自己有点害怕回西雅图后父亲一见他就抓他去剃头。艾尔当然没有这么做，相反，他一手拉着儿子的手，一手放在儿子后背上，说："欢迎回家，儿子。"这是一次温暖的重聚，新娶了妻子似乎让艾尔变得温和了很多。吉米也见了继母琼，对她很有好感。

乐队其他人住进宾馆，吉米则匆匆回了趟艾尔的家，见了老朋友和邻居们。客人们喝起了艾尔的威士忌，吉米喝酒前却先征求艾尔同意，25岁的他对父亲仍然非常顺从。德洛丽丝和多萝西·哈丁阿姨都来了，吉米开始给大家讲摇摆伦敦的故事。"他真的长大了不少，简直就像个时髦的嬉皮!"德洛丽丝回忆。吉米问里昂自己童年时代的朋友都怎样了，结果发现有不少人都当兵开赴越南战场了，特里·约翰逊和吉米·威廉姆斯也在其中。在越南战场上，黑人士兵的比例高得出奇，吉米肯定会想，自己当初要是不离开军队，如今只怕也上了越南战场。

夜幕降临，吉米就要上台了，他让厄内斯蒂娜·本森帮自己卷头发。"我现在最大的问题就是得吃一片药才能睡着，还得再吃一片药才能上台演出。"他对她说。他很少对人坦白这些这些成名带来的负面影响，但面对厄内斯蒂娜这样的老朋友，他却无法说谎。他抱怨着巡演有多么艰苦，厄内斯蒂娜觉得他快要哭出来了。她帮他卷了头发，建议道："你应该找时间休息休息。"如今的吉米已经是个大人，厄内斯蒂娜还觉得他仍是当年那个总被父亲锁在门外的男孩，看上去仍是那么迷惘。

当晚吉米全家都坐在第一排观看吉米的演出，吉米的新继妹琳达·金卡举着一块牌子，上面写着："欢迎回家，吉米，爱你，妹妹们。"虽说坐在前排对家人们来说是一种荣誉，但直接坐在音箱前面却让他们吃不消，有时候台上的演出实在震耳欲聋，艾尔只好捂住耳朵。"体验"演了标准的九首歌，观众们对《狐狸精》和《紫雾》反响尤为强烈。吉米报出当地中学的名字，说到加菲尔德中学的时候得到台下最热烈的掌声。汤姆·罗宾斯为《螺旋》(*Helix*)撰文报道这次演出，说吉米是"身穿埃及女装的矮个黑人牛仔版奥斯卡·王尔德"，声音"像树莓果酱一样甜腻"。不过罗宾斯说，吉米的表演才华值得大书特书："尽管亨德里克斯的音乐略嫌肤浅，不过他的表演才华引人入胜。他用时髦的风格很好地弥补了内涵方面的不足。他其实是个时尚大师，是黑人表演艺术的惊人样板，嗑了迷幻药的亚当·克莱顿·鲍威尔[1]，很好，谢谢。"不过大多数观众没有这么挑剔，他们只觉得吉米是个出了名的本地孩子，不管他上台弹点什么，他们都会鼓掌的。

演出后在豪华的奥林匹克酒店举办了庆功宴。这是全市最高档的酒店了，和吉米小时候经常住的那些西雅图廉价小旅馆自然有着天壤之别。吉米从客房服务点了牛排，要其他家庭成员们也点一份，算在自己账上——这可能还是吉米生平头一回给爸爸买东西吃呢，肯定让他心里非常满足吧。吉米给了里昂 50 美元，对艾尔说如果需要什么就告诉自己。过了午夜，吉米的经纪人提醒他第二天早晨八点还要在加菲尔德中学演出，只有短短几个小时时间了。吉米全然不理，说时间还早，一点钟又进了艾尔的房间，玩起了大富翁游戏。整个晚上，吉米和里昂都开心地喝着艾尔的波旁酒。里昂当上了皮

1　Adam Clayton Powell（1908—1972），美国黑人政治家。

条客让吉米很失望，他让弟弟好好做人，但他知道自己这番劝告大概不会起什么作用。吉米知道弟弟的童年和自己一样苦，里昂也不像自己这样有吉他作为救赎。虽说里昂小时候展现出一些艺术天赋，但是当吉米的弟弟也有很多不利因素，特别是经常被拿来和自己更有才华的哥哥做对比。

早上七点半，记者帕特里克·麦克唐纳来到艾尔的房间接吉米去加菲尔德中学——他早前答应过要保证吉米准时到达。一行人来到加菲尔德中学时，演出承办人帕特·奥登在汽车里等他们，车子本来应该接上尼尔和米克，不过里面却是空的——奥登没能叫醒乐队的其他成员和工作人员们，也没找到吉米的乐器。奥登看到吉米还穿着前一天晚上的衣服，不禁吃了一惊。吉米没洗澡、没睡觉、宿醉未醒。"他这样不能上台，他不能演出，连说话都不行。"加菲尔德中学的校长弗兰克·费德勒说，他可是从吉米上初中开始就认识这孩子了。于是吉米的演出被取消了，奥登建议改由吉米发表讲话，然后同学们来提问题。

地点设在加菲尔德中学的体育馆里，这是全校唯一一处能容下全体一千二百个学生的地方。奥登做了简单的介绍，对师生们说吉米曾经是学校的老校友，如今已经享誉国际。"孩子们在台下开始起哄，"当天摄影的彼得·里奇斯回忆，"很多人显然根本不知道吉米是谁。"奇怪的是，不少起哄的正是黑人学生，他们没听过吉米的音乐，因为吉米的歌根本就不在黑人电台里放，甚至在西雅图也是这样。有些人觉得吉米的衣服很不得体。"当时加菲尔德中学非常政治化，黑人权力运动盛行一时。结果却来了这么一个打扮奇怪的嬉皮黑人乐手，学生们都觉得很困惑。"学生维基·西特尔说。

在接受记者采访，上电视的时候，吉米本来很有魅力，很擅长即兴说些什么。但在加菲尔德那天，他却显得没有勇气，信心不足，不仅是因为宿醉，而且那可能是他一生中最紧张的一次。他不知道该说什么好，只是嗫嚅着："我去过这儿，我去过那儿，我到处都去，这都是有帮助的。"后来他停顿了好长一段时间，才说《紫雾》是他写给加菲尔德中学的，因为学校的色调是紫色和白色。说完这句话，吉米的短短演说就算结束了，台下的学生们开始起哄，吹口哨。

奥登抓过话筒，鼓励下面的人提问。一个男孩举手问道："你离开加菲尔德有多久了？"当时吉米离开学校正好七年半，但这个问题把他难住了。他低下头嘟囔道："啊，大概有两千年了。"另一个学生问道："你是怎么写歌的？"吉米顿了一下，眼睛没有离开地板："现在，我要和你们说再见了，等我一出门去，坐我的汽车里，开到机场去。我一走出门，这次活动算结束了，铃声就会响起，我一听到铃声响起，我就会写一首歌。非常感谢你们。"他说完就走了出去，整个活动只持续了不到五分钟时间。

不少学生大声起哄，校长要大家回教室上课。奥登和帕特里克·麦克唐纳跑去护送吉米上车，可这时候吉米却不见了，车里和体育馆里都没有。后来麦克唐纳到教练办公室去找，在黑漆漆的办公室里发现一个孤单佝偻的身影。麦克唐纳问他还好吗。吉米说："啊，手里没有吉他我就没法面对观众，感觉真不好。"两人向汽车走去。在车边，麦克唐纳让吉米在自己的媒体宣传材料上签名。吉米提笔之前先看了一遍自己的小传："我都没看过这个。"他说，于是这一天里他第一次高兴起来。这份材料把他的真实年龄减小了三岁，把他的早年经历美化了不少，其中还有大量虚构成分。"太棒了。"吉米大笑起来。他爬进车子，车门没关就开始为自己刚才的糟糕表现道歉。"很奇怪整件事怎么会变得那么糟，"奥登回忆，"一切都是他自己的主意，他非常想回一趟母校。本来就像是回家的感觉。可是等他真回去了却吓得一点脾气没有。"也许吉米有点像那种当年的坏孩子，在校庆返校时拼命想重新塑造自己的新形象。他很想像个英雄一样重返加菲尔德校园，然而这一次他离开时还是和七年半之前没什么两样，依然是满嘴噙着苦涩的尴尬与失望。

西雅图的疯狂二十四小时让吉米身心俱疲，但他没有时间休息。乐队接下来十四天里还有十三场演出。2月25日，他们在芝加哥的公民歌剧院演了两场，票早已售罄，其中一场是少见的下午三点场，另一场安排在晚上七点。下午那场演完，乐队坐轿车回到下榻的宾馆。车子开到密歇根路上时，一辆车子经过他们身边，一个年轻女子从车窗探出身来，指着自己公文包上贴着的标签，上面写着："芝加哥'石膏雕塑者'[1]"，吉米示意车子跟上去。

一行人到了芝加哥希尔顿酒店，乐队三人从轿车里爬出来站在人行道上。和往常一样，"体验"没有保镖。三个年轻女人兴奋地向他们跑过来，其中一人说："我们是芝加哥的'石膏雕塑者'，想给你们这群汉普顿威克人做雕塑。"这个带头人便是21岁的辛西娅·"石膏雕塑者"·奥布莱顿（Cynthia "Plaster Caster" Albritton），"汉普顿威克"是伦敦一个地名，她觉得说点伦敦土话能让自己的芝加哥口音显得国际化一点。吉米答道："好啊，我听说过你们，进来吧。"美国的骨肉皮圈子联系都很紧密，在洛杉矶，有个女人和吉米提过辛西娅她们专门给摇滚明星的生殖器做石膏雕塑。其实辛西娅以前只在T恤衫上印过图案，在这方面完全是个新手，还没给什么真正的明星做过雕塑呢。吉米一口答应做她的第一个模特，尼尔自愿做第二个，米奇这天难得头脑清醒，彬彬有礼地谢绝了。

三个女人跟着吉米进了房间。辛西娅到浴室里去调和牙医用的

1　Plaster Casters，1960年代著名的骨肉皮团体，由后文所说的辛西娅带领，1968年开始为摇滚明星制作勃起状态下阴茎的模型，后来扩展到导演和影星圈子，2000年她开始为女明星制作乳房模型。

石膏，其他两人围着吉米。一个女人像科学家一样在本子上做着笔记，看到吉米的阴茎，她不由得大吃一惊。"我们没想到有那么大。"辛西娅后来在自己的笔记里写道。辛西娅忙着调和石膏的时候，另一个女人开始给吉米口交。吉米勃起后，她们让吉米呆着不动，保持勃起状态，把一大瓶石膏扣在吉米的阴茎上，一分钟后石膏干了。辛西娅的笔记上写着："他的阴茎是我生平见过最大的阴茎！一直伸到瓶子的最底部。"后来尼尔也做了模型，他说整个过程"更像医学，不怎么色情"。全程中屋子里都是静悄悄的。"其实并不怎么性感，"辛西娅说，"吉米是我们的第一批模特，我们一开始没给他的阴毛做润滑，结果被石膏黏住了不少，只有一点点把它们弄下去。"就这样，清理阴毛花了十分钟时间。这时模型已经干掉，吉米也不再那么乖乖合作了，他拿着模具开始自娱自乐。"他把模具套在自己阴茎上抽插，其实等于是在干它，因为那是用他自己的阴茎做的模具，所以跟他的尺寸正合适。"辛西娅说。他这么玩着，动作有几分像弹吉他时的样子，就在这时，巡演经理加里·斯蒂克尔斯推开了房门。看到吉米正拿着一个装模具的瓶子自渎，旁边一个年轻女人还拿着本子做笔记，巡演经理连眉毛都没抬一下："啊，这个，等你们好了叫我一声。"他只说了这么一句就走了——这充分说明了"体验"巡演与吉米的生活方式有多么疯狂。

之后"雕塑者"们来到尼尔的房间，不过他那边不怎么成功。尼尔在回忆录里写道："我做出来的东西就像个开瓶器一样。"尼尔觉得这是因为石膏质量不好，而且斯蒂克尔斯在不恰当的时候推门进来打搅了他。吉米问辛西娅想拿做出来的模型干什么。辛西娅说："我告诉他，我想拿它们做展览，他觉得这样没问题。"后来她在一个美术馆里展出了这些模型，一家报纸称吉米的模型是"阴茎版维纳斯"。

吉米的阴茎也许真有那么神奇，但当时的他也是一个经历了漫长巡演而疲惫不堪的普通人。演出结束后的庆功宴上，其他乐队成员和工作人员们都在同骨肉皮们打得火热——尼尔和辛西娅搞在了一起——只有"阴茎维纳斯"独自坐在角落，除了好好休息别无所求。其他人在一边欢闹嬉戏的时候，吉米用帽子挡住脸。坐在椅子上静静睡着了。

三个星期后，乐队来到渥太华，吉米在演出之余又有艳遇，不过比上次同"石膏雕塑者"的遭遇要罗曼蒂克多了。他一到渥太华就开始寻找自己在格林尼治村的旧识琼妮·米歇尔[1]，她当时还在街头卖唱。1968年巡演的前半段时期，吉米每天都写日记，在3月19日这天的日记里他写着：

> 到达渥太华，漂亮的酒店，奇怪的人们。美味的晚餐。和琼妮·米歇尔在电话里聊天。我想今天晚上我应该用我那个了不起的录音机把她的声音录下来（保佑我好运）。找不到大麻。一切都是塑料的。漂亮的风景。第一场演出里声音很棒，第二场也不错。去一家小酒吧见琼妮。了不起的女孩，说话像来自天堂。我们去了派对。啊，无数姑娘。回酒店听音乐，抽烟。

那天吉米在渥太华能容纳两千三百名观众的国会剧场演了两场。一件诡异的事充分显示出短短一年来他的名气增长得实在太快——"蒙奇"乐队被安排为他们暖场。不过"蒙奇"后来把这次演出取消了。在渥太华的舞台上，吉米开始提起越南战争，很快他

1　Joni Mitchell，加拿大裔著名民谣歌手。

便经常在舞台上说起越战的事。"所有在那里打仗的人们为什么不回家,他们手拿 M-16 机枪、手榴弹,背后是坦克,他们为什么不回来背上一把带回授的吉他,这可比枪好得多。"

翌日吉米的日记里又提到琼妮:

> 我们今天离开了渥太华。我和琼妮吻别,在车里睡了一小会儿,停在高速路边吃晚饭。我的意思是真的好好吃了一顿,就像电影里一样……今晚罗切斯特市一切无事。去了一个非常非常非常糟的饭馆。有小流氓跟在我们身后。他们可能有点吓坏了,因为认不出我们是什么人。我戴着印第安帽子,留着墨西哥小胡子;米奇穿着童话一样的夹克;尼尔戴着豹纹帽子;我们还戴着眼镜,留着古怪的发型,操着奇怪的口音。大家晚安。

写下这篇日记之后不久,巡演路途上一成不变的感觉便淹没了吉米,侵蚀着他的创造活力。 他的日记通常都是"救命""还是老一套的狗屁"之类。只有 3 月在克利夫兰还算特别。那天乐队是晚上演出开始之前到的,日后以创作剧本成名的乔·埃斯特豪斯[1]怂恿吉米去一个小俱乐部里即兴演出,这样可以为他给《时代》杂志写的报道增添点花絮。因为在《星际迷航》中的角色而名声大噪的演员莱昂纳德·尼莫伊(Leonard Nimoy)也出现在派对上,引发了一阵奇怪的拍照狂潮。吉米给尼莫伊看自己帽子上的各种标语徽章,上面写着"要做爱不要作战""不惜一切为和平""约翰逊总统是笨蛋""嗑药"等等,其中有一个是他当晚新买下来的,上面写

---

1 Joe Esterhaus,莎朗·斯通《本能》的编剧。

着"吹吹牛吧"。那天晚上吉米和一大堆克利夫兰骨肉皮混在一起，他对身边一个记者说："过一阵子就只能凭着在各地认识的姑娘们来记住到过的城市了。我们来到一个新地方，除了睡姑娘没时间干别的，所以只能记得住姑娘们，不过最近我也开始把各地的姑娘们弄混了。"宣传负责人迈克尔·葛德斯坦整个巡演途中一直陪着吉米，就是要尽量避免他对记者说出这种话来，但是一点用也没有。吉米很少听周围那些管理者们的劝告，避免他惹上麻烦开始成为工作人员们的全职工作。

翌日"体验"去一家广播电台做节目，然后又在克利夫兰的公共音乐厅演了预定两场演出中的第一场。演出结束后吉米马上离开音乐厅，坐出租车去了一家汽车店。雪佛兰轿车的销售人员看见他简直太惊讶了，之前他们曾经服务过的名人只有女歌手黛娜·肖尔（Dinah Shore），她的照片就挂在墙上。吉米试驾了一辆全新的 1968 年产雪佛兰 Stingray 车，便从自己当晚演出的报酬中拿出8000 美元现金买下了这辆车子。其实他根本没有驾驶执照，因为他的视力太差，从来没能通过视力测验。况且吉米只在伦敦有一处租来的房子，在美国根本就没有家，更别提车库了。于是在英国定居的他就这么在美国克利夫兰买了一辆车，买下来一时又不知道要把它停在哪里。最后他说服一个汽车销售人员帮他把这辆车开到纽约去，由经纪公司帮他保管。然后吉米又坐上出租车回到音乐厅，开始第二场演出。演了一个小时后，他正准备点火烧吉他，演出却因为接到匿名的炸弹威胁而中止。找了半天，最后没发现什么炸弹，吉米又重新回到台上，宣告"只有吉米能把房子烧掉"之后匆匆完成了演出剩下的部分。

然而吉米却不觉得这样的一天有什么特别之处，这样的二十四小时对他来说实在太过普通乏味，以致他在日记里写道，这一天还是"老一套的狗屁"。在1968年,他花出去的8000美元可是一笔巨款,更何况他还是个穷苦出身的孩子呢,但吉米一旦开始赚钱,同时也就开始挥金如土。即便取得了这样的成功,他的人生态度仍然和身无分文时没什么两样,仍然是把每一天都当做人生的最后一天那样过活。在一贫如洗中长大的他很快就适应了放纵无度的生活。

不过就算在最疯狂的时候,吉米也不像吉姆·莫里森那么放荡,这个月两人有过两次相遇。第一次是在纽约的酒吧里,吉米当时正在台上和钱伯斯兄弟[1]一起即兴演奏,莫里森在台下观众中喝得酩酊大醉,跑上来抓着麦克风尖叫出一大堆污言秽语和含糊不清的话,这段演唱被偷录下来,后来还得以发行[2]。莫里森爬到吉米面前叫道:"我想舔你的老二。"他声音很大,酒吧里的人全听见了。那晚詹妮斯·乔普林也在,当然也听见了这话,她觉得这个晚上乱七八糟的一切实在恶心,顺手拿了一个威士忌酒瓶砸在莫里森头上,为这个狂欢夜画上了句号,她本人也被酒吧赶了出去。一个月后,"体验"在蒙特利尔演出,莫里森又来了,不知怎么挤到了观众第一排。保安把他往后推,他对着台上叫道:"嘿,吉米!让我上来唱唱歌,伙计,咱们再合作一回。"亨德里克斯说不,谢谢。莫里森接着叫道:"你知道我是谁? 我是'大门'的吉姆·莫里森。"亨德里克斯答道:"我知道你是谁。我是吉米·亨德里克斯。"

1968年4月5日,这次疯狂巡演中少见的特殊日子终于来临了。乐队计划在纽瓦克能容纳三千名观众的交响音乐厅演两场。他们从纽约开车过来,途中遇到一辆坦克,他们很奇怪,这里难道爆发战争了? 在某种程度上确实如此——4月4日,马丁·路德·金惨遭

---

1 Chambers Brothers,由钱伯斯家四兄弟组成的黑人灵魂乐队,包括贝斯手乔治、吉他手维利、竖琴手莱斯特和吉他手乔。

2 该私录曲被冠名为"莫里森的挽歌"(Morrison's Lament)。

暗杀。但吉米到了纽瓦克才听说这件事。这里预计会出现黑人暴动。一行人呆在白色轿车里听着新闻，司机怕得拒绝继续往前开，除非让吉米坐到副驾的位子上去。

在音乐厅，警察要求吉米只演一场，取消第二场。演出开始时只有四百名观众按时到达。吉米对他们说："这首歌献给我的一位朋友。"之后他就弹起一曲漫长、忧伤的布鲁斯。这是吉米以自己的方式纪念马丁·路德·金。这首曲子实在非常忧伤动人，许多观众都流下了泪水。演出时可以听到枪声在音乐厅外响起。吉米就这样即兴演出了一个小时，之后放下吉他回到后台。没有人鼓掌，大家都知道这是一首挽歌。吉米的哀悼并没有结束，当晚回到纽约，他又和巴迪·盖伊在"一代人"俱乐部即兴演出了一次。一周后，吉米向马丁·路德·金的一个纪念基金会捐赠了 5000 美元，此事没有向媒体公布。金博士关于种族和解与非暴力的观念深刻地影响了吉米，他总是避免在生活的各个方面制造直接冲突。吉米曾经说："只有当爱的力量战胜对权力的爱，这个世界才会得到真正的和平。"

那年春天，吉米的新歌中开始出现社会意识的迹象，其中大部分歌曲都是他准备放在自己的第三张专辑《电子女儿国》中的。在《烧毁的房子》（House Burning Down）中，他敦促人们"去学习而不是去焚烧"，这是对金博士的一种响应。这首歌以及另外几首歌都是那年 4 月到 5 月初在"录音工厂"录制完成的。就连乐队每天录音整整八小时的那段时间，吉米也总会抽空去当地的俱乐部即兴演奏。纽约西 8 街的"一代人"俱乐部是他最喜欢去的地方之一，还有"布景"俱乐部。那时吉米住在瓦维克酒店，他把自己的房间布置成一个私人录音室，用来制作歌曲小样。后来他在房间里给吉他手迈克·布鲁姆菲尔德举办了一次疯狂派对，作家杜鲁门·卡波特（Truman Capote）也大驾光临。其后吉米就被瓦维克轰出门去，搬到 56 街的德雷克酒店。

这段时间吉米的前两张专辑销量仍然保持佳绩，但乐队花钱如流水，很快就把赚的钱花光了。于是新专辑的压力又堆到他们头上。在英国，"音轨"公司于 4 月 19 日发行了他们的精选集《最棒金曲》（*Smash Hits*），这样减轻了不少压力。但大家更关注的还是新专辑，可进展又偏偏那么慢。吉米开始坚持每首歌都录制很多次。他觉得前两张专辑都没能按自己的意愿去表现自己的作品，觉得很不满意，这一次他再也不听查斯·钱德勒和乐队其他人的意见了。"吉米想自己接管一切，"尼尔·雷丁回忆，"我经常录音录到一半就走出来，我承认，我想骂吉米。"后来尼尔在 1969 年的日记里总结了乐队所承受的压力："公众的压力要求我们每次都做出更好的东西，其实他们是希望我们保持一成不变，真让人崩溃。"吉米经常把不少食客带到录音室来，让钱德勒很不高兴。录音有种大派对的感觉，和前两张专辑的录制过程太不一样了。乐队早期那种强烈的苦干精神荡然无存，成了随兴所至，大量即兴演奏的调调。于是倍感困扰的钱德勒从那年春天起便不再担任制作人的角色了。

5 月初，尼尔在一次录音中大发脾气后离开，结果错过了《巫毒孩子》（*Voodoo Child*）的录音。《巫毒孩子》的录音堪称这段时期的典型做法，它是从当晚早些时候在"布景"的即兴开始发展起来的。"布景"关门后，吉米一行人马上移师"录音工厂"。"吉米请我们所有人跟他一起回录音室，"杰克·卡萨迪回忆，"少说有二十个人，他们大都和录音室没什么关系。"大约在早上七点半，正式录音开始了，阵容是吉米弹吉他、米奇·米歇尔打鼓、"交通"（Traffic）乐队的史蒂夫·温伍德（Steve Winwood）弹风琴、"杰弗逊飞机"的杰克·卡萨迪弹贝斯。一共只录了三次，但每一次都相当长。最后发行的版本被剪到十五分钟，是亨德里克斯最长的官方发行录音室作品。录过几次后，因为卡萨迪得离开去别的地方演出，所以录音只好中断，不过最后一次录下来的《巫毒孩子》的确是杰作。这一整年，"体验"的录音都是这种风格，和第一张专辑中查斯那种严谨控制的风格已经大相径庭，不过这种自发性正好适合吉米那不断进化的灵感与天性。《巫毒孩子》后来成了他最为经久不衰的曲子之一。

1968 年年中，吉米的整个生活都围绕音乐进行，不是在录音室就是在什么地方和人即兴演奏，要么就是在开演唱会。如果手中没有吉他或者不在舞台上，他整个人就顿时显得无依无靠，无家可归。"体验"在迈阿密流行音乐节上结束了最后一场美国巡演，其后吉米在酒店的酒吧里发起了一场即兴演奏，参加者包括弗兰克·扎帕[1]、阿瑟·布朗[2]和约翰·李·胡克[3]。"这可能是我生平听过的最棒的音乐了。"特里克西·苏利文说。后来吉米不得不从洗手间的窗子逃出酒店，因为乐队没有足够的现金付账单（虽说他们整个巡演赚了 50 万美元）。"体验"在美国的第一次巡演就这样结束了，这个结尾和他们的所有演出一样充满各种疯狂。吉米没在日记里写任何关于迈阿密流行音乐节的事，不过就算他写了，估计也和这个疯狂的春天里的很多个日子一样，是"老一套的狗屁"。

1　Frank Zappa（1940—1993），前卫摇滚音乐家、吉他手、作曲人，前文出现过的"发明之母"乐队的创始人。

2　Arthur Brown（1942— ），1960 年代昙花一现但影响深远的英国摇滚歌手。

3　John Lee Hooker（1917—2001），影响深远的布鲁斯吉他手。

第十九章　第一个登上月亮

纽约州，纽约

1968 年 7 月—1968 年 12 月

> 亨德里克斯真是太棒了，我希望他能成为第一个登上月亮的人。如果他照现在这样坚持下去，他肯定能做到的。
>
> ——《滚石》杂志对《电子女儿国》的评论

1968 年年中，两年前一手缔造"吉米·亨德里克斯之体验"的机制彻底分崩离析。查斯·钱德勒不满录音进度太慢，于是不再担任吉米的制作人，后来干脆也不再担任吉米的经纪人。他退出的过程目前仍有争议。查斯本人说自己是直截干脆地退出，但办公室主管特里克西·苏利文却说吉米被要求在查斯和迈克尔·杰弗里之间选一个："后来吉米选了和迈克尔在一起，为这事查斯永远也没有原谅他。"杰弗里用 30 万美元买下了钱德勒的股份。虽说钱德勒很生气，但退出其实对他的健康是有好处的，和吉米在一起工作实在太辛苦，让他患上了由于压力过大引发的脱发症，大把大把地掉头发。当然，对于吉米来说，失去钱德勒也是重大的损失，更何况钱德勒才是"吉米·亨德里克斯之体验"的真正缔造者和主心骨。凯西·埃金汉姆说:"查斯是唯一一个肯对吉米说真话的人,当吉米失去自我的时候,身边只有一群对他唯唯诺诺的家伙。"只要吉米肯听话,肯乖乖巡演和录音,杰弗里并不干涉任何事关艺术创作的决策。钱德勒则是极少数能对吉米的创意给出相反意见的人。

查斯后来指责杰弗里为了讨好吉米,成了吉米的"迷幻药伙伴"。那段时间吉米的确药愈吃愈多。他觉得药物对自己写歌有帮助,更能帮他短暂地逃避"吉米·亨德里克斯"这个身份。"迷幻药给他自由,"吉米的朋友德尔林·豪夫说,"它能帮他超越摇滚乐,超越黑人的身份,超越名声带来的压力。它能带他去一个无忧无虑、自由自在的地方。"不过,如果被记者问起,吉米准会非常审慎地回答,听上去仿佛并不是迷幻药的支持者。1967 年,他说:"假如我真的使用 LSD,那么可能只是为了个人爱好,为了好玩,或者因为它让我开心,不是为了任何心理上的因素。"大多数时候,吉米会把话题从嗑药上面引开。"其实音乐就是一种安全的高潮方式。"他经常会这么说。

和钱德勒分道扬镳意味着吉米也得搬家了——除了艺术上的合作,两人还同住一间公寓。埃金汉姆在伦敦梅菲尔的布鲁克街 23 号租下新公寓,这是一栋乔治风格的二层建筑,一层是个咖啡屋。著名古典音乐作曲家乔治·弗里德里希·亨德尔曾在隔壁住过,吉米后来说亨德尔的曲子为自己的歌曲创作提供了灵感。因为吉米是名人,房东要求他预付六个月房租,但在这里他可以随心所欲地制造任何噪音。

那年夏天吉米还在盘算着另一件事——他和迈克尔·杰弗里接管了当时已经关门的"一代人"俱乐部,它坐落在纽约西 8 街 52 号。这家俱乐部是吉米最喜欢即兴演奏的地方,他们一开始只是希望让俱乐部重新开张，最后决定干脆在这里建一个录音室。部分原因是《电子女儿国》冗长的录音过程让他们在租用录音室上花了一笔巨款，足够把录音室买下来了。

1968 年年中，吉米和杰弗里主要呆在美国，在美国巡演收入也更高。吉米对《作曲人》杂志说："我是个美国人，我也爱英国，但我在哪里都没有家。"米奇·米希尔对《作曲人》的回答更加直白："实话说吧，在美国能挣大钱。"只有美国的场馆才能有足够的座位，足以容纳"体验"的演出所吸引的众多观众。

随着在美国的业务激增，杰弗里在纽约开设了办公室。伦敦的办公室因为没付租金，家具都被搬走了，也随之关门大吉。特里克西·苏利文回忆："我回伦敦拿东西的时候，所有东西都没了，连电话也没剩下。只有地板上摞着一大堆纸。""体验"的收入虽然显著增加，但花销也在不断膨胀，整个体系的运作仿佛随时都会入不敷出，彻底崩溃。在所有人中，尼尔·雷丁最常抱怨杰弗里肯定占了他们便宜。特里克西说："问题是，我们根本就不知道手上到底有多少钱。迈克和吉米他们所有人的生活方式就是'让我们把钱一下子都花光'。"吉米一听说一场演唱会的收入有一万美元，就开始经常花上万美元去买衣服珠宝，根本不去考虑演出的成本开销，何况收入的 10% 还要支付给杰弗里的海外公司"亚麦塔"，作为经纪费用。光是租轿车每月就要花掉几千美元。"吉米会在女装店里花一万美元给刚认识的姑娘买东西，然后就再也不见她了。"特里克西说。乐队常常在伦敦的"轻松谈话"酒吧，他们在那里就餐的费用高达每月 4000 美元。同艾德·查普林打合同官司也花去了吉米几千美元。

亨德里克斯和杰弗里可能都有些过分慷慨，吉米经常送别人钱。1968 年，为了报答菲妮·普利金在他身无分文时对他的支持，他开

253

始替她付房租。上一次回西雅图之后，吉米曾经寄给父亲10000美元，让他买一辆新轿车，再买一辆卡车。

吉米还曾经赞助过不少事情，有时是匿名的。当时艾比·霍夫曼（Abbie Hoffman）和他的"雅痞"组织正在寻找经济支援，以便开展匿名传播大麻的计划，吉米捐了一万美元给他们。这个计划的创意是从纽约电话簿上随机抽取人名地址，给他们寄大麻烟，并附上一封信，声明如今大麻已经被视为违法，同时列出具体有多少人因为持有大麻而入狱的数据。"雅痞"最初计划寄出一万四千份大麻，但写信封和卷大麻所需的人工太过庞大，最后只是寄出了几千封信而已。这件事还上了电视新闻，吉米对这项恶作剧的捐赠多年后才得以大白天下。

7月底，"体验"的第二次美国巡演从路易斯安那的巴吞鲁日开始。这是他们第一次在被称为"南方腹地"（Deep South）的南方诸州演出，雷丁和米歇尔惊讶地发现吉米变得异常不安。每到一个仍然实行种族隔离的州，他就抱怨自己很害怕。有一次乐队误了飞机，只能开车赶往路易斯安那州的什里夫波特，这加重了吉米的焦虑。停下来吃午饭时，吉米对乐队成员说自己不能和他们进同一个饭馆。"就算是在路易斯安那，我也不敢相信这是真的。"尼尔回忆。他劝吉米和他们一起去吃饭。吉米是饭馆里唯一一个黑人，虽然侍者给他们上了菜，但他们遭到不少侧目和白眼，只得匆匆离开。几天前，他们曾在机场遇到传奇摇滚乐手杰里·李·刘易斯[1]，刘易斯根本没认出亨德里克斯来。

西雅图的帕特·奥登现在负责吉米演唱会的大部分推广工作，他回忆有几场南方的演唱会上，种族对抗情绪非常强烈。比如有一

1　Jerry Lee Lewis（1935—），白人摇滚歌手、钢琴手。

次，吉米挽着一个金发女郎走进后台，被雇来保护他的警察竟用枪指着他叫道："你这黑鬼没资格碰这个姑娘！"奥登担心自己的客户说不定会被开枪打死。奥登的一个同事赶快过来挡住枪口，但另外两个警察随即赶来，也用枪对着他们。最后，警察放下武器，但他们的整个保安团队当晚离开岗位以示抗议。奥登回忆："他们离开了现场，因为他们受不了一个黑人男性和白人姑娘在一起。"奥登当场暴跳如雷，吉米却平静地说："换了五十年前，我根本就进不了这个剧场。再过五十年就没有人会在乎这些了。"吉米在日记里也写下了类似看法。关于当晚的事件，他写道："我们能够改变美国，不是从白到黑的改变，而是从老人到年轻人的改变……你能想象南方警察会保护我吗？"这天的日记以对当晚床伴的评价作为结束，她的确有理由令警察们感到不安："回到酒店，嗑药，和那个'妞儿'做爱，她是个高个子南方金发美女。"

9月，巡演来到西雅图，吉米再一次回到家乡，感觉比上次轻松了点，不过还是发生了不少大事。短暂逗留期间他主要和弟弟里昂呆在一起，艾尔为此震怒不已，他本想好好炫耀一下自己功成名就的儿子。里昂回忆："我们回家很晚了，屋子里还坐满了等着吉米出现的人。我爸爸在门口等着，手里攥着皮带说：'你们俩进屋去，我要好好抽你们一顿。'"吉米和里昂怀疑地看着艾尔，觉得父亲不会当着满屋子邻居的面揍他俩。那年吉米25岁，里昂也20岁了。几个邻居过来劝说，艾尔放下皮带，但整个晚上都很生气。

一行人开车赶往巡演下一站——加拿大的温哥华，吉米的家人也和乐队一同前往。他们坐的是吉米给艾尔买的新车子，车上挤着吉米、里昂、艾尔、艾尔的新婚妻子琼，还有琼七岁的女儿詹妮，那年艾尔收养了她。途中他们进了华盛顿州弗农山附近的丹尼餐厅吃饭，结果等了非常长的时间。吉米肯定觉得这里和路易斯安那没什

255

么两样。其他顾客都盯着他们；他们是整个餐厅里唯一一桌非白人顾客。"我们等了很长时间，"里昂回忆，"最后，一个小女孩跑过来向吉米要签名。她的父母想拦住她，但她叫道：'那是吉米·亨德里克斯！'她跑到我们桌边，吉米给她签了名。"其他顾客也认出了吉米，一片混乱之后，全家人才终于得到了餐厅的服务。就连在自己的家乡，吉米也只有靠名气才能得到和白人同样的待遇。

在温哥华，吉米很高兴能为祖母诺拉演奏，他为她献上一曲《狐狸精》。诺拉后来对一个电视记者发表评价："他怎么这么弹吉他啊，我的天！真不知道他怎么受得了那么大的噪音。"吉米还见了堂妹堂弟戴安娜和鲍比，还有珀尔阿姨。珀尔在他小时候曾经抚养过他一年，他像对母亲一样向她诉苦，抱怨巡演的安排太过疯狂。"吉米当时处在一种惊惶状态，"堂妹戴安娜·亨德里克斯说，"他向我妈妈哭诉说想退出，不想再回去巡演了。"但吉米也对珀尔说自己别无选择：他的经纪人、工作人员和整个乐队都指着他吃饭。现在有三十个人要指望他开工资。接下来的两年里吉米经常这样抱怨，但也许是因为忘不了童年时代的贫穷经历，他从没拒绝过任何巡演或是任何工作机会。

两天后"体验"来到华盛顿州的斯波坎，《斯波坎每日纪事报》的评论文章写道："整场演出亨德里克斯独领风骚……他相貌如此美丽，琴艺如此精湛，人们简直无法把眼睛从他身上移开。"演出之后，有个工作人员请了18岁的贝特西·摩根去达文波特酒店参加庆功派对。演唱会上摩根的位子太靠后，所以一开始根本没认出主持派对的米奇和尼尔："他们看上去就像是童话故事里无事忙的小好人，因为他们个子又矮，鼻子又长。"吉米走近她时，她也一样没认出他来。最后他只好做了自我介绍，她顿时尴尬得满面飞红。吉米问她想不想去他房间听听"体验"的新专辑《电子女儿国》，他说，专辑就是关于她这样的女孩子。

在电梯里，他想吻她。当时还在天主教中学就读的摩根躲了开去，低头盯着地板。"你见过这样的彩格子地毯吗？"她转移话题。

"是因为我是黑人吗？"他带点责备地问。

"当然不是，"她回答，"可我才刚刚认识你没多久呀。"

这话一出口，这个夜晚便有救了，吉米的情绪也一下子好起来。他本可以轻易甩了摩根，马上再找一个心甘情愿的床伴，但他却被她逗乐了。电梯开了，他伸手替她扶着门，仿佛在服侍一位公主："我们到了，女士。"

在房间里，吉米打开了衣柜，两人花了将近一小时的时间，一边听新专辑一边试穿各种衣服，就像两个在纽约第五大道 Saks 百货公司逛街的姑娘，试着各种搭配，咯咯笑个不停。"他戴上一条长围巾，在屋子里迈着舞步走来走去，好像老片里的影星。"摩根回忆。吉米还有各种丝绒衣服和亮蓝色西装。最后，两人坐在沙发上开始聊起彼此的生活。话题包括摩根的学校，当今的时尚和本地新闻。"他想知道我们学校有没有宵禁，"摩根说，"他想知道关于天主教女校的一切事情。"不怀好意的勾引者可能会利用"女校"这类话题把谈话的内容引到性爱方面，但吉米保持着绅士风度。"他的言谈举止比我在孔岗查预科学校约会的那些男孩要好得多。"摩根说。

尽管吉米是个非常有故事的人，但他已经厌倦谈论自己，而是喜欢倾听别人的心事。他有一种能让对方感到放松、觉得自己是重要人物的天赋。他认真听着摩根不厌其烦地描述自己在加州的天空河摇滚音乐节（Sky River Rock Festival）上的经历（这是西北部地区第一个大型音乐节）。"我给他讲我丢了自己的鞋子，地上都是泥巴，后来又误了车，周围都是些嗑药嗑得晕乎乎的家伙。"她说。当晚在派对上时，曾有人公开抽过大麻，但摩根没看到吉米嗑药或

257

是喝酒。当晚他只喝了咖啡，拿咖啡杯的样子就像一位英国绅士。

在天空河，摩根曾经遇到过一个人说自己是吉米的同学，她觉得吉米肯定认识这个人。夜晚在流逝，吉米一直没说自己想睡觉，尽管他显得很疲惫，却没从沙发上站起身来。她问《紫雾》里那句歌词是不是"请原谅，我要吻那个男人"[1]，吉米无声地笑了起来。后来她回忆他的样子显得非常"孤独"，尽管外表轻浮，他内心其实有着"深深的忧伤"。

早晨九点，吉米该走了。他们一起聊了八个小时，再过几分钟，他就要到动身去往波特兰了。他陪她走下大厅，给她20美元打车。两人分别时的情景显得有些笨拙，摩根知道朋友们肯定不会相信自己真的遇到了亨德里克斯，便求他给她签个名。他爽快地答应了，写道："给贝特西，我们一起度过了一个美好的夜晚。"接着在下面写了一些女孩子惯用的"吻你""拥抱你"之类表示亲热的话。等她跳上出租车看着这张字条时，才想起两人之间连一个吻都没有过。

一周后巡演来到洛杉矶的好莱坞体育场，能容纳一万八千名观众的场地座无虚席。舞台前面原本留给交响乐队的席位被蓄满清水，人群马上跳进水中，让整场演出充满狂欢般的混乱。吉米把一首歌献给最近熟络起来的好朋友鼓手巴迪·迈尔斯（Buddy Miles），因为看到巴迪想爬上舞台时被保安打了。乐队一共演了十一支曲子，其中包括美国国歌《星条旗》。这一年吉米开始在演出中演奏这首歌，还为原曲额外加上一段吉他独奏。很多评论家都觉得这样显得很矫情，不真诚。纳特·弗里德兰在《自由报》（Free Press）上说："它只是首冗长而不和谐的改编，却不是疯狂扭曲的曲调。让我们面对事实吧。"

1　应为"请原谅，我要亲吻天空"。

巡演之间的短暂休息时期，吉米在洛杉矶的本尼迪克谷租下一栋房子，"滚石"等摇滚乐队巡演期间也租过这里。这是吉米生平住过的最漂亮的房子了，可惜他只能在这里逗留一个月。因为出演情景喜剧《贝弗利山庄的山地人》(*The Beverly Hillbillies*)而一炮而红的演员巴迪·埃布森(Buddy Ebsen)住在隔壁，看到吉米搬进隔壁的奢华住宅，肯定会觉得自己在剧集中上演的一切竟然成真了。这个月里，乐队还有其他几场演出，也有一些录音工作，不过在洛杉矶的四个星期还是可以算作吉米两年来的第一个假期。他把自己的雪佛兰轿车从纽约弄到了这里，但因为他视力实在太差，车子刚到第一天就被他撞毁了，后来他又买了辆新车。空闲时他的消遣和在纽约与伦敦时也差不多——他很晚睡觉，每晚都到落日大道上的酒吧闲逛。在"威士忌 A Go Go"，他遇到一个名叫卡门·伯伦洛的女招待，她是个波多黎各裔的金发美女，当过花花公子俱乐部的兔女郎。她很快成了他的最佳伴侣。

　　里昂也加入了吉米在洛杉矶的扈从行列。里昂前不久参军了，但他开了小差来与明星哥哥相会。里昂发现身为吉米年轻英俊的弟弟实在有不少好处。一次演出后台，他发现"无数可卡因、威士忌、大麻，还有各种各样乱七八糟的东西就这么放在那儿"。还有一场演出之后，吉米带里昂去埃里克·伯顿家参加派对，到场的还有几十个花花公子模特儿。吉米对卡门·伯伦洛说："这是我弟弟，他没见过什么大世面，包涵着点儿，他想要什么就给他什么。"

　　里昂那年只有20岁，但已经是个训练有素的皮条客，他觉得吉米总被经纪人摆布得疲于奔命，他经常对吉米唠叨这件事。吉米觉得这番指手画脚很烦，也许因为里昂的话的确说出了部分实情吧。还有一次更过分，里昂偷偷把吉米的轿车开出去了。"吉米有三辆轿车，那一辆是他藏起来给自己用的，他看见自己的私藏货不见了，简直气得要命。"卡门回忆。

里昂也充分享受了周围众多的骨肉皮们。"洛杉矶的所有模特儿们都追着吉米，"里昂说，"如果她们得不到吉米，就来找他的弟弟。然后她们会说：'告诉你哥哥我是你遇见过的活儿最好的姑娘，跟他提提我的事儿。'"巡演的下一阶段开始后，经纪人给了里昂一份错误的日程安排，最终把里昂推出了吉米的生活轨道。

但是大量骨肉皮们仍然烦扰着吉米。"一到晚上，她们就会在任何时候出现，"卡门说，"她们会睡在他门口。"吉米当时正在和卡门交往，而且在伦敦还有凯西·埃金汉姆，但他有时也和她们当中一些人上床，不过面对数量众多的骨肉皮军团，他那传奇般的旺盛性欲也未免招架不住。

1960年代末期，洛杉矶音乐圈充斥着毒品和药物。吉米的盛名除了引来姑娘，自然也引来了不少毒贩子。可卡因、巴比妥、安眠酮还有海洛因都是盛行一时的毒品和药品，特别是和酒一同使用，就更能刺激吉米。吉米就着酒吸毒吃药的时候会变得有些疯狂。比如有一次，盗贼闯入了他在本尼迪克谷的房子，他的吉他、衣服，还有一本歌词书都被偷走了。格林尼治村的老朋友保罗·卡鲁索当时也在洛杉矶，吉米在嗑药喝酒引起的狂怒之下痛斥卡鲁索就是窃贼："他觉得是我干的，因为我是个没钱的嬉皮。"卡鲁索说。卡鲁索对吉米说自己和这件盗窃案一点关系也没有，但吉米一点也听不进去。"你是不是好久没挨揍了？"吉米问道，然后狠狠一拳打在卡鲁索肚子上。"他下手太狠，我觉得五脏六腑都要出来了，"卡鲁索回忆，"我赶快跑下山去，他还追在后面冲我扔石头。"卡鲁索一口气跑到不远的"威士忌A Go Go"酒吧，正好遇见尼尔，卡鲁索告诉他，吉米发疯了。"那你就狠狠抽他的脸，"尼尔建议，"他早就欠揍。"尼尔觉得吉米滥用药物引起的妄想狂症状不值得同情，应该受到惩罚才对。

几天后一件更激烈的事情在吉米和卡门·伯伦洛之间发生。尽管吉米自己公然不忠，但他却非常妒忌其他男人和卡门的交往，特别是埃里克·伯顿。"吉米喝了酒，他其实酒量不大。"卡门回忆。喝醉后他就觉得卡门和伯顿有染，冲她扔了一个空伏特加瓶子，正好砸在眼睛上。"他们赶紧把我送进医院，他们担心我要失去这只眼睛了。"埃里克·伯顿看到平时温和沉静的吉米突然变得那么暴力，不禁大吃一惊。"这只是悲剧的开端和种子，从那以后他就开始经常痛打痛骂别人，"伯顿回忆，"后来他道了歉，说了一点自己从小在粗野环境下长大的事情。这是暴力的循环。"吉米很少把自己的挣扎和痛苦归结为童年经历，一般总说是因为嗑药的缘故。

然而酒精对吉米的负面影响要比毒品还大。喝醉时他会捣毁酒店房间，就像 1968 年初在瑞典时那样。"他能把房间里所有东西都砸烂了，"朋友赫比·沃辛顿说，"根本想不到这么可爱的一个人会做这么暴力的事。"虽说吉米嗑药不少，但对他的人格造成毁灭性影响的还要算是酒精，正如它曾在他父母的黑暗生活中扮演重要角色一样。沃辛顿说："他不能喝酒，一喝就会变成畜生。"

1968 年 9 月 2 日凌晨四点半，在丹佛的一家酒店房间里，吉米正在给《电子女儿国》的封面设计写最后的指示。他想用琳达·伊斯特曼（Linda Eastman）为他拍的照片（伊斯特曼后来成了保罗·麦卡特尼的太太）做封面。他在内页中写下了几句话，并将之命名为《寄给满是镜子的房间的信件》。吉米非常喜欢用"满是镜子的房间"描述自己作为明星的疯狂体验——这是一面狂欢节上的哈哈镜，名声扭曲了一切，房间变得像一座监牢。1968 年初，吉米开始为这首《满是镜子的房间》写歌词，并录制了一个版本，后来他觉得这个概念很迷人，可以回头再度追溯，于是又录制了至少一个版本。吉米为《电子女儿国》的内页写下了五页纸的东西，都写在偷来的酒店信纸上，大都是凌乱不堪的陈述，有很多主题，其中有一些自省的成分。第一句是："不久前我还能感受到阳光温暖的问候，但现在感觉好像已经过了很多年。"之后又谈起他的狗"埃塞尔"，谈起一个保镖、丝绒马，还有"液体彩虹"。他还为专辑封套的印刷者写了详尽的指示。"我们有很多自己的事，没精力去关注布局问题，简单清晰就可以了。"他警告道。

尽管吉米写了很详细的指示，但厂牌却对其中大部分要求视而不见。9月17日，"重奏"公司在美国匆匆推出了这个双张专辑，其后它立即登上"公告牌"排行榜首位，对于双张专辑来说，这样的成绩是罕见的。因为吉米在专辑中出色地翻唱了鲍勃·迪伦的《沿着瞭望塔》，因此专辑直到年底仍然位于榜单首位，这首歌也成了"体验"在美国销量最高的单曲。《沿着瞭望塔》成了广播电台的常客，很多评论家都说这是唯一一首翻唱比迪伦原唱还精彩的迪伦歌曲。要知道迪伦是吉米的偶像，这样的评价一定会让吉米心花怒放的。

在英国，专辑发行却因为封面设计被搞得乱七八糟。设计者拍了一张照片，上面有21个女人，意思是让这些女人簇拥着吉米，好像他是上帝一样。吉米在访谈中说过"电子女儿国"是他给骨肉皮们起的外号："有些人管她们叫'骨肉皮'，但我宁可用'电子女郎'来称呼她们。"但吉米对这个封面有所犹豫，所以没有出现在拍摄现场。女人们被问到愿不愿意裸体出镜，换取更多报酬。最后弄了个裸女封面，在专辑发行之际颇引起一阵争议，转移了人们对专辑本身的注意，吉米说自己讨厌这个封面。更不幸的是，这个封面实在有伤风化，不少商店都拒绝上架，或者把它用棕色的纸袋包起来放在货架上。专辑最后在英国只登上排行榜第五名，很可能是因为专辑封面的问题影响了发行。

《电子女儿国》的诞生过程非常困难，甚至让吉米付出了失去查斯·钱德勒的代价。这张专辑后来被公认为吉米的录音室杰作，但在当时也有不少不同的声音混杂其中。很多评论家都说这个有十六首曲子的双张专辑实在太长了。《爵士与流行》的弗兰克·科夫斯基觉得："真的有必要弄出这么一个又长又有点单调的双张专辑吗？"吉米的意见当然正好相反，在访谈中，他说自己本来还想做三张一套的专辑："我们想说的东西在这张专辑里其实只放了一半。"

　　大多数评论家都不可避免地用"概念专辑"来描述《电子女儿国》，同时又自相矛盾地说专辑的曲目并没有很强的连贯性和凝聚力。"亨德里克斯是个很好的乐手，他的科幻小说概念更是超越了噪音，"托尼·格洛瓦在《滚石》的评论中写道，"专辑中其实并没有明确的概念（没有类似《佩珀军士》的旅程那种东西），只有一个统一的整体，一种能量流。"格洛瓦还说专辑是"对亨德里克斯大脑内部延伸的观察……亨德里克斯：迷幻的超级黑英雄（Superspade）吗？抑或是一个很棒的乐手兼制作人？这要取决于你是否愿意相信眼前的形象或你自己的耳朵"。

　　不仅是《滚石》，不少杂志都拿吉米的种族做文章，把他称为"超级黑英雄"。《东村他人》（*East Village Other*）的评论文章题为《亨德里克斯：拳王阿里还是唱流行歌的？》。评论家理查德·葛德斯坦把吉米称为"汤姆大叔"，因为他吸引了大量白人听众。就连《乌木》[1]杂志在描写吉米时也不免用上了先入为主的陈词滥调："安静的时候，他就像鲍勃·迪伦与婆罗洲野人的交集。"这无非就是英国

1　Ebony，1945 年创办的一份主要面向黑人的杂志。

媒体对吉米早期报道的老一套。

1968 年年底，吉米发现自己一举手一投足都会引发带有种族、社会乃至政治意义的后果。1968 年 11 月底（再过几天就是他 26 岁生日了），他和阿里姆兄弟在格林尼治村散步，一个沿街叫卖黑豹党小报的小贩看到了他们。"吉米·亨德里克斯！吉米·亨德里克斯！你一定要花一块钱买下黑豹党的报纸！"小贩叫道。"行啊伙计。"吉米嘟囔着把一块钱塞进钱罐，然后就走开了。小贩却高高举着那张钞票大声叫道："吉米·亨德里克斯想看黑豹党报纸！"周围的人都能听见。然后他又和阿里姆兄弟产生了冲突，他把钱罐杵到他们面前说："吉米·亨德里克斯都买黑豹党的报纸，你们敢不买？"阿里姆兄弟一辈子都住在哈莱姆区，1968 年，什么黑豹党、黑人穆斯林还有诸如此类的黑人帮派整年都在哈莱姆争地盘。"我们和那些皮条客关系很铁，黑豹党可吓不倒我们。"塔哈卡说。小贩还在不住摇着钱罐，双胞胎把它推到一边，大步走开了。"吉米·亨德里克斯想看黑豹党报纸，"坦德 - 拉说，"我们可不想。"

随着吉米的名气日益增长，很多人都想利用他充当自己的代言人。1968 年早些时候，在伦敦有个叫迈克尔·阿卜杜拉·马利克的黑人无政府主义者（后来改名叫迈克尔·X），提出想和吉米见面。凯西·埃金汉姆记得吉米很害怕见他，但更不敢拒绝他，因为 X 是个臭名昭著的犯罪分子（他后来因为谋杀被判处死刑）。吉米同意见面，但是带了埃金汉姆一起去。结果 X 没有和他谈政治，一晚上主要是痛斥吉米不该找白人女朋友。吉米一有机会马上溜走了。回家路上，埃金汉姆记得吉米停在路边，有那么几秒钟时间，他的整个身体都因为愤怒和恐惧而颤抖。不错，他是"吉米·亨德里克斯"，全世界最红的明星之一，但他也在日益成为众矢之的。

第二十章　电子教堂音乐

英格兰，伦敦

1969 年 1 月—1969 年 5 月

> 我们把自己的音乐叫做"电子教堂音乐"，因为它
> 对于我们来说就像是信仰。
>
> ——吉米·亨德里克斯对 CBC 电视台的记者休·卡里说

1969 年的开始也标志着"吉米·亨德里克斯之体验"开始走向终点。在几次采访当中，吉米都流露出想和其他乐手合作的意愿。"很快地，也许就在新的一年里，我们会在特定的演出中拆散乐队。"他对《作曲人》说。吉米这里说的拆散是暂时的，意思是他可能会随时按自己的需要补充别的乐手进来，其实《电子女儿国》就是这么录制的。但到了 1969 年，吉米和两个队友之间的关系的确发生了很大改变，以至于英国报纸都开始把尼尔·雷丁称为"'体验'前成员"，其实他还留在乐队里呢。三人曾经一起到处旅行，一起度过闲暇时光，但现在不工作的日子他们都各玩各的。"查斯·钱德勒一走，一切就开始分崩离析了，"尼尔说，"我们被金钱和所谓的明星光环淹没，都忘记了自己还是人。"尼尔和吉米开始公然对

265

对方表示敌意，米奇尽量置身事外。乐队1968年的美国巡演结束后，米奇和尼尔赶回英国度假，吉米留在纽约，每晚都在夜店即兴演奏，直到1月2日才回到英国，这是六个月来他第一次回到自己的公寓，回到埃金汉姆身边。

　　1月期间吉米在布鲁克街的寓所里接受了大量媒体采访。查斯走后，他决定不再在媒体面前扮演单身汉角色，开始公开把埃金汉姆介绍为自己的女友。这可能是因为1968年年底有谣言说他已经结婚。以前《唱片与音乐回声》（Disc and Music Echo）杂志问过这个问题。当时查斯矢口否认，满脸惊讶地说："如果他打算结婚，那么所有人都会知道的，因为我肯定会利用这件事在媒体上大做宣传。"可能是为了维护吉米的性感形象，钱德勒又说："他有好几百个女朋友呢。"钱德勒觉得只要是能把吉米描写得既富于争议又平易近人的媒体就是好媒体。现在吉米打算停止这一切，他第一次把凯西介绍给《每日镜报》："她现在是我的女朋友，过去是我的女朋友，很可能将来也是我的女朋友。她是我的妈妈和姐妹，以及诸如此类的一切，她是我来自切斯特的小野洋子。"埃金汉姆和吉米在一起已经两年之久，如今才算从吉米的公开声明中得到一些保证，要是吉米能停止出轨就更好了。

　　1969年4月，"体验"出现在BBC的现场秀节目《露露的现场演出》（Happening for Lulu）上。早在两年前，上电视就已经成了乐队推广中必不可少的一步，但吉米对电视节目那种装腔作势非常没有耐性。按照计划，"体验"要在节目中演两首歌，然后吉米和节目主持人露露合作一曲作为节目的结束。但吉米没有按照预定的脚本行事。演完一曲《巫毒孩子》，露露正在说话，吉米就弹起一段回授。露露不安地继续报幕："接下来是让他们在英国一举成名的《嘿，乔》，我很喜欢这首歌。"乐队唱了两分钟《嘿，乔》，吉米却突然停下来说："我们不想再唱这首垃圾，我们要把下面一首歌献给'奶油'，不管他们是一支什么样的乐队。我们把这首歌献给埃里克·克莱普顿、金格尔·贝克和杰克·布鲁斯。"说完，乐队就开始弹起《爱之阳光》来。他们演奏了这首歌的完整版本，是为了纪念前不久解散的"奶油"。镜头之外，导演一个劲儿地示意吉米打住。吉米的回应只有那个导演能看见——他竖起自己的中指。"体验"继续演下去，最后用光了节目的所有时间。一曲结束，制作人不禁暴跳如雷："你们再也别想在 BBC 露面了！"这件事看似是临时起意，但吉米告诉埃里克金汉姆，其实他蓄谋已久："我可不要和露露唱歌，会让我显得很可笑的。"

三天后加拿大广播电视台的记者休·卡里在吉米家里为他做了一个长篇电视访谈。这个月以来，吉米开始多次在采访中介绍"电子教堂"或"天空教堂"音乐的概念。他对卡里说："我们把我们的音乐叫做'电子音乐教堂'，因为它对于我们来说就像是信仰。"卡里说，用"电子音乐教堂"作专辑名字要比《电子女儿国》好。吉米笑道："有些女人对于我们来说就像教堂一样。"他说这番话时埃金汉姆就在镜头之外旁听，她早就知道，想驯服吉米·亨德里克斯是不可能的。

接下来的一个星期，"体验"又开始在欧洲巡演，第一站是瑞典的哥德堡。查斯·钱德勒当时就在这个城市，也来看了演出。查斯后来说吉米那次邀请他重新担任自己的经纪人，但他拒绝了。看了演出，查斯觉得这支自己一手提拔起来的乐队正在走下坡路。他们再也不能作为一个集体继续演出，他觉得这是一场"恐怖的演出"。

翌日乐队在斯德哥尔摩演了两场。在第一场演出里，吉米把这个夜晚献给他最心爱的瑞典骨肉皮爱娃·桑德吉斯特，说她是"阿斯加尔德仙宫的女神"。演出结束后，吉米和她在卡尔顿酒店共度良宵。一周之前，吉米还在媒体上对埃金汉姆公然示爱，一周后，他就公然在瑞典的舞台上邀请爱娃去自己房间。当晚的事情还有后话——后来爱娃·桑德吉斯特发现自己怀上了吉米的孩子。

至于演出本身，吉米说："我们今晚只演过去那些老破歌。我们已经有六个星期没在一起演出了，所以我们今天晚上想即兴演奏，看看会出什么事。希望你们别在乎；就和我们在一起看看会怎么样吧。"接着他好像是在对雷丁和米歇尔嘟囔，但台下很多观众都能听见："反正你们也听不出有什么两样。"一年前，他是绝不会这样当面顶撞观众的。1969 年，吉米到处抱怨观众们根本不理解他，歌迷们只想听他那些大金曲。埃金汉姆说："他说他厌倦了弹那些金曲，他想进化，但他还是得一直弹那些歌。"他一方面咒骂观众，另一方面又在演出中使出绝技取悦他们，这种矛盾说明吉米担心失去辛辛苦苦赢得的歌迷基础。虽说他的歌迷像雨后春笋一样遍地都是，但他还是常常谈起早年的困苦生活，似乎仍在担心一贫如洗的日子还会回来。那天晚上乐队表演了他们在欧洲最受欢迎的《嘿，乔》。

斯德哥尔摩的演出使"体验"在瑞典首次受到批评。"亨德里克斯无精打采，疲惫不堪，"评论家路德维希·拉斯姆森说，"他看上去似乎想要逃离面前的一切。演奏的乐趣完全消失，他心不在焉地弹着吉他……生动活泼、肆无忌惮、专注与诗意，这一切种种都消失了。"拉斯姆森对尼尔和米奇的评价更不客气，说他们一点也不能引起别人的兴趣。"很奇怪吉米怎么忍耐了两个毫无想象力的乐手那么久。"这个批评是不公平的，米奇和尼尔也是有才华的音乐家，但他们得依靠吉米的能量才能撑起演出，如果吉米不能发挥，演出也就完蛋了。尼尔后来说这场糟糕的演出是因为在瑞典找不到迷幻药。他在自己的备忘录里写着："两场演出之间，我绝望地跑出去，拼命忍着，好歹才找回一片兴奋剂。"三人把这片麻黄碱药片掰碎，用鼻子吸进去。音乐一度是连接乐队的纽带，但没完没了的巡演把他们变成行尸走肉一般，于是在毒品中的短暂逃避成了三人之间更强大的黏合剂。尼尔过去的日记里总是不厌其烦地描写他们的音乐作品，如今已经沦为迷幻药使用指南。至于吉米，他早就不写日记了。

几天后，在德国杜塞尔多夫一个宾馆的酒吧里，吉米邂逅了莫妮卡·丹尼曼，她是个身材修长的金发美女，出身富有家庭，在做滑冰教练的工作。她看完前一天晚上"体验"的演出便溜进酒店，希望能遇见吉米，果然如愿以偿。那天下午吉米一直都在和她聊天。几年后，她声称那次她后来又和吉米一起呆了好几天。

短暂的欧陆巡演就这样结束了。2月18日和24日，吉米要在伦敦皇家艾伯特大厅演出。这两次演出非常重要，"体验"罕见地做了彩排。因为演出有现场录像，所以他们有点紧张。杰弗里前不久和两个美国导演杰里·葛德斯坦和史蒂夫·古尔德成立了一个联合公司，准备为"体验"拍摄一部纪录片。

彩排进展一切顺利，但第一场演出却并非如此，因为吉米吸了太多可卡因。"他迷醉得太厉害，整个人轻飘飘的，我得把他推到台上去。"特里克西·苏利文说。更糟的是吉米弹起了在俱乐部演出时那种松散的即兴风格，这并不适合这种正式演出。虽说演出令人失望，不过当晚吉米就恢复了原状，在自家公寓里即兴演奏了一番，其中充满了演出里根本找不到的灵感火花。他坐在床上，用木吉他弹了埃尔维斯的名曲《猎狗》，史蒂夫·古尔德拍下了这一幕。吉米小时候还在用扫帚吉他的时候就开始弹《猎狗》了，他的版本温暖，幽默，充满活力，这些特质在皇家艾伯特的舞台上一丁点儿也没有。

一周后的第二场演出要好得多，吉米似乎恢复了状态。"体验"

罕见地返场，唱了《紫雾》《野小子》和《星条旗》。演出最后歌迷们想爬上舞台，几乎成为一场暴乱。这样一个结尾是完全适宜的，因为要过十八个月之后吉米才会再次出现在英国的舞台上。

在艾伯特大厅演出后，吉米又在伦敦逗留了三个星期才赶到美国录音和巡演。有一天他少有地在布鲁克街的寓所里录了一次音——为时三分钟的《满是镜子的房间》朗诵版。录音是吉米的内心独白，关于魔鬼、上帝与迷失的小男孩："呼唤你所爱的人，最好大声一点，因为你很快就将迷失。你会迷失在自己的内心，消失维度的舞台，你将迷失在真空之中。我转向世界；除了在我背上拍了一下又一下，世界又给了我什么？"还有一处，他迷茫地喊道："告诉那个白痴离我远远的，让我离开这该死的满是镜子的房间！"音乐赋予吉米一种能力，让他在困苦的少年时代可以幻想出一个与残酷的现实截然不同的生活。他的音乐天才让他取得成功，但却不是他所渴望的解决一切问题的良药。在《满是镜子的房间》这些吟诵诗歌里，他流露出想要摆脱明星生涯的情绪——现在它已不再是他曾渴望多年的那个童话般的美梦了。

情绪不那么内省的时候，吉米也接受一些媒体的采访，不过采访中他很少谈及个人话题。1969 年 1 月到 2 月期间，短短两个月里，他接受了二十多次采访。现在他的经纪公司在伦敦已经没有办公室了，于是他就在自己家里接受采访，记者们可以近距离接触他，这在和他身份地位相当的明星中大概是独一无二的。有个记者开玩笑说，和吉米联系可比和保罗·麦卡特尼联系容易多了，吉米答道："我又不是保罗·麦卡特尼。"凯西·埃金汉姆说："他总是那么开放，也许太开放了一点。只要有人敲门，吉米准是第一个跑去开门的，然后一大堆人呼啦一下涌进来。"很多人都有他家的电话号码，埃金汉姆只好又装了一条电话线。后来第二个电话号码也广泛流传开来，凯西干脆整天把话筒摘下来。"每天一早就有那么多电话，整晚也是电话不断。"她回忆。

大多数电话都是排队等待吉米的骨肉皮或记者们打来的。有时候两种身份也会合而为一。有个撰稿人说她想只穿着内衣和吉米合影，吉米把她轰走了。不过有时候吉米也会引诱对方。《国际时报》（*International Times*）的记者简·曼德尔森上门采访时，吉米一丝不挂地为她开门。进了房间，吉米便躺到床上，床边放着烟斗、大麻、药片，还有无数瓶酒。他请她吃硝酸戊酯[1]，就这样嗑了药裸体躺在床上接受了她长达三个小时的采访。曼德尔森还想继续提问，他请她明天再来，可能是希望明天再进一步勾引她吧。他对她几乎有问必答，只是回避了几个和自己的家庭有关的问题。

曼德尔森向吉米提起，前不久他曾对媒体说现在应该从"披头士"那些"可爱的歌"中走出来了，他还发表对英国媒体的意见，说他们串通一气，故意给他制造一个"野小子"的形象。"这话我是在什么媒体上说的？"吉米问。"哦，《星期日镜报》。这个，大多数媒体都会把事情弄得乱七八糟，他们过来做采访，我们嗑药喝酒之类的，然后他们就昏昏沉沉地回去，都不知道自己写了什么东西。"然后他暗示了一点自己的真实经历："当初要是不弹吉他，我可能就得蹲监狱了。"曼德尔森问他写歌的动机和灵感是什么，他说："诚实地说，我也不知道自己在第一张专辑里写了什么。大多数歌曲，像《紫雾》和《风在呼唤玛丽》本来都有十几页，但最后有时间限制，所以只好删节。删节这些歌的时候，我真的不知道人们能不能理解它们。这样一删，有些涵义可能就损失掉了，我今后再也不会这么干了。"他还抱怨自己的日程安排："自从进了这个圈子以后，我就

---

1 Amyl nitrate，一种兴奋剂，据称有催情作用。

一直没时间自己休息一下……（圈内）大多数人都想退休，从这个圈子消失，我也很想这样，但我还有话想说。我真希望这一切对我来说没那么重要。我真希望我可以什么都不去想。"当初正是卓绝的雄心与才华让吉米成为明星，如今也正是这两样东西让他无法轻易抽身，过着离开舞台的生活。

在大多数访谈中，记者都会问吉米对时政和社会运动的看法：毒品、黑人权力运动和越战。吉米通常尽量回避这些问题，但这次他却对曼德尔森说："世界上确实有人拥有做大事的力量，比如黑人权力运动就错误地使用了这种力量……抗议已经结束了。现在人们需要的是解决问题的方案，而不仅仅是抗议而已。"在这个月的另一次访谈中，吉米把越战和诺曼底登陆相提并论："换了你们，诺曼底登陆的时候会派遣美军过去吗？那也是纯粹的干涉啊。你们不会，但那只是自私的考虑。在越南战斗的美国人是为了整个自由世界而战。当然，战争是很可怕的，但现在战争是维持和平唯一的保障。"一年后，吉米对战争的看法发生了彻底的转变，但在这段时间里，虽然评论家们纷纷声称从他的歌中看出反战倾向，他本人的真实观点却是主战的鹰派。有一次，桑恩扩音器的巴克·曼加（Buck Munger）想和吉米签约，向他提供免费器材。两人会面时，吉米却没提音箱的事，而是和退伍海军军人曼加聊起了越南。"他想知道最新的伤亡情况。"曼加回忆。那时吉米感觉共产主义的威胁是真实存在的，战争也很有必要。这是他参军时被灌输的观点。

吉米在布鲁克街的寓所离美国在伦敦的大使馆很近，埃里克·伯顿记得有一天和吉米坐在他家屋顶上，看着街头轰轰烈烈的反越战大游行。伯顿问吉米对这些抗议者们怎么看。"他的回答让我大吃一惊，"伯顿回忆，"他说自己仍然是一个军人，仍然会以军人的思维方式去思考。他看不起这些抗议者们。"随着楼下的抗议声愈来愈响亮，吉米显然有些愤怒。不过吉米没有告诉任何人（包括埃金汉姆和其他最亲近的朋友在内），当年要不是靠着伪装同性恋提前退伍，他如今可能也已经成为越南战场上的一员。

3月13日，吉米和乐队离开伦敦，到纽约进行为期一个月的录音工作，乐队的美国巡演将在4月开始。吉米决定让凯特·埃金汉姆一周后到美国找他，接着陪自己一起巡演。这还是他第一次带女友一起巡演呢。不过在凯西抵达之前，德文·威尔逊进一步巩固了自己在吉米心目中的地位，成了他最心爱的骨肉皮。吉米和德文的关系很不一般，尽管他俩有时也上床，但二人的关系更像是势均力敌的对手，或是兄弟姐妹一般。德文经常告诉吉米自己最近又睡了什么大明星——她是个双性恋，所以有时候还睡女明星——吉米也经常向她夸耀自己最近勾上手的骨肉皮。德文告诉所有人自己是吉米的女友，她在吉米的演唱会上招待宾客的样子肯定让人觉得的确如此。她也经常帮他处理琐事，特别是帮他弄毒品之类，毒品很快取代了性，成为他们之间更为紧密的纽带。1969年，德文开始更多使用可卡因和海洛因，吉米也步她后尘，更深地陷入了这些恶习。"他俩是同一类人，"吉米的朋友赫比·沃辛顿说，"她是个有名的骨肉皮，但她也非常聪明，对吉米忠心耿耿。如果你想控制什么人，最好的办法就是跟他一起嗑药。"德文至少有两次跟吉米去过英格兰。埃金汉姆对德文倒不怎么嫉妒，因为她见过吉米对德文的态度与其像是对恋人，倒不如说是对员工。"她曾经坐在我们床边给我们端茶倒水，"凯西说，"她只不过是个在圈子里混的，显然是被吉米迷住了。她是那种会在门口一直死命按门铃，你不给她开门她就会一直按下去的那种人。"

当埃金汉姆赶到吉米下榻的皮埃尔酒店按响房间门铃时，德文聪明地退避三舍。凯西在自己的回忆录《透过吉卜赛之眼》(*Through*

273

Gypsy Eyes）中写道，吉米在纽约时完全就像变了一个人一样。"（他身边）簇拥着无数随从，像个奇异的马戏团，而他就是那花枝招展的班主……他身边跟着的人从来不会少于二十个。"埃金汉姆觉得他身边的女人"显然都是妓女，男人们显然都是皮条客和毒贩子，他们戴着墨镜，脖子上挂着小匙子"。她问吉米这些人都是什么人，吉米只是答道："是我的朋友。"

后来，在吉米的豪华套间里，埃金汉姆遇到了吉米的一个"朋友"——一个毒贩子。"他看上去像个哥伦比亚人，"凯西回忆，"他穿着雨衣，是个跛子，他说自己腿上以前中过一枪，年纪大概在 50 岁左右，我们那时才 20 多岁，觉得他可真够老的。"更可怕的是那个男人背着一个粗呢大包，里面装满一包包可卡因，还有一把点 45 口径手枪。凯西之前从来没见过真枪，一看到这家伙，还有吉米现在的样子，她马上下决心要赶快回英国。这也意味着她和吉米从他第一天来到英国便结下的情缘走到了尽头。"我知道和吉米在一起是没有长远前途的，"她说，"我不可能驯服他。我只想要一个体面的家庭。"吉米的少年时代几乎每一天都在为生存而挣扎，除了先后短暂过的几个亲戚家或寄养家庭，他从来没在正常的、父母双全的家庭里生活过，亲生父母为他树立了极坏的榜样。情侣之间建立长期关系需要忠诚和亲近，这两样都是吉米生平不曾体验过的东西。"吉米也想有个家，"凯西说，"他只是不知道该怎样得到它。"

"体验"那年春天的美国巡演在十周内共演了二十九场，观众人数高达三十五万人次，收入达 130 万美元。和以前的巡演没什么两样，吉米的时间主要花在旅行、应付媒体或宣传以及见缝插针地挤出时间录音上。巡演刚到第二场，吉米就开始抱怨自己筋疲力尽。接受采访时也显得比在英国时更加暴躁。他剪短了头发，结果发现不少记者都在拿这件事大做文章。

巡演中观众的群体暴力或集体无票冲入场内的事件层出不穷。种族政治势力也开始卷入。"黑人权力"的倡导者们常常会来到后台，批评吉米使用白人乐手和白人公关。"他们叫他汤姆大叔，"负责给吉米做宣传的帕特·奥登回忆，"我提醒吉米，是我们为他工作，不是他为我们工作。"吉米曾经认为人们应当是不分种族差别的，这是他童年时代在多元文化的西雅图学到的东西。但如今他发现，在众目睽睽之下，自己身为黑人，其歌迷的主流却是白人，这个事实是他根本无从逃避的。这一年联邦调查局开始调查吉米，也有部分是出于这个原因——吉米的音乐竟能跨越美国根深蒂固的种族鸿沟，这令政府对他感到恐惧。

4月29日在奥克兰演出时，吉米与无法逃避的过去狭路相逢。演出后有人送了一张便条到后台，署名是戴安娜·卡朋特，那个站街妓女，他在纽约穷困潦倒、衣食无着时的女友。吉米带话说她可以在他们开车赶往机场的时候到他的轿车里来。在机场等飞机时，他们终于有了三年来的第一次交谈。重逢本应是温馨的，但这时戴安娜递上一张照片："这是你女儿塔米卡，她今年两岁。"吉米接过照片，"她的眼睛很像我。"他说。之后的一个小时里，吉米把头枕在卡朋特膝上，不住地说巡演和现在的生活方式让自己筋疲力尽。他没怎么问起自己的女儿，只是喋喋不休地诉说着自己的疲惫。不过登机时吉米带走了女儿的照片。

一周后乐队来到中西部，在底特律的科波剧场演出。翌日早晨，他们离开下榻的庞恰特雷恩酒店赶往多伦多。上午九点半通过加拿大海关时，吉米的行李受到检查。警官发现他的包里装着塔米卡的小照片、一张明信片、一瓶鳄梨洗发香波和一瓶鳄梨润发素、几片维生素C药片，还有一本名叫《通灵力量可以改变你的生活》的书。但在这些东西下面，加拿大皇家骑警发现了一个小小的玻璃瓶，里面有六包用玻璃纸包住的白色粉末，还有一团深色的树脂状残渣。警察叫来了毒品检测机动小组。就这样，下午一点半，吉米因为持有海洛因和大麻膏遭到逮捕。

第二十一章 幸福与成功

加拿大，多伦多

1969 年 5 月—1969 年 8 月

> 亨德里克斯的演出一共从你们身上赚到了 35000 美元！其中有 19000 美元进了他自己的腰包。好吧，谁才是坏人？没错儿，孩子们，我们的英雄把我们摆了一道！亨德里克斯和其他明星们已经向美国式的幸福与成功屈服了。
>
> ——地下报纸《门》

说来奇怪，几乎没有什么媒体报道 1969 年 5 月 3 日吉米·亨德里克斯在多伦多藏毒的事件。虽说当时吉米是美国最红的摇滚明星之一，但只有几家多伦多本地的报纸报道了他被捕的消息。第一家报道此事的美国主流媒体是《滚石》杂志，还是在事发整整四个星期之后。报道自然是站在同情吉米的立场上，甚至说他是被陷害的。吉米的媒体公关经理迈克尔·葛德斯坦说："是我阻止了这件事流传出去。"他用一瓶酒贿赂了美联社的编辑，让吉米被捕的事没有见诸美国报端。吉米最担心的是自己被捕的消息会让这次报酬颇丰的巡演遭到取消；不过多亏葛德斯坦，直到巡演已告尾声时这事才被捅出来。

至于被搜出来的毒品，吉米断然否认那是自己的东西。加拿大警方把那个小瓶从他包里拿出来的时候，吉米难以置信地摇着头。来到多伦多之前，早有人提醒过"体验"的成员们机场会有毒品检查。除了吉米，所有人都仔细检查过自己的行李。为了避免发生类似事故，米奇·米歇尔还特意穿了一件没有口袋的衣服过海关。1969 年，包括"滚石"和"披头士"在内的很多大牌摇滚明星都因为各种毒品事件在警方那里栽了跟头。吉米的被捕也很有可能是被预先策划的，因为一般在这种情况下，逮捕藏毒者的应该是海关人员，而不是警察。"骑警们一般不会等在机场搜捕藏毒者，亨德里克斯这次却是例外。"《滚石》的报道说。吉米后来在法庭上说这包毒品是洛杉矶一个歌迷塞进去的，他自己没有注意。私下里，他觉得这肯定是一个心怀不满的骨肉皮干的好事，肯定是那女人把毒品塞进他包里，然后打电话通知加拿大警方。这件事被捅出去后，吉米声称这次拘捕象征着当局与青年之间的战斗。他对记者说："这一切都是体制的反攻。最后他们会自食其果的。但我不希望他们在这个过程中把太多孩子们也吞噬进去。把这句话写下来，我知道自己在说什么。"

后来吉米被及时释放，赶上了当晚在多伦多的演出，乐队上台后没有提到这次拘捕事件，演出中加拿大警方一直在旁监视着他们。演出中吉米把《红房子》的歌词临时改成了"一从监狱出来，我就要去看她"[1]。两天后，他再次遭到传讯，缴纳了 10000 美元保释金后才被允许继续巡演。此案正式开庭被定在 6 月 19 日。候审期间，

---

1 原歌词是"一回家就要去看她"。

吉米真的非常担心被判有罪，罪名一旦成立，他有可能被判处十年监禁。

乐队很快回到美国东海岸演出，其间抽空到"录音工厂"录了几次音。他们在麦迪逊花园广场的演出票销售一空，有一万八千名观众到场。其实那时吉米每天晚上都在纽约的俱乐部里免费演出。其中一场即兴演出上，吉米和史蒂芬·斯蒂尔斯（Stephen Stills）与约翰尼·温特[1]临时合作。温特后来回忆："他想演他从小就喜欢的那些歌：弗莱迪·金、厄尔·金、'泥水'。我和他一起弹的时候故意让给他领奏。"即兴演奏一直持续到夜里三点，然后吉米建议大家一起去"录音工厂"。当晚他和温特一起用布鲁斯"瓶颈弹法"[2]翻唱了"苗条吉他"[3]的《我曾经做过的事》（The Things I Used to Do）。

如今的吉米已是全世界报酬最高的摇滚明星之一，在麦迪逊花园广场的演出上，他一分钟就能赚到14000美元。但盛名也为他招来了无政府主义者们的批评，他们说他应该无偿演出。高昂的报酬也令观众和评论家增加了对他的期待。吉米抱怨麦迪逊广场花园的旋转舞台不好，《村声》的评论便痛斥道："他看不起自己脚底下踩的那些面包？像亨德里克斯这样的表演者应当选择对观众和演出场地负责。"后来圣地亚哥的《门》报纸批评吉米演出的票价定在5.5美元实在是太高了："亨德里克斯的演出一共从你们身上赚到了35000美元！其中有19000美元进了他自己的腰包。好吧，谁才是坏人？没错，孩子们，我们的英雄把我们摆了一道！"

多伦多事件过去几周后，吉米从纽约飞往西雅图，在西雅图大

1　Johnny Winter（1944—2014），1969年成名的白人布鲁斯吉他手、制作人。

2　Bottleneck，一种在按弦的无名指上套上切割下来的酒瓶瓶颈，制造滑弦效果的传统布鲁斯弹法。

3　Guitar Slim（1926—1959），早期新奥尔良布鲁斯吉他手，对后世吉他手影响深远。

体育场演出一场。和以前一样，在家乡演出总是让他格外紧张，而且又加上多伦多的事。他让卡门·伯伦洛陪着自己，也许是觉得女朋友可以帮自己稍微挡一挡那些多事的亲戚们吧。经纪人帮他在西雅图的 U 区订下酒店房间，还特别关照巡演工作人员们对吉米的行程严格保密，这样吉米就可以自己做主决定要和亲戚们在一起呆多久。

像以前一样，吉米在台上把演出献给家人和加菲尔德中学。演出到尾声时，一阵雷鸣在场外响起，倾盆大雨突然而至，仿佛是天上的神祇宣告演出该结束了。在后台，吉米花了点时间招呼家人，不过因为天气恶劣，他们没有久留。最后，吉米身边只剩卡门和几个歌迷。当时演唱会的安保措施还没那么严密，歌迷只要能想法躲过一个警察就能进入后台。吉米对卡门说想带她看看自己的家乡。"你有车吗？"他问身边一个举着唱片等他签名的歌迷，这个十几岁的小歌迷目瞪口呆，一句话也说不出来，只是连连点头。

于是演出结束一个小时之后，吉米冒着雨走向那个小歌迷的车子。卡门觉得很不安全，和吉米争执起来："我对他说，我们根本不了解那孩子啊。我们俩都吃了迷幻药，我不知道吉米那时候脑子到底清醒不清醒。"后来他们看到那孩子的车是一辆破旧的甲壳虫，座椅的弹簧都露在外面，卡门就更担心了。男孩一个劲道歉说自己的车太破了，还说自己本来打算过两天就把这车子以 60 块的价钱卖掉。吉米已经坐惯了豪华轿车，他和卡门坐到了后座，让那个男孩开车。车底锈迹斑斑，有好几个大窟窿，吉米和卡门的脚简直可以碰到马路了。吉米报出了几个西雅图地名，男孩小心翼翼地开着车。

接下来的两个小时里，男孩听着吉米指挥，挨门挨户地开过吉米小时候生活过的地方。吉米指点着自己曾经住过的那些破旧失修的房子、曾经演出过的俱乐部、曾经和父亲一起修剪过的草坪……他们在麦迪逊街一家汽车汉堡店门口停驻良久，七年前，吉米就是在这里的停车场和"公猫"做了入伍之前的最后一场告别演出。中学时的吉米一直都想带女朋友来这家汉堡店，但他从来没能凑够买一个汉堡包所需的十美分。这天他也没带钱，他很少随身携带现金，最后小歌迷去给他买了汉堡。

他们坐在"甲壳虫"狭窄的后座吃完了汉堡和薯条，这时候雨停了。店里没人认出吉米，因为他身边只跟着卡门和一个追星的男孩，实在是一幅令人难以想象的奇异画面。吃完东西，他们又开车停在加菲尔德中学的停车场，吉米从车窗里指给卡门看自己当年的教室。那栋建筑仿佛有一种吸引力，上学的时候他总是逃学，如今却经常回到这里。功成名就后的吉米把在西雅图的每一场演出都献给当年将自己劝退的加菲尔德中学，为这座学校平添了一种神秘的魅力。最后，车子又开到吉米当年曾经住过的那些地方。尽管卡门已经对吉米的童年有了不少了解，但亲眼看到他曾经住过那么多人家、公寓、旅馆和宿舍，还是让她非常吃惊。"他好像在每个街区都住过，跟所有人都有点关系。"

他们来到杰克逊街，这里曾是黑人社区的娱乐区，不过很多店面和俱乐部如今已经关门大吉。自从吉米的童年时代开始，西雅图的黑人人口有了大幅增长，黑人开始愈来愈有政治意识，他们不满于水平低劣的住房计划，以及就业歧视和教育不平等。吉米演出的前一天，西雅图中心社区学院的黑人学生会刚刚发起了一场大型示威，令西雅图一度陷入瘫痪，整个城市都在谈论这件事。西雅图黑豹党已经成为全国最活跃的团体之一，它也是第一批从其他少数族裔中招募成员的黑人社团。比如吉米在加菲尔德中学的同学迈克·塔加瓦就在1968年加入了黑豹党："我说：'我不是黑人'，他们说，'只要不是白人就行。'"1968年，黑豹党人听说西雅图某所中学内有种族歧视现象，便武装占领了这所学校。另外西雅图还是好几个极端无政府主义者团体的发祥地，1969年，西雅图共发生六十九起爆炸事件，成为全国炸弹事件人均发生率最高的城市。

凌晨三点，杰克逊街一片静寂，"甲壳虫"缓缓驶过街头。吉米指点着街边的一座座膳宿公寓，传奇音乐人物雷·查尔斯、昆西·琼斯、邦普斯·布莱克威尔都曾在那里住过。一个老旧的旅店出现在街角，吉米指着它说："我妈妈以前就住在这儿。"卡门一时无言以对，她以前听吉米说过好多次露西尔的事情——他甚至说如果两人生了女儿就起名叫露西尔——但她从来没想过露西尔也和吉米一样居无定所，住在这样的房子里。"他把他的母亲大大理想化了，我简直都忘记了她是个活生生的人。"她说。上次回西雅图的时候，吉米对朋友伯尼尔·亚历山大说他想去给母亲上坟，墓地在西雅图南部的兰顿，他上次没能去成。这时他突然想带着卡门和这个小歌迷一起过去。开车去那里需要三十分钟，不过卡门和那个孩子都累了。"我们过几个小时就要飞去吉米巡演的下一站圣地亚哥。"卡门说。就连吉米自己也开始打哈欠。于是他指点那个孩子向北开回酒店，把来自过去的标记与幽灵统统抛在身后。地上积着雨水，街灯清冷的光辉反射在湿漉漉的柏油路上，仿佛在为他们指引方向。

当月，吉米发表在《新音乐快报》上的采访又在英国掀起了小小风波，访谈里说他想休息一年。不过巡演间隙他在洛杉矶接受《滚石》访谈时却说了截然相反的话，他说想和另外一支乐队一起巡演。说这话的时候他根本没和"体验"的另外两人商量过。吉米对《滚石》说，他在和阿里姆兄弟一起写歌，兄弟俩组成了一支名叫"贫民窟战士"（Ghetto Fighters）的乐队，他想为他们制作一张专辑。在另一次访谈里，他说自己未来的方向是"交响乐之类东西。这样孩子们就会尊重古老的音乐，像古典音乐那样的传统。我喜欢把它们和如今所谓的'摇滚乐'融合在一起。"

6月19日，吉米飞往多伦多出席藏毒案件的初步听证会。自从多年前同柯蒂斯·奈特与"绅士"乐队合作以后，这还是他第一次穿上正式西装。听证会决定正式审讯将于12月8日进行。之后吉米飞回洛杉矶，6月22日，"体验"出发参加新港流行音乐节（Newport Pop Festival），一场演出的报酬就高达10万美元，这是他们迄今为止最高的单场出场费。

虽说报酬丰厚，但他们的演出却暗淡无光。尼尔后来说是因为吉米受听证会影响情绪不佳。演出后吉米对自己的表现颇为懊恼，翌日他出人意料地折了回来，没收取任何报酬便和巴迪·迈尔斯与埃里克·伯顿即兴演出了一场。

接下来的一个星期，吉米飞往科罗拉多参加丹佛流行音乐节，同样的乏味演出和精彩即兴又上演了一次。在丹佛，有一天他给乐手赫比·里奇和比利·里奇打电话，问他们在忙什么，两人当晚要参加一个婚礼招待会的演出，没空来找吉米。招待会当晚在一个公园举行，里奇兄弟惊讶地看到一辆轿车停在面前，走下车子的不是新郎和新娘，而是吉米·亨德里克斯。他登上舞台，这个公园是对公众开放的，所以很快有一大堆人聚集到台下。"他弹了大概只有十五分钟，然后场面就失控了，公园里所有人都聚集到婚礼现场听吉米演奏。"比利回忆。

第二天吉米要在米尔高地体育场演出，上台之前，吉米和朋友赫比·沃辛顿一起吃了迷幻药。沃辛顿回忆："我有一勺紫色奥斯雷，吉米说：'我们分着吃吧。'我说：'不行，我知道你能吃多少，如果你想嗨起来，就得把这些全吃了才行。'"可是吉米坚持要和他分，最后沃辛顿只好答应，两人吃完药就去了演唱会。演出开始时一个记者拉住尼尔·雷丁，之前他听说尼尔要离开乐队，就问尼尔："你还在这儿干吗？我听说你要离队了。"这还是尼尔头一回听说这事。这谣言无疑来自吉米之前在采访中的那些抱怨。

"吉米·亨德里克斯之体验"历史中最暗淡的时刻无疑就是此时的丹佛，这也是"体验"最后一次演出。体育场外，歌迷们群情鼎沸，要求音乐节完全免费。演出开始了，吉米似乎完全不在状态，也许是因为迷幻药的关系，也许是又吃了点别的，因为他嗑迷幻药后一般会带着欢快的情绪上台，当晚他显得格外阴郁。他不但没有取悦观众，反而与他们对抗，把《巫毒孩子》的歌词改成"要挣一大笔钱买下这城市／要买下这城市塞进我的鞋子里"。他还宣布："这是我们最后一次在一起演出了。"受到这番话的刺激，整场演出一直和警察冲突不断的一万七千名观众开始暴动，很多人都拼命想爬上舞台。警察向人群扔了催泪瓦斯。吉米开玩笑说："你们看见催泪瓦斯没有，这可是第三次世界大战的征兆。"但催泪瓦斯的气味开始飘上舞台，乐手们也没法呼吸了，三人只好放下乐器溜走。这支伟大的乐队在舞台上的最后一刻竟是在愤怒的观众与瓦斯毒雾夹击之下仓皇逃窜，真是颇有几分恐怖片的味道。

巡演经理加里·斯蒂克尔斯想法弄来一辆拖运卡车，他把乐队成员和赫比·沃辛顿推进车子后厢，再把门拉下来锁住。他想驾车穿过拥挤的人群。催泪瓦斯的气味充斥着整个体育场，观众们都拼命想爬到卡车顶上躲开瓦斯的气味。歌迷们的分量快要把车顶压塌了。"体验"三人坐在黑暗的车厢里，听着车顶喧哗的人声。"他们冲击着车门和车顶，车子都快变形了。"赫比·沃辛顿回忆。吉米一言不发。只有尼尔开了腔，他心里决定如果今晚能侥幸逃生，一定坐着飞机回英国，再也不回来了。在这么恶劣的状况下，他还对身边的沃辛顿开了个玩笑："这是我的腿，伙计，我跟你可不熟。""体

284

验"的成员们在一起度过了喧嚣动荡的三年时光，尼尔的幽默感一度是帮助大家一起挺过困难的黏合剂。这时尼尔又开玩笑说他们的下场可能就是死在这辆拖车的后车厢里，赚的钱再也没机会花出去，这几年捞到的名声也没什么用处了。最后车子花了一小时的功夫才向前开了 100 多码，逃出了体育场，吉米、尼尔和米奇总算从丹佛流行音乐节死里逃生。后来他们三人再也没有同台演奏过。

第二天尼尔便坐上了回英格兰的飞机，吉米飞回纽约，住进纳瓦罗酒店。一天后，吉米听说自己的朋友，"滚石"的布莱恩·琼斯在苏塞克斯家中的泳池溺水而死，年仅 27 岁。

7 月 10 日，吉米被安排作为特别嘉宾上约翰尼·卡森（Johnny Carson）主持的"今夜秀"电视节目。尼尔一走，吉米就开始联系军队里的老战友比利·考克斯，希望他能来给自己弹贝斯。但是比利已经搬家了，怎么也找不到他。"我以前住的地方隔壁有个电视机修理工，"考克斯回忆，"吉米给那个修理工打电话，付钱让他找我。"后来终于找到了考克斯，他来到纽约和米奇·米歇尔合练。吉米说尼尔·雷丁走了对乐队来说不算什么大损失，但纪录却表明并非如此：接下来的六个月里，吉米只有一场音乐节演出，一场免费街头演出，两场剧院里的正式演出，这大概是他成名以后最沉寂的一段时间了。这段时期他还是偶尔会在酒吧、夜店里玩即兴，但就连这样的活动似乎也愈来愈少。

话说回来，吉米在"今夜秀"里首次使用了比利和米奇的阵容。当晚约翰尼·卡森病了，由弗利普·威尔逊担任嘉宾主持。《滚石》说这次节目完全是"一场灾难"，因为吉米总是咯咯笑个不停，不住嚼着口香糖，让人根本听不清他说什么。吉米酷爱"黑杰克"牌甘草口香糖，特别是感到紧张的时候更会嚼个不停。不过《滚石》对威尔逊的批评更加严厉，说他"妄图让自己的谈吐嬉皮起来，以求达到亨德里克斯的水平，还不住拍着自己桌上的大西瓜"。吉米和威尔逊短暂地聊了几句，便走向舞台，开始了考克斯和米奇这个阵容的首次公开亮相。他们唱了《爱人》(Lover Man)，吉米把这首歌献给布莱恩·琼斯。考克斯和米歇尔的表现还不错，不幸的是吉米的扩音器坏掉了，彻底毁掉了这场直播节目。

1969 年夏天，吉米的生活重心从伦敦转移到纽约，凯西·埃金汉姆走后，卡门·伯伦洛和德文·威尔逊成了他最心爱的情人。在伦敦，他的朋友圈主要都是乐手，还有米奇、尼尔和查斯这些一起做乐队的人。在纽约，他的朋友圈子可就不止音乐界和乐队成员这么简单了。1968 年，吉米结识了德尔林·豪夫，那次豪夫把自己的游艇租给"体验"做一日游，后来就成了吉米最亲密的朋友之一。豪夫的家族在曼哈顿拥有几家酒店，他本人也是乐迷，但并没有直接进入音乐产业界。"我想我之所以能吸引他，可能是因为我出身富有，而且对他一无所求，我们除了对音乐的热爱之外，别无其他共同之处。"德尔林说。

除了德尔林，吉米还有两个女性友人，克莱特·米姆伦姆和史黛拉·道格拉斯，他经常光顾她俩开的服装店。她俩都比吉米有文化，正是这一点吸引了吉米，另外她俩的时尚品位也非同一般。"他是个很有魅力的绅士，"克莱特回忆，"我觉得他喜欢我们是因为我们是他的世界之外的那种人。在他的世界里，所有人都在他身后觊觎着什么，只有他一人在辛勤工作，他觉得他们都想从他手里得到施舍。"总之吉米成年后第一次交到与音乐行业无关的朋友。"我们向他展示了一种他从没体验过的优雅风范。"克莱特说。德尔林还教过吉米怎样在高级餐馆点酒和点菜，这可是吉米生平从没做过的事情。

那年夏天，克莱特、史黛拉、吉米和德尔林经常在一起就餐，好像是个小沙龙一样。"有点像 1920 年代的感觉，我们形成了一个一起吃饭、聊天、聚会的小团体。"德尔林说。这样的聚餐气氛总是很放松，对于吉米来说是一种休息。聚会上他们从不谈工作或生意的事情，总是探讨艺术、哲学、宗教和政治方面的问题。吉米觉得这个团体非常棒，可能是因为虽然他在音乐方面总是引领时尚，但在文化方面，和这些朋友们相比，他还只是个门外汉而已的缘故。

吉米对音乐之外的领域产生兴趣很快引起了迈克尔·杰弗里的不安，他迫切需要吉米赶快推出一张新专辑。为了推动吉米，夏天时杰弗里为他租下了一处乡间别墅。杰弗里自己在伍德斯托克附近有一处房子，他给吉米租的房子在肖肯附近，离自己家只有十英里远。吉米这栋房子是一座石头砌成的建筑，有八个卧室，占地十英亩，配有马厩、马匹和游泳池。租金是 3000 美元一个月，但杰弗里觉得只要吉米能在这里做出新专辑，这笔钱还是很划得来的。他甚至还雇了一个厨子和一个管家，满足吉米的各种需要。

在肖肯的房子里，吉米开始酝酿音乐生涯的下一步计划，他决定以尼尔的离开为契机，建立一支自己一直以来渴望的大乐队。他先是雇来了几年前曾在纳什维尔合作过的吉他手拉里·李做节奏吉他手。然后又找来打击乐手杰里·维雷（Jerry Velez）和朱玛·萨尔顿（Juma Sultan）。这两人都是他在纽约的俱乐部里结识的，当时萨尔顿也住在伍德斯托克附近的一个农庄里。于是李、萨尔顿、维雷和比尔·考克斯都搬进了肖肯的这栋宅邸，开始磨合新乐队。但是乐队还没有鼓手，米奇·米歇尔当时回了英格兰，能不能回来还不清楚，这无疑阻碍了新乐队前进的脚步。更糟糕的是，有一天吉米在白天离开去了纽约，而且一去不回，大家都很困惑，有人给杰弗里打了电话，才发现吉米已经去了摩洛哥。

吉米去纽约本来是想给德尔林·豪夫送行，德尔林要去非洲和

287

克莱特与史黛拉碰头，还一个劲怂恿吉米也一起去，说挣钱就是为了花着痛快的。吉米本来对经纪人的安排言听计从，但这次却少有地同意了德尔林的建议。他给迈克尔·杰弗里打了电话，后者暴跳如雷，却没法阻止吉米，只好给多伦多警方打了电话，吉米的藏毒案还没了结，所以离开美国需要经过他们批准。好在加拿大皇家骑警慷慨地批准了他的行程。

吉米在北非度过了九天时间，这很可能是他一生中最开心的一段时光。"这是他一生中最美好的，也许是唯一的一次假期。"德尔林说。吉米和德尔林先是来到摩洛哥与克莱特和史黛拉会合。她们不知道吉米也要来，自然是喜出望外。四人租下一辆古董克莱斯勒轿车，在沙漠驱车旅行，沿途寻访名胜古迹。他们买了很多地毯和衣服，一路聊天，休闲，享用美食。"吉米尽情作乐，看着一个黑人在非洲玩得这么开心实在很有意思。他喜欢这里的文化和人们，这几天他笑得比之前我见过的加起来的都多。"在非洲，吉米的种族不再成为问题，同样，他的名气也不再重要。那一年吉米是全世界最炙手可热的明星，但在非洲却没人知道他是谁。他也可以放下摇滚明星的架子享受生活了。"这个假期仿佛给他带来了营养，让他重新充满活力。"克莱特说。一路上吉米只是偶尔才会被认出来，有一次，两个来自纽约的演员认出了吉米，和他结成了朋友。有一天晚上吉米还读了其中一个人的诗歌，感谢他们为自己提供了这样的乐趣。"我们探讨戏剧、艺术、非洲，但是从不谈音乐。"德尔林说。

8月6日，吉米独自回国，他的朋友们还留在非洲度假。不过吉米的假期却并没结束。在巴黎转机时，吉米邂逅了碧姬·芭铎，他后来告诉德尔林自己当场决定取消航班，好找机会和这位大明星上床。他成功了。接下来的两天里，经纪人到处都找不到他，他却留在巴黎和芭铎偷情。故意延误班机去勾搭最有名的法国女影星，这真是个疯狂的主意！但这正是吉米人生中及时行乐那一面的绝好写照。总是要偷偷摸摸地逃避经纪人的种种要求和繁重的演艺事业，这对于吉米来说才是真正的疯狂。当年在纽约街头与"猪肠院线"漫长的巡演路上，他曾经苦苦追求着成名，但名声一旦真的来到，他又想回到无声无息的状态。

最后吉米终于回了美国，这一趟旅行似乎为他在音乐上带来了新的灵感。回来后他更想弹原声吉他而不是电吉他了，这可能是受到在摩洛哥听到的黑人音乐的启发。在肖肯宅邸里的即兴演奏中，他不断探索自己的边界，和朱玛·萨尔顿两人录了很多素材。"这些录音里他只弹木吉他，还有我的打击乐器，"萨尔顿回忆，"这是非凡的音乐，很像维斯·蒙哥马利[1]或塞戈维亚[2]的音乐，还带有摩洛哥音乐的影响。"

非洲的确拓宽了吉米的音乐视野，但这趟旅行中还有另外一件事给吉米带来极为深远的影响，成了他的噩梦。克莱特·米姆伦姆在摩洛哥有一些亲戚，其中有一位祖父辈的人是部落首领。这位祖父前不久刚刚再婚，新婚妻子具有预知未来的能力，为摩洛哥国王服务。这位老妇人对吉米的生平和事业一无所知，但一见到吉米便说他的"额头"表明他具有极高的艺术天分。接着便开始用十指抚摸他的头颅，试图解读他脸上的线条，吉米和朋友们都觉得很有趣。老人只说法语，别人帮吉米把她的话翻译过来，引得他开怀大笑。当晚，老人用法语告诉克莱特一个不祥的警示："一年内你们便会因为另一个女人而失去这个朋友。"这个预言令克莱特大吃一惊，但1960年代的人都有一股满不在乎的劲头，觉得这番话不过是吃

1　Wes Montgomery（1923—1968），著名黑人爵士吉他手，被视为最伟大的爵士吉他手之一。

2　Segovia，这里是指西班牙古典吉他大师安德烈斯·塞戈维亚。

语而已。然而当晚发生的另一件事真的让克莱特大为惊骇，也把吉米吓得不轻。

老人说想用塔罗牌给吉米算命，吉米同意了。吉米和朋友们围坐在桌边，老人拿出牌来，第一张是"星星"。除了算命者本人，所有人脸上都露出了会心的笑容——因为这女人不知道吉米的确就是"明星"。老人告诉吉米，这张牌代表着"魅力"，他身边很快会有一大群人围绕。第二张牌却引起了截然不同的反应：那是一张"死亡"。老人连忙告诉克莱特，这并不意味着吉米很快就会死去，"死亡"这张牌也有"重生"的意思。但不等克莱特翻译，吉米便死死盯着这张牌。"我要死了！"他叫道。朋友们赶快围拢到他身边，告诉他塔罗牌有很多种解释，而且也根本用不着拿一个老太太随便抽出来的牌当不祥之兆。

换了别人可能耸耸肩就把这事忘了，但吉米却忘不了这回事——要知道，1966 年他曾经梦见自己成了大明星，结果这个梦果然就成了真事。接下来的几个月里，他一直都念叨着这个不祥的预言。"有时候他说'我会在三个月之内死去'，有时候他说'我还能再活六个月'，"克莱特回忆，"但他一直都说自己活不过 30 岁。"有一次克莱特听了对他说："别这么说，吉米，太消极了。"

"这不是消极，"他答道，"本来就是这么回事，我很抱歉。我还没有准备好离去。"

不管他有没有准备好，一回到美国，这些不祥的预言又得被暂时搁到一边。因为吉米还得忙着跟新乐队排练。回美国不到两星期，经纪人就替他安排参加一个地点在纽约州北部，离他在肖肯的住所不远的音乐节。三年来，吉米已经参加过十几个类似这样的音乐节了，这次的音乐节未必会比他之前参加的那些音乐节规模大，但是毕竟那个摩洛哥女人预言过他身边会聚集起一大群人。这个音乐节将在纽约州的伯特利举行，最初的名字是"水瓶座展览会"，但后来便以"伍德斯托克音乐节"之名被世人所知，而刚刚离开鬼影憧憧的预言世界与碧姬·芭铎温柔乡的吉米·亨德里克斯则是这次音乐节的头牌艺人。

第二十二章　吉卜赛、太阳与彩虹

纽约州，伯特利

1969 年 8 月—1969 年 11 月

> 我们决定改变这一切，把它叫做"吉卜赛、太阳与
> 彩虹"。简称"吉卜赛乐队"。
>
> ——吉米在伍德斯托克上的自我介绍

"伍德斯托克音乐与艺术节"定于 1969 年 8 月 15 至 18 日召开，
原地点定在纽约州的沃基尔。后来因为当地居民的抗议，组委会只
好在最后一刻把地点改在附近伯特利一个名叫马克斯·雅斯格的农
庄主的农场。六万张预售票销售一空，宣传人员估计届时最多将有
十万人到场。组织者们起先联系迈克尔·杰弗里预约吉米时，预计
这次音乐节是个中等规模的活动，因此把出场费定在 32000 美元。
吉米是所有参演者当中出场费最高的，但这笔报酬其实比其他演出
的出场费少很多。杰弗里自己在伍德斯托克也有房子，知道从纽约
城开车来这里足足要花两个小时，他绝没料到会有那么多歌迷不辞
劳苦地赶过来。

吉米一从非洲回来就热情地投入到排练中。他安排一个新鼓手

来试奏，但最后还是决定让米奇·米歇尔回来。米歇尔一从伦敦回来，就发现"体验"原来那种团结气氛已经不复存在了。"新乐队很糟糕，完全是一片混乱。"他在自己的《亨德里克斯之体验》一书中写道。米奇说，在他呆过的所有乐队里，只有这支乐队没有在排练中取得任何进步。朱玛·萨尔顿和乐队的其他人不同意米奇的看法，说这是因为米奇不熟悉他们惯用的的拉丁节奏风格。不管怎样，在伍德斯托克音乐节之前，这支乐队只剩下一周的排练时间，他们的粗糙生涩很快就要公开亮相。

星期五，音乐节开始了，伯特利的一切简直就是一团糟。预售票卖出了六万张，结果却来了八十万人，其中至少有二十万人因为严重的交通堵塞只好打道回府。尽管音乐节会场离纽约城只有100英里，那天开车去现场的人们却花了十小时才赶到。堵车堵了至少20英里，很多人干脆弃车步行。周五晚上，里奇·黑文斯按计划第一个登场，那时音乐节已经卖出了十八万六千张票，但抵达现场的人至少是这个数字的两倍，周边的栏杆被推倒，组织者被迫宣布音乐节"完全免费"。吉米和乐队仍然呆在家里，看着电视报道说纽约的高速公路被迫关闭。"没有人知道，没有人能预料，没有人有任何办法，"比利·考克斯回忆，"我们本来觉得只不过是一场普通的演出，到时候会有很多不错的乐手出席而已。"

星期六，纽约《每日新闻》的报道题为"嬉皮盛会导致交通瘫痪"。那时大约有四十五万人抵达音乐节现场，勉强使用着那里仅有的六百个移动公厕。组委会用直升机紧急运去了应急的食品和药品。整个周末有三人死亡，两个婴儿出生，还有四百多人因服用迷幻药过量接受治疗。组织者开始发放名为《生存》的手册，其中包括"不要服用浅蓝色迷幻药""不要在阳光直射的高温下裸体"等实用内容。成功挤到舞台近旁的人有幸在周六近距离亲睹以下这些大明星——"桑塔纳"[1]、"感恩之死"、詹妮斯·乔普林、"杰弗逊飞机"、"斯莱与斯通家族"[2]。"谁人"在凌晨三点登台,他们演出的高潮(或许也是整个音乐节的高潮)便是皮特·汤曾德用吉他猛砸艾比·霍夫曼,把他轰下台去。

吉米被安排在星期日晚十一点音乐节结束时演出。其实吉米就住在会场附近的肖肯,但组委会仍安排他从附近机场坐直升机过来,他和乐队赶到机场时正在下雨,飞机无法起飞。还有另外几支乐队也被困在那里,其中包括"克劳斯比、斯蒂尔斯、纳什和杨",加里·斯蒂科尔斯最后强征来一辆卡车,载着他们走完了这剩下的几英里路程。尼尔·杨后来给《新音乐快报》讲了这个故事,他说在机场的经历比演出本身还让他刻骨铭心:"和亨德里克斯一起偷偷摸摸登上一辆小卡车是我一生中的高潮时刻之一。"

乐队终于到达会场,有人告诉他们演出要延长三个小时(其实当时比原计划已经整整拖后了九个小时)。组织者想安排吉米在午夜演出,那时候观众最活跃。但杰弗里坚持让吉米压轴上台。吉米和乐队整晚都呆在离舞台几百码开外的一个小棚子里抽大麻,不插电地演奏乐器,等着上台。在亨德里克斯之前上台的是"沙娜娜"(Sha Na Na),不算多么精彩。直到上台前最后一刻,吉米还在和演出组委会争取:他想唱两首不插电的歌,但组织者们不同意这个方案。

吉米的大名终于被报出来了——"女士们先生们,下面是吉米·亨德里克斯之体验!"此时已是早上八点半。大多数观众熬了

1　Santana,由墨西哥后裔吉他手卡洛斯·桑塔纳为主导的摇滚乐队,兼有布鲁斯风格和浓郁的加勒比音乐色彩。

2　Sly and the Family Stone,1967年组成的美国布鲁斯乐队,1975年解散,成员包括西尔韦斯特·"斯莱·斯通"·斯图尔特、弗莱迪·斯图尔特、辛西娅·斯图尔特、辛西娅·罗宾逊、拉里·格雷厄姆、帕特·里佐、罗斯·斯通。

一夜都已散去，只剩四万名观众留下来观看吉米的演出。但是为音乐节拍摄纪录片的人留下来了，所以观众少些也没有什么关系。上午的阳光使吉米的演出录像成了整个伍德斯托克音乐节纪录片中效果最好的部分。正如 D. A. 彭尼贝克为蒙特利尔流行音乐节所拍摄的录像一样，在未来的岁月里，伍德斯托克音乐节的纪录片也将被全世界无数乐迷们观赏和传诵。

吉米头系红色头巾，身穿饰以串珠和长流苏的白色夹克，这是从克莱特和史黛拉的店里买来的。他拿着自己的白色 Strat 吉他，对主持人的出场介绍很不满意，于是花了几分钟时间做更正："啊，很好，很好，我们想澄清一下，我们厌倦了'体验'，我们每时每刻都有好多新鲜点子，所以我们决定改变这一切，把它叫做'吉卜赛、太阳与彩虹'。"接下来他开始介绍五个乐队成员。吉米说话时，台下有个观众高声叫道："吉米，你嗑高了吗？"

吉米没理他，继续说道："好吧，给我们一分半钟调调音。我们只排练过两次，所以我们只有一些原始的节奏玩意儿，不过，这是新升太阳的第一道曙光，我们也一样是刚刚从地平线上升起，这就是节奏，对吗？你们会喜欢吗？等你们得到了那个老情人，你们的女人，才开始有了旋律，对吗？我已经有了我的，非常感谢。"打了几下拍子，吉米开始弹起《爱的消息》（Message to Love），当天他一共演了十六支曲子，历时两个小时，这是他演艺生涯中为时最长的一次演出。

吉米在伍德斯托克上的表演松散流畅，显然没有经过什么排练。上台前他粗略定了八首演出曲目，到最后只演了其中四首。演出中有《巫毒孩子》这样华丽宏大的曲子，是真正的大师杰作；也有几首是随性之作，比如名叫"房子里的即兴演奏"（Jammin' at the House）的即兴器乐演奏，乐队还没合练纯熟。"我们的歌全都没有练熟，最后全变成了冗长的即兴。"米奇·米歇尔后来在自传中写道。不过有些即兴演奏确实非常精彩，比如翻唱柯蒂斯·梅菲尔德的《吉卜赛女人》（Gypsy Woman），由拉里·李演唱，吉米的吉他独奏美妙至极。不过吉米没有亲自演唱，观众们很失望，还有些歌观众们根本不熟悉，比如拉里·李原创的《策划者》（Mastermind）。更糟的是吉米和李都跑调了好几次，李的跑调格外严重。演出中吉米有一次开玩笑："我们弹得非常小声，而且还跑调了。"

随着演出继续，不少观众都离开了，吉米也不得不说点什么："如果你们愿意可以走，我们就在这儿即兴弹弹，好吗？你们可以走，不走就鼓鼓掌吧。"说着吉米便弹起《星条旗》的前奏，这首歌一年前开始出现在他的演出曲目之中，至少已经演过三十多次了。但对于留下来的四万多名观众以及后来观看伍德斯托克纪录片的观众们来说，这首歌成了这三天的完美总结。罗兹·佩尼回忆："我正在迷幻药救助帐篷里护理病人。那个时刻一切仿佛都停止了。在那之前，要是有人唱《星条旗》我们肯定会起哄；从这个时刻之后，它就成了我们的歌。"《纽约邮报》的流行乐评论家艾尔·阿罗诺维兹（Al Aronowitz）更加热情洋溢地写道："这是整个伍德斯托克最令世人震惊的时刻，或许也是 1960 年代最伟大的一刻。人们最终听懂了这首歌的涵义，那就是你可以热爱你的祖国，但憎恨这个政府。"

这首歌一直被吉米用来展示自己对回授效果的创新应用，他的吉他惟妙惟肖地模拟出导弹爆炸与救护车哀鸣的声音。听过他演绎版本的人今后对这首歌的感受将和从前永远不再相同，这样的翻唱的确罕有。通过使用回授和延音效果，他把家喻户晓的美国国歌变成了他自己的歌。对于吉米来说，这只是一次音乐试验，而不是什么宣言。如果他真想通过翻唱《星条旗》表达什么政治观念，那么他也没有告诉任何乐队成员、朋友，乃至在采访中总想把他往这个方向引导的记者们。三周后的一次新闻发布会上，他说这首歌是为了表达："我们都是美国人……类似于'美国加油！'……我们演奏的方式就像是如今美国的气氛。就是有点沉寂，嗯。"学者们认为他唱这首歌是为了表达对越战的抗议，其实吉米自己从来没有这么说过。就在演出前半段，吉米还把《伊莎贝拉》（Izabella）这首歌献给军队里的士兵们。不过说到底吉米亲军方的立场还有他的政治观点其实已经无关紧要了，这首《星条旗》已经成为 1960 年代精神的一部分，被伍德斯托克纪录片永载史册，成为反抗体制的集体呼声。

一曲《星条旗》结束，吉米弹起了《紫雾》，得到那天早晨最热情的回应。最后他弹了《维拉诺瓦中转站》（Villanova Junction），又被要求返场弹了一首《嘿，乔》作为结束。正好是在三年前，他曾在格林尼治村的地下酒吧里弹起这首《嘿，乔》，那时候台下只有寥寥几个年轻人。一曲弹罢，伍德斯托克音乐与艺术节正式落下帷幕。吉米走下台去，整个人累倒在地——他已经整整三天三夜没合眼了。

伍德斯托克音乐节后不久，吉米为这次盛会写了一首诗，其中有这样的句子："五十万个光环照亮泥土与历史。我们沐浴在上帝的欢乐之泪中开怀畅饮。就在这一次，真理对于所有人不再是一种神秘。"

伍德斯托克音乐节后，吉米带着新乐队来到纽约的"金曲工厂"录音棚录了六首新歌，其中包括后来成为他经典名曲之一的《机枪》（Machine Gun）。他还带着乐队做了几次彩排，为接下来在哈莱姆街头的一场免费演出做准备，在他心目中，这场演出比这一年里的其他演出都重要。自从早年在"小人物天堂"的日子之后，这还是他第一次回哈莱姆表演，他很渴望为黑人观众们献上这场演出，心情之迫切甚至胜过登上伍德斯托克的舞台。这场演出是由当地一个名叫"联合街区社团"的组织负责的，但最早却是阿里姆兄弟的点子，他们觉得吉米要是能在哈莱姆演一场，黑人电台就会播他的歌了。阿里姆兄弟起先希望吉米能在阿波罗剧院演出（早在1964年，吉米曾在这座历史悠久的黑人剧院获得新人奖，不过一分钱也没赚到），但阿波罗拒绝了吉米。"他们不想让他去，他们担心到时会有太多白人来看演出。"坦德-拉·阿里姆回忆。

在大多数情况下，吉米对种族问题抱着多元文化主义的态度，这是他小时候在西雅图的莱斯奇小学受到的影响。"他相信肤色是外在的东西，不能代表一个人的内心。"克莱特·米姆伦姆说。但是他确实没有多少黑人歌迷，这个事实令他忧心。"他觉得自己的观众都是白人，但他很想争取黑人观众，他觉得自己没有被黑人们接受。"克莱特说。不过吉米也曾在黑人社区被人认出来过。有一次，他和克莱特一起到阿波罗剧场看艾尔·格林[1]的演唱会，台下有不少黑人观众认出吉米，他只好早早退场。

1969年，吉米发现，作为全世界最出名的黑人艺人，有太多群体和组织出于种族方面的原因想和他搭上关系，不管他喜不喜欢，事实就是如此。有些组织主张吉米欠黑人社区的恩情，吉米断然否认了这个观点。黑豹党大费周章想笼络他，他只是静静地支持他们，不愿为黑豹党这样一个鼓吹暴力的团体充当发言人。那年几乎在每一次采访里，记者都会问他关于黑豹党的问题。他一般会巧妙地绕开这个话题。如果被对方逼得太甚，他便会承认："他们所做的事情，我自然而然地觉得自己在某种程度上也有份儿。但是每个人都有自

1　Al Green（1946— ），黑人流行 / 福音歌手、作曲家。

298

己说话的方式。在他们争取个人自由的过程中，他们评判别人，也被别人所评判。就是这样。"吉米有种以泛泛而论回答问题的本事，看似回答了问题，其实没有给出实质的答案。这种变化莫测更令他显得诡异飘忽，甚至身边亲近的人也觉得自己并不真的清楚他到底在想什么。他经常改变立场，正是因为如此，很多团体都觉得他支持本团体的事业。无论是在政治立场方面还是在个人生活中，吉米其实都很难拒绝别人，更不喜欢直面冲突，所以不少人都想利用这一点为自己牟利。

那年夏天，有个哈莱姆区的黑社会小团伙想胁迫吉米为他们演出。吉米突然间发现自己的演出海报贴满了哈莱姆区，可是自己根本没有答应过这么一场演出。后来他和阿里姆兄弟在 125 街散步，正好看见一个家伙在贴自己的演出海报，有那么一刹那他好像想打那个家伙。这时演出的组织者兼小团伙的歹徒之一突然带着两个打手出现了。他们用枪指着吉米，手指就扣在扳机上。"他们想当场枪杀吉米，"塔哈卡说。后来阿里姆兄弟赶快报上自己认识的几个哈莱姆区大人物，吓住了眼前的几个流氓，局面才算缓和下来。也正是这件事促成了联合街区社团的那场义演，因为阿里姆兄弟劝吉米：如果他不在哈莱姆做一场演出，别人准会逼他来一次。

迈克尔·杰弗里反对这次义演，觉得自己对吉米的影响力受到了阿里姆兄弟的威胁。"吉米办这场演出是受了哄骗，"吉米的公关宣传负责人迈克尔·葛德斯坦说，"那时候随便什么能接近他的黑人捐客都会劝他：'你不应该让白人留在你身边。'"不过杰弗里反对这次演出也许只是出于经济方面的原因——演出是免费的，而且杰弗里还得去拉赞助为演出筹款。最后华纳兄弟唱片公司捐助了大部分费用。

演出前两天，吉米在哈莱姆区的一个饭馆里召开了记者招待会，有十几个记者出席。他穿着在非洲买的黑色袍子，看上去格外华丽灿烂。这是伍德斯托克后他第一次公开亮相，所以大部分问题都是针对音乐节和《星条旗》的。吉米说自己被伍德斯托克音乐节的非暴力气氛深深打动，希望联合街区社团的这次义演也能为哈莱姆区带来同样的团结，因为在哈莱姆，"人们已经厌倦了加入街头帮派，厌倦了加入军队，厌倦了听总统胡说八道……他们想找到一条不同的道路"。有人问他这次演出是不是"黑人伍德斯托克"，他答道："我们也很想在哈莱姆举办更多音乐节，可以一演就是三天……这里很多孩子都是贫民窟出身，他们没钱在这个国家到处旅行，去看那些所谓的音乐节。"

演出当天下午，吉米和米奇坐着他的 Stingray 轿车去了现场，他把车停在街头，刚一下车，吉他就被一个小年轻偷走了。幸好哈莱姆圈子很小，阿里姆兄弟很快找到了那个偷琴的人，逼着他把吉他还了回来。

这场演出在 139 街举办，持续了一整天，吉米被安排在晚上出演。台下聚集了五千名观众。其他演出的乐队包括"山姆与戴夫"、"大块头梅贝尔""查克与拉克"、马克西恩·布朗和 J. D. 布里安特，小小的舞台面向莱诺克斯大道。演出前吉米接受《纽约时报》采访说："有时候我到这里来，人们会说：'他总为白人们演奏那些白人的摇滚。他跑到这儿来干吗？'今天，我想让他们知道，音乐是属于所有人的，没有所谓白人摇滚或黑人摇滚的区别。"尽管他本人这样平和，紧张的气氛仍然一触即发。"很多附近的黑人还不知道吉米是谁，"坦德 - 拉·阿里姆说，"但是他们觉得很好奇，不知道为什么会有这么多白人跑到这里来。"

吉米还没上台就已经有麻烦了。他和卡门·伯伦洛站在一边看其他乐队演出时，几个人过来谴责他不应该找波多黎各女朋友。"他们看到吉米和一个所谓'白人婊子'在一起，就开始向我扔东西。"卡门说。双方扭打在一起，卡门的上衣被撕破了。

吉米直到午夜才登台，台下不少观众已经离开了。在吉米之前演出的是体重二百五十磅的节奏布鲁斯女歌手"大块头梅贝尔"。梅贝尔演出结束后拒绝返场，引起台下嘘声一片。吉米的乐队第一个上台的是鼓手米奇·米歇尔，台下更是嘘声不绝。"米奇是个白人，台下的观众都被激怒了。"塔哈卡·阿里姆说。吉米当天穿着一条白色裤子，就连这个颜色也引起台下不满的议论。吉米给吉他调弦时有人往台上扔了一个酒瓶，正砸在音箱上。跟着几个鸡蛋飞上舞台，蛋清蛋黄流了一地。大多数观众开始退场。吉米开始演奏时，只有大约五百人留了下来。就在不到三个星期之前，吉米还在美国十年来最受欢迎的现场演出上担任头牌。而在哈莱姆，在一个四英尺见方的小舞台上为同胞们义演的他却被"大块头梅贝尔"比了下去，还差点被酒瓶砸到。"他得赶快演完，要不然肯定会发生暴乱的。"塔哈卡说。

吉米第一首弹了《火》，然后是《狐狸精》。接下来弹了《红房子》，这首布鲁斯风格的歌稍微缓和了一下观众的情绪。接着他弹了《星条旗》，是和在伍德斯托克音乐节上一模一样的版本，但台下没有报道者与摄像机的捧场。这首歌与后面一首被他称为"哈莱姆国歌"的《巫毒孩子》相比有些黯然失色。演出结束后，台下还剩不到二百个观众。但这是吉米生平遇到的最难应付的观众，他总算是挺过来了。打击乐手朱玛·萨尔顿说他们和观众"打了个平手"，无疑是个精辟的总结。演出结束后，吉米和卡门走向自己的车子，发现雨刷器上夹着一张罚单。

联合街区社团的义演过后五天，这支被吉米称为"吉卜赛、太阳和彩虹"的乐队阵容做了他们的最后一场演出。演出在格林尼治村的"拯救"酒吧举办，本来是为了招待媒体的，但吉米迟到了。等他赶到，大部分记者都已经离开。乐队开始表演时音响又出了问题，听不到吉米唱歌的声音。"他本来就不太愿意参加这场演出，结果更是变成一场灾难。"《摇滚》(Rock)杂志报道。两周后，吉米解散了这支大乐队，不过还是把比利·考克斯留在身边。

吉米在"拯救"还出过另一件大事。一天晚上，在"拯救"即兴演出了一场之后，他被绑架了。那天他和一个陌生人一同离开，想去弄点可卡因，但却被当做人质关进曼哈顿一座房子里。绑架者要求迈克尔·杰弗里交出吉米的合同才肯放人。杰弗里没同意这个条件，自己雇了一伙暴徒去找这帮绑架的人。两天后，他的人发现吉米神秘地出现在肖肯的宅邸里，毫发未伤。

这件事简直太蹊跷了，尼尔·雷丁怀疑整件事是杰弗里自编自演的，意在吓唬吉米，让他别想另找经纪人。而吉米的办公室主管特里克西·苏利文等人则坚持说这次绑架确有其事："纽约有很多小股黑手党势力，野心勃勃地想要踏入音乐行业，他们抓住了吉米，迈克尔不得不去见一个在黑手党当中很有势力的人，谈判时他被一帮人用枪指着。我记得迈克尔告诉我谈话时周围的树丛里也有带着枪的人。"苏利文说杰弗里为了防备这种威胁，自己有时也带枪。杰弗里说服绑匪们释放吉米，不要和自己手下的流氓们发生冲突。朱玛·萨尔顿那年初夏住在吉米在肖肯的寓所，他说绑架事件发生前几个星期，杰弗里和一个司机过来和吉米谈生意，杰弗里和吉米谈话时，那个司机掏出一把点三八口径的手枪，在前院对准一棵树开火。萨尔顿觉得这次谈话肯定是给吉米一个信号：杰弗里才是他的老大。他的观点倒是和尼尔的阴谋论不谋而合。

那年9月，《滚石》杂志的记者谢拉·韦勒(Sheila Weller)写了一篇吉米的特写报道，没有提到绑架和开枪的事件。文章标题是

"我不想再当小丑"，文中的吉米显得风度迷人，异常谦卑，还礼貌得有点过头。他在韦勒面前摆弄着自己数量惊人的唱片收藏，从玛琳·黛德丽[1]到维斯·蒙哥马利再到"盲目信仰"[2]，他对迪伦的感情尤为溢于言表，他说："我爱迪伦，我只见过他一次，这还是三年前在麦克道格街'鱼壶'酒吧时候的事呢。那是在我去英格兰之前。那天我俩都喝了很多酒，所以他可能不记得我了。"他一边说，一边放着迪伦的唱片，跟着唱片弹吉他。

不过德尔林·豪夫的说法却不太一样，那年秋天的一天，豪夫和吉米在纽约第八街散步，突然看到街对面出现一个身影。"嘿，那不是迪伦吗?"吉米兴奋地叫道，"我还从来没见过他呢，我们过去跟他聊聊吧。"吉米冲过马路，嘴里叫着，"嘿，鲍勃。"向迪伦跑去。德尔林紧跟在后面，对吉米的热情感到一丝不安。"我想迪伦听到有人叫他的名字，还跨过马路追他，一开始都有点害怕了。"德尔林回忆。不过认出吉米以后，迪伦就松了一口气。亨德里克斯的自我介绍谦卑得近乎可笑。"鲍勃，我是个歌手，这个，我叫吉米·亨德里克斯……"迪伦说他知道吉米，也喜欢他翻唱的《沿着瞭望塔》和《像一块滚石》。"我不知道有什么人能把我的歌唱得更好。"迪伦说。之后他就匆匆离开了，留下吉米独自沾沾自喜。德尔林说："光是鲍勃·迪伦知道他是谁，这就已经让吉米飘飘欲仙了。我觉得他们两人之前显然没有见过面。"

这次街头偶遇可能是两人唯一一次接触，但是两人私下里都对对方怀着尊敬之意。迈克尔·葛德斯坦是两人共同的公关，有一天，他接到迪伦的经纪人艾尔伯特·格罗斯曼的电话，约他私下谈谈。

---

1 Marlene Dietrich（1901—1992），德裔美国演员、歌手。
2 Blind Faith，"奶油"1968 年解散后埃里克·克莱普顿和金杰·贝克重组的乐队，1969 年再次解散。

见面时格罗斯曼递上一张开盘带，上面是一些由迪伦自己录制，未经发行的歌曲，还说迪伦希望吉米能翻唱它们。"鲍勃真的很喜欢吉米唱他的歌，这里有一些新歌。"格劳斯曼说。吉米后来翻唱了其中三首录为小样，这却惹恼了迈克尔·杰弗里，他不喜欢吉米翻唱别人的曲子，这样一来就没有创作版税了。

吉米对迪伦一直崇敬有加，不过对米克·贾格尔的态度就完全不同了。德尔林·豪夫和贾格尔也很熟，吉米和米克都常常深夜时分在他的寓所里即兴演奏。德文·威尔逊也想办法勾搭上了贾格尔，为此造成了不少尴尬局面。"有好几次，凌晨四点，他们全都出现在我家，"德尔林回忆，"德文喜欢当着吉米的面公然搂着贾格尔。大多数紧张局面都是德文造成的，她就是喜欢做刺激人的事。"吉米的《多丽·德格尔》（Dolly Dagger）就是看了德文挑逗贾格尔后写下来的。歌词写道："她从一个破罐子（和"贾格尔"谐音）里喝自己的血。"这句话就是写米克有一次弄破了手指，德文看了就用嘴去吮他的伤口。如果贾格尔赢得了德文的爱意，亨德里克斯却在音乐上胜他一筹。"他们会在我的寓所里即兴演奏，"德尔林说，"吉米用木吉他弹布鲁斯是最棒的。"贾格尔有一次看得目瞪口呆，哑口无言。

11月27日，吉米27岁了，生日那天，他去了麦迪逊花园广场看"滚石"的演出。演出前他和基思·理查兹在后台聊了几句，问理查兹有没有琳达·基思的消息，想起当年为她争风吃醋的事，两人都笑了。吉米借了一把吉他弹了起来。一个记录片摄影师拍下了这一幕，好像是为了抢吉米的风头，贾格尔在镜头前面来回走了好几趟。演出开始后，吉米坐在舞台上理查兹的音箱后面，台下的观众们都能看到他。有人可能觉得"滚石"会在吉米生日这天请他上来即兴玩一会儿，但贾格尔没做任何表示。因为他早就在德尔林·豪夫家看过吉米的技艺，吉米的才华无数次让所有亲眼目睹的人都瞠目结舌。贾格尔到哪里都希望自己才是最耀眼的明星，他可不希望吉米在自己的演出上抢尽风头。

第二十三章　花园里的国王

纽约州，纽约

1969 年 12 月—1970 年 4 月

> 有太多女人追求他，他就像花园里的国王那样。
>
> ——乐手巴兹·林哈特如此形容吉米的魅力

1969 年秋，吉米租下了格林尼治村西 12 街 59 号的房子。这是他在纽约第一处也是唯一一处固定住所。刚住进去，他就忙不迭地让好朋友克莱特·米姆伦姆帮他装修一番。他用床罩和小块地毯覆住墙壁，在四角床周围悬挂帷幕。在起居室里放了三个贴地板的沙发，屋子里到处放满靠枕。"整间屋子布置得像个摩洛哥小市场，屋子中央就算出现个水烟袋也不新鲜。各种非洲风格的织物从天花板上垂下来。"克莱特回忆。

虽说房子充满异国情调，吉米却不得不把自己的形象打扮得尽量正统一点，为即将开庭的加拿大藏毒案做准备。他理了发，换上蓝色运动服和宽松的灰色裤子，于 12 月 7 日启程飞往多伦多。

审判于周一上午十点开始。有十二人陪审团，法官按照英国传统戴着白色假发。公诉人先是传唤了发现毒品的警官，然后是当时鉴定这些白色粉末为海洛因的技术人员。整桩案子似乎已经一目了然，三个小时的举证和陈词后，公诉人发言结束。

吉米的律师团无法否认毒品的存在，所以他们的辩护词主要建立在吉米不知道自己的包里有毒品的前提上。他们说，歌迷经常送乐队成员礼物，其中也包括毒品。吉米是辩护律师询问的第一个证人。被问及自己的背景，他再次说自己离开军队是因为摔断脚踝，还说自己"在菲律宾和德国受训过"，这当然是假话。他还说自己的音乐是"电声布鲁斯"。

之后，吉米说了一大篇话，描述巡演过程中自己身边跟着的人，当时的情况有多么乱七八糟。他还提起不少这些年来歌迷送给他乱七八糟的东西，什么泰迪熊啦、头巾啦、大麻饼干啦……他还说歌迷给他寄过 LSD 当礼物。律师问了很多他对迷幻药和毒品的使用情况，他承认自己"两次"使用可卡因，"五次"使用 LSD，最近还抽过大麻，吃过大麻膏，但他说自己从没使用过海洛因和安非他命。他说自己去年以来对毒品的依赖已经大大减少，抽大麻也没有以前那么多了，他说："我觉得我已经成长了，不需要它们了。"至于这件案子本身，他的说法是，来多伦多前一天，在洛杉矶的时候，他抱怨有点头疼，"一个穿黄色上衣的姑娘"给了他一个小药瓶，他还以为是治头疼的药片，就拿过来塞进包里，然后就把这回事忘了。他也不知道这是海洛因。

在公诉人质询时，吉米承认自己亲眼见过两个人使用海洛因，但他对海洛因的了解也就仅限于此。公诉人觉得他的自我辩护很可笑，问他："你正因为一项重罪而受审，而你的证据就是你不知道它怎么会出现在那儿，也不知道是谁放进去的?""是的。"吉米答道。

下面一个证人是合众社记者莎侬·劳伦斯。她说吉米抱怨头疼那天自己也在酒店房间里，记得好像是有个歌迷给了他一点什么。

公诉人表示不相信她的话，但劳伦斯说，她还记得当时的一些细节。接下来查斯·钱德勒出庭作证，一口纽卡斯尔式英国口音让陪审团大为倾倒，他指出，乐队确实经常收到歌迷的大量礼物。他说自己在"动物"时，歌迷也经常送他们毒品作为礼物，还说："我们还有个规矩，千万不能吃送到后台来的蛋糕。"之后案子被交由陪审团裁决，他们深思熟虑了整整八个小时，这无疑是吉米一生中最长的八小时了。最后陪审团做出无罪的裁决。吉米说："这是我生平收到的最好的圣诞礼物。"之后他飞回纽约，用大麻膏好好爽了一回。

两个月后，《滚石》的记者问吉米，他在多伦多时说自己已经成长，不再需要大麻是不是真的。吉米捧腹大笑了好一会儿才说："至少没抽更多。"记者又问了一遍。吉米继续大笑着回答："我不知道，我现在……醉得快不行了。"这是吉米典型的冷幽默式回答，但这次他也不能板起面孔，忍不住大笑起来。

虽然这个案子总算没定他的罪，但还有不少事情也够吉米操心的了。他和迈克尔·杰弗里一起建的那个录音室（后来被命名为"电子女士"录音室），花费的时间要比预期长很多，金钱支出也远远超过了预算——两人为建录音室花了36.9万美元，还不得不向华纳兄弟借款30万美元。另外艾德·查普林与吉米的旧合同案子最终在美国结案（关于海外版权尚未了结），法院判决查普林在美国得到吉米迄今三张录音室作品的收益分成，还有吉米的下一张专辑的所有收益，查普林计划将这张专辑通过国会唱片发行，这无疑更为吉米的经济状况雪上加霜。吉米得知自己的下一张专辑全部收益都将归于查普林，不会落入自己的腰包后，便决定在12月初录一张现场专辑，取材自东费尔默的四场年末演出。

于是吉米开始组建自己的下一支乐队。他考虑了不少乐手，还想把"杰弗逊飞机"的杰克·卡萨迪和"交通"的史蒂夫·温伍德拉来，组建一支"超级乐队"。但这些计划实行起来都太过复杂，最终还是被放弃了。吉米也很喜欢巴迪·迈尔斯，他俩是一年前开始熟络起来的。他想和巴迪与比利·考克斯组成三人乐队。巴迪回忆："他想组个黑人乐队，请个黑人鼓手，他想重回自己的根源，回到他真正热爱的事物，也就是最基本的灵魂乐、节奏布鲁斯和布鲁斯。"巴迪是个多才多艺的鼓手，还会唱歌，吉米有时也的确需要有其他乐队成员来开口唱歌。吉米决定把这支乐队叫做"吉卜赛乐队"（Band of Gypsys）。这个名字来自米奇·米歇尔的话，他说吉米在后台总是被一群人前呼后拥，"像一伙吉卜赛人"，但讽刺的是米奇本人却被排除在外，这是三年来吉米第一次没有使用他作为鼓手。这个名字也有可能来自吉米的妈妈给他讲的故事，她肤色比一般黑人要浅，所以经常被人当成吉卜赛小孩。"吉卜赛"的正确拼写应该是"Gypsies"，这里却被吉米写为"Gypsys"，这是典型的吉米作风。

乐队在 12 月底排练了十天，写了几首新歌，其中一首名叫《大地布鲁斯》（Earth Blues），由"罗奈茨"[1]的罗尼·斯佩克托唱和声。12 月斯佩克托到吉米家拜访，发现他正和五个女人躺在床上。"她们懒洋洋地呆在那里，为诸如谁给他点烟、谁给他倒酒之类事情吵架，他就像个阿拉伯酋长，像个国王那样躺在那里。"尽管已经有了德文·威尔逊和卡门·伯伦洛这两个长期女友，吉米一旦有了固定居所，便开始被年轻女人所围绕，他公寓的大厦有个看门人，楼下一旦有哪个女友突然造访就会给吉米通风报信。吉米英俊富有、才华横溢，很多女人都想和他谈一场真正的恋爱，但他吸引的逢场

---

1 Ronettes，1960 年代女子流行团体，由罗尼·本内特和埃斯特尔·本内特姐妹和她们的表妹内德拉·塔利组成，罗尼·本内特后来嫁给著名制作人菲尔·斯佩克特，改名罗尼·斯佩克特。

作戏的骨肉皮更多，不少人更是冲着他那支石膏阴茎模型的名声而来。在这些女人眼里，吉米只是性征服的对象，而她们对吉米的意义也同样如此，尽管对于如今的吉米来说，女人的数目已经没有任何意义了。巴兹·林哈特说："有太多女人追求他，他就像花园里的国王那样，但她们对待他就像对待一个物品。这里面没有多少罗曼蒂克的成分。"吉米的童年充满失落，他可能害怕与人太过亲近，最后再度导致被遗弃的命运。这些萍水相逢的风流韵事用不着投入太多感情，也就不会有受到伤害的危险。

吉米虽然被大群女人所围绕，但还是经常公然向罗尼·斯佩克托调情，但她只对音乐方面的合作感兴趣。罗尼发现录音室里的吉米是个远比菲尔·斯佩克托（Phil Spector）还要严格的完美主义者，就算她觉得这首歌已经没问题了，他还坚持要再录个几十遍。录音结束后，罗尼让吉米和他身边经常跟着的几个姑娘一起搭自己的车回家。翌日早上有人敲她家的门，她一开门，便看见吉米脸上带着一个羞涩忸怩的笑容倚在门框上。他孤身一人前来，借口是前一天把母带落在她车上了。罗尼觉得他真正的意图是想和自己上床。当时她已经和菲尔·斯佩克托结婚，于是只是微笑着感谢他让自己参与录音，找到了他要的母带，把他送出门去。"他有点像黑人版的休·赫夫纳[1]。"斯佩克托说。几乎没有任何女人能够抗拒吉米那种略带羞涩的勾引，但斯佩克托可不是天真无知的少女。

1969 年圣诞，吉米选择和卡门·伯伦洛一起庆祝，两人去了德尔林·豪夫在纳瓦罗酒店的顶层套房。这套房简直就是《城镇与乡村》[2] 杂志里的贵族式房间，它有十个房间，包括两个起居室，高大

1　Hugh Hefner（1926—2017），《花花公子》杂志的创始人，亦以私生活混乱，拥有众多性伴侣著称。

2　*Town and Country*，美国高端生活方式类杂志。

的窗子正对中央公园，还有巨大的圣诞树锦上添花。吉米和卡门到来时，天上开始飘起一点小小的雪花。吉米穿着蜥蜴皮夹克和配合节日气氛的红色丝绒裤子。他们吃了一顿美餐，用水晶高脚杯喝上等的唐·裴利侬香槟王。吉米说这是他生平最好的一个圣诞节，的确，眼前的一切和他早年的贫困生活真有天壤之别。

吉米送给卡门一对钻石耳环和一个钻戒作为节日礼物。钻戒其实是订婚戒指。但伯伦洛说他们从没认真讨论过婚姻。"就算要结婚，也是吉米、德文和我三个人结婚。"如果任何女人想和吉米发展正式关系，仍然得过德文·威尔逊这一关。"那时候德文海洛因成瘾已经很久了。"卡门说。吉米也开始和德文一起吸。卡门说："他开始用鼻子吸海洛因。"吉米真正的毒品史当然和在多伦多法庭上的陈述大不相同。"他喜欢能激发创造性的药品，但他受不了海洛因，他尝试过，但那并不是他真正想做的事。"克莱特回忆。

对吉米来说最危险的毒品其实是酒精，而酒精也曾导致他和卡门之间的又一次暴力事件——喝过威士忌后，嫉妒的愤怒袭上他心头。"他想把我从窗子扔出去。"卡门说。这是吉米第二次用酒瓶砸她，又一次让她进了急救室。"我只好让迈尔斯·戴维斯（Miles Davis）的女朋友过来接我去医院，我可不想让吉米被捕。"卡门说。

尽管他俩的关系充满混乱和狂暴，但也有很多欢乐的时刻。有一次，卡门嗑了药，用钳子去拉直吉米的头发，结果她嘴里叼着的大麻烟卷把吉米的头发烧着了。吉米尖叫着满屋乱跑，后来才想起到水龙头底下把火浇灭。火虽然熄灭了，吉米却被烧掉了不少头发。伯伦洛给他修剪了一下，让烧掉的地方不那么明显。"他迷恋自己的头发，他喜欢那些小发卷儿。"她说。

吉米第一次遇到传奇爵士乐手迈尔斯·戴维斯就是在理发师那里。吉米的发型师是詹姆斯·芬尼，他是芬尼的第一批名人顾客之一。

"芬尼向吉米介绍了'爆炸头',之前还给他理过'非洲头'和'波浪头'。"塔哈卡·阿里姆回忆,迈尔斯喜欢吉米的发型,也开始经常光顾芬尼的理发店。两个音乐家有时带着自己的女友做四人约会。有一天晚上,四人到哈莱姆的"小人物天堂"去。跟着迈尔斯,吉米终于可以在这里得到他盼望已久的热情招待了。"他们招呼我们坐在角落里的一张桌子边,给我们拉上一道小帘子,方便我们抽大麻,给我们送来了酒,还放了吉米的音乐。"卡门回忆。

卡门说迈尔斯和吉米的关系就像父子一样,当然,两人也都很仰慕对方的作品。阿里姆兄弟有一次问迈尔斯在吉米的音乐里听到了什么。"那是他妈的那首《机枪》呀。"迈尔斯提起吉米和"吉卜赛乐队"录的那首曲子。塔哈卡说,他觉得迈尔斯的音乐里也有相同的风格。"那不是你听到的,而是你从主观转移到客观的东西,那和你听到的东西没关系。"迈尔斯答道。受迈尔斯的影响,吉米也开始购买爵士乐唱片,不过他对音乐的品位是兼容并包的,不会把自己局限在某个特定的音乐类型。他经常在深夜光顾"殖民"(Colony Records)唱片店,买下成箱的摇滚、爵士与古典音乐唱片。

吉米表示很想和迈尔斯一起录音,于是他们安排了一起录一次。吉米通常的方式是先一块儿即兴演奏了再说,然后再来考虑合同、厂牌、报酬之类事情。戴维斯却在为自己搞爵士只能挣到一点钱心烦,还嫉妒吉米能挣那么多钱。录音前一天,他给吉米的经纪人打电话,要求先付报酬。迈尔斯对迈克尔·杰弗里说,他想要5万美元预付款。吉米找来的鼓手的托尼·威廉姆斯(Tony Williams)也想要这么多钱。杰弗里拒绝了他们的狮子大开口,录音也就没能成真。这桩金钱纠纷发生之前,吉米觉得这次录音肯定十拿九稳,还颇费苦心地去找超级贝斯手。他的第一选择是保罗·麦卡特尼,甚至给麦卡特尼发去电报,问他能不能来加入这个乐队,但这个计划最终和吉米的其他不少主意一样无疾而终。

　　不过吉米和迈尔斯之间至少有一次"巅峰对决",是歌手特里·瑞德亲眼目睹的。瑞德那天和吉米一起呆在吉米家里,有一阵,吉米去了卧室,告诉瑞德过一会儿有个朋友要来,到时给他开门。门铃响了,瑞德透过门上的窥视孔看去:"眼前简直是科幻电影里的一幕,面前是个紫色的男人,戴着紫色墨镜,就站在窥视孔前面1英寸的地方。他站得那么近,我只能看见他的头。我看了好一会儿,不知道地球上怎么会有这样的人存在。"这人正是迈尔斯。

　　瑞德打开门,满脸堆笑地把迈尔斯迎进来,结果只换来迈尔斯的怒视。"我知道他讨厌白人,所以我只好尽量表现出一点英国风范来招待他。"瑞德说。迈尔斯穿着一件黑色皮革军壕风衣。"请进。"瑞德做了个"欢迎"的手势。

　　迈尔斯却没动弹。

　　"吉米在吗?"他咆哮道。

　　"他在,"瑞德回答,"他在别的房间里呢,他说过你要来。"迈尔斯还是没动。"哦,我是特里,我是他的朋友。"瑞德说。迈尔斯还是没动,不但没进门,还转动门把手,把自己关在外面。瑞德回忆:"简直是对我的精神侮辱,我透过窥视孔再往外看,他站在走廊里。"瑞德把门打开,再次请迈尔斯进来。

　　迈尔斯还是一动不动:"让那个混账的吉米·亨德里克斯来给我开这个吉米·亨德里克斯家混账的门。"

　　瑞德赶快去叫吉米,发现他正在另一个房间里摆弄吉他。"迈尔斯·戴维斯在门口。"瑞德说。

　　"你让他进来没有?"吉米问。

　　"我让了,可是他当着我的面把自己关在外面。他说你不亲自给他开门他就不进来。"

"啊，他就是那样的。"吉米笑道。显然迈尔斯以前也这么干过。吉米过去开了门。迈尔斯进来后一言不发，和吉米一起进了卧室。瑞德还留在起居室里，不知道他们在一起是吸毒（非常可能）还是在干什么。但他的耐心得到了回报——过了一会儿，迈尔斯那轻柔的小号声从隔壁传来，亨德里克斯的木吉他在旁伴奏。"实在太美了，"瑞德回忆，"那是品位极高的演奏，没有任何花哨炫耀或者过火的东西。在爵士乐的世界里，吉米仍然在不断突破局限，所有爵士乐手都推崇他，他是他们唯一尊敬的摇滚乐手。"

迈尔斯·戴维斯出席了"吉卜赛乐队"四场东费尔默新年演出中的一场。为吉米暖场的是"东哈莱姆之音"福音合唱团，吉米的演出似乎是音乐上的一种逃离：他表演了大量布鲁斯风格的新曲，似乎是在表明自己想要离开摇滚乐风格。另外，这是自与柯蒂斯·奈特和"绅士"合作以来，吉米第一次同全黑人乐队阵容合作。他们演了吉米的歌，不过也有一些巴迪的曲子，比如他的金曲《他们变了》（Them Changes），由巴迪演唱。对演出的评价可谓毁誉参半。《纽约时报》说第一晚的演出"平庸无奇"。作者迈克·加恩写道："（吉米）似乎更想营造一种激情音乐与个人愤怒的气氛，而不是想表演特定的曲子。"《强拍》（Downbeat）杂志的克里斯·阿尔伯特森稍微友善一些："亨德里克斯正在找寻自己的位置，他可能跻身于那些最新的一流布鲁斯吉他手行列。"但这场演出中吉米却看到了之前从未发生过的事情：虽然票销售一空，但有不少人中途退场。

新年第一天的第一场演出之后，吉米走进比尔·格雷厄姆的办公室问他感觉怎么样，格雷厄姆觉得不得不给出点负面评价了。吉米听了暴跳如雷，把格雷厄姆痛骂一顿，但后来又问他会不会留下来看第二场演出。格雷厄姆说会的，结果第二场有了显著的改善。格雷厄姆在自己的书《格雷厄姆出品》中写道："除了奥蒂斯·雷

314

丁的演出，他们的（第二场）演出是无与伦比的。整场演出里他大概只走动了两三步。他只是专注地弹琴，唱歌。他摇晃身体，但总是为音乐服务。他是弗莱德·阿斯特尔[1]而不是哈珀·马克斯[2]。演出里只有优雅，没有多余的废话。"演到一半，吉米回到后台嘲笑格雷厄姆："能得配上你了吧，老兄？"格雷厄姆说演出很棒。吉米回到舞台，开始唱《野小子》，用上了各种格雷厄姆曾经批评过的奇技淫巧。格雷厄姆在书中写道："点火、扔吉他、踢腿、模拟性交的动作、旋转……所有这些滑稽的动作。但这些他以前做过的事情，此时都非常精彩。"

演出于凌晨三点结束，之后吉米短暂地接受了《纽约邮报》(New York Post) 的艾尔·阿罗诺维兹的采访。记者问他为什么要组这支新乐队，吉米说："我想脚踏实地。我想回归布鲁斯，因为那才是真正的我。"他说他计划让巴迪来唱大部分歌。"我宁愿弹琴，"他说，"在英格兰，他们让我唱歌，但巴迪有合适的嗓音，从现在起会由他来唱歌。"巴迪的确有一把唱布鲁斯的好嗓子，但歌迷们还是宁可听吉米唱歌，而不是听鼓手唱。

几周后，"吉卜赛乐队"迎来了他们的第二次也是最后一次演出。他们加入了在麦迪逊广场花园举行的"冬日和平音乐节"(Winter Festival for Peace)，参演的一共有十二支乐队。参加这次义演是吉米为抗议越战做过的最公开的举动。演出并没有按照计划发展，时间拖得很长，直到凌晨三点多"吉卜赛"才上台，吉米已经没精神演出了（后来这成了他经常遇到的问题）。他们艰难地来了一首《谁知道》(Who Knows)，结果是灾难性的，这时台下一个年轻女人叫

---

1 Fred Astaire（1899—1987），美国歌舞电影中的名演员。
2 Harpo Marx（1888—1964），著名喜剧组合"马克斯三兄弟"中的老二，格雷厄姆这里的意思是吉米应该是表演"艺术家"，不是插科打诨的喜剧角色。

道：《狐狸精》！'"'狐狸精'就坐在那儿，"吉米一改平时的风格对她嚷道，"她穿着黄色内衣，上面染着肮脏的鲜血。"第二首歌唱到一半，吉米突然停止演奏，对着麦克风说："这就是大地在操宇宙，永远不要忘记。"然后他一屁股坐在自己的音箱前面，一言不发。没有人见过这样的吉米，台下的歌迷和其他乐手们都很不安。"实在很可怕，"约翰尼·温特回忆，"最后他只好被人带下台去。"巴迪·迈尔斯说吉米那天不舒服，因为迈克尔·杰弗里为了蓄意破坏这支新乐队，让他们的演出失败，就给吉米吃了很多 LSD。"他给吉米·亨德里克斯吃了两片'紫色奥斯雷'，"巴迪说，"这是我和我妹妹亲眼看见的。"其他人也有不同的说法。约翰尼·温特说他看到吉米在到达麦迪逊时已经累得半死了；而吉米自己对朋友们说是德文·威尔逊在他的酒里下了药。那一年里，德文偷偷给吉米下药的事情已经发生过好几回了。在他们两人之间奇怪的关系里，"控制"是比毒品更强大的力量。

几天后杰弗里解雇了巴迪，"吉卜赛乐队"也就不复存在了。"巴迪是被逼走的，"比利·考克斯说，"我觉得他们也想把我赶走。"考克斯性格比巴迪平和得多，直接离开纽约回了纳什维尔。

2 月初，杰弗里宣布"体验"原始阵容重组，尼尔和米奇回到美国和吉米一起接受了访谈。文章发表了，声势浩大的"'体验'重组巡演"的票也开始卖了，吉米却决定不要尼尔了。他给比利·考克斯打电话，让他回来。吉米一贯不愿与人对抗，于是没有亲自告诉尼尔他被赶出乐队，而是让杰弗里的工作人员去处理这事。为示安慰，吉米在尼尔正在做的个人专辑里弹了吉他，但这只是个小小的贡献，这次录音之后，两人就再也没有在一起演奏过。

吉米 1970 年的春季巡演于 4 月 25 日在洛杉矶的论坛剧场拉开帷幕。出演的乐队被冠以"体验"之名，那一年的大多数演出也是如此，只有在报纸广告上用小号字体列出了现任乐队成员的名字——比利·考克斯和米奇·米歇尔。考克斯说吉米也想过继续使用"吉卜赛乐队"这个名字，但是没有实现，"然后我们就被叫做'吉米·亨德里克斯之体验以及那个新来的叫比利·考克斯的家伙，'了。"考克斯说。至于米奇·米歇尔，能回来和吉米一起演奏他就已经很高兴了。

顶着"体验"这个名字，这次的巡演为吉米赢得了他演艺生涯中得到的若干最高评价。"亨德里克斯是性感与美妙声音的发电站。"《洛杉矶时报》的罗伯特·希尔本写道。在洛杉矶的演出中，吉米演奏了若干受欢迎的老歌，但有将近一半的曲目都是尚未发行的。其中《机枪》和《爱的消息》两首是来自前一天发行的《吉卜赛乐队》现场专辑。"新歌没引起什么热情反响。"希尔本写道，这样的情况在巡演中还将一再发生。吉米还减少了那些用吉他玩的花活，令有些观众感到失望，但这样吉米就可以把精力更多集中在弹琴上了。有些评论家怀念尼尔，不过米奇的鼓技又有了进步，带些爵士乐的风格与新曲相得益彰。"米奇真是打鼓的牛人，"吉米经纪团队中的鲍勃·莱文说，"他即兴演奏的才华正是吉米最需要的。"

被赶出"吉卜赛乐队"的巴迪·迈尔斯也被请回来担任了几场演出的开场乐手，他和吉米继续保持着友谊。不过更值得注意的是在洛杉矶为吉米开场的第三支乐队"跳舞小子"（Ballin' Jack），这是吉米亲自选的乐队，成员包括路德·罗布和罗尼·汉默（Ronnie Hammon），都来自西雅图。路德曾是吉米生平第一个乐队"丝绒之声"的成员。吉米总是说想让昔日的老朋友们和他一起巡演，不过和"跳舞小子"演出的这四场是他第一次也是最后一次实现这个愿望。他对老朋友们很慷慨，给了他们丰厚的报酬和充足的演出时间。"吉米真的会从自己身上脱下衣服来送给你，"汉默回忆，"有一天他下台以后，我说：'衣服不错。'他马上就把那件衬衫脱下来送给了我。"还有一次他把自己在伦敦买的一件节日礼服送给路德，因为他觉得路德穿比自己穿更好看。

路德从吉米上初中时就认识他了，看着吉米使用毒品的情形，不禁深深为他担心，此时距多伦多藏毒事件已经过去一年。"他完全越过了界限，"路德回忆，"他知道到毒品对自己有害，他也努力过，但经纪人或者其他什么人总是把毒品源源不绝地提供给他。"不管是兴奋剂、镇定剂、可卡因还是海洛因，吉米后台的休息室里总是少不了毒品。路德是他身边少有的可以对他直言奉告的人，大多数人都不敢说什么。"他说他会戒掉的，但其实只是为了让我闭嘴而已。"路德说。结果这次交谈发生之后不久，"跳舞小子"就被安排住进和吉米不同的酒店去了。

尽管如此，和西雅图的老朋友们一起巡演还是为吉米艰苦的巡演带来了少有的轻松时刻。"跳舞小子"的后台休息室成了他的避难所。演出前他会抽些大麻，上台之前对着罗尼·汉默呼口气，问他："像不像母狼的逼味儿啊？"如果汉默说他口气不好，吉米就会嚼着口香糖上台。"他吃了很多很多口香糖。"汉默说。

不过，吉米和老朋友们在一起得到的最大快乐还要算是音乐。巡演过程中，他被迫重复弹很多自己的那些金曲。吉米有一次对路德说，他穿那些奇装异服上台主要是希望下次来到这个城市仍然能吸引到观众，哪怕他们只是来看看他穿什么也好。"他讨厌唱自己那些大金曲，"路德说，"但是他觉得自己不得不唱。他身上仍然有那种来自过去（在"猪肠院线"）'作秀'时代的'艺人'的东西。他觉得自己必须做那些诸如在背后弹琴之类的事，因为人们买他的票就是为了来看这个的。"为了克服"作秀"带给自己的不悦感，吉米常常去"跳舞小子"的休息室，和他们在一起弹《没问题》(It's

318

Alright）、《更进一步》（Further On up the Road）这些老歌。"他管和我们这些人私下里的演奏叫做'西雅图特别节目'。"路德说。"观众们当然听不到，但这段时间却是他整晚最精彩的演出。"

巡演刚开始一个星期，吉米就已经在和疲劳感作战。在威斯康辛的麦迪逊，他喝得醉醺醺地上了台。他用含糊的声音说，越战可能会毁了美国："我们当中的所有人可能都会因为那些老家伙们干的蠢事被毁掉。"这其实并不是他的政治宣言（他的政治观点经常根据说话的对象而变化），更像是一种与日俱增的妄想狂症状。在舞台上，他开玩笑说自己想抽一支大麻烟，还说《满是镜子的房间》是关于"嗑药嗑高了以后，眼中能看到的只有你自己，到处都是你自己的映像。"当晚他在台上的两次讲话都提到了基督。在伍德斯托克上和他合作过的打击乐手朱玛·萨尔顿说，自从 1969 年起，吉米就开始阅读圣经。"他的屋子里有一本打开的圣经，他细致地阅读，也许这还是他生平第一次吧。"毒品、信仰和女人都是吉米拼命攫取的众多事物之一，为自己日益失控的生活寻找一点根基。

在麦迪逊的演出之前，吉米就着酒吃了不知道什么毒品，他在舞台上的讲话充满绝望的腔调。演《逍遥骑士》(Ezy Ryder) 前，他说这首歌是根据同名电影 [1] 创作的，但他还胡言乱语地说了些关于死亡的话题，自从在摩洛哥用塔罗牌算命以来，他就经常谈到这个话题。"我很想帮助我们，但最后全毁了，你们明白我的意思吗？这只是我们生命的三分之一，我们得去毁灭，然后去追求更好的东西，对吗，绝对的。如果你不这么想，你现在就等于死了。啊，上帝，我死了。"

1　*Easy Rider*，丹尼斯·霍珀自导自演，彼得·方达参演的公路犯罪片，1969 年上映。

第二十四章 魔法男孩

加利福尼亚州，伯克利

1970 年 5 月—1970 年 7 月

　　有个故事……说的是一个家伙……他离开家乡，变成了一个巫毒孩子，回来后就成了个魔法男孩。

　　　　——吉米对《听见我的火车来了》的介绍

　　1970 年 5 月 30 日，乐队抵达加利福尼亚州的伯克利，在"社区剧场"演了两场。吉米上一次在伯克利久居还是 3 岁那年住在查普夫人家的时候，也正是在这座城市，他第一次见到自己的亲生父亲。不过他没对任何人流露出什么怀旧情绪，而且 1970 年的伯克利也已经和他小时候的大不一样了。加利福尼亚大学的校园成为学生抗议的战场，罗纳德·里根州长派出两千名国民警卫队士兵与三万名学生作战，暴乱导致一百二十八人受伤，一人死亡。里根对学生抗议的反应可谓臭名昭著，他说："如果非要血流成河，那就让我们赶快结束它吧。"另一次流血事件发生在几个月前附近的阿尔塔蒙特——"滚石"乐队的演唱会上，"地狱天使"杀死了台下一名观众。吉米对记者基思·奥尔瑟姆说，阿尔塔蒙特的事让他觉得"整个美国都掉进了大熔炉"。在美国，种族对抗、暴力事件与越战导致的分歧日益严重，吉米开始对朋友们说他考虑搬回伦敦。

吉米在伯克利的演出受到一大堆丑事的影响。1970年的巡演中，吉米的大多数演出都会受到抗议者们的冲击和破坏，这些人不是要求演出免费，就是在没票的情况下试图冲进场馆，在伯克利发生的就是后者。迈克尔·杰弗里雇来一个摄制组为伯克利的演出拍摄纪录片，他们拍下了抗议者试图从屋顶冲进剧场，还向下面的观众扔石头的场面。他们还拍下了街头更富喜剧色彩的一幕：另一伙人在抵制电影院里放映的伍德斯托克纪录片，声称3.5美元的电影票太贵，而且"一切音乐都应当免费"。

当天吉米和德文·威尔逊与克莱特·米姆伦姆坐着一辆加长轿车赶到伯克利，他从后门进入场馆，前面那些闹剧他全都没看见。前一个星期他因为流感取消了几场演出，此时仍然面如死灰，眼中无神。虽然他状况不好，但演出却精彩极了，当晚的纪录片是吉米最棒的现场录像之一。从一开始这就注定是一场值得铭记的伟大演出。试音时吉米弹了一段长达七分钟的卡尔·珀金斯[1]的《蓝山羊皮鞋》（Blue Suede Shoes），只有空荡荡的观众席聆听着他把这支曲子改编为一首纯粹有力、朴实无华的布鲁斯歌曲。

第一场演出中吉米还改编了另一首经典名曲——他把查克·贝里的《约翰尼·B. 古迪》（Johnny B. Goode）演绎为节奏超快的咆哮。当然，他也照例表演了那些取悦观众的把戏，用牙齿弹了一段独奏。不过在《听见我的火车来了》（Hear My Train A Comin'）里就不需要这些花招了，演这首歌之前，他介绍道："有个故事……说的是一个家伙，他在城里乱晃，他的老情人不想让他呆在身边。火车上

1　Carl Perkins（1932—1998），美国影响深远的摇滚乐歌手、吉他手，融合了节奏布鲁斯与乡村乐的风格，《蓝色羊皮鞋》是其最负盛名的代表作。

来来去去的人们都欺负他。没有人愿意面对这个。但这家伙有天分，所有人欺负他是因为他可能有点与众不同。于是他离开家乡，变成了一个巫毒孩子，回来后就成了个魔法男孩。现在他在车站等着，等待一辆火车的到来。"这段介绍其实也是吉米生平的故事。

作为吉他手，吉米能一边弹主音吉他的部分，同时又能弹通常应该由节奏吉他手弹的部分，这是他独有的天赋之一。使用哇音踏板、法兹效果器，还有回授和延音效果，他可以一个人制造出多个吉他手在弹奏的效果；他还可以用左手拇指弹出回声一般的连复段。他把这一切技巧都放进了《听见我的火车来了》里面，吉他和考克斯与米奇的演奏营造出一种呼应的效果。在各种演出中，他曾多次弹过冗长的即兴演奏，这天晚上的即兴格外独到，只有像考克斯和米奇这样直觉敏锐的乐手才能跟上他在这首歌里蜿蜒迂回的方式，最后这首歌长达十二分钟。这样技惊四座的宏伟歌曲通常是一般乐手留着压轴的，可是对于吉米来说，这才仅仅是十二首歌里的第三首而已。

当晚的第二场演出更精彩，一共演了十一首歌，其中《勇往直前》（Straight Ahead）和《嘿，宝贝（旭日初升之地）》[Hey, Baby（Land of the New Rising Sun）]是新曲，当然也有《巫毒孩子》《嘿，乔》这些老歌，不过都被赋予了新的激情演绎。弹《机枪》时，吉米详细介绍了一下："我想把这首歌献给所有在伯克利奋斗的战士们，你们知道我说的是哪些战士们。也同样把这首歌献给在越南战斗的战士们。"在弹《星条旗》时，他说："这首歌献给所有人，美国国歌其实就回荡在空中。"他说《巫毒孩子》是"我们的国歌"，并把它献给在人民公园[1]里的所有人，特别是黑豹党们。黑豹党的全

---

1 People's Park，加州大学伯克利分校旁边的一个公园，是当时反越战的著名集会地点。

国总部就在伯克利附近的奥克兰，吉米这次的致敬是他迄今公开发表的对黑豹党最大的支持。

卡洛斯·桑塔纳看了伯克利的两场演出，觉得它们的艺术成就堪与约翰·柯川相提并论。"演奏乐器时，没有人能同时做到既快又深刻，绝大多数人都是快而肤浅。但柯川就能做到既快又深刻，还有查理·帕克[1]，吉米也是这样。"桑塔纳在后台和吉米聊了几句，但他们的谈话算不上深入，因为有一大群骨肉皮涌了进来。"他被那些女人们围着，我管她们叫'监视器'，因为她们和所有人上床，然后把所有人的事告诉其他所有人。"桑塔纳说。

吉米在第二场演出时穿的衣服也很醒目，仿佛一只蓝色蜻蜓一般，模拟翅膀的织物从胳膊上垂下来。这是艾米丽·"彩虹"·图伦尼（Emily "Rainbow" Touraine）设计的作品，不久前她开始为他设计华丽的舞台服装。"他和我衣服尺码一样，"她回忆，"我们的腰都是 28 号，所以他可以穿我的衣服。"在那个时候，只有埃尔维斯·普莱斯利才敢穿这么夸张的服饰上台，但埃尔维斯的连体衣上缀满亮片，为的是掩饰他日益发福的身材，吉米却像个纤细的精灵，兼有黑人和印第安人的特点。1970 年时，他的形象和 1967 年有了很大不同，仿佛完全换了个人似的。他现在总是穿着丝绒裤子或蓝色牛仔裤，巫师帽换成了头带，古董军装换成了和服式的宽大衬衫和亮色丝巾。

住在洛杉矶的艾米丽·图伦尼也是个画家，她的家也兼做自己的艺术工作室。吉米有时去她家里暂时逃避一下身边与日俱增的喧嚣和混乱。"他身边好像有个动物园一样。"她说。吉米在她家经常使用她的画具画点自己的画，大约画了几百张油画和草图。"他画

1　Charlie Parker（1920—1955），传奇爵士萨克斯手。

得非常非常好。"她说。吉米对图伦尼说，自己如果不搞音乐，就会去当个商业艺术家。

伯克利的演出是乐队典型的那种"远途飞行演出"，这样的周末演出需要他们乘飞机赶去，时间非常紧张，常常在最后时刻才能到达。1970年春夏时分，吉米大部分时间呆在录音室里，以西绪弗斯式的努力制作着新专辑。1969年12月，他曾对记者说自己手头有足够做两张新专辑的新歌，不过他还没有决定好发行哪些，什么时候发行。1970年夏天，他手头已经有足够做四张专辑的素材了，但还是没有做好准备发布它们，出于强迫症般的天性，他常常花费整天整天的时间叠录一首歌。"这是一种很费钱的方式，"录音师艾迪·克拉默说，"但是有那么多素材，这样做似乎是唯一的办法。"吉米从不为录音制定计划，经常使用当天晚上早些时候在酒吧里邂逅的乐手。比如有一次，他打车时司机说自己打过康加鼓（Congas），他就请这个司机回来录音。

好在他的录音室"电子女士"终于快要竣工了。这是属于吉米和迈克尔·杰弗里的录音室，所以成本可以被缩减。"他非常为这个录音室感到骄傲，"艾迪·克拉默说，"他这样一个出身低微的黑人，挣到了大钱，还能在纽约市拥有自己的录音室，这简直就是他成功的巅峰。他曾忍受过不少命运的折磨与打击，但现在他真的身在顶峰。"当年的吉米为了走进真正的录音室，不得不签下合约放弃自己的一切权利；如今全纽约最顶级的录音设备归他所有，任他支配。录音室成了他的另一个家，不过这也加剧了他的完美主义倾向。7月1日录音的时候，他把《多丽·德格尔》这首歌一连剪辑了十九遍，最后才混出一个母带。"他爱那个录音室，在那里度过了一个又一个夜晚，"德尔林·豪夫说，"但他也开始更加执著地对待每一首歌，有时候为了一段八小节的东西他就能折腾整整三天。"

6月中，吉米开始从几十首歌里筛选新专辑的曲目。他为新专辑想了几个名字，其中一个是"新升旭日的第一束光"（First Rays of Rising Sun），但他从没能定下专辑的最后标题和曲目。他和杰弗里为专辑长度争执不下；杰弗里说单张专辑比双张专辑卖得好，吉米却想一口气推出三张一套的专辑，命名为"人类、地狱与天使"。6月时吉米曾经写下过这样一个清单：新专辑《勇往直前》的歌。底下列出的曲目包括《满是镜子的房间》《逍遥骑士》《天使》《切罗基之迷雾》（Cherokee Mist）和《多丽·德格尔》，以及其他二十多首歌，这就是他为新专辑列出的最成型的计划了。

那年夏天巡演依旧永远没完没了，吉米去了达拉斯、休斯顿、波士顿和其他几个城市。其中只有7月17日在纽约罗得岛的演出用不着做飞机长途跋涉过去，这次演出是纽约流行音乐节的一部分。"雅痞""青年君主"（Young Lords）、"黑豹党"和"白豹党"几个极端组织要求组织者把所有收益都交给他们，要不就掀起暴乱。组织者们向这些组织捐了款，不过还是有成千名抗议者没出钱就溜进了会场。吉米直到凌晨四点才上台，他演奏的时候，公共广播系统里一直播放着广播信号。这个恶劣的故障让吉米心情很糟，他对观众叫骂了好几次。他把《巫毒孩子》献给德文、克莱特、德尔林和其他几个人，观众们发出了嘘声。他叫道："闭嘴，他们是我的朋友。"

罗得岛的演出是吉米一生中最后一次在纽约的舞台上亮相。他曾在纽约忍饥挨饿，在黑人区拼命想要得到接受和认同，最终在格林尼治村被发掘。此时，他已成为与这个城市有关的音乐家中最出名的一个。这场演出并不是一个配得上他的永别，最后一首歌结束时，广播系统里传来的声音再度淹没了吉米的吉他。他留给纽约观众们的最后一句话是愤怒的："我操，晚安吧。"

十天后，吉米再度飞往西雅图演出。这次的巡演本来没有安排西北部地区的场次，但杰弗里在最后一刻安排了这场演出，吉米同意了，觉得这能帮他们付清那数字惊人的账单。吉米是全球知名的巨星，不过他最大的演出市场还要算是纽约、洛杉矶、伦敦、欧洲大陆和家乡西雅图。演出被安排在坐落于雷尼尔山谷的西科体育场，这是个能容纳两万六千名观众的棒球场，以前曾是西雅图飞行员队的主场，直到1970年春天，球队老板巴德·塞里格把球队搬去了密尔沃基。这是吉米成为明星后第一次也是唯一一次在自己小时候的老家附近演出。年轻时他曾无数次走过这座西科体育场，或许也幻想过自己将来有一天能在这里演出吧——现在果真实现了。

　　吉米搭乘早班飞机于7月26日星期日抵达西雅图。演唱会被安排在下午两点半，但是他前面还有两个开场乐队，中间的休息时间也特别长，他可以等晚上再去。他希望能午睡几个小时，但是没能实现，因为他的家人们来了。"从第一分钟开始他就被人们围着。"宣传人员丹·菲亚拉说。吉米一开始让工作人员别告诉他的家人他到达的具体时间。"他们每天给办公室打十个电话，说他们要去接吉米，"菲亚拉说，"后来经纪人说：'我们得把他隔离起来，要不这帮人肯定会把他逼疯了。'"吉米每次回西雅图都显得筋疲力尽，他很乐意见到家人，但每次回去只能让他更深切地觉得他和家人生活在截然不同的世界里。在西雅图，他仍然是"巴斯特·亨德里克斯"，要顺从他的父亲；而在世界的其他地方，他是个白手起家的男子汉，是熠熠闪光的超级巨星。

　　菲亚拉安排过"体验"的许多次演出，但他从没见过吉米像那天那样一蹶不振。吉米抱怨自己整晚没有睡觉。"所有人都觉得肯定是因为吸毒的关系，"菲亚拉说，"但他的确感觉垮掉了；他的样子更颓废。他一直拼命工作，不巡演的时候一直呆在录音室，这确实把他累垮了。"吉米对很多人都说自己累得筋疲力尽，大家都劝他找时间休息休息。他已经订好机票，在西雅图演完后就飞到夏威夷，不过不是去度假，而是去再开一场演唱会，还要拍一部电影。几天前，吉米对一个圣地亚哥记者说："我就像奴隶一样，一切都是工作。一开始还很好玩，现在我要往后退几步，重新找回乐趣。我要退休了，要首先追求快乐。再也不工作了。"说完这话第二天，他又踏上了巡演的道路。

这个下午吉米主要呆在艾尔家里，见了不少过来拜访的邻居和亲戚。他喝了点酒，结果让他心情更糟，还跟艾尔吵了起来。两人都觉得心烦意乱。另一件让吉米心烦的事是弟弟里昂不能来——里昂当时因为盗窃罪正在蹲监狱，这件事深深令吉米困扰。后来德洛丽丝阿姨和她的小儿子艾迪·霍尔来拜访，艾迪带了吉他，这才让他心情稍微好一点。艾迪只有 15 岁，他弹的吉他打动了吉米。"吉米问我妈妈能不能带我一起去巡演。"艾迪回忆。德洛丽丝拒绝了，她爱吉米，但害怕吉米给自己的儿子带来坏影响。

下午，一桩意外令人回忆起亨德里克斯家族不堪回首的往事——一个 18 岁的邻居女孩来到门口问吉米要签名，还说自己是他的妹妹。吉米出去一看，发现她是出生后不久就被附近别人家收养的帕米拉·亨德里克斯。吉米有将近十七年没见过帕米拉了。他给她签了名，拥抱了她。或许是见到失散多年的妹妹令他有一点怀旧和伤感，于是他给多萝西·哈丁阿姨打电话，要她带全家人来看他的演出，还安排了一辆轿车去接她们。哈丁家有人患了肺炎，没法出席，于是那天吉米又给她打了好几次电话，一个劲儿地关心她的健康。

后来，吉米溜出去做了另一件事，他拨响了一个刻骨铭心的号码——中学时代的爱人贝蒂·简·摩根的电话。"我已经有好几年没有听说过他的音信了。"贝蒂·简回忆。还是在八年前，也就是

1962年，吉米从军队回来的时候和贝蒂·简最后谈了一次，取消了婚约。贝蒂·简后来结婚了，但当时已和丈夫离异，搬回家和父母同住。在艾尔家，有个朋友告诉吉米她现在是单身。吉米后来没有对任何人说过自己为什么要给贝蒂打这个电话。贝蒂·简不是什么消息灵通人士，她只知道吉米成了大明星，不知道具体情况怎么样。他成了伍德斯托克音乐节的头牌，在皇家艾伯特大厅演出过，甚至还见到了"披头士"；她高中一毕业就结了婚，从来没离开过西雅图。他俩之间已经没有任何交集，有的只是当年的一段段往事：一起从家走到学校，在门廊里手拉着手，躲在大树后面接吻……她曾是他最爱的女人，他的第一把吉他就以她的名字命名，还把她的名字写在吉他上。如今，他却不知该对她说什么好。她问他和中学的朋友们还有没有联系，他告诉她伯尼尔·亚历山大还在西雅图，但吉米·威廉姆斯和特里·约翰逊都上了越南战场。她说她希望他们平安归来，他对此表示附和。说完这番话，两人都觉得再也无话可说。"是个很短的电话。"她回忆。最后，吉米说下次回西雅图时一定请她吃汉堡，这是多年前他身无分文时曾经答应过她的。

后来吉米赶去西科体育场，结果一场不合时宜的倾盆暴雨从天而降，演出有可能取消。好在晚上七点一刻吉米登台时，雨已经小了不少。有些器材没有接地，组织者们担心吉米触电，但吉米坚持继续演出。一开始，他的介绍词和最近这两年的基本一样，但在他的故乡，这话听起来分外辛酸："希望你们忘记昨天与明天，就在这里建造我们的小小世界。"接着他问候雨中浑身湿透的观众们："你们听上去好像不那么高兴，你们的样子也不那么高兴，但是看看我们能不能在这里描绘出一些面孔。"说着，乐队弹起了《火》。

一曲告终，一个枕头被扔上舞台。三个星期之前詹妮斯·乔普林也曾在西科体育场演出，当时就是这个枕头被人扔上台来；乔普林在上面签了个名，把它丢回人群。吉米不知道这回事，但他不喜欢有人往台上扔东西。"喂，别再往台上扔东西了，"他说，"别扔了，不然会砸着我们的头的。"他很少这样公开承认自己的不悦，后来他情绪变得更坏，说："操，谁他妈扔的枕头。"说罢一脚把枕头踢下台去，向着观众竖起了中指，要知道，台下还有他的亲戚和朋友们呢。他承认，自己上台前喝了几杯威士忌。唱《爱的消息》时，他没说一声就离开了舞台，米奇只好即兴来了一段鼓独奏，之前可从没做过这种安排。吉米过了两分钟才回来，演出继续进行下去。

雨又开始下起来，唱《紫雾》时，吉米改了歌词："不好意思我要操老天一把。"唱完以贝蒂·简·摩根为灵感的《红房子》，他说："这场雨给我的感觉就像这样。"演出最后一首歌是《狐狸精》，1970年，他只有两次用这首受欢迎的名曲做压轴。然后，就像1957年他曾在这里亲眼目睹过的埃尔维斯·普莱斯利那样，吉米没有返场就离开了西科体育场。

演唱会结束后，吉米回了父亲家，朋友与邻居们围绕在身边，他努力想忘记刚才那场自己心目中很糟糕的演出。出名后，他在西雅图演过四场，没有一次能达到他的标准，或许那么高的标准根本就是不可能达到的吧。他最期望的莫过于在家乡展现自己现在有多么出色，但这个目标总是实现不了，至少他是这么抱怨的。

吉米显得比平时演出结束后还要疲惫，但他还是勉强和弗莱迪·马伊·格迪尔聊了一会儿。格迪尔也和他的过去有关，吉米在襁褓中时，她的母亲曾经照顾过他。她回忆说当时的吉米显得又惆怅又悲伤，"仿佛被咒语魔住一样"。格迪尔了解吉米的全部生平，她认识所有他早年生活中重要的人。那天晚上，他很想聊聊自己小时候的事。尽管下午刚和艾尔吵了架，此时他还是亲切地对父亲说，自己开始渐渐理解父亲当年过着多么艰辛的生活。"他的爸爸拼命才把他和里昂拉扯成人，艾尔有时候得整夜工作。吉米长大以后才明白父亲为他和里昂做出了多么大的牺牲。"格迪尔后来说。

午夜时分，吉米决定到城里走走，他找了三个女孩作陪——他的表妹、德洛丽丝阿姨的女儿迪伊·霍尔、多萝西阿姨的女儿爱丽丝·哈丁，还有继妹玛莎·金卡。吉米和迪伊、爱丽丝是从小一块儿长大的，她俩如今已经出落成漂亮的大姑娘了，他很喜欢让她们陪在身边。迪伊以前没见过他弹琴，比起摇滚，她还是更喜欢爵士乐，不过她很喜欢那天晚上的演出。她问吉米有没有好好研究过爵士乐，吉米说自己最近正在补上这一课。"他说他已经准备好做出人生的重大改变，他的音乐也会有所改变。"迪伊回忆。除了与迈尔斯·戴维斯的友谊，吉米还在策划和编曲人吉尔·伊文思（Gil Evans）一起做一张专辑。虽然还没有开始录音，但他和伊文思在9月底见过面。那是那年秋天吉米的众多计划之一。他还写了一个剧本，对朋友们说自己想去学校学作曲。这些计划都没有让迪伊·霍尔吃惊——西雅图的所有亲朋好友都知道吉米永远是个梦想家。

吉米从兜里掏出一颗子弹，旋开弹壳，倒出一点LSD粉末。"他管它叫'紫雾'。"迪伊说。嗑了迷幻药，吉米便带着姑娘们上路，踏上了一生在西雅图的最后一次旅行。他追寻着自己过去的足迹，把加菲尔德中学和自己过去曾经住过的房子指给她们看。他们经过一家夜店，吉米曾经申请过在那里工作。他一个个地说出那些当年曾经拒绝自己加入他们乐队的人的名字。迪伊从小就认识吉米，她从没见过他这么怀旧，但她也惊讶地发现，对于那些痛苦的往事，他如今仿佛已经释然。"是啊，他们那时候把你看得像泥巴一样，他们还嘲笑你。"她对吉米说。吉米的回答却让她吃惊："啊，有时你必须承受这些。"声音中并无任何辛酸讽刺之意。他们停在耶斯勒台屋附近，这里是吉米生平第一次当众演出的地方。他们又去了两个街区外的港景医院，吉米正是在那座医院降生，他的母亲也是在那里辞世。迪伊问吉米有没有见过他的弟弟乔，"好几年没见了，不过我很想见他。"吉米说。他还坚持开车经过拘留所，当年因为涉嫌偷车，他曾在里面蹲过几天。他下了车子，在拘留所周围走了几步。"他仿佛是想与自己的过去达成和解。"迪伊回忆。

　　他们开车逛了几个小时，走遍了西雅图的大小角落。"他想好好看看所有东西，所有地方。"爱丽丝·哈丁回忆。这已是吉米第二次不眠不休地夜游西雅图，姑娘们都建议他回家休息，却被他拒绝了。他们开车经过贝蒂·简·摩根的家，不过没有进去。归途中他们甚至花两小时开车绕了华盛顿湖一圈。后来他们来到华盛顿湖南部的兰顿附近，吉米坚持去母亲的墓前看看，他还从来没有去过母亲的坟墓，只知道是在兰顿高地的某处。"我们开车转悠了一个小时，到处寻找，天很黑，那里是乡村的穷乡僻壤，没有街灯。"迪伊·霍尔说，他们找啊，找啊，就是没有找到墓地，最后只好回了西雅图。

　　回到城区，他们经过耶斯勒大街上的一栋房子，吉米曾经和艾尔与里昂一起住在那里，这栋房子如今已经废弃无人，令吉米感到一阵悲伤。毕竟他曾在这里度过不少童年时无忧无虑的时光。此时一阵细雨轻轻落下，姑娘们留在车里，吉米一人走向那栋黑魆魆的建筑。透过窗子，他向里望去，这里是他儿时曾经无数次地弹起扫帚吉他的地方啊。他抬手挡在额头，脸贴着玻璃，深深凝望着窗内的黑影，仿佛在寻觅自己失落已久的东西。

第二十五章　狂野蓝天使

夏威夷，毛伊岛

1970 年 7 月—1970 年 8 月

叫我蓝色的狂野天使。狂野蓝天使。

——吉米在怀特岛音乐节上对为他们报幕的司仪说

1970 年 8 月 30 日

7 月 28 日，吉米·亨德里克斯离开西雅图飞往夏威夷，拍摄一部名叫《彩虹桥》的电影。这部片子是导演查克·韦恩（Chuck Wein）头脑风暴的产物，他想找一些不同领域内的著名人士（比如冲浪、瑜伽、艺术、音乐等），拍下他们之间的互动。韦恩曾在安迪·沃霍尔的"工厂"拍过三部片子，当过伊迪·塞奇威克[1]的男朋友。找来冲浪选手、神秘主义者、算命者和嬉皮们簇拥在吉米身边，这个主意理论上很不错，加入点迷幻药的影响就更是锦上添花。1972 年，《彩虹桥》正式发行，《滚石》评价这部电影是"有纪念意义的迷幻

---

1 Edie Sedgwick（1943—1971），安迪·沃霍尔旗下当红一时的女影星，遭安迪弃用后生活一落千丈，死于吸毒过量。

之旅"。影片还使用了荧光色彩的特效和各种奇异的音效（比如加入一段军士与狗的"交谈"），是一部极为怪诞的电影。

拍电影的过程对吉米来说是一种休息，一个星期里，他和演职人员一起住宿舍，吃素食。毛伊岛轻松的生活方式让吉米得到了他迫切需要的休闲。梅琳达·马力泽尔是演员之一，拍摄期间和吉米交上了朋友，她回忆："他非常喜欢毛伊岛，他在这儿真的很开心。"吉米对她说希望退休后能住在这里，在火山坡上种葡萄。

在岛上，吉米还喜欢去一个被他称为"宇宙糖果店"的地方畅谈宗教和神秘主义。"这对于吉米来说是一种精神上的净化。"查克·韦恩说。参演的很多演员都把韦恩称为"巫师"，因为他什么话题都能聊上几句。韦恩送了吉米几本书，其中有《西藏生死书》和《狮子的秘密地点：外星人对地球命运的影响》（*Secret Places of the Lion: Alien Influences on Earth's Destiny*）。后一本书说的是外星人几个世纪以来一直在影响、干预着地球文化，吉米相信这个理论。吉米还和他一起读了《地球之书》（*The Urantia Book*），这本书中把基督的事迹和外星人联系在一起，是 UFO 爱好者们的另类圣经。吉米总是随身带着这本书（还有鲍勃·迪伦的歌曲集），他对朋友们说自己从这本书里学到了很多东西。

夏威夷之旅对于吉米来说也意味着身体上的净化。毛伊岛上迷幻药泛滥，到处都是效力强大的夏威夷大麻烟，可卡因也不难找到，但是这里没有海洛因。当时吉米愈来愈依赖用鼻子吸入海洛因这类麻醉毒品，不过在夏威夷，他基本可以断掉海洛因依赖。成名四年，毒品对他来说已经从享乐工具变成了每日纾解压力的必需之物。在毛伊岛，有个演员建议让德文·威尔逊带点海洛因坐飞机过来，却遭到吉米强烈反对。"（如果需要）德文肯定能想办法带着海洛因过来。"查克·韦恩回忆。吉米坦白告诉梅琳达自己与德文的互相依存关系，他说自己正努力从这种关系中脱身。"德文知道怎样在吸毒时控制他，"梅琳达说，"德文好像有种黑寡妇毒蜘蛛般的力量，吉米则是她渴望的琼浆玉液。"

最后德文终于没有来到毛伊岛，而吉米初到夏威夷时的快乐也渐渐被剧烈的情绪起伏所冲淡。上一分钟他也许还在说自己有多喜欢毛伊岛，下一分钟可能就会陷入深深的抑郁情绪。他挣了数以百万计的金钱，但同时也花掉了数以百万计的金钱，他觉得自己拥有的财富不足以体现自己工作的价值，而这只是他诸多抱怨中的一桩。艾迪·查普林的案子已经基本解决，但是戴安娜·卡朋特的诉讼又近在眼前。1970年年初，卡朋特的律师要求吉米和卡朋特的女儿做亲子鉴定，被吉米拒绝了。吉米从没公开表示过自己是否相信卡朋特的女儿塔米卡·卡朋特是自己的亲生女儿。但在一首从未公开发表过的歌曲《红丝绒房间》（Red Velvet Room）里，他把自己的女儿称为"塔米"，这首歌表现了对女儿的关爱，但吉米在公开场合一直坚持说自己没有孩子。也许在那个"自由恋爱"盛行的年代，他还没有准备好对自己的孩子承担责任吧。对于一个自己的童年都被褫夺的人来说，要求他成为人父确实在情感上有些强人所难。他从小在父母离异的家庭中长大，两个弟弟和两个妹妹都被送去福利收养，关于非婚生子女的话题很可能勾起他痛苦的回忆。《红丝绒房间》里那句短短的"塔米怎么样了"是吉米对女儿唯一的问候。他从未在经济上扶持过塔米卡，甚至根本没有见过她。

在毛伊岛，吉米受着种种困扰，摩洛哥那个算命老太太的话依然在他心里萦绕不去。他甚至提起过自杀。一天晚上拍片子的时候，他肯定是喝了酒，对导演查克·韦恩和女演员帕特·哈特利（Pat Hartley）说："咱们三个干脆都自杀算了。"韦恩没拿吉米的话当真，十分钟后，吉米的情绪就好起来了。几天后，吉米对梅琳达·马力维泽尔说自己很快就要"离开"自己的肉身,把她吓了一跳。"我不会留在这里。"他说。她问他这话是什么意思,他一言不发。后来有一天韦恩又问吉米最近还会不会再回西雅图演出,吉米说:"下次我再回西雅图就是躺在棺材里了。"

但当吉米弹起吉他时,人们是看不见他内心这些绝望的。来夏威夷第三天,他就找到拉海纳一家名叫"毛伊美女"的夜店,那里有个爵士钢琴手正在弹琴。他问吉米愿不愿意加入,吉米欣然答应。和那个钢琴手演了两个小时的爵士标准曲,台下寥寥无几的观众无不目瞪口呆。

"真正"的演出第二天才到来——吉米和比利·考克斯、米奇·米歇尔为电影的拍摄者们献上了一场名为"彩虹桥的震动色彩与声音之体验"的演出。韦恩为他们在火山坡一侧搭起了一个小小的舞台。还搭了一个帐篷作为化妆室,弄来了一个小型发电机供音响系统使用。这场音乐会完全免费,在拉海纳的主干道贴出了一些海报作为宣传,最后有八百多个渔夫、冲浪者和夏威夷本地人出席。韦恩按参加者的星座作为分区给他们安排座位。吉米上台前,还有一群印度教克里希那信徒引导观众们唱了几分钟"唵"。

吉米上台时情绪不错,但观众们却显得懒洋洋的,让他觉得有点不安。演出第一节他演了十首歌,然后回到帐篷里花了整整四十五分钟抽大麻,喝啤酒。后来他回到舞台,第二节演出显得活力多了,他的演奏又重新显得像是那个无比热爱吉他的人了。后来有只误食了 LSD 的狗跑上台去咬了吉米的腿,算是当天最倒霉的一件事,好在没怎么咬出血。

两天后,吉米和乐队飞往火奴鲁鲁做美国巡演的最后一次演出。吉米显得心神不宁,不像在毛伊岛演出时那样轻松自如。《火奴鲁鲁广告者》的评论文章说他是个"疯狂花蝴蝶",因为他穿的天鹅绒演出服上有橙黄、艳粉、翠绿和亮红色。演出结束后米奇和比利各自回家，吉米则回到毛伊岛。

接下来的两个星期里，吉米的生活相当于度假。这个假期不是事先安排的，是他耍了花招才骗到手的——他在海滩上划破了脚，他假装伤势很严重，通知经纪人延长了归期。"我们在他脚上缠了二十倍的绷带，拍了照片，让伤势显得好像很严重的样子。"梅琳达·马力维泽尔说。这充分显示出迈克尔·杰弗里对吉米的控制程度有多深。吉米非得装病才能逃避他的予取予求。后来吉米租了一栋小房子，大部分时间都呆在里面写歌和写诗。他为梅琳达写了一首很长的歌，按照她的星座命名为《天蝎女子》。

梅琳达发现，吉米呆在夏威夷的日子里，头脑和心智也日益清晰纯净。她发现这种状态下的他显得深沉多思，有时甚至很悲伤。"他谈了很多关于他母亲的事，还有她的印第安出身。"梅琳达说。吉米对艾尔的感情有点矛盾，而且他们最近刚刚吵过架，但他对梅琳达说，他并不生父亲的气。梅琳达觉得吉米是个站在十字路口犹豫彷徨的人，而且他一直赌咒发誓地说要做出很多重大改变，彻底摆脱目前这种疯狂的生活方式。

在毛伊岛度假的第二个星期里，吉米在那栋小房子里给艾尔写了封信，这是他生平最不寻常的一封信之一。写信时他喝了酒还嗑了LSD。信的末尾，他在空白处乱涂一气，还划掉了不少前面自己写的东西。这封信写得乱七八糟，有些地方似乎完全是胡说八道，但却暴露出吉米很少在人前展示的情绪。以前在军队时，他几乎每周都给父亲写信，后来他成了到处巡演的职业乐手，信也就不再写了。在毛伊岛的这封信既揭示出吉米复杂的心态，也显示出他和家庭之间的关系。开头写道：

爸爸，我爱你，至少就像我说的这一大堆废话，但你知道，我也知道它们在哪儿，会是什么样子。但是谁能够呢（我的话在很多方面都是废话，一个胡言乱语的人，你知道的）。因为你没有耐心听完，为什么不到演唱会上来呢。我知道你非常爱我和里昂（不用清楚地流露出来），（你和我）私下里说过岩石母亲也在那里。一直要在这个充满盲目和所谓真实的世界里生存下去。但是说起天堂的道路——天使，圣灵等等，上帝，等等，很难用准确的字眼去描述一个肥皂盒，或者一个南瓜，一片云，很难不用任何争吵或争辩就说服这个世界，关于天使们是否以为人们所熟知的传统形式存在。我很高兴地把你当成一个天使，一份来自上帝的礼物，等等等等！忘了那些想法，聊点关于世界存在的事情。

之后吉米在信中承认自己写信时"喝了不少"，请父亲原谅，然后又求艾尔细读"这封信中瞬时短暂却又永恒的奇迹的每一个字"。接下来他写到天使、小萨米·戴维斯、天堂和"永恒之光"，但之后向父亲提到母亲露西尔时，语气又变得有几分挑衅之意。

总有一天，也许我可以问一问那些重要的和有关（回到正常的）体验的问题，关于我的母亲——露西尔女士的历史和生活方式一直没有人回答我，这一直困扰着我。出于我个人非常私人的理由，她的一些事我必须知道。

信的末尾，吉米为和父亲在西雅图争吵的事向他道歉，说那只是因为"糟糕的情绪"，并且向表妹迪伊和继妹玛莎道歉，请她们原谅自己喝醉了酒后做了那一次哀伤的西雅图怀旧之旅。他留下了自己在纽约的电话，请表妹戴安娜有空给他打电话，他对继妹詹妮说"永远爱你"，不过却把她的名字由"Janie"误拼为"Jenny"。

8月14日，也就是这封信被送出去两天之后，吉米动身回了纽约。"他不想离开夏威夷，"查克·韦恩回忆，"但他还得回去当他的'吉米·亨德里克斯'。"在机场，吉米眼泪汪汪地向梅琳达·马力维泽尔以及毛伊岛的一些冲浪者们道别。"你们这些人可真幸运，"他在踏上登机的台阶时说，"你们可以留在这儿"。

吉米到达纽约的当天便一头扎进"电子女士"做叠录，忙了一星期后，8月底"体验"又有若干欧洲的音乐节演出。纽约的朋友们注意到他从毛伊岛回来以后精力格外充沛。那个星期他和阿里姆兄弟讨论开一个发行公司，他找了一个名叫肯·哈古德的黑人律师，让他代表自己对迈克尔·杰弗里提起诉讼。"吉米想按自己的方式做音乐，为此和杰弗里发生了一些摩擦。"哈古德回忆。吉米和哈古德见面时带了许多他签过的合同，但是发现自己手上没有最关键的一份文件。吉米对未来事业的发展有几十种设想，其中包括从摇滚转向节奏布鲁斯和爵士乐，但他对哈古德说自己目前最想做的莫过于把生意的事理顺，要不就炒了杰弗里，要不就和他重新谈判合同。

迈克尔·杰弗里和以前的查斯·钱德勒一样，在吉米的生活中扮演的不仅仅是经纪人角色，他手握吉米唱片的发行合同，他和吉米一样是"电子女士"的出资者。尽管杰弗里做出过无数令吉米反感的决策——诸如给"蒙奇"的巡演开场、安排冗长艰苦的巡演行程等等——但也的确是他一手把吉米捧成了国际巨星。塔哈卡·阿里姆说："有很多事吉米都不喜欢，但迈克尔总是试图说服他，吉米脾气不好，有反抗心理，对于迈克尔来说，他也是个很难对付的客户。"随着吉米和迈克尔的冲突日益升级，杰弗里的助手鲍勃·莱文开始负责大部分和吉米沟通的工作。"吉米说他永远不会离开迈克尔，"莱文回忆，"他知道迈克尔很难应付，一般人都会把他当成恶棍。但他也知道只有迈克尔才最能帮他赚钱。"现在，对于吉米来说，生活显得如此复杂，他已经拥有自己梦寐以求的录音室，但却为它欠下巨额债务，于是不得不继续从事目前这份困住自己手脚的工作。

其实比杰弗里更大的麻烦是吉米目前与歌迷的关系，还有他应当怎样对待那些他赖以成名的老歌。他总是对朋友们说，观众们的期待对他来说像一种限制。他觉得如果自己不弹《紫雾》或是《狐狸精》，观众们就会四散而去。"他觉得自己的事业和财务状况都在每况愈下，"德尔文·豪夫说，"他的观众们只想听他最出名那四首歌，吉米却想弹点别的。从艺术角度看，他就好像再度回到'猪肠院线'那种被别人逼着弹固定的东西的生活。他觉得自己不可能从这种生活中逃脱了。"

8月27日，吉米就要飞往伦敦去巡演了，前一天，他和阿里姆兄弟在中央公园附近见面。"我们开来一辆崭新的金色凯迪拉克，站在街上和他聊天，他瞧着这辆车子。"坦德-拉说。吉米那天穿着一件松松垮垮的非洲式长袍，说自己要去怀特岛（Isle of White）音乐节演出。"'白岛'吗?"塔哈卡开玩笑，"干嘛不去'黑岛'演出?"吉米微微一笑，有那么一刻，阿里姆兄弟觉得眼前仿佛又是当年那个一文不名、初出茅庐的小伙子了。阿里姆兄弟是吉米在纽约最早的朋友，他们见证了他当年忍饥挨饿的艰辛，也见证了他的飞黄腾达。吉米说想给自己的新公司起名叫"西肯尼亚发行公司"，因为肯尼亚是非洲的一部分，"你可以溜到那里去，没有人能找到你。"他还开玩笑说：如果自己能逃掉巡演，那就让他们在非洲的帕果-

339

帕果见面吧。"那里很美，你们可以到那里去。"其实吉米自己也没去过那里。后来阿里姆兄弟上了凯迪拉克要走了，吉米最后一句话是："咱们帕果 - 帕果见吧。"说着向渐渐远去的车子挥手告别。

当晚，吉米出席了"电子女士"录音室的开张派对，虽说在这个工作室里已经工作了九个月，但今晚是唯一一次专为艺术家们召开的派对。当天到来的宾客可谓星光熠熠，其中包括小野洋子、约翰尼·温特和迈克·弗利特伍德[1] 等人。尼尔·雷丁也来了，吉米对他说："我们要去欧洲了，咱们在那边也许还能见面吧。"派对很快变成了大混乱，有些喜欢恶作剧的人开始互扔食物。吉米很不高兴看到录音室被弄得乱七八糟，于是提前离开了。

当夜他又去见了克莱特·米姆伦姆和德文·威尔逊，克莱特本来想陪吉米一起去欧洲，但是没法更换新护照，只能作罢。德文求吉米带她去巡演，但遭到吉米的拒绝。"因为毒品的缘故，吉米想和德文一刀两断，"克莱特说，"德文是个特别能说服别人的人，她能让石头流出鲜血来，但她吸海洛因上瘾，吉米不想再和海洛因沾边了。"德文的毒瘾已经开始毁掉她的美貌，她的眼皮松垮下垂，而且也不再梳妆打扮。她曾是摇滚圈里最美丽的女人，但这一年夏天，她的毒瘾直线上升，已经彻底失控。就连一贯讨厌对任何人说"不"的吉米也不得不切断两人之间的情谊。那天晚上他对她说："我希望你离开。"于是她就这样走了。

翌日清晨，吉米飞往伦敦。

吉米·亨德里克斯于 8 月 27 日抵达伦敦，准备逗留三天，之后去参加怀特岛音乐节。这是他十八个月以来第一次在英格兰演出，媒体的兴趣极高；在伦敦接下来的两天里，他接受了十几家英国媒

1　Mick Fleetwood（1947—），英国著名摇滚 / 布鲁斯乐队"佛利伍麦克"（Fleetwood Mac）的鼓手和领军人物。

体的访谈。他住进伦敦德利酒店一间顶楼套房，在那里招待成群涌进走廊等着他接见的朋友、乐手和记者们。

访谈中，吉米说起有可能结束自己目前的演艺生涯。"我又回到最开始的地方，"他对《作曲人》说，"我把一切都献给了这个音乐的时代。我的声音还是那样，我的音乐还是那样，我想不出什么新的东西可以加进去了。"他说自己想组一支节奏布鲁斯大乐队，这是他 1966 年初抵伦敦时就想做的事情。"一支集合了出色乐手的大乐队，由我来指挥和写歌。"他说。说到现在的乐队，他却用了过去式。"它曾经很有趣，曾经是最美妙的乐趣。它曾经很好，很精彩，我也曾经乐在其中。"

话题主要围绕音乐进行，但是和往常一样，吉米也间或提到了一些政治、毒品和时尚方面的话题。很多文章里都提到他的头发又长了。这次吉米特意带了发型师詹姆斯·芬尼一起巡演，随时保证自己的非洲式鬈发没有问题。他对《泰晤士报》说，他觉得自己"就像公众意见的牺牲品……我剪了头发，他们就问：'你干嘛剪头发？'"吉米还说："我留长发也许只是因为以前我爸爸总是把我的头剪得活像秃毛鸡。"

凯西·埃金汉姆记得吉米经常担心一回西雅图就被爸爸一把抓住剪掉头发。不过在伦敦，吉米更害怕的可能莫过于遇到埃金汉姆和她的新婚丈夫吧。那年埃金汉姆结了婚，她和吉米仍然保持着友谊，吉米偶尔也会给她打电话。但埃金汉姆还是从朋友那里才听说吉米来到伦敦的。朋友给她打电话说吉米"发了疯"，把两个姑娘轰出自己的套房。埃金汉姆马上赶去酒店，发现门口果真有两个近乎赤身裸体的姑娘，战战兢兢不敢进门。凯西走进房间，发现吉米躺在床上，周围到处都是打破的灯泡和空空如也的威士忌酒瓶。她觉得他看上去更像是病了，他脸上没有血色，发着高烧。当时正值盛夏，他却把室内的空调开到最高温度。埃金汉姆后来觉得吉米的病症可能是由于戒毒引起的。她把热气关小，在他额头敷上冰袋，然后他就平静地睡着了。

第二天，8 月 28 日，另外两个女人来到酒店，发现吉米已经奇迹般地痊愈了。她们是在纽约认识了吉米的凯伦·戴维斯，另一人是 24 岁的丹麦模特克丝坦·奈弗。克丝坦和吉米是第一次见面，吉米一下子就迷上了她，整个下午都在和她聊天。"感觉好像是他在采访我，"克丝坦回忆，"我一直说我要走了，他却总说'先别走'。"他们聊了好几个小时，大部分时间都是吉米以他狡猾的方式让克丝坦更多地暴露她自己的情况。她开玩笑说，过几天他在丹麦演出时可以去看她妈妈，吉米说那不如马上就给她妈妈打个电话。克丝坦拨通了号码，吉米和奈弗夫人足足聊了一个钟头。克丝坦陪他一直聊到凌晨三点，凯伦累得倒在沙发上睡着了。后来两个女人要走，吉米说让她们在这种时间离开自己的房间不太好，于是两个女人在吉米卧室旁边的房间里睡了。

第二天上午十点，克丝坦终于离开了吉米的房间，不过一个小时后，吉米又出现在她家门口，要带她一起去吃午饭。午饭席间，他把手放在她膝盖上，但他没有做出进一步的调情暗示。第二天他就要赶去怀特岛，他邀请克丝坦也过去参加。

星期日，吉米乘着直升机去往怀特岛参加他的夜场演出。观众人数高达六十万，远远超过了之前各方的预期，规模甚至超过了伍德斯托克。正如所有大型演出一样，现场完全一片狼藉。上百名观众想突破屏障免费闯进来，器材时不时出点故障，演出进度比预定的延后了很多。更糟的是吉米为登台而穿的那条满是蝴蝶图案的漂亮裤子（作家格梅尼·格里尔后来说它是"一件迷幻吟游小丑的戏服")胯部裂开了。还好尼尔·雷丁的妈妈在后台，帮吉米缝好了它。

里奇·黑文斯在后台遇到吉米，看到他一脸病容，不由大吃一惊。黑文斯从吉米早年在纽约挣扎奋斗时就认识他，却从没见过他像当晚那样狂躁不安。"我被律师还有经纪人们折腾得可真不怎么好，"吉米抱怨，"他们要了我的命；什么都不顺心，我吃不下睡不着。"黑文斯给他介绍了一个律师，还让吉米回伦敦后给自己打电话，好好放松一下。"他看上去像是好几天没睡觉的样子。"黑文斯回忆。

克丝坦·奈弗之前和吉米在酒店会过面，此时陪着他呆在音乐节现场的一辆拖车里。他们听着外面警察和抗议者们的冲突，抗议者们要求音乐节完全免费。"太可怕了，"奈弗说，"一切完全不是计划中的那样充满爱与美好。"吉米等着通知他上台，心情却开始变得焦虑不安。他对奈弗说想让她也登上舞台，给自己一点鼓励。"呆在让我能看见你的地方，因为我是为了你才弹琴的。"他说。

直到凌晨两点吉米才得到通知。上台后，他先是呆在一堆音箱后面，司仪问他希望怎么报幕。"叫我蓝色的狂野天使吧。"吉米说。"什么？"司仪问。"狂野的蓝天使。"吉米喊道。不过司仪报幕时只说："那个带着吉他的男人。"其实吉米在英国有着最狂热的歌迷，根本就用不着什么报幕，毕竟英国是一手将他捧为巨星的国家。作为对忠诚的英国歌迷们的回应，吉米弹了英国国歌《上帝保佑女王》的几个小节作为开场曲。

但是演出却充满尴尬。如果说当年吉米刚来英国时的头几次登台——在"圣詹姆斯威士忌"和"袋中钉"之类俱乐部为圈中乐手们所做的演出——充满幸运和祝福，当晚在怀特岛的演出就仿佛遭到诅咒一样。他的吉他出了问题，一直走调；音响系统也有不少毛病，吉米弹了一半突然从中传出现场步话机的声音。就连裤子也给吉米添乱，他觉得裤子好像又破了，于是躲到音箱后面，花了整整六十秒的时间检查。因为他太担心裤子的事，在台上显得好像小丑一样。

尽管发生了各种恼人的事情，吉米的音乐还是不乏亮点。《沿着瞭望塔》和《红房子》格外精彩，受到观众们的热烈欢迎，《机枪》延续了三十分钟，就连其间插入的那段疯狂的步话机干扰也仿佛恰到好处。观众们热爱的老歌《嘿，乔》和《巫毒孩子》自然赢得了最热烈的掌声，不过死忠的英国歌迷们也很喜欢新歌《嘿，宝贝》和《自由》（Freedom）。然而吉米在《午夜闪电》（Midnight Lightning）中的那句"我的整个灵魂疲惫又痛苦"却仿佛成为他精神状态的极好写照。

在唱最后一曲《暴风雨中》（In from the Storm）时，抗议者们点起火焰，烧着了舞台的木头顶棚。房顶离舞台大约有 30 英尺远，吉米并没有危险，但当时那一刻谁也说不好。保安冲上台来扑灭了火焰。"演出最后完全陷入混乱。"克丝坦·奈弗说。更糟的是，有人散布谣言说是吉米为逃避返场自己点的火。吉米在英国成名，点燃吉他的绝技也是早年为他赢得媒体关注的方式之一。怀特岛音乐节是吉米生前在英国的最后一场正式演出。他离开几小时以后，舞台顶上依旧黑烟缭绕，仿佛是对这段流星般短暂，又如烈火般燃烧的经历的微末纪念。

第二十六章　生命的故事

瑞典，斯德哥尔摩

1970 年 8 月——1970 年 9 月

生命的故事比眨一下眼睛还快。

——吉米生前写下的最后一首歌

离开怀特岛音乐节不到十六小时后，吉米·亨德里克斯又出现在斯德哥尔摩的舞台上。他比预定的时间迟到了一小时，演出也延长了一小时，引起了演出承办者的不满。因为演出场地旁边的一个游乐园为迁就演出不得不被暂时关闭。这场演出要比怀特岛那场好得多，不过也有不少令人苦恼的不和谐音符——吉米还在演奏，广播系统中便宣布演出结束了——旁边那个游乐场还等着演出结束赶快开门呢。吉米早就觉得自己的生活仿佛变成了一个马戏团，此时的他无疑也是其中一个演员。

在后台，吉米遇到了爱娃·桑德吉斯特，她一直都是他在瑞典最心爱的女友。这次见面却不怎么愉快——吉米上次来瑞典后，爱娃生下了吉米的儿子詹姆斯·丹尼尔·桑德吉斯特。她给吉米写过好几封信说这孩子的事情，但他没做任何回应。爱娃把孩子留在家里，问吉米愿不愿意去看看自己的儿子。这问题一时让吉米目瞪口呆，哑口无言——也许是想起了与戴安娜·卡朋特的那桩尚未结束的抚养权诉讼案吧。后台简直成了疯人院，所有记者、骨肉皮和歌迷都簇拥着吉米，他被人从爱娃身边拖走，甚至连个回答都没来得及给她。后来吉米也没有去看过他已知的唯一一个儿子詹姆斯·丹尼尔·桑德吉斯特。

在斯德哥尔摩后台发生的一切已经足够疯狂，巡演下一站，比利·考克斯又吃了过量的迷幻药。考克斯后来觉得肯定是有人在他的酒里放了大量 LSD，服药后糟糕的反应又因疲劳而加剧。"欧洲巡演的步伐真是既欢快又让人筋疲力尽。"考克斯回忆。比利通常是整个乐队中最清醒的一个人，但这会儿他开始语无伦次地大叫大喊。他发疯的时候只有吉米能让他安静下来，接下来的几天里，吉米得时常充当照顾比利的角色。

好像还嫌他们的麻烦不够，在丹麦奥尔胡斯的演出之前，有人看到吉米当天下午手里攥了一大把安眠药。他好像感冒得很厉害，一个劲抱怨自己已经三天没能入睡。他没有解释自己为什么大白天就开始吃安眠药，而且再过几个小时演出就要开始了。也许是为了平衡另一种毒品的药效，因为他以前也经常同时吃兴奋剂和镇定剂。克丝坦·奈弗从伦敦飞来陪他，当天下午抵达他入住的酒店，她在大厅遇到米奇·米歇尔。"你赶快上去吧，吉米情绪很不好，"米奇说，"他不怎么顺心。"克丝坦看到吉米的样子很震惊。"他说了些关于太空飞船之类的话，他步履蹒跚，说的话根本没有意义。"后来吉米勉强接了一些记者采访，他让克丝坦坐在身边握住他的手。她感到非常尴尬，但是害怕自己一走他情况更糟。

之后克丝坦和吉米打车来到演唱会现场，他浑身颤抖，她不知道他到底能不能上台弹琴。他一会儿让后台那一大群人全都出去，一会儿又让他们全都回来。他对所有人宣布："这次我没法演了！"克丝坦告诉他台下还有四千名观众在等着，很多人已经急得开始跺脚了。吉米最后在一个巡演工作人员搀扶下走上舞台。他对台下观众的第一句话是："你们都好吗？下面请欢迎电子马戏团。"接着漫不经心地胡乱拨弄着吉他，连个和弦都没有弹。米奇开始敲一段鼓独奏，希望吉米能加进来，但吉米只演了两首歌就扔下吉他，整个人不行了。演出被取消，观众们得到退款。吉米在台上呆了只有八分钟，1966 年，吉米刚刚来到英国时初次和埃里克·克莱普顿与"奶油"合奏也差不多是这么长的时间。正是那短短八分钟让吉米从那个伦敦酒吧里的小小舞台上冉冉升起，成为令人瞩目的新星；如今，还是短短的八分钟时间，他却在自己最大的演出市场之一（至少是暂时地）自毁前程。

克丝坦和吉米打车回到酒店，一进房间便发现记者安妮·比约达尔已经等在那里。那一天，吉米整天都满嘴说着疯狂的格言。他说："我已经死去很久。"尽管身体状况不佳，他还想勉强接受比约达尔的访谈。他说自己已经不再喜欢 LSD，"因为它是裸体的，我需要氧气"。他引用《小熊维尼》里的句子，还说自己喜欢安徒生童话。他说，弹琴让他付出了很多东西。"每弹一次琴我都牺牲了自己的一部分灵魂。"后来他又谈到自己的生死问题，显然非洲的塔罗牌死亡预言还萦绕在他的脑海里："我不知道自己能不能活到28 岁，我的意思是，一旦我觉得自己在音乐上再也不可能有什么建树，我就不会留在这个星球上，除非我有了妻子和孩子，要不然我活着也没什么意义。"整个访谈中吉米都处在服用迷幻药后的疯狂状态，但他的自白里也有真实的成分——他的明星生活其实和他那支离破碎的童年一样孤独寂寞，孤立无援。说着说着，吉米开始用热切而诱人的神情凝视着克丝坦。克丝坦赶快建议记者先离开。此时吉米的情绪怪异地为之一变，说自己害怕克丝坦，说应该离开的是她才对，说完这话马上又求她留下来，忘了自己说的话。被搞得一头雾水的记者走了，留下克丝坦和疯子一样的吉米独处。

吉米曾对无数记者说过自己非常缺乏睡眠，但此时他却对克丝坦说，如果自己闭上双眼，肯定就会死去。"他吃了那么多毒品和迷幻药，很担心自己会发生什么事情。"克丝坦回忆。两人没有休息，而是聊了好几个小时。突然他把身子靠过来，望着克丝坦的双眼问："你愿意嫁给我吗?"克丝坦认识吉米还不到一个星期，听到这个请求不禁吃了一惊。就在刚才他还说过不想单独和她在一起，现在他又向她求婚，让她给他生孩子。她表示抗议，但他一再请求。"我厌倦了弹琴，"他说，"他们只希望我表演那些花活。我只想搬到乡下去。我已经厌倦了烧吉他。"她于是明白他的求婚只是绝望地抓住一个借口，好逃避那正在杀死他的演艺事业。凌晨六点，吉米终于入睡。

中午醒来后吉米还是一个劲地喊累，但他的状态似乎好了点。赶往机场的路上，克丝坦唱了几句多诺万的《带上你的爱，就像在天堂》(Wear Your Love like Heaven)。"这是谁的歌?"吉米问。他说自己想录这首歌。这还是几天来他第一次用积极的口吻谈到音乐，克丝坦觉得他开始从迷雾中走出来了。

他们到达哥本哈根，吉米下榻的酒店对面有个吵吵闹闹的工地。他抱怨没法休息，克丝坦建议两人一起去她妈妈家里。他们去了她家那栋简朴的房子，克丝坦的妈妈给吉米做了汤。他平静了下来，进了一间卧室，睡了几个小时。当他醒来时，克丝坦的兄弟姐妹们都来了，他坐下来和一家人一起吃了一顿意大利面。克斯坦的一个姐妹当时怀着孕，预产期在 11 月底，吉米开玩笑说这个孩子也许会和他同一天生日，也就是在 11 月 27 出生。当地记者们听到风声说吉米正在和一个丹麦模特约会，于是蜂拥到这里，打断了一家人平静的聚餐。克丝坦建议把他们赶走，吉米却请他们进来，说他想给全世界介绍自己的新爱人。

当晚的演出吉米又迟到了，因为他忙着弹木吉他给克丝坦唱情歌。"台下的人群叫着他的名字，他却坐在后台给我弹吉他。"克丝坦回忆。然后，突然之间，他宣布自己不能演出。克丝坦说他得去，因为她妈妈还坐在台下等着看他。于是吉米上了台。和前一晚截然不同，这天晚上，他的演出让整个评论界为之狂热。"年度最佳演出！"一家报纸宣布。后来米奇对克丝坦说："你对他做了什么呀？这是这几年他演得最棒的一次了。"克丝坦说这肯定是她妈妈煮的汤的功劳。吉米这天晚上回到奈弗家里过夜，睡得像木头一样死沉死沉。

之前吉米问过克丝坦愿不愿意去看他在德国的几场演出。克丝坦当时在拍一部电影，但哥本哈根演出的第二天，她兴高采烈地说自己可以挤出时间来陪他。吉米的态度却突然一变（她已经发现他经常如此），说自己一点也不想让她跟着。"不，你别去了，女人的位置应该是在家里。"他说。克丝坦事后觉得他的反复无常可能是因为受到药物影响，尽管整个巡演过程中他一直小心翼翼，巧妙地不让她发现自己在服用什么药物。果然，发表了这番关于女人与工作的看法之后不久，他又说很抱歉，不知道自己到底是怎么了，求她一起去。但克丝坦说再也受不了他的出尔反尔，要回去拍电影了。他俩都很喜欢鲍勃·迪伦，经常谈起他，克丝坦送吉米到机场，他登上梯子时，一句迪伦的歌词脱口而出："那就你走你的路……"然后又在飞机门口回过头来说完最后半句："……我走我的路吧。"这样戏剧化的场面真是少见，实在不像吉米。

翌日吉米抵达柏林，又觉得身体不舒服，很可能是因为药物的关系。"他弹琴的样子好像喝醉了一样。"一个评论家写道。另一个记者到后台去，发现吉米正在流鼻涕。"你是不是感冒了？"记者问。"是因为吸毒，伙计。"吉米粗鲁地回答。吉他手罗宾·特洛尔[1]来到后台，对吉米说这是自己生平看过的最棒的演出。吉米的回答是："啊，谢谢，不过根本不是！"就算在不正常的状态下，他也知道自己弹琴时状态究竟如何，他知道除了哥本哈根的那场演出，整个巡演都是一场灾难。

吉米的下一场演出是在德国菲曼岛上的"爱与和平音乐节"。他们坐火车赶往那里，吉米像犯精神病一样闯进了一节被锁住的卧车车厢。列车长发现了他，吉米说自己只是想找个休息的地方；后来多亏列车上有个工作人员认出了他，和乘警交涉了一下，吉米才没有被逮捕。吉米原定于9月5日晚上在菲曼演出，但由于天气状况，演出推迟到9月6日下午。菲曼的演唱会充满各种暴力事件，强行闯入者、警察和里面的观众一团混战。一大群欧洲的"地狱天使"们也来了，有些人还带了武器。演出一再延迟，人们开始变得不安，吉米终于登场了，有些人喊着："滚回家去吧。"有些观众发出嘘声。吉米答道："我才不在乎你们嘘我，只要你们别跑调。"他演了十三首歌后下了台，对一个记者说："我再也不想弹琴了。"吉米在台上时，"地狱天使"闯进售票处，抢走了音乐节的全部收入后溜之大吉。演出结束后吉米马上坐着直升飞机离开，换乘飞机回到伦敦。但如果他从直升机上往下看，就会再次看到一场和怀特岛一样被淹没在烈火之中的音乐节——他刚刚离开"爱与和平音乐节"现场，"地狱天使"们就把舞台烧成了白地。

回到伦敦，比利·考克斯的病情一再恶化，乐队的前途更不分明；不知道他那天到底误服了什么毒品，几天来一直停留在他体内。

1　Robin Trower（1945—），"普洛考·哈勒姆"乐队的吉他手。

350

比利的倒下让乐队接下来的巡演成了问题。9月8日星期二，吉米住进坎伯兰酒店，克丝坦·奈弗决定放弃骄傲到酒店去找他。她走进他房间时发现门半开着，吉米面朝下趴在床上一动不动，克丝坦还以为他死了，伸手去摸他的脉搏，发现他只是睡着了。她不想吵醒他，但电话铃响了；有人说比利不行了。克丝坦和吉米赶快去找比利，带他去富勒姆一家咖喱饭馆吃烤鸡。"比利大着舌头，发出很多奇怪的声音。"克丝坦回忆。后来他们把比利交给一个巡演工作人员，克丝坦和吉米去电影院看了安东尼奥尼的《红色沙漠》(*Red Desert*)。看完后吉米的情绪明显好了很多，从电影院走出来以后他一直在马路边跳舞。克丝坦回忆："他好像在演《雨中曲》似的，那么快乐，蹦蹦跳跳的。"可是就在突然之间，吉米的情绪又变了，整个人闷闷不乐，对克丝坦说他想休息两年。"从现在开始我要只弹木吉他。"他宣布。

当晚，比利的情况进一步恶化，工作人员叫来了医生。医生没有查出任何器质性病变，只是建议把比利送回美国家中修养。后来克丝坦和吉米去一家舞厅呆了一会儿。吉米拒绝跳舞，说自己跳得不好——要知道他的舞台动作可是让整整一代人狂热不已啊。回到酒店，他们想共度一个浪漫的夜晚，但是又被比利打断了。"每次我们刚想上床，他就来了，"克丝坦回忆，"吉米对他非常好，他对比利说：'还记得咱们以前在军队的时候吗？'比利一直说：'我要死了！'"医生又被叫来给比利打了一针镇静剂。第二天比利被送上回美国的飞机，后来他在美国痊愈了。

吉米原定9月13日要在鹿特丹演一场，他赶快开始物色新的贝斯手。他也考虑过尼尔·雷丁，但最后还是决定取消剩下的巡演。9月10日星期四，吉米参加了麦克·奈史密斯（Mike Nesmith）开的派对，奈史密斯刚刚离开"蒙奇"，正在组新乐队。吉米对他说自己想转向节奏布鲁斯，奈史密斯劝他别这么做。那年9月，吉米说了不少关于未来的计划，这只是其中之一而已，大多数听他谈起未来的人都觉得他满脑子都是各种各样的计划，而且已经下定决心改变自己的音乐事业，但还不大清楚下一步具体会走向什么样的方向。

翌日，吉米在自己的酒店套房里接受了基思·奥尔瑟姆的长时间访谈，其间他说出了一些自相矛盾的东西。奥尔瑟姆是吉米最早的支持者之一，也是当初建议吉米烧吉他的人。吉米生前的最后一次长篇访谈是与这样一位长期支持者进行，似乎也颇有几分公平的味道。他们聊了一小时，从一个话题聊到另一个话题。奥尔瑟姆问他是不是愿意被视为歌曲创作者，吉米答道："等我再也没法上台表演时，我想退居二线，主要做写歌的工作。"后来奥尔瑟姆问他愿意改变这个世界上的什么东西，吉米答道："街道上的颜色。"奥尔瑟姆又问他是不是一个"迷幻作者"，吉米说："我觉得这也许是最首要的。我想更深入地了解其他事物，你知道，因为真相不是别的，只是每个个体的思维方式。"他的语气听上去很乐观，但很多回答其实都没有什么意义。采访时他边说话边喝酒，同时看着电视上放着的喜剧节目。

访谈中，吉米确凿地说新专辑中肯定会收入《海王星上的山谷》（Valleys of Neptune）、《从这里到地平线之间》（Between Here and Horizon）和《满是镜子的房间》这几首歌。说到最后一首，他解释道："这是关于一个人疯狂的思想。说的是玻璃碎片散布在我的脑子里面，并且一直留在那里。"奥尔瑟姆最后一个问题是：吉米现在是不是已经有了这辈子也花不完的钱。"这不是我想要的生活，"他答道，"因为我只想早上起来，赶快起床，到室内游泳池去，一直游到吃早饭，呼吸点新鲜空气，然后也许再喝点橙汁之类的。然后再回到游泳池，游完泳就去洗澡、刮胡子。""你只想过得又舒服又奢侈吗?"奥尔瑟姆问。"这很奢侈吗?"吉米反问，"我也想过在山间小溪边搭帐篷!"

9月12日星期六，吉米和克丝坦呆在一起，但她听到他在电话里和德文·威尔逊大吵一架，觉得很不高兴。德文从报纸上看到吉米和一个丹麦模特在一起，于是宣布自己会到伦敦去找他。"德文，看在上帝的分上，别管我的事!"吉米冲着电话大叫了一声就挂掉了。

翌日吉米又冲着克丝坦大叫起来。克丝坦当时在一部电影里和刚刚饰演过詹姆斯·邦德的乔治·拉扎贝（George Lazenby）演对手戏。吉米觉得她肯定跟拉扎贝睡过，让她退出那部电影。她的拒绝让他勃然大怒。"他摇晃着我，弄得我全身青一块紫一块。"克丝坦说。吉米的嫉妒心让她很恼火，而且她觉得他就连两人在一起的那么一会儿工夫里都不能保持忠诚。她气冲冲地夺门而出。当晚克丝坦又给吉米打电话，但他不在。接下来的几天里，克丝坦在电话里给吉米留了无数口信，甚至还到酒店去找他，但后来她再也没有见到过他。

克丝坦·奈弗并不是那个星期里唯一一个在寻找吉米的人——迈克尔·杰弗里也来到了伦敦，却无法找到自己的主顾。那个星期吉米联系了查斯·钱德勒，说自己打算炒掉杰弗里，让查斯重新回来给他当经纪人。吉米的律师也在找吉米，那个星期他们原定要在伦敦开会，解决艾德·查普林的PPX公司关于吉米唱片海外版权诉讼的问题。吉米却没有出现。戴安娜·卡朋特的律师也在找吉米，想强迫他和戴安娜的女儿塔米卡做亲子鉴定。不过他们也没能找到他。

和吉米有法律或业务来往的人怎么也找不到神出鬼没的吉米，

不过他生命中几个很重要的女人倒是先后和他不期而遇。凯西·埃金汉姆在肯辛顿市场撞见了吉米。"他走在我身后,一把拉住了我。"她回忆。吉米当时在买古董,身边有个金发女郎作陪,他没向埃金汉姆介绍那女人,只是对凯西说可以去坎伯兰酒店找他。凯西是留在吉米身边最久的女人,很可能也是他一生中关系最亲近的女友,两人分别时,凯西在他脸上轻吻了一下。

同一个星期,吉米还在"轻松谈话"酒吧遇到了琳达·基思。他进门时,琳达正要离开,两人在门厅里聊了几分钟。他们的谈话有些尴尬——正是因为1966年间和吉米在纽约来往,琳达和基思·理查兹才最后分了手。不过四年已经过去了,琳达向吉米炫耀着自己的订婚戒指和身边的未婚夫。吉米身边也有个神秘的金发女郎。两人的见面似乎纯属巧合,其实吉米一直在找她。在纽约那段动荡的岁月里两人其实并未真正亲密,后来也没有努力保持友谊,但最近他常常想起琳达。在怀特岛音乐节上,他把《红房子》里的一句歌词改成"因为我的琳达再也不住在这里"。两个月前,他还在录音室录过一首题为《把我的爱带给琳达》(Send My Love to Linda)的歌,也是献给她的。此时在"轻松谈话",吉米递给琳达一个吉他盒说:"这是给你的。"里面是一把崭新的Stratocaster吉他,当年他还是伴奏乐手"吉米·詹姆斯"时穷得连属于自己的吉他都没有,琳达给他弄来一把吉他,却被他搞丢了,这是对当年那把吉他的赔偿。吉米从来没有真正了解琳达为成就他的音乐事业做了多少努力——她曾经拉来三个制作人看他演出——但此时的吉米还是为过去的事做出了一点小小的忏悔。"你不欠我什么。"琳达推让着。她说,她的未婚夫开的是一辆小跑车,里面放不下吉他。但吉米坚持,"我欠你这个。"说罢他拉起那个金发女郎的手,把吉他盒留给琳达便扬长而去。琳达只好把吉他系在未婚夫车子的车顶上回了家。回家打开吉他盒后，她发现里面除了吉他，还有 1966 年夏天她写给他的所有信件。四年来，吉米显然一直保留着这些信；如今，就像一个一直遭到拒绝的恋人那样，他把这些信归还给琳达，仿佛是希望她忆起两人当初那些浪漫的时光。

琳达和凯西遇到的那个金发女郎名叫莫妮卡·丹尼曼，是个 25 岁的滑冰运动员，来自德国杜塞尔多夫，于 1969 年认识吉米。9 月 15 日星期二，吉米刚和克丝坦·奈弗吵完，就和追到酒店的丹尼曼出双入对了。丹尼曼在自己 1995 年出版的《吉米·亨德里克斯的内心世界》一书中写道，他们认识两年来一直有密切的联系，他在伦敦时和她见过好几次面，他们一直"通过电话和信件保持来往"。1970 年 8 月的最后一个星期，他搬进了她常住的酒店。丹尼曼的说法多年来一直为人们所怀疑，其中有一些说法甚至在法庭上被裁定为谎言，但是自从 9 月 15 日星期二开始，她的确是吉米在伦敦的情人。那天晚上，两人出现在罗尼·司各特[1]的酒吧，埃里克·伯顿和他的"战争"（War）乐队当晚要在那里演出。吉米希望和老朋友伯顿一起即兴合奏一会儿，但酒吧拒绝他进入，因为他步履蹒跚，显然是服用了太多迷幻药。"这是我生平第一次看到他手里没有吉他。"埃里克·伯顿回忆。"我一看他没拿吉他，就知道他有麻烦了。"伯顿的两本自传里都曾提到当时的吉米"脑袋里装满了海洛因、安眠酮之类的"。不管吉米那天吃了什么，俱乐部的好几个人都记得那天他已经迷醉到很不清醒，他们只能尴尬地望着这位即兴大师因为自己状况不佳被拒绝登上舞台。

1　Ronnie Scott（1927—1996），英国爵士乐手，他的酒吧名叫"罗尼·司各特的爵士俱乐部"。

355

接下来的一天里吉米主要是和莫妮卡在一起。下午他们去了一个派对，莫妮卡向所有人自我介绍："我是吉米的未婚妻。"尽管莫妮卡的很多说法都太夸张，但人们不难想象吉米仓促向她求婚时的样子，几天之前他向克丝坦·奈弗也是这么求婚的。不过这些求婚最后大概不会以真正的婚姻告终。晚上，吉米和莫妮卡又去了罗尼·司各特的酒吧，这次他成功地和埃里克·伯顿即兴演奏了一回。"他看上去比前一晚好多了。"伯顿回忆。他们演奏了《烟草之路》（Tobacco Road）和《大地母亲》（Mother Earth），吉米做回乐队吉他手的老本行，没有开口当主唱。演出后他去了莫妮卡的酒店过夜。

翌日，也就是9月17日星期四的清晨，吉米起得很晚。大约下午两点左右，他在莫妮卡房间外面的小花园里喝茶。莫妮卡给他照了二十九张照片，有些是他在弹自己那把黑色Stratocaster琴，他给它起名叫"黑美人"。下午他们又去了银行、药店、还有古董市场。吉米买了几件衬衫和几条裤子。莫妮卡说他整个下午从未离开自己的视线，但包括米奇·米歇尔和加里·斯蒂克尔斯在内的好几个人都说当天往吉米的酒店房间打过电话（吉米的酒店在城市的另一端），吉米在电话里说自己身边没有别人。米奇说，吉米在电话里打算当晚和他见面，然后和斯莱·斯通（Sly Stone）一起演奏，但吉米到了约定时间没有出现。那天下午，吉米和莫妮卡在国王路上遇到了德文·威尔逊，她是坐加急飞机赶来伦敦的。看到短短几天，吉米身边已经从克丝坦换成了莫妮卡，她不禁有点惊讶。德文邀请吉米当晚去参加一个派对，吉米说他会去的。莫妮卡什么也没有说，不过两个女人之间冰冷的对视已经冻结了空气中的所有温度。

之后吉米和莫妮卡开车回吉米的酒店，路上遇到堵车，旁边一辆车上的男人摇下车窗，开玩笑地说要请吉米喝茶。吉米答应了，跟着那个男人的车开。男人的车里还有两个女人。莫妮卡埋怨吉米

356

不应该答应，不过吉米生平就是这样任性而为，随心所欲。

年轻人名叫菲利普·哈维，是一位英格兰爵士的儿子。大约在下午五点半，他们到了哈维的豪宅。进门有一道 30 英尺长的走廊，两边都装满镜子——一座真正的"满是镜子的房间"，之后他们走进一个巨大的客厅。这栋房子被装修为奢华的中东风格，有点像吉米在纽约的寓所，因此他很快就觉得如鱼得水了。五个人坐在靠垫之间，抽着大麻，喝着茶和酒，聊各自的经历，哈维问吉米未来有什么打算，吉米说自己想搬回伦敦住。大约在夜里十点，莫妮卡开始感到不安，觉得他们的谈话自己插不上嘴。她冲出房子，嘴里嚷着："我受够了。"吉米追出去哄她。哈维和另外两个女人听见她在街上大喊大叫："你这头猪！"以及诸如此类愤怒的叫骂。后来哈维在法庭上作证说，当时他觉得莫妮卡嫉妒其他女人。哈维担心两人的争执惊动警察，跑出去让两人平静下来。吉米和莫妮卡压低嗓门又吵了三十分钟。晚上 10 时 40 分，吉米进屋来为莫妮卡的举动道歉，然后就离开了。

之后吉米回到莫妮卡的酒店房间，洗了个澡。后来他坐下来为一首题为"生命的故事"的歌写歌词。一小时后，莫妮卡载着他去了皮特·卡梅隆（Pete Kameron）家主办的派对。她在门口把吉米放下车，自己没有出席，可能是因为刚才的争吵，她和吉米之间的关系还有点冷淡。皮特·卡梅隆帮助吉米开办了"音轨"唱片公司，吉米向他抱怨了一些自己生意上的麻烦。德文·威尔逊、史黛拉·道格拉斯和埃里克·伯顿已经分居的妻子安吉·伯顿也在派对上。吉米吃了中国菜，吃了至少一片安非他命药片，那个月里他一直都在肆无忌惮地使用各种毒品，可以想见当晚他肯定也吃了不少其他东西。他进门三十分钟后，莫妮卡去而复返，说要把吉米接走；史黛拉·道格拉斯让她晚点再来，可是莫妮卡很快又回来了。"吉米很生气，因为她缠住他不放，"安吉·伯顿在后来写给凯西·埃金汉姆的一封信中写道，"吉米让史黛拉把她挡在外面。史黛拉对她很粗鲁，然后那个女的就开始要求和吉米说话。"吉米和莫妮卡说了一会儿，便和她一起中途离开派对，当时是周五凌晨三点。

接下来的几个小时里吉米做了什么只有莫妮卡一个目击者，她后来的许多陈述无不致力于夸大自己作为吉米合法未婚妻的身份。她说两人上床前，自己给他做了一个金枪鱼三明治——可是埃金汉姆说吉米从来不吃金枪鱼，其他若干证人也表明酒店房间里没有食物。莫妮卡还说大约在凌晨四点左右，吉米喝了一点酒，向她要安眠药。这部分陈述应该是可信的：吉米经常服用安眠药，当晚他曾服用安非他命，此时应该感觉很兴奋。吉米的确是经常把若干种不同药物就着酒一起吃下去，就在两周前他还曾经尝试过好几次这种危险的组合。莫妮卡说自己没有给吉米安眠药，她在回忆录中写道："我劝他再等等，希望他能自然入睡。"她说，大约在凌晨六点，吉米还醒着，她说她自己偷偷吃了一片安眠药，短暂地打了个盹。

莫妮卡·丹尼曼吃的是一种德国产的处方安眠药，名叫西可巴比妥（Vesparax），效果非常强烈。每次应当只服半片。如果像莫妮卡说的那样吃了整整一片，非得死死睡上很长一觉不可。因此她自称自己在凌晨六点服药，睡了几小时后就醒了这个说法一直受到怀疑。她更有可能的服药时间是在凌晨四点左右，之后发生的事情都不知道。

莫妮卡入睡后，吉米一直清醒地呆在房间里，尽管两周前他还在抱怨自己筋疲力尽——事实上，这话他已经说了两年多——但此时他仍然没有丝毫睡意。后来莫妮卡说自己的安眠药放在房间另一侧，离床很远；大约是在当天清晨时分，吉米发现了那瓶西可巴比妥。瓶子里有五十片药，他吃了九片。很可能是他太累，太想休息，并且觉得这些药比美国的安眠药效力要轻，于是随便抓了一把吃下去。如果他是想自杀，那么在药瓶里留下四十片药未免太奇怪了，他吃的这点药远不够确保无痛苦的快速死亡。

然而他吃下去的九片安眠药已经超过自己体重推荐用量的近20倍，会令他很快失去意识。上午时分，在西可巴比妥、体内残余酒精和前夜使用的其他药品综合作用下，吉米开始呕吐。他吐出的大半是酒和未消化的食物，有一部分呛到他的肺里，令他窒息。一个清醒状态的人会产生自然的反应：把呛到肺里的东西咳出去。但吉米已经醉得不省人事。如果莫妮卡当时还清醒，听到他喘息的声音，应该能帮他恢复呼吸。一年前，吉米就已经开始经常轻率鲁莽地混用药物和酒精，卡门·伯伦洛就有好几次半夜惊醒，听着他喘不上气便帮他清通气管的经历。

但在1970年9月18日这个阴郁多云的清晨，没有天使降临拯救吉米，一系列因果与选择引领着吉米走进这个酒店房间，走向最终的的宿命，一切完全由他自己一手造成。他身边虽然熟睡着一个年轻女子，但她实际与陌生人无异，吉米此时完全要独自面对自己的命运。就在那个清晨，整个伦敦陆续从沉睡中醒来时，吉米·亨德里克斯死去了。正如他两周前在丹麦接受采访时所预言的一样，他没能活到自己28岁的生日。他去世时27岁，再过五天，距离他第一次来伦敦的日子正好满四周年。

第二十七章　我的火车就要来到

英格兰，伦敦

1970 年 9 月—2004 年 4 月

> 列车载着他们离开，从此以后过上幸福快乐的生活，
> 啊，对不起，我听见我的火车就要来到。
>
> ——吉米为巴迪·迈尔斯的专辑所写的句子
> 在吉米的葬礼上被诵读

1970 年 9 月 18 日，莫妮卡·丹尼曼醒来后发现吉米·亨德里克斯死在自己身边，之后发生的事情她后来讲述了许多不同的版本。其中之一是吉米当时还没死，只是看上去病了；莫妮卡打电话叫来救护车，然后吉米在被送往医院途中因医护人员处理不当而死去。这个版本和她所说的其他若干版本一样，被 1994 年苏格兰场的调查所推翻。尽管一切证据都表明她说的显然是谎话，莫妮卡多年来仍然坚持自己的说法。

当时最可能的情况是：莫妮卡迷迷糊糊地从安眠药的效力下醒来，发现全世界最有名的摇滚明星就死在自己身边。作为一个只有

25 岁的女孩子，在这样的情况下，她大概也只有惊慌失措而已。她不认识任何吉米的亲朋好友，只能绝望地给那些他曾经提起过的人打电话。打了几个电话之后，她终于找到了埃里克·伯顿。在电话里，她没说吉米已经死了，只是说吉米"病了，醒不过来"。

伯顿后来回忆自己当时催促莫妮卡赶紧叫救护车，但没有人知道从两人谈话后到她给医院打电话之间究竟过去了多少时间。官方纪录显示她是在上午 11 时 18 分叫的救护车。之后救护车在 11 时 27 分赶到，伯顿也来了，发现吉米已经死去，他开始担心房间里藏着毒品。在 1970 年的伦敦，对毒品的歇斯底里绝不能小视；而且在那个时代，吉米可以说是和毒品文化关系最密切的明星，如果他被发现死在一个陌生女子的房间里，身边还有一大堆毒品，他的朋友和相关的人肯定会因此受到迫害和株连。

收拾房间里的毒品和生活用品时，伯顿发现了吉米前一天晚上所写的"生命的故事"。看过歌词，他觉得吉米肯定是自杀的。然而，尽管这首歌里提到基督、生命与死亡，但其实和吉米所写的其他歌曲也没什么两样，"天使"这个题材本来就是吉米歌中最常出现的动机和意象。"当我们死去那一刻，便知道上帝在我们身边。"其中一句歌词这样写道。伯顿那天后来的行动都是建立在他对吉米是自杀身亡的错误假设上的，这个错误判断为吉米的死蒙上了更多神秘色彩。"一开始我说了假话，"伯顿事后承认，"我只是不了解情况，我错误地理解了他留下的话：我非常肯定那是他自杀的遗书，所以我觉得我应该尽量掩饰这件事，让它赶快过去。吉米多次和我谈起过自杀和死亡，我也知道他当时身陷困境。我觉得这是他的告别遗言。"伯顿还说，他当时误解了吉米和莫妮卡之间的关系，"我不知道那个所谓的女朋友其实只是个追在他身边的女人"。一旦认定吉米是自杀，伯顿便叫来一个巡演工作人员一起清理掉房间里的毒品，干完之后就走了。

救护车到来之后，急救人员发现房间里只有吉米一个人，莫妮卡和其他人都不在。吉米的脸全被自己的呕吐物盖住了。"情景非常恐怖，"后来司机莱格·琼斯对记者托尼·布朗形容，"房门大开着，没有人在，只有尸体横在床上。"琼斯去摸脉搏，但是没有摸到。在某一次的描述里，莫妮卡说自己和工作人员一起上了救护车赶往医院，途中还和吉米说了话；救护车上的两个男人都否认了这一点，赶到酒店的两名警察也否认了这个说法，四人都证明当时屋里只有吉米一人，已经死去，根本看不到莫妮卡的身影。吉米被送往圣玛丽修道院医院，两个当值医生确认他在到达医院之前已经死去，死亡时间大约是几小时之前。中午时分吉米的巡演经理加里·斯蒂克尔斯赶到医院认尸。1970 年 9 月 18 日下午 12 时 45 分，詹姆斯·马歇尔·亨德里克斯被正式宣布死亡。

当天下午，吉米在英格兰的公关机构莱斯·佩兰（Les Perrin）公司发表声明宣布吉米已经死亡，并即将对死因进行调查。不过一个医院的发言人却已经对媒体宣布吉米是"死于药品使用过量"，大多数媒体采信了这个说法。伦敦与纽约两地的报纸的都采用耸人听闻的标题，大肆宣讲一个明星因药物过量意外死亡的故事。但是也有些报纸主要赞美吉米在短短的演艺生涯中所取得的成就，比如《纽约时报》的迈克尔·林顿便在文中把吉米称为"天才黑人音乐家、吉他手、歌手和作曲家，拥有激动人心的戏剧性力量。他以自己的姿态所传达的语言和他所想象与创造的东西同样伟大"。

在西雅图，艾尔·亨德里克斯当天早晨从经纪公司那里接到电话，得知儿子的死讯，和所有深爱吉米的人一样，噩耗令他目瞪口呆。里昂·亨德里克斯当时仍在监狱，他被带到狱长办公室，得知这个不幸的消息后被送回狱室，独自哀悼兄长的亡故。尼尔·雷丁当时住在纽约一家酒店，一个朋友打来电话告诉他这个消息，尼尔觉得肯定是恶作剧，重重地摔掉了话筒。米奇·米歇尔前一天晚上都在和斯莱·斯通即兴演奏，一直都在苦苦等待吉米的出现，结果回家一小时后等来的却是宣告吉米死讯的电话。克丝坦·奈弗还在千方百计地联系吉米，往坎伯兰酒店给他留口信，最后却发现他已经与世长辞。

星期一，埃里克·伯顿在BBC电视台一档节目中亮相，他说："吉米的死是故意安排的。他是在快乐中死去。他快乐地死去，使用药物帮助自己结束生命，去了另一个地方。"电视访谈结束后，伯顿接到了若干死亡威胁，让他觉得这次访谈肯定永远毁掉了自己在英格兰的演艺事业，因为他所说的一切实在是太惊世骇俗了。吉米的经纪公司和唱片公司都不希望人们认为吉米是自杀身亡，因为华纳唱片公司为吉米买了一份100万美元的意外身亡保险。

官方调查得出的结论是，吉米死于"巴比妥中毒引起的呕吐物吸入窒息"。吉米的血液中检测出西可巴比妥、安非他命与速可眠的成分，此外还有酒精。他的胳膊上没有针孔的痕迹，并没有注射死前两周以来他所使用的其他麻醉毒品。令人惊奇的是，尽管有证据表明吉米在逝世前一天曾吸了大量大麻烟，并服用过大麻膏，他的血液中却没有检测出大麻成分。之后吉米的遗体从停尸间被送往殡仪馆，他去世时身上的衣服上沾满了酒渍和呕吐物，殡仪馆的工作人员给他换上了一件普通的法兰绒便装衬衫，把他的遗体运回西雅图。对于一个一直引领时尚潮流的人来说，这算得上是一种极大的侮辱了。

艾尔·亨德里克斯决定把吉米葬在西雅图，虽然埃里克·伯顿和其他一些人抗议说，吉米生前经常说自己希望被葬在伦敦。没有发现吉米的任何遗嘱，于是艾尔·亨德里克斯就成了吉米不动产的唯一执行人，并继承了吉米所拥有的一切。艾尔此时已被悲伤压倒，于是家里的朋友弗莱迪·马伊·格迪尔便来帮忙处理各种事宜。

吉米的葬礼于10月1日星期四在西雅图雷尼尔大街南部的邓兰普洗礼教堂举行。尼尔·雷丁和米奇·米歇尔都赶来出席，后来米奇写道，葬礼非常隆重盛大，加里·斯蒂克尔斯来他的酒店房间敲门，通知他该出发时，米奇本能地问："几点的演出？"事实上，葬礼之后的确安排了一场由其他巨星们献上的纪念即兴演奏音乐会。

参加葬礼的有大约两百多人，还有约一百名哀悼者和好奇的旁观者聚集在教堂围栏之外。二十四辆轿车载着吉米的家人和朋友们，几十个警察出动维护交通秩序。迈克尔·杰弗里买来一个巨大的花篮，装饰成木吉他的形状，成为葬礼上最醒目的装饰。杰弗里和吉米乐队的大部分工作人员及有关人员都出席了葬礼，其中包括加里·斯蒂克尔斯、艾迪·克拉默、巴迪·迈尔斯、艾伦·道格拉斯、查克·韦恩，以及媒体负责人迈克尔·葛德斯坦，葛德斯坦还得忙着澄清"披头士"也会赶来参加葬礼的流言。纽约的不少乐手也来了，其中有约翰尼·温特、小约翰·哈蒙德，以及坦德－拉和塔哈卡·阿里姆兄弟。迈尔斯·戴维斯也来了，后来他说自己当年连母亲的葬礼都没参加。德文·威尔逊从纽约飞来，梅琳达·马力维泽尔从夏威夷赶来。西雅图市长韦斯·阿尔曼也出席了葬礼，他的出席意味着一个重大的转折点——1961年，18岁的吉米在西雅图警方的逼迫下不得不离开这个城市，如今西雅图的市长身着一袭黑衣出席他的葬礼，悼念这个城市最有名的"倒下的儿子"。

弗莱迪·马伊·格迪尔选了吉米少年时代的乐队"摇滚国王"的经纪人詹姆斯·托马斯，以及邻里的老朋友艾迪·瑞伊、多尼·霍维尔和比利·伯恩斯护送吉米的灵柩。"弗莱迪·马伊让我们别穿黑的，"伯恩斯回忆，"她说：'穿上最鲜艳的色彩，一定要又醒目又骄傲。'"于是葬礼变成了一团大杂烩——不少人穿着黑西装，也有不少人穿了炫目的紫色连身衣裤，或者是 T 恤衫和牛仔裤。

吉米的家人全体出席，包括艾尔、吉米的祖母诺拉、继母琼和她的孩子们。里昂得到监狱特批，在一个武装警卫押送下出席葬礼。仪式开始前他一直带着手铐，后来警卫同情他的遭遇，帮他暂时打开了手铐。德洛丽丝·霍尔和她的孩子们也来了，还有吉米的"多萝提阿姨"多萝西·哈丁和她的孩子们。就在短短两个多月之前，爱丽丝·哈丁和迪伊·霍尔还和吉米夜游西雅图，探访他儿时曾居住过的每一个地方。此时她俩都回忆起那天晚上吉米的怀旧伤感与预言般的言谈，怀疑着吉米是否当时就预感到自己死期将至。

很多朋友和邻居也来了，其中有里昂当年的寄养父母阿瑟和厄维尔·威勒，他们也曾经照顾过吉米。吉米在伦敦和纽约的朋友们听到大家都把吉米叫做"巴斯特"，不禁有些困惑。吉米在他们面前很少提起自己这个童年时代的浑名。

葬礼上，棺材敞开着供大家瞻仰，吉米身穿着在多伦多藏毒案出庭时穿的那身西装，他最信赖的发型师詹姆斯·芬尼特意坐飞机赶来，在葬礼前为吉米整理他生前最心爱的鬈发。现场的气氛非常悲伤，令人心碎，巴迪·迈尔斯扑倒在棺前痛哭，五个男人才把他从棺材旁边拖开。"吉米生前总是像个海盗，像个流氓，如今躺在棺材里的他却像蜡像一样面无人色。"艾尔·阿罗诺维茨说。后来艾尔·亨德里克斯用自己粗大的指节抚摸着吉米的脑袋和额头，就像吉米小时候那样，不禁令所有人都为之动容。听着艾尔悲哀地呼唤着："我的孩子，我的孩子。"很多人失声痛哭。

葬礼由哈罗德·布莱克本牧师主持，帕特·怀特（Pat Wright）

演唱了三首福音歌曲:《他的眼睛看着麻雀》《在我身边走着》和《天使在看顾着我》。里昂朗读了一首他自己作的短诗,说的是吉米和他们的母亲露西尔如今在天堂望着他们。整个葬礼以"天使"为主题,弗莱迪·马伊·格迪尔也读了吉米的《天使》中的歌词,还有吉米为巴迪·迈尔斯的专辑写的几句话。其中有几句是这样的:"火车拐弯了,他跳到铁轨上,一直颤抖,惊恐地颤抖,颤抖的情感,颤抖的生活……我们爬上去的时候列车长说:'我们要开往电子教堂。'列车载着他们离开,从此以后过上幸福快乐的生活,啊,对不起,我听见我的火车就要来到。"弗莱迪·马伊还读了一首加菲尔德中学的学生所做的诗:"再会了,我们的吉米,你回答出了我们从不敢问出口的问题,把它们绘成彩色的圆环抛向世界……它们从未落到地面,而是高高飘向云端。"

大多数人都到兰顿的格林伍德纪念公墓去参加短暂的安葬仪式,也有些人赶往西雅图中心剧场参加为吉米安排的音乐守灵会。吉米曾对一个记者说:"我死后不想举行葬礼,我想举办一个即兴演奏会,你知道,我可能会在自己的葬礼上被警察搜捕。"这场即兴演奏真的举行了,气氛当然并不热烈,虽说哀悼的乐手们服用了不少药物,但是没有警察来搜捕。当天的大多数曲子是约翰尼·温特和巴迪·迈尔斯演奏的,尼尔和米奇也一起演了很短一段。两人都说感觉不大对劲。"缺了吉米的即兴演奏真是难以想象。"尼尔说。

守灵会上最受人瞩目的是迈尔斯·戴维斯,人们觉得他肯定会奏一曲庄严的挽歌。《西雅图时报》的记者帕特里克·麦克唐纳当天和戴维斯坐在一起。不等他问,迈尔斯就主动说起自己和吉米的关系:"我们,我们在一起工作过。"麦克唐纳说如果吉米和迈尔斯合作,肯定是一对非常了不起的组合:"你可以把爵士乐引入摇滚乐,他可以把摇滚乐引入爵士乐。""没错!"戴维斯说。戴维斯说他和

366

吉米曾经计划在卡耐基音乐厅举办一场音乐会，但终于未能实现。有人给了迈尔斯一把小号，但他拒绝演奏，说吉米的音乐生涯已由他自己完成，就连他迈尔斯也不能为吉米再添上一首终曲。

吉米的葬礼举行三天之后，詹妮斯·乔普林因海洛因过量死于好莱坞。九个月后，吉姆·莫里森因心脏病在巴黎去世。和吉米一样，两人去世时都年仅 27 岁。

吉米的去世宣告"体验"重组已成为不可能，但关于吉米遗产的争执却才刚刚开始：其后数年间，乐队成员和经纪人们争斗不休。艾尔·亨德里克斯继承了吉米的财产，但迈克尔·杰弗里却告知他，吉米名下几乎没有什么现金。艾尔委托律师肯·哈古德处理有关事务。"他们把吉米的财产移交过来，只有 20000 美元，"哈古德回忆，"我们得和唱片公司重新谈判很多东西。杰弗里把一切都封锁起来，不肯让步。我们花了漫长的两三年时间才和他达成所谓'最终方案'。"但这个方案绝非"最终的"，1973 年 3 月 5 日，杰弗里死于飞机失事，无疑令吉米的遗产清算变得更为复杂化。这次飞机失事发生在西班牙上空，起因是一起空中交通管制员的罢工事件。包括尼尔·雷丁在内的一些人觉得杰弗里伪造了自己的死亡，带着数以百万计的钱隐姓埋名逃到了什么小岛上。那时还没有 DNA 检验，杰弗里的尸体从未得到正式认证，仅仅是靠一些行李才被确定身份。

杰弗里死后，艾尔·亨德里克斯同意由里奥·布兰顿律师监管吉米的遗产。布兰顿曾与民权运动先驱罗莎·帕克斯合作，手里也监管着纳特·金·科尔的遗产，所以艾尔才信任他，几乎把全部权力都交到他手上。布兰顿找来制作人艾伦·道格拉斯负责处理吉米遗作的发行问题。道格拉斯之前曾与吉米有过一些合作，其后十三年里一直是由他处理吉米的音乐遗产。

1971 年 2 月，德文·威尔逊在纽约切尔西酒店堕楼而死。吉米去世后，她的海洛因毒瘾有增无减，她的死因一直悬而未决。她可能死于自杀，也可能是他杀或服用药物引起的意外。德文和其他人一样了解吉米的黑暗一面。

迈克尔·杰弗里死后不久，尼尔·雷丁以 10 万美元一次性出售了自己未来在"体验"音乐中的所有版权收益权利。1973 年，米奇·米歇尔同样以 30 万美元出售了这一权利。当时没有人能想到 CD 与 DVD 技术的发展能使吉米的遗作产生如此丰厚的利润。包括巴迪·迈尔斯和比利·考克斯在内的众多与吉米合作过的乐手都未能从吉米的唱片销售和遗作发行中获得任何经济利益。比利·考克斯和吉米断断续续地合作过将近十年之久，他和吉米早年军中的合作与友情曾经大大增进了吉米的自信。比利和吉米合作创作过不少歌曲，但他从未获得它们的署名权。"在录音室，我觉得他们就是先把它们算在吉米的名下，然后再去做（创作权方面的）文书工作。"考克斯说。考克斯虽然没有得到自己应有的财富，但他却是仅有的直到晚年也不曾抱怨的人。"就算只挣一块钱，我也愿意和吉米一块儿弹琴。"他说。2004 年，巴迪·迈尔斯诉诸法律，要求得回自己应有的版税权利，他声称自己是"吉卜赛乐队"的合伙人，理应从唱片销售中得到版税收入。

1972 年，戴安娜·卡朋特在主张其女塔米卡享有吉米遗产继承权的诉讼案中败诉。纽约法庭宣布，既然吉米生前未能与塔米卡进行亲子鉴定，父女关系也就无法确认，当然，当时还没有 DNA 技术，否则死后再进行亲子鉴定只是小事一桩了。2002 年，戴安娜再度提起诉讼，主张其女为吉米的后裔，这一次仍然没有成功。塔米卡·卡朋特如今住在美国中西部，已是三个孩子的母亲。她从未见过自己著名的生父，但与艾尔·亨德里克斯至少相见过两次。

1970 年代初，詹姆斯·桑德吉斯特的律师成功地令一家瑞典法庭宣布小詹姆斯是吉米·亨德里克斯的后裔——他和吉米长得确实很像，这个事实本身便足以令法庭无法忽视。但瑞典法庭的宣判对美国没有约束力。桑德吉斯特和其母至少提起了两次诉讼，要求获得吉米遗产的一部分。随着年龄渐长，桑德吉斯特的鬈发长成了蓬勃茂密的非洲式头型，其规模肯定会令亡父为之骄傲。1990年代末，面对接踵而至的诉讼案件，艾尔·亨德里克斯与桑德吉斯特达成协议，付给他100万美元作为赔偿。桑德吉斯特现在隐居在斯德哥尔摩。

1970年代中期，里奥·布兰顿律师和制作人艾伦·道格拉斯监管着吉米·亨德里克斯的全部遗产，除了若干大宗款项，他们每年固定支付给艾尔·亨德里克斯5万美元。道格拉斯在吉米去世后发行了若干专辑，其中有一张是他剪掉了吉米的原始录音版本的乐器演奏部分，再加入其他乐手新录的伴奏音轨。1980年代，受到CD唱片技术发展的推动，全世界对亨德里克斯的传奇亦重新产生了兴趣，吉米专辑的销量再度出现剧烈增长。

1990年代，很多昔日吉米的旧识与爱他的人相继离世。1991年9月，迈尔斯·戴维斯死于加州圣塔莫尼卡。1992年12月，埃里克·伯顿的前妻，亦是吉米的情人之一安吉·伯顿死于一场持刀斗殴事故，她曾经出席过吉米生前参加的最后一次派对，多年来她深陷海洛因毒瘾，一度在监狱进进出出。1996年7月，查斯·钱德勒因心脏病与世长辞。吉米去世后，钱德勒曾为一支名叫"犁"（Slade）的乐队当过几年经纪人，但他再也没有做出能与吉米那几张专辑相提并论的作品。十几岁时加入吉米的早期乐队"蓝色火焰"的兰迪·伍尔夫1997年在夏威夷游泳时溺水而死，他毕生以"兰迪·加利福尼亚"为世人所知，这还是当年吉米给他起的外号。1999年柯蒂斯·奈特死于前列腺癌。奈特是最早为吉米作传的人之一，他在1974年出版的《吉米》一书中声称自己才是真正一手发掘了吉米的人。奈特与吉米合作的那几张质量低劣的唱片后来被再版了好几百次，但奈特说自己从未从中获得利润。

吉米·亨德里克斯传奇一生中最诡异的篇章之一、那个他生前最后一晚陪伴在他身边的女人——莫妮卡·丹尼曼于1996年4月5日自杀身亡。自吉米去世后二十五年来，丹尼曼成了一个画家，她创作的主题大部分是吉米，其中有不少病态的死亡主题，描绘她和吉米在超自然的怀抱之中。多年来，她以吉米"孀居的未婚妻"身份接受了不少采访，关于吉米生前的最后一夜也说了很多种不同的版本，在所有的版本中，她一直坚持说，直到救护车赶来时吉米还活着。1994年，部分是在凯西·埃金汉姆的敦促之下，英国警方重新调查了吉米的死因，因为丹尼曼的说法引发了太多质疑和争议，很多人认为吉米死于医护人员救治不力。调查结果表明吉米在救护车到来之前确实已经死去，急救人员和医生尽了最大努力，但也无法起死回生，而丹尼曼的大部分说法即便不是造假，至少也是可疑的。第二年，丹尼曼出版了她的回忆录《吉米·亨德里克斯的内心世界》，其中再度重申了她捏造的那些吉米的去世经过。该书出版后不久，凯西·埃金汉姆控告丹尼曼诽谤，并赢得了诉讼。尽管受到法庭明令禁止，但其后丹尼曼还是不断发表她的主张，1996年，埃金汉姆再度与她对簿公堂，并且再度赢得了诉讼。丹尼曼被判处为藐视法庭，被要求停止传播她的伪造说法，并支付所有诉讼费用。两天后，丹尼曼在自己的梅赛德斯轿车里吸一氧化碳自杀身亡。莫妮卡的死意味着吉米之死的唯一目击者也进了坟墓，她生前从未诚实地描述当时所发生的事情。

如前所述，艾尔·亨德里克斯雇了里奥·布兰顿管理吉米的遗产，但1990年代初，他开始怀疑这项安排。1993年4月16日，艾尔把布兰顿和艾伦·道格拉斯告上了西雅图的联邦法庭，希望要回对儿子遗产的控制权。他向西雅图的一位亿万富翁保罗·艾伦贷款了410万美元才能支付得起昂贵的诉讼费用，保罗·艾伦小时曾在西雅图看过亨德里克斯演出，从此就成了他的超级歌迷。这场旷日持久的法律诉讼最终于1995年6月结案，布兰顿和道格拉斯放弃对吉米遗产的一切权利，艾尔则需向二人支付900万美元，从而买回自己对儿子遗产的控制权。事后他说："我很高兴，吉米如果知道我赢了官司，把一切都拿回来了也会很高兴的。"

1995年7月，艾尔成立了"体验亨德里克斯"有限公司作为家族企业，他让继女詹妮·亨德里克斯来运营这家公司。詹妮只是在吉米的西雅图演唱会上与他匆匆见过四次，当时还只是个孩子，但艾尔信任她。艾尔还雇来了侄子鲍勃·亨德里克斯做公司副总裁，鲍勃之前在好市多公司（Costco）担任过执行官。艾尔和鲍勃是公司里仅有的两个与吉米有血缘关系的人。艾尔保留着首席执行官的称号，但公司的日常事务其实是由詹妮和鲍勃主管。

1980年代中期，艾尔·亨德里克斯还在做园丁的工作，给人修剪灌木和草坪，直到心脏问题使他无法继续劳作下去。当时他已经很富有了，工作是出于习惯而不是需要。他似乎很喜欢自己作为吉米父亲的这个公众角色，接受过不少记者采访，也代表自己著名的儿子接受过不少荣誉。吉米去世多年后，他仍为儿子创造出对人们具有如此重大意义的作品而感到欣慰。

1980年代初，艾尔与第二任妻子绫子·"琼"·金卡·亨德里克斯分手。他们在法律上还保持着夫妻关系，只是不生活在一起，直到琼于1999年逝世，享年79岁。艾尔后来和一些年轻女人谈了若干恋爱，奇怪的是，其中不少人都和露西尔有关，包括露西尔中学时最好的朋友洛林·洛克特。艾尔的另一个女友盖尔·戴维斯说，艾尔经常提起前妻，她责备他在露西尔去世四十年后仍然爱着她。

"他否认了，但他否认时的样子却表明他无疑还爱着她。"戴维斯说。1994年11月，75岁的艾尔因殴打另一个女友以家庭暴力的罪名被逮捕，那个女孩当时只有25岁，身怀有孕。指控后来被撤销，那个孩子是否是艾尔的至今不详。

自从兄长死后，里昂·亨德里克斯的人生似乎走上了正路。他在波音公司做过一段制图员，后来又在一家邮政公司工作。1974年2月，他娶克里斯蒂娜·拿伦西克为妻，两人生有六个孩子。其中一个儿子生于11月27日，与吉米的生日是同一天，里昂给他起名"小吉米·亨德里克斯"，希望这个巧合是一种吉兆。但到了1980年代末，里昂一直与毒瘾和酗酒斗争，1989年更因为交通肇事逃逸和电话骚扰被判有罪。1989年，他与妻子离婚，几年后又染上严重的可卡因毒瘾。经过数次努力，1990年代末，里昂终于成功戒毒。2000年，他成为职业吉他手，组成了一支名为"里昂·亨德里克斯"的乐队。

1999年，艾尔自行出版了自传《我的儿子吉米》。合作者杰斯·奥布伦奇说艾尔的全部叙述都真实可信，无懈可击，但只有一处例外：艾尔在书中坚持认为里昂不是自己的亲生儿子，奥布伦奇觉得这个说法太不自然了。"艾尔有一天突然就有了这个说法，"奥布伦奇回忆，"我记得他那天好像是和什么人见了面或是怎么样，我感觉对于某些人——某些利益相关者——来说，把里昂这件事确立下来非常重要。"

2002年4月17日，82岁的艾尔·亨德里克斯死于心脏病。在人生的最后十年里，他健康状况一直不佳，曾经肌肉发达的身体变得衰弱老迈，死讯传出后，认识他的人都并不感到意外。不过艾尔还是比他的前妻露西尔多活了四十四年，他的孩子们当中也有三个走在了他的前头：除了吉米之外，阿尔弗莱德与帕米拉·亨德里克斯也先于父亲去世。阿尔弗莱德和帕米拉都活到了成年，但年轻早逝。艾尔的另一个女儿凯西活到了 2005 年，但先天双目失明的她终生靠州政府救济为生。凯西虽然保留了亨德里克斯这个姓氏，但不愿与那个抛弃了她的家庭有任何来往。

艾尔去世之后，亨德里克斯家族的血统和传承一度成为公众热议的话题。艾尔的遗产大约在 8000 万美元左右，其中绝大部分来自吉米的版税。艾尔把遗产留给十一位亲人，大部分归了他在 1968 年收养的继女詹妮·亨德里克斯。詹妮的四个与艾尔没有任何血缘关系的兄弟姐妹也在继承人之列，每人分到大约 5% 左右的遗产。露西尔这边的子女和亲人没有从艾尔的遗嘱中得到任何东西。也就是说，任何与吉米·亨德里克斯有血缘关系的人都无法从他过去和未来的唱片销售中得到任何利润。

艾尔的遗嘱中最大的遗漏显然是里昂·亨德里克斯，他只得到詹妮赠送给他的一张金唱片。艾尔早期的一些遗嘱里把里昂列为继承人，给了他与詹妮相等的遗产份额；只有艾尔生前于 1998 年签署的最后一份遗嘱中没有提到里昂的名字，并把遗产的 48% 给了詹妮。

里昂质疑父亲遗嘱的真实性，但手头没有钱起诉，不动产开发商克里格·蒂芬巴赫出了几百万美元帮他打官司。艾尔死后四个月，里昂把詹妮·亨德里克斯和堂兄弟鲍勃·亨德里克斯告上了国王郡高级法庭，力图推翻艾尔的最后一份遗嘱，按照他的上一份遗嘱执行，让里昂能拿回遗产的四分之一。里昂控告他们假造遗嘱和"侵权干涉"，说詹妮对艾尔运用了"不正当的影响力"，让他相信里昂不是自己的亲生儿子。"我们认为这与其说是艾尔的遗嘱，还不如说是詹妮的遗嘱。"里昂的律师鲍勃·卡伦说。

案情本来已经够复杂了，结果艾尔遗嘱上的另外七个受益人也出来搅局，其中还包括詹妮的亲姐妹琳达·金卡。他们七人在法庭上声称，根据遗嘱，他们拥有数百万美元的信托基金（这是艾尔在1997年建立的），但事实上他们却没有得到一个子儿，他们认为这是负责管理信托基金的詹妮·亨德里克斯的责任。他们的律师大卫·奥斯古德说，"体验亨德里克斯"公司运营状况一塌糊涂，但詹妮的薪水却高得离谱（2001年一年便高达804601美元），信托基金自然也就付不出钱来。

詹妮和鲍勃·亨德里克斯一直坚持说他们没有干涉艾尔订立遗嘱，也没有干涉信托基金的事，对于艾尔取消了里昂的继承权，他们也和其他人一样惊讶。詹妮和她的律师说，里昂在1990年代的毒瘾问题才是艾尔修改遗嘱的原因，詹妮并没有干涉此事。她坚称艾尔的最后一份遗嘱有效，他还用录像机拍下了自己签名的过程。至于信托基金，詹妮说，支付过里昂一案的法律诉讼费用，并为布兰顿一案的诉讼费用付清欠款之后，公司已经无力支付各种信托基金，但他们会在将来付清。

里昂一案还在预审阶段时，尼尔·雷丁便已经开始控告"体验亨德里克斯"公司。尼尔称，自己当年签字放弃"体验"未来的一切收益权利时，条件中包括这样一项，如果艾尔·亨德里克斯能拿回对吉米遗产的控制权，他可以与艾尔重新谈判自己的份额。关于自己和米奇没能从"体验"的收益中得到任何好处，尼尔在2002年4月这样评论道："如果吉米长了八只胳膊，那他没有我和米歇尔也行。"一个月之后，正在为案件准备材料的尼尔突然死于肝病，卒年57岁。

里昂和詹妮·亨德里克斯的法律诉讼旷日持久，错综复杂，花费不菲。经历了将近两年的各种陈词和取证，国王郡法官杰弗里·兰斯德尔和陪审团于2004年6月28日开庭审理此案。过程充满各种曲折，但最大的意外莫过于开庭十一个小时后，乔·亨德里克斯——

艾尔五十年前送去福利收养的儿子——出现在法庭上，他要求法庭承认他的身份，并得到父亲的一份遗产。亨德里克斯家族的大部分人已经有几十年没见过乔了。他幼年时不断进出医院，后来就被收养。乔一直到十几岁时还身带残疾（后来做了手术）。1990年代末，他和艾尔·亨德里克斯曾在当地一家商店偶遇。尽管两人已经几十年没见，但一眼就认出了对方。两人都上了年纪，看起来分外相像，简直就像两兄一样。艾尔拥抱了乔，说："我的儿子，我的儿子。"这就是他俩之间最亲近的接触了，但乔在法庭上声称自己是艾尔的儿子，父亲的遗产他也和其他人一样有份。

兰斯德尔法官要求乔进行DNA检测，乔的DNA样本被拿去和艾尔几年前留下的血样进行比对（当时艾尔怀疑自己可能让女友怀孕了，所以留下了血样）。乔的测试结果是阴性，这意味着乔不是艾尔的孩子，于是兰斯德尔法官驳回了他的主张。DNA检测结果令法庭上所有人都大吃一惊，因为乔和艾尔长得实在是太像了。"血样肯定是出错了，肯定不对。"乔的朋友詹姆斯·普利尔说。

里昂·亨德里克斯也被要求进行DNA检测，同样与艾尔的那份血样进行对比。结果出来以后，詹妮·亨德里克斯的律师要求将它作为呈堂证供。兰斯德尔法官宣布，不管结果如何，这份检验报告不作为本案证据，因为根据华盛顿州法律，不管结果如何，里昂是艾尔的合法儿子，而且他肯定是吉米的亲兄弟，因为是露西尔生了他们两个。法官下令封存里昂的DNA检验报告。涉案各方都没有要求将里昂和乔的DNA互相比对，或者同吉米的DNA进行比对。里昂声称吉米其实不相信艾尔是自己的生父，不知道这是吉米少年时代说的一时气话，还是露西尔不小心泄露了天机，除非把两个逝者的DNA进行对比。但是既然没有DNA来源，这个家族血统的唯一可靠来源只有根据母系血统，露西尔显然是吉米、里昂、乔、帕米拉、凯西和阿尔弗莱德·亨德里克斯的生母。

里昂与詹妮的案子又持续了三个月，家族的所有主要成员都出庭作了证。德洛丽丝·霍尔是第一个证人。84岁高龄的她靠着助行器才能走上证人席。德洛丽丝作证说艾尔曾经当面亲口答应她会在遗嘱中照顾里昂。德洛丽丝为抚养小吉米出了那么多的力，却从来没有从她这位有名的外甥身上得到任何经济上的好处，她晚年一直靠社会福利保障过活。不过吉米是否应该供养某人却不是兰斯德尔法官的职责，毕竟这桩案子是关于究竟应当执行艾尔·亨德里克斯的哪一份遗嘱，以及艾尔是否真的认可取消里昂继承权的问题。至于吉米本人是否希望自己的弟弟从自己的遗产中获利，所有从吉米童年时代就认识他的人对此都给出了毫不犹豫的答案："吉米当然希望里昂被列入遗嘱，受到照顾。"同样出庭作证的吉米·威廉姆斯说，"这一点毫无疑问。"

2004年9月24日，吉米逝世三十五周年纪念日过去一周之后，兰斯德尔法官做出了结论。国王郡法庭里挤满了等待宣判结果的人。当年露西尔和艾尔也正是在这栋建筑里宣誓结婚、宣告离婚，并且放弃了他们对四个孩子的抚养权，不过这些如今已经无人提起。就在同一栋建筑里，兰斯德尔法官宣布了一份复杂的，长达三十五页的决定，维持艾尔的最终遗嘱，驳回里昂的申请。尽管法官同意里昂的一些申诉，比如詹妮对继父施加了自己的影响力，但艾尔发现了里昂的毒瘾，里昂经常向他索要金钱，这可能是艾尔将里昂排除在遗嘱之外的原因，这一点并没有受到詹妮影响。案件结束后，里昂只得到一张詹妮赠送的金唱片，还欠下一笔巨额法律诉讼债务。2005年年初，里昂开始对兰斯德尔法官的判决进行上诉。

至于艾尔遗嘱中其他受益人的诉讼，兰斯德尔法官判决，他们对信托基金财政处理不当的指控成立，詹妮·亨德里克斯被剥夺信

376

托理事的职务，信托基金将由一个独立团体接管，并判决由詹妮支付这些受益人的律师诉讼费用。

里昂与詹妮的诉讼案主要是围绕着金钱与继承权问题，但整桩案件中至少有一个细节是和金钱无关的——是关于安葬地点的问题。艾尔起先葬于吉米在格林伍德纪念公墓的墓地旁边，几个月后，吉米诞辰六十周年前夕，两人的遗骸被迁往向北 100 码处的新墓地中，该墓地造价高达 100 万美元。三十年以上的棺材被移动时一般会散架；不过吉米的棺材旁边有一道水泥护栏，原本是为了防备盗墓者的，因此吉米的棺材还完好无损。发掘工作是在晚上进行，其时墓园已经关门了。棺材只是在墓园的地下移动，不需要拿出来，因此詹妮·亨德里克斯觉得根本没有必要征求亨德里克斯家其他人的同意。里昂发现哥哥的墓地被迁移了，还是几个月以后一个记者告诉他的。他的律师马上给詹妮的律师发去一封抗议信，但此时遗体已经被搬迁，新的花岗石结构坟墓也已经被封上了，因此这封信一点意义也没有。里昂觉得，新墓地花了那么多钱，可是他和吉米的妈妈露西尔仍然葬在贫民的墓穴，连个墓碑也没有，实在是太不公平了。

詹妮的律师回信说，艾尔·亨德里克斯从没提过出钱给露西尔建墓碑，也从来没表示过与露西尔合葬在新墓地里的意愿。这个声明似乎与至少两桩证据有所出入，首先，艾尔当年签下墓地新址的合同时曾把露西尔的名字列入自己希望合葬的名单；其次，德洛丽丝·霍尔也作证说，艾尔曾经对她说过，一定会给露西尔修一座体面的墓碑。"他们有那么多钱，可她的坟上就连个标志都没有，"德洛丽丝说，"吉米·亨德里克斯的母亲连墓碑都没有，这简直就是一桩罪恶。"

露西尔·亨德里克斯墓前唯一的标志只有一块福利机构放的砖

块，上面写着"米歇尔"，这是她第二任丈夫的名字，他们的婚姻只维持了几天。没有任何标识表明这里埋葬的是吉米·亨德里克斯的母亲；而吉米与父亲合葬在同一所墓园的另一侧，他们的墓前矗立着一座 30 英尺高的纪念碑。

尾声　长长的黑色凯迪拉克轿车

华盛顿，西雅图

2002 年 4 月—2005 年 4 月

> 罗伊弹着他的扫帚吉他，变得出名又阔气，人们从四面八方赶来听他弹琴，他发了大财，买了一辆黑色的加长凯迪拉克轿车。
>
> ——雪莉·哈丁哄小吉米·亨德里克斯入睡时讲的故事

2002 年 4 月艾尔·亨德里克斯逝世后，他的葬礼在西雅图中心区的马太·锡安洗礼教堂举行。葬礼上放映了吉米、艾尔、里昂以及其他亲人的幻灯片，不过吉米显然是幻灯的重头戏，有个出席葬礼的人评论说这与其说是艾尔的葬礼，还不如说是吉米的葬礼。詹妮·亨德里克斯的丈夫，"地风火"（Earth, Wind & Fire）乐队的前吉他手谢尔顿·雷诺德斯 (Sheldon Reynolds) 以悲痛辛酸的方式演绎了一曲吉米的《天使》，这首歌可以说是这个家族历史的真实写照，它的歌词曾在吉米的葬礼上被诵读，写的是吉米感觉到母亲在天堂上看着自己，于是心灵便有了慰藉。葬礼上笼罩着一丝紧张气氛，因为当时里昂和詹妮·亨德里克斯已经因为艾尔的遗产问题对簿公堂了。两人都在教堂里对人群讲了话,但两人之间并未交谈。里昂站起来致辞时勉强保持着镇定:"亨德里克斯家族走过了漫长,艰难的道路。"这也许是唯一一句大家族中所有人都无法质疑的话。

葬礼之后,摩托骑警护送着两百辆轿车离开教堂,车队驶向南方15英里远的格林伍德纪念墓园。虽然不是刻意安排,但这条路线基本上和三十二年前吉米的灵车所行的路线是一致的。车队开过中心区的核心地带,这里是西雅图传统的黑人社区,自吉米出生已经过去了六十年,这里也有了很大发展,不再是当年那个所有家庭都互相认识,脖子上挂着钥匙的小巴斯特·亨德里克斯可以到处混饭吃的地方了。艾尔与吉米的灵车都走过了吉米一生中前十八年曾经呆过的那些地点,对于当年的吉米来说,这里就是他的全部宇宙。

灵车开过华盛顿大厅,1941年,一个名叫露西尔·杰特的16岁漂亮女孩就是在这座舞厅看了一场法兹·沃勒的演唱会,也认识了艾尔·亨德里克斯,她一眼就爱上了他跳舞时的样子。灵车开过德洛丽丝·霍尔曾与妹妹露西尔、妹夫艾尔和他俩绰号"巴斯特"的新生儿子同住的地方,"巴斯特"这个小名还是德洛丽丝取的。灵车开过许许多多破旧的房子、膳宿公寓和便宜小旅馆,当年那个年轻的家庭就曾在这些地方辗转搬迁,颠沛流离。

灵车离雷尼尔山景市政计划房愈来愈近了,经历多年,这片市政计划房还依然矗立在那里,亨德里克斯一家曾在这里拥有一套有两个卧室的房子,小吉米和里昂就是在这里望着弟弟乔永远离开他们的家。灵车经过一座老旧的社区影院,10岁的小吉米在这里花10分钱看了《闪电侠哥顿》,从此梦想着探索外太空。距离离雷尼尔市政计划房仅仅一个街区之遥便是多萝西·哈丁的家,小吉米曾在那里听着罗伊、奥德雷和伯尼塔的故事入睡,这些故事里,做好事的孩子们到最后总会功成名就,变得出名又阔气。

车队经过加菲尔德中学门前，这个学校太出名了，1970年有个报纸作者甚至写道，比起教堂，吉米的葬礼还是更应该在这里举行才对。加菲尔德中学对面有一家炸鸡店，四十年前这里曾是一家汉堡店，吉米常在午夜店铺打烊时到这里来讨一点没卖完的汉堡包。灵车又经过两个吉米曾经和早年的乐队一起演出过的俱乐部，就是在那里，他曾在吉他琴弦上找到无比的快乐，让他超越自身的处境，真正打开了一个之前只能靠想象才能触及的美丽世界。长长的黑色车队又开过西科体育场的原址，最著名的白人摇滚歌手埃尔维斯·普莱斯利曾在这里演出，十五年后，最有名的黑人吉他大师吉米·亨德里克斯也在这里登台。当年的棒球场如今已经不复存在。

尽管灵车并未经过，西雅图市内如今已经有了一处吉米纪念堂——儿时看过吉米演出的亿万富翁保罗·艾伦出资2.8亿美元建造了"体验音乐计划"，它于2000年正式开放，是一个陈列了吉米所有艺术作品的博物馆。

最后，葬礼车队驶出西雅图城区，走上一条迂回曲折的道路，向着兰顿的格林伍德墓园而去。吉米去世时，艾尔选择这里是因为它比西雅图别的墓地都便宜，1970年，吉米的遗产继承状况还是一团糟，以艾尔做园丁的薪水只能买得起这里的墓地。但吉米并不是全家第一个被葬在格林伍德的人，他的母亲早在1958年便已被埋葬在这里的贫民墓区。吉米的葬礼与母亲的葬礼之间只隔了十二年，尽管这短短十几年里发生了太多事情。

十二年来，萋萋荒草湮没了露西尔坟头那块小小的标志，她的葬身之处已无人知晓。在吉米的葬礼上，有几个亲近的亲戚聚集起来，在露西尔的墓地可能所在的地点附近说了几句祷文。"我们站在一片草坪上，觉得那里应该离她的墓地不远。"里昂回忆。露西尔的墓地差不多就在那里，在墓地正门西北方向大约200码的方位，处于巨大的墓园中心位置，被湮没在一大片墓碑之中。

　　然而露西尔的葬身之处其实就在吉米墓地原址大约向东四十步左右的地方。2002年吉米的坟墓搬迁之后，新址位于墓园一角，远离其他坟墓。而他1970年下葬时的那块墓地距离露西尔的坟墓其实只有扔一块石头那么远的距离，这便是命运在这片占地10英亩的墓园里所做的意外安排。母子二人的墓地相隔如此之近实在是偶然得不能再偶然的巧合，但那个总是带着羞涩与了然笑容的吉米·亨德里克斯一定会觉得一切都是命中注定。

注释：采访来源

为创作本书，笔者在四年间进行了三百二十五次采访。为节省正文注释篇幅起见，我把每章的采访对象一并列举在这里，人名第一次出现时标注采访年份。

序章　满是镜子的房间

在这一章中笔者采访了所罗门·伯克（2002 年）；凯西·埃金汉姆（2001，2002，2003，2004 年）；托尼·加兰德（2004 年）及尼尔·雷丁（2001，2002，2003 年），采访中尼尔·雷丁首次讲述发生在利物浦的事，其他人也补充了更多关于那天的细节。

第一章　比以前好多了

在这一章中笔者采访了乔伊斯·克拉文（2004 年）；德洛丽丝·霍尔·哈姆（2002，2003，2004，2005 年）；多萝西·哈丁（2003，2004 年）；艾尔·亨德里克斯（1987，1990，1991 年）；戴安娜·亨德里克斯（2002，2003，2004，2005 年）；里昂·亨德里克斯（2001，2002，2003，2004，2005 年）；洛林·洛克特（2003 年）；贝蒂·简·摩根（2002，2003，2004 年）以及詹姆斯·普莱尔（2002，2003，2004 年）。关于西雅图杰克逊街的背景资料，推荐阅读伊斯塔·霍尔·曼福德的著作《葫芦锅：西雅图与国王郡美国黑人历史、文化与艺术导论》(*Calabash: A Guide to the History*，*Culture*，*and Art of African Americans in Seattle and King County*，Ananse Press，1993)；昆塔德·泰勒的《黑人社区的形成：西雅图中心区自 1870 年到民权运动时期的历史》(*The Forging of a Black Community: Seattle's Central District from 1870 through the Civil Rights Era*，University of Washington Press，1994)；以及保罗·德巴罗斯的《杰克逊街的下班时分：西雅图爵士乐之根源》(*Jackson Street After Hours: The Roots of Jazz in Seattle*，Sasquatch Books，1993)。关于更多吉米·亨德里克斯的早年生活，可参见艾尔·亨德里克斯与雅斯·奥布莱彻合著的自传《我的儿子吉米》(*My Son Jimi*，AliJas Enterprises，1999)，以及玛丽·威利克斯的《来自家中的声音》(*Voices from Home*，Creative Forces Publishing，1990)。威利克斯的书可以写信给 creativeforecepub@earthlink.net 订购。

第二章　血桶

在这一章中笔者采访了德洛丽丝·霍尔·哈姆；多萝西·哈丁；艾尔·亨德里克斯；戴安娜·亨德里克斯；乔·亨德里克斯（2003，2004 年）；里昂·亨德里克斯；洛林·洛克特；詹姆斯·普莱尔；吉米·奥吉尔维（2004 年）；鲍勃·萨莫莱兹（2003，2004 年）以及汤姆·威克斯警长）（2004 年）。在本章引用的德洛丽丝·霍尔写给艾尔·亨德里克斯的信中（原书 23 页），她把艾尔的名字误拼为"艾伦"，书中更正了这一错误。

第三章　比较聪明

在这一章中笔者采访了凯西·埃金汉姆；德洛丽丝·霍尔·哈姆；多萝西·哈丁；艾尔·亨德里克斯；戴安娜·亨德里克斯；乔·亨德里克斯；里昂·亨德里克斯；洛林·洛克特以及詹姆斯·普莱尔。

第四章　黑骑士

在这一章中笔者采访了伯尼尔·亚历山大（2002，2003，2004，2005 年）；布思·加德纳（2003，2004 年）；德洛丽丝·霍尔·哈姆；爱丽丝·哈丁（2003 年）；多萝西·哈丁；艾伯尼·哈丁（2003 年）；梅尔文·哈丁（2003 年）；帕特·哈丁（2004 年）；弗兰克·哈彻（2004 年）；艾尔·亨德里克斯；戴安娜·亨德里克斯；乔·亨德里克斯；里昂·亨德里克斯；特里·约翰逊（2004 年）；洛林·洛克特；詹姆斯·普莱尔；阿瑟·威勒（2003 年）；道格·威勒（2003，2004 年）；厄维尔·威勒（2003 年）；吉米·威廉姆斯（2002，2003，2004，2005 年）。

第五章　约翰尼·"吉他"

在这一章中笔者采访了伯尼尔·亚历山大；乔·艾伦（2004 年）；科奈尔·

本森（2004年）；厄内斯蒂娜·本森（2003，2004年）；亨利·布朗（2002年）；戴安娜·卡朋特（2003，2004年）；萨米·德雷恩（2002，2003，2004年）；弗兰克·费德勒（2004年）；爱丽丝·哈丁；德洛丽丝·哈丁；艾伯尼·哈丁；梅尔文·哈丁；弗兰克·哈彻；戴安娜·亨德里克斯；里昂·亨德里克斯；特里·约翰逊；詹姆斯·普莱尔和玛丽·威利克斯（2001，2002，2003，2004，2005年）。

第六章　又高又酷的帅哥

在这一章中笔者采访了伯尼尔·亚历山大；安东尼·艾瑟顿（2004年）；科奈尔·本森；厄内斯蒂娜·本森；厄尔尼·卡特莱特（2004年）；萨米·德雷恩；比尔·埃希敏格（2003年）；莱斯特·埃克斯卡诺（2004年）；弗兰克·费德勒；卡门·格迪；德洛丽丝·霍尔·哈姆；弗兰克·哈彻；戴安娜·亨德里克斯；里昂·亨德里克斯；约翰·霍恩（2004年）；特里·约翰逊；吉姆·马诺里德斯（2004年）；贝蒂·简·摩根；吉米·奥吉尔维；詹姆斯·普莱尔；路德·拉比（2003，2004年）；戈登·舒吉（2003年）；鲍勃·萨莫莱兹；迈克·塔加瓦（2003年）；吉米·威廉姆斯和玛丽·威利克斯。

第七章　西班牙城堡的魔力

在这一章中笔者采访了伯尼尔·亚历山大；安东尼·艾瑟顿；杰米·坎贝尔（2004年）；拉里·科伊尔（2003年）；里奇·丹格尔（2002年）；萨米·德雷恩；莱斯特·埃克斯卡诺；卡门·格迪；德洛丽丝·霍尔·哈姆；里昂·亨德里克斯；特里·约翰逊；杰里·米勒（2004年）；贝蒂·简·摩根；帕特·奥登（2002，2003，2004，2005年）；

吉米·奥吉尔维；巴克·奥姆斯比（2004 年）；路德·拉比；丹尼·罗森克兰兹（2004 年）；吉米·威廉姆斯和玛丽·威利克斯。帕特·奥登的回忆录名叫《全是摇滚乐 II》（ *It Was All Just Rock-'n'-Roll II*, Ballard Publishing，2003）。

第八章　狂野兄弟

在这一章中笔者采访了比利·考克斯（2003 年）；迪伊·霍尔（2003，2004 年）；德洛丽丝·霍尔·哈姆；多萝西·哈丁；特里·约翰逊和贝蒂·简·摩根。

第九章　猎头

在这一章中笔者采访了所罗门·伯克；比利·考克斯；特里·约翰逊；约翰尼·琼斯（2004 年）；鲍比·拉什（2003 年）；詹姆斯·普莱尔和阿方索·杨（2004 年）。

第十章　哈莱姆世界

在这一章中笔者采访了塔哈卡·阿里姆（2002，2003，2004 年）；坦德-拉·阿里姆（2002，2003，2004 年）；罗莎·李·布鲁克斯（2003，2004 年）；比利·考克斯；史蒂夫·克罗珀（2003 年）；特里·约翰逊；约翰尼·琼斯；玛莎·里夫斯（2003 年）；格伦·威林斯（2003 年）和阿方索·杨。文中小理查德的引言来自查尔斯·怀特的《小理查德的生活与时代：摇滚类星体》（ *The Life and Times of Little Richard: The Quasar of Rock*, Dacapo，1994）。关于吉米音乐中的布鲁斯渊源，笔者推荐阅读查尔斯·沙尔·穆雷（Charles Shaar Murray）的《跨界交通》(*Crosstown Traffic* , Faber and Faber, 1989)。

第十一章　绚丽的梦

在这一章中笔者采访了塔哈卡·阿里姆；坦德 - 拉·阿里姆；大卫·布里加蒂（2003 年）；罗莎·李·布鲁克斯；戴安娜·卡朋特；艾德·查普林（2003，2004，2005 年）；比利·考克斯；乔伊·迪伊（2003 年）；约翰尼·琼斯；"韦格勒斯先生"（2004 年）；伯纳德·伯蒂（2003 年）；迈克·夸西（2003，2004 年）；格伦·威林斯和朗尼·杨布拉德（2003 年）。

第十二章　我的问题孩子

在这一章中笔者采访了塔哈卡·阿里姆；坦德 - 拉·阿里姆；戴安娜·卡朋特；保罗·卡鲁索（2002 年）；艾德·查普林；比利·考克斯；詹尼斯·哈格鲁夫（2004 年）；里奇·黑文斯（2004 年）；琳达·基思（2004 年）；迈克·夸西；比尔·史维泽（2003 年）；丹尼·泰勒（2004 年）和朗尼·杨布拉德。

第十三章　黑迪伦

在这一章中笔者采访了塔哈卡·阿里姆；坦德 - 拉·阿里姆；保罗·卡鲁索；艾德·查普林；比尔·多诺万（2004 年）；约翰·哈蒙德（2003 年）；詹尼斯·哈格鲁夫；里奇·黑文斯；基尔南·凯恩（2004 年）；琳达·基思；巴兹·林哈特（2004 年）；艾伦·麦

克埃尔韦恩（2004年）；安德鲁·隆格·奥德罕姆（2003年）；迈克·夸西；丹尼·泰勒和朗尼·杨布拉德。

第十四章　婆罗洲野人

在这一章中笔者采访了基思·奥尔瑟姆（2004年）；布莱恩·奥格（2003年）；厄内斯蒂娜·本森；维克·布里格（2003，2004年）；埃里克·伯顿（2003年）；凯西·埃金汉姆；基姆·弗雷（2003年）；托尼·加兰德；特里·约翰逊；琳达·基思；安德鲁·隆格·奥德罕姆；尼尔·雷丁；迈克·罗斯（2002年）和特里克西·苏利文（2004年）。关于1960年代的伦敦，我推荐肖恩·李维的《各就位，预备，跑！》(*Ready, Steady, Go!*, Doubleday, 2002)；哈莱特·维纳的《美妙的鲍勃》(*Groovy Bob*, Faber and Faber, 1999)和安德鲁·隆格·奥德罕姆的《迷醉》(*Stoned*, St. Martin's, 2002)。此外还有一些吉米身边的人撰写的关于吉米的回忆录，诸如凯西·埃金汉姆的《透过吉卜赛之眼》(*Through Gypsy Eyes*, Victor Gallancz, 1998)；尼尔·雷丁与卡罗尔·阿普莱比合著的《你可曾体验过？》(*Are You Experienced?*, Fourth Estate, 1991)；以及米奇·米歇尔与约翰·普拉特合著的《体验之内》(*Inside the Experience*, Pyramid Books, 1990)。关于"体验"的巡演之旅可以参考本·沃尔克霍夫（Ben Valkhoff）的精彩系列书籍《直至天空》(*Up From the Skies*, 1997)；或到 www.Univibes.com 上去看 Univibes 杂志的往期篇目。

第十五章　自由自在

在这一章中笔者采访了卢·阿德勒（2002年）；基思·奥尔瑟姆；

布莱恩·奥格；维克·布里格；埃里克·伯顿；尼维尔·切斯特（2004年）；斯坦尼斯拉斯·德·罗拉（2004年）；凯西·埃金汉姆；玛丽安娜·费斯弗（2002年）；托尼·加兰德；琳达·基思；罗杰·梅尔（2002年）；安德鲁·隆格·奥德罕姆；尼尔·雷丁；特里·瑞德；迈克·罗斯；特里克西·苏利文和皮特·汤曾德（2004年）。

第十六章　从谣传到传奇

在这一章中笔者采访了卢·阿德勒；基思·奥尔瑟姆；布莱恩·奥格；保罗·波迪（2003年）；维克·布里格；埃里克·伯顿；杰克·卡萨迪（2003年）；尼维尔·切斯特；史蒂夫·克罗珀；斯坦尼斯拉斯·德·罗拉；帕米拉·德斯·巴里斯（2004年）；凯西·埃金汉姆；托尼·加兰德；迈克尔·葛德斯坦（2004年）；里奇·黑文斯；约马·考克宁（2003年）；霍华德·凯伦（2003年）；李·基弗（2004年）；艾尔·库珀（2002年）；艾迪·克拉默（2002,2003年）；罗杰·梅尔；巴迪·迈尔斯（2003年）；杰里·米勒；安德鲁·隆格·奥德罕姆；D.A.彭尼贝克（2002年）；尼尔·雷丁；特里·瑞德；特里克西·苏利文；彼得·托克（2003年）和皮特·汤曾德。

第十七章　黑色噪音

在这一章中笔者采访了塔哈卡·阿里姆；坦德-拉·阿里姆；埃里克·伯顿；保罗·卡鲁索；艾德·查普林；尼维尔·切斯特；凯西·埃金汉姆；托尼·加兰德；迈克尔·葛德斯坦；李·基弗；艾尔·库珀；艾迪·克拉默；巴兹；林哈特；罗杰·梅尔；尼尔·雷丁；特里克西·苏利文；达拉斯·泰勒（2004年）和保罗·威廉姆

斯（2004年）。

第十八章　新音乐空间震荡

在这一章中笔者采访了辛西娅·奥布莱顿（2003年）；厄内斯蒂娜·本森；埃里克·伯顿；杰克·卡萨迪；莱斯特·钱伯斯（2003年）；尼维尔·切斯特；凯西·埃金汉姆；托尼·加兰德；迈克尔·葛德斯坦；杰斯·汉森（2002，2003，2004年）；维基·西特尔（2002年）；里昂·亨德里克斯；约马·考克宁；艾迪·克拉默；巴兹·林哈特；帕特里克·麦克唐纳（2002年）；罗杰·梅尔；帕特·奥登；尼尔·雷丁；彼得·里奇斯（2003年）；特里克西·苏利文和保罗·威廉姆斯。

第十九章　第一个登上月亮

在这一章中笔者采访了塔哈卡·阿里姆；坦德-拉·阿里姆；特里·巴塞特（2003年）；卡门·伯伦洛（2003，2004年）；埃里克·伯顿；保罗·卡鲁索；凯西·埃金汉姆；托尼·加兰德；迈克尔·葛德斯坦；波伊德·格拉夫梅尔（2004年）；戴安娜·亨德里克斯；里昂·亨德里克斯；德尔林·豪夫（2004年）；艾迪·克拉默；巴兹·林哈特；罗杰·梅尔；贝特西·摩根（2003年）；帕特·奥登；罗兹·佩尼（2004年）；尼尔·雷丁；特里克西·苏利文与赫比·沃辛顿（2004年）。

第二十章　电子教堂音乐

在这一章中笔者采访了塔哈卡·阿里姆；坦德-拉·阿里姆；卡门·伯伦洛；埃里克·伯顿；戴安娜·卡朋特；保罗·卡鲁索；凯西·埃金汉姆；托尼·加兰德；迈克尔·葛德斯坦；里昂·亨德里克斯；德尔林·豪夫；艾迪·克拉默；巴克·曼加（2004年）；帕特·奥登；尼尔·雷丁与特里克西·苏利文。

第二十一章　幸福与成功

在这一章中笔者采访了塔哈卡·阿里姆；坦德-拉·阿里姆；卡门·伯伦洛；埃里克·伯顿；凯西·埃金汉姆；迈克尔·葛德斯坦；德尔林·豪夫；克莱特·米姆伦姆（2004，2005）；帕特·奥登；尼尔·雷丁；比利·里奇（2003年）；特里克西·苏利文；朱玛·萨尔顿（2004年）；约翰尼·温特（2003年）与赫比·沃辛顿。

第二十二章　吉卜赛、太阳与彩虹

在这一章中笔者采访了塔哈卡·阿里姆；坦德-拉·阿里姆；艾尔·阿罗诺维兹（2003，2004年）；卡门·伯伦洛；埃里克·伯顿；比利·考克斯；迈克尔·葛德斯坦；里奇·黑文斯；德尔林·豪夫；艾迪·克拉默；克莱特·米姆伦姆；帕特·奥登；罗兹·佩尼；尼尔·雷丁；比利·里奇；汉克·瑞恩（2004年）；特里克西·苏利文；朱玛·萨尔顿；达拉斯·泰勒与皮特·汤曾德。

第二十三章　花园里的国王

在这一章中笔者采访了塔哈卡·阿里姆；坦德-拉·阿里姆；

艾尔·阿罗诺维兹；卡门·伯伦洛；埃里克·伯顿；比利·考克斯；迈克尔·葛德斯坦；罗尼·汉默（2004 年）；德尔林·豪夫；艾迪·克拉默；巴迪·迈尔斯；克莱特·米姆伦姆；帕特·奥登；路德·拉比；尼尔·雷丁；特里·瑞德；罗尼·斯佩克托（2004 年）；特里克西·苏利文；朱玛·萨尔顿和约翰尼·温特。比尔·格雷厄姆的回忆录名叫《格雷厄姆出品》（*Bill Graham Presents*，Doubleday，1992），由格雷厄姆和罗伯特·格林菲尔德合著。

第二十四章　魔法男孩

在这一章中笔者采访了丹尼·菲亚拉（2002 年）；迪伊·霍尔；德洛丽丝·霍尔·哈姆；艾迪·霍尔（2004 年）；爱丽丝·哈丁；多萝西·哈丁；帕特·哈丁；德尔林·豪夫；琳达·金卡（2003 年）；艾迪·克拉默；贝蒂·简·摩根；克莱特·米姆伦姆；帕特·奥登；卡洛斯·桑塔纳（2002 年）；特里克西·苏利文；艾米丽·图伦尼（2004 年）与朱玛·萨尔顿。

第二十五章　狂野蓝天使

在这一章中笔者采访了塔哈卡·阿里姆；坦德-拉·阿里姆；卡门·伯伦洛；戴安娜·卡朋特；比利·考克斯；凯西·埃金汉姆；肯·哈古德（2003，2004 年）；里奇·黑文斯；德尔林·豪夫；艾迪·克拉默；鲍勃·莱文（2003，2004 年）；梅琳达·马力维泽尔（2003，2004，2005 年）；克莱特·米姆伦姆；克丝坦·奈弗（2003 年）；帕特·奥登；莱斯·波茨（2005 年）；尼尔·雷丁；特里克西·苏利文；查克·韦恩（2004 年）；丁迪·威尔逊（2003 年）与约翰尼·温特。

托尼·布朗的《亨德里克斯最后的日子》(*Hendrix: The Final Days*, Rogan House, 1997)是关于吉米生前最后一个星期的一本好书,内有更多细节。

第二十六章　生命的故事

在这一章中笔者采访了基思·奥尔瑟姆;埃里克·伯顿;比利·考克斯;凯西·埃金汉姆;德尔林·豪夫;琳达·基思;鲍勃·莱文;克莱特·米姆伦姆;克丝坦·奈弗;尼尔·雷丁与特里克西·苏利文。

第二十七章　我的火车就要来到

在这一章中笔者采访了塔哈卡·阿里姆;坦德-拉·阿里姆;基思·奥尔瑟姆;艾尔·阿罗诺维兹;埃里克·伯顿;比利·伯恩斯(2003年);戴安娜·卡朋特;比利·考克斯;鲍勃·科伦(2002,2003,2004年);盖尔·戴维斯(2003年);克里格·蒂芬巴赫(2002,20003,2004年);凯西·埃金汉姆;肯·哈古德;迪伊·霍尔;德洛丽丝·霍尔·哈姆;约翰·哈蒙德;戴安娜·亨德里克斯;乔·亨德里克斯;里昂·亨德里克斯;德尔林·豪夫;琳达·金卡;艾迪·克拉默;鲍勃·莱文;洛林·洛克特;兰斯·洛塞(2002,2003,2004年);帕特里克·麦克唐纳;梅琳达·马力维泽尔;克莱特·米姆伦姆;克斯坦·奈弗;杰斯·奥布伦奇(2003,2004年);大卫·奥斯古德(2002,2003,2004年);尼尔·雷丁;艾迪·莱(2003年);特里克西·苏利文;查克·韦恩;吉米·威廉姆斯与约翰尼·温特。

图书在版编目（CIP）数据

满是镜子的房间：吉米·亨德里克斯传 /［美］查
尔斯·R.克罗斯著；董楠译.——上海：上海三联书店，
2019.3

ISBN 978-7-5426-6532-4

Ⅰ.①满… Ⅱ.①查…②董… Ⅲ.①吉米·亨德里
克斯—传记 Ⅳ.① K837.125.76

中国版本图书馆 CIP 数据核字 (2018) 第 241852 号

满是镜子的房间：吉米·亨德里克斯传

著　　者 /［美］查尔斯·R.克罗斯
译　　者 / 董　楠

责任编辑 / 职　烨
策划机构 / 雅众文化
策 划 人 / 方雨辰
特约编辑 / 魏钊凌
装帧设计 / 孙晓曦 @PAY2PLAY
监　　制 / 姚　军
责任校对 / 赵　磊

出版发行 / 上海三联书店
　　　　　（200030）中国上海市漕溪北路 331 号中金国际广场 A 楼 6 层
邮购电话 / 021-22895540
印　　刷 / 山东临沂新华印刷物流集团有限责任公司

版　　次 / 2019 年 3 月第 1 版
印　　次 / 2019 年 3 月第 1 次印刷
开　　本 / 889 × 1194　1/32
字　　数 / 302 千字
印　　张 / 13
书　　号 / ISBN 978-7-5426-6532-4/ K·504
定　　价 / 68.00 元

敬启读者，如发现本书有印装质量问题，请与印刷厂联系　0539-2925659